普通高校"十三五"规划教材·会计学系列

审计学

宫义飞 ◎ 主编

清华大学出版社
北京

内容简介

审计学是会计学及相关专业的核心课程之一。随着审计行业所处的法律环境和社会环境的不断变化，审计学教材也需要与时俱进、不断更新。本书按照通用审计教材体系编写，包括绪论在内共十二章，内容涵盖审计职业标准与审计组织、审计程序与审计技术方法、审计风险与审计证据、现代风险导向审计、四大循环审计、货币资金审计、审计报告、内部控制审计等。内容上，本书关注政策变化，反映最新财务会计准则、制度和相关法规的要求；形式上，本书注重案例教学、突出实务，各章节案例丰富，通过案例来强化读者对知识点的理解和运用。本书的内容体系既适应我国会计学、财务管理学、审计学等专业的教学之用，也适合从事会计和审计相关工作的业内人士阅读参考。

本书封面贴有清华大学出版社防伪标签，无标签者不得销售。
版权所有，侵权必究。举报：010-62782989，beiqinquan@tup.tsinghua.edu.cn。

图书在版编目（CIP）数据

审计学 / 宫义飞主编. —北京：清华大学出版社，2019（2021.3 重印）
（普通高校"十三五"规划教材. 会计学系列）
ISBN 978-7-302-50560-0

Ⅰ. ①审… Ⅱ. ①宫… Ⅲ. ①审计学－高等学校－教材 Ⅳ. ①F239.0

中国版本图书馆 CIP 数据核字(2018)第 140938 号

责任编辑：杜　星
封面设计：李伯骥
责任校对：王凤芝
责任印制：沈　露

出版发行：清华大学出版社
　　　　　网　　址：http://www.tup.com.cn, http://www.wqbook.com
　　　　　地　　址：北京清华大学学研大厦 A 座　　邮　编：100084
　　　　　社 总 机：010-62770175　　　　　　　　邮　购：010-62786544
　　　　　投稿与读者服务：010-62776969，c-service@tup.tsinghua.edu.cn
　　　　　质量反馈：010-62772015，zhiliang@tup.tsinghua.edu.cn
　　　　　课件下载：http://www.tup.com.con, 010-83470332

印 装 者：三河市少明印务有限公司
经　　销：全国新华书店
开　　本：185mm×260mm　　　印　张：22.25　　　字　数：521 千字
版　　次：2019 年 6 月第 1 版　　　　　　　　　印　次：2021 年 3 月第 2 次印刷
定　　价：49.80 元

产品编号：078225-01

前言

伴随21世纪知识经济时代的到来，加之我国经济市场的不断发展和完善，审计（包括国家审计、内部审计和注册会计师审计）作为"会计中的会计"，在保障资本市场健康有力发展方面的作用更加凸显，这也对会计和审计工作者提出了更高的要求。高等教育是培养人才的"摇篮"，必须适应经济文化不断发展的需求，才能满足时代发展的要求，进而推动当今知识经济的发展。随着独立审计准则的颁布实施，我国审计准则真正实现了国际趋同，我国独立审计管理与方法也随之发生深刻变化。越来越多的人对审计工作、审计理论及审计方法给予了更多的关注。

我国社会主义市场经济的健康运行，需要以注册会计师的审计为保障，这也是我国审计发展的迫切需要。鉴于此，本书以注册会计师为重点，同时还对国家审计和内部审计的内容进行了介绍，以审计准则、审计准则指南以及财务报表审计工作底稿指南为基本依据，结合具体的审计案例，将审计的基本理论和知识融入审计基本技能之中，旨在使学生掌握审计的基本理论和方法，熟悉审计的基本内容。本书在充分尊重审计普遍认知规律、吸收国内外先进的审计工作和教学经验的基础上，呈现如下特点。

1. 理论和实践充分结合

审计是在实践中逐步发展起来的。本书在介绍审计方法、审计程序及审计理论的同时，突出了实务，在每一章开始都有"引入案例"，使读者对本章知识有一个系统的理解和把握；对章节中涉及的重要及难理解的知识点，通过具体真实的案例加以论述，使读者对相关知识有一个直观的把握；在每章节的末尾，通过思考题和业务题的练习，使读者对本章知识再进行系统的运用，达到熟练掌握的目的。

2. 关注政策，反映最新财务会计准则、制度和相关法规的要求

本书结合我国审计领域的新变化，以2016年12月23日颁布的审计准则，以及2017年2月28日中国注册会计师协会印发的新审计报告准则应用指南为基础，结合2010年11月1日财政部发布的《中国注册会计师执业准则2010》，按照发布的《企业会计准则》和《中国注册会计师执业准则》体系的核心要求阐述审计实务，并对审计人员的职业道德和法律责任、会计咨询和会计服务等业务进行了探讨和研究，以提高读者的实务操作水平。

3. 格式活泼，重点突出，充分调动读者的积极性

本书格式活泼，不拘泥于套路；在以审计准则为标准的基础上，强调财务报表审计的重要性；在重、难点内容的讲解上，强化案例应用，使抽象的理论知识转化为具体的实例，以调动读者的积极性，提升学习兴趣，着重培养读者的综合技能。

本书由西南大学经济管理学院官义飞副教授担任主编，并负责总纂全书。全书共

十二章，各章具体分工如下：第一章绪论、第十一章审计工作完成与审计报告出具由重庆大学经济与工商管理学院夏艳春编写；第二章审计职业标准与民间审计组织、第三章审计程序与审计技术方法由西南大学经济管理学院吴黔美编写；第四章审计风险与审计证据由西南大学经济管理学院王艳编写；第五章现代风险导向审计、第十章货币资金的审计由西南大学经济管理学院龙思橼编写；第六章销售与收款循环审计、第七章采购与付款循环审计由西南大学经济管理学院全红香编写；第八章生产与费用循环审计、第九章筹资与投资循环审计由西南大学经济管理学院张文婷编写。同时，本书在编写过程中还参考了大量国内外优秀的专业文献，在此，我们一并对相关作者表示诚挚的谢意。

本书的内容体系既能适应我国会计学、财务管理学、审计学专业的教学之用，也能满足诸如工商管理、财政金融等其他经济类专业教学之用。此外，本书也可作为注册会计师、财务工作者及广大经济管理人员业务学习审计知识的参考用书。

尽管作者做了很多努力，但本书仍可能存在一些不足，对于书中的疏漏和不足，真诚地希望读者批评和指正。

编　者
2017 年 6 月重庆

目 录

第一章 绪论 ……………………………………………………………………… 1
　第一节 审计的产生与发展 ……………………………………………………… 2
　　一、我国审计的产生和发展 …………………………………………………… 3
　　二、国外审计的发展历史 ……………………………………………………… 5
　第二节 审计的定义与特征 ……………………………………………………… 8
　　一、审计的概念 ………………………………………………………………… 8
　　二、审计特征 …………………………………………………………………… 9
　第三节 审计的对象与分类 ……………………………………………………… 10
　　一、审计对象 …………………………………………………………………… 10
　　二、审计分类 …………………………………………………………………… 11
　第四节 审计的目标与职能 ……………………………………………………… 19
　　一、审计目标 …………………………………………………………………… 19
　　二、审计职能 …………………………………………………………………… 20
　第五节 计算机信息技术与审计 ………………………………………………… 21
　　一、计算机审计概述 …………………………………………………………… 21
　　二、计算机审计的基本特征 …………………………………………………… 23
　　三、计算机审计的工作程序 …………………………………………………… 24
　　四、计算机审计方法 …………………………………………………………… 24
　思考题 ……………………………………………………………………………… 27
　业务题 ……………………………………………………………………………… 27
第二章 审计职业标准与民间审计组织 …………………………………………… 30
　第一节 我国注册会计师执业准则体系 ………………………………………… 31
　　一、审计准则的含义和作用 …………………………………………………… 31
　　二、中国注册会计师执业准则 ………………………………………………… 32
　第二节 注册会计师职业道德规范 ……………………………………………… 34
　第三节 注册会计师的法律责任 ………………………………………………… 39
　　一、注册会计师法律责任的成因 ……………………………………………… 39
　　二、注册会计师法律责任的种类 ……………………………………………… 41

三、注册会计师法律责任的法律规定……………………………………………41
　　　四、注册会计师法律责任的防范措施……………………………………………44
　第四节　注册会计师与会计师事务所……………………………………………………47
　　　一、注册会计师考试和注册制度…………………………………………………47
　　　二、会计师事务所…………………………………………………………………49
　第五节　会计咨询与服务业务……………………………………………………………52
　　　一、会计咨询、服务业务的特点和范围…………………………………………52
　　　二、代理记账业务…………………………………………………………………54
　　　三、税务代理业务…………………………………………………………………55
　思考题………………………………………………………………………………………56
　业务题………………………………………………………………………………………57

第三章　审计程序与审计技术方法……………………………………………………………59
　第一节　审计程序…………………………………………………………………………60
　　　一、审计的准备阶段………………………………………………………………60
　　　二、审计的实施阶段………………………………………………………………62
　　　三、完成审计工作阶段……………………………………………………………62
　第二节　管理层认定………………………………………………………………………65
　　　一、管理层认定的含义和内容……………………………………………………65
　　　二、管理层认定与审计目标………………………………………………………66
　　　三、管理层认定与审计程序………………………………………………………68
　第三节　审计方法…………………………………………………………………………68
　　　一、审查书面资料的方法…………………………………………………………69
　　　二、证实客观事物的方法…………………………………………………………71
　第四节　审计抽样技术……………………………………………………………………72
　　　一、审计抽样的概念和分类………………………………………………………72
　　　二、控制测试中的审计抽样………………………………………………………73
　　　三、实质性程序中的审计抽样……………………………………………………77
　思考题………………………………………………………………………………………80
　业务题………………………………………………………………………………………80

第四章　审计风险与审计证据…………………………………………………………………82
　第一节　审计风险…………………………………………………………………………83
　　　一、审计风险的含义………………………………………………………………83
　　　二、审计风险的构成要素…………………………………………………………83
　第二节　审计重要性………………………………………………………………………85
　　　一、审计重要性的含义……………………………………………………………85
　　　二、影响审计重要性水平因素……………………………………………………86
　　　三、实施审计计划对重要性水平的确定…………………………………………87
　　　四、审计过程中对重要性水平的考虑……………………………………………91

  五、评价审计结果对重要性水平的考虑 91
 第三节 审计证据 93
  一、审计证据的含义及基本特点 93
  二、证据分类 95
  三、审计证据的收集、鉴定与整理分析 96
 第四节 审计工作底稿 97
  一、审计工作底稿概述 97
  二、审计工作底稿编制基本要素和常用格式 99
  三、审计工作底稿复核与管理 102
 思考题 103
 业务题 104

第五章 现代风险导向审计 107
 第一节 接受业务委托和计划审计工作 108
  一、接受业务委托 108
  二、计划审计工作 109
 第二节 风险评估审计 114
  一、风险评估程序概述 114
  二、了解被审计单位及其环境 117
  三、了解被审计单位的内部控制 123
  四、评估重大错报风险 132
 第三节 风险应对程序 133
  一、针对重大错报风险的应对措施 134
  二、控制测试 136
  三、实质性程序 140
 思考题 146
 业务题 147

第六章 销售与收款循环审计 150
 第一节 销售与收款循环的主要活动及其关键控制 151
  一、销售与收款循环所涉及的主要业务内容 151
  二、主要凭证和记录 154
  三、销售与收款循环的关键控制 155
 第二节 销售与收款循环的控制测试 157
 第三节 营业收入的审计 158
  一、营业收入的审计目标 158
  二、主营业务收入的实质性程序 158
  三、其他业务收入实质性测试程序 164
 第四节 应收账款的审计 164
  一、应收账款的审计目标 164

二、应收账款的实质性程序 ... 164
　　三、坏账准备的实质性程序 ... 170
　第五节　其他相关账户的审计 ... 171
　　一、应收票据的审计 ... 171
　　二、预收账款的审计 ... 173
　　三、销售费用的审计 ... 173
　思考题 ... 174
　业务题 ... 174

第七章　采购与付款循环审计 ... 177
　第一节　采购与付款循环的主要活动及其关键控制 ... 178
　　一、采购与付款循环所涉及的主要业务内容 ... 179
　　二、主要凭证和记录 ... 180
　　三、采购与付款循环的关键控制 ... 181
　第二节　采购与付款循环的控制测试 ... 182
　第三节　应付账款审计 ... 183
　　一、应付账款的审计目标 ... 183
　　二、应付账款的实质性程序 ... 183
　第四节　固定资产审计 ... 185
　　一、固定资产的审计目标 ... 186
　　二、固定资产的实质性测试程序 ... 186
　　三、累计折旧的实质性测试程序 ... 189
　　四、固定资产减值准备的实质性测试 ... 190
　第五节　其他相关账户的审计 ... 191
　　一、预付账款的审计 ... 191
　　二、应付票据的审计 ... 192
　　三、在建工程的审计 ... 193
　思考题 ... 194
　业务题 ... 194

第八章　生产与费用循环审计 ... 197
　第一节　生产与费用循环主要活动及其关键控制 ... 198
　　一、主要凭证和会计记录 ... 198
　　二、主要业务活动及关键控制 ... 199
　第二节　生产与费用循环控制测试 ... 201
　　一、生产与费用循环的内部控制 ... 201
　　二、生产与费用循环的控制测试 ... 202
　　三、评估生产与费用循环的重大错报风险 ... 204
　第三节　存货审计 ... 207
　　一、存货的审计目标 ... 207

二、存货的实质性测试……208
　　　三、存货计价测试和截止测试……213
　第四节　应付职工薪酬审计……216
　　　一、应付职工薪酬审计的目标……216
　　　二、应付职工薪酬的实质性程序……217
　第五节　其他相关账户审计……218
　　　一、存货相关账户的审计……219
　　　二、存货跌价准备审计……221
　　　三、管理费用审计……221
　思考题……222
　业务题……222

第九章　筹资与投资循环审计……225
　第一节　筹资与投资循环主要活动及其关键控制……226
　　　一、筹资与投资循环的主要凭证与会计记录……226
　　　二、筹资与投资循环的主要业务活动……227
　　　三、筹资与投资循环的主要业务活动的关键控制……228
　第二节　筹资与投资循环控制测试……228
　　　一、筹资活动的控制测试……228
　　　二、投资活动的控制测试……231
　第三节　借款审计……235
　　　一、借款审计的目标……235
　　　二、短期借款的审计……235
　　　三、长期借款的审计……236
　　　四、应付债券的审计……238
　　　五、财务费用的审计……239
　第四节　所有者权益审计……241
　　　一、所有者权益的审计目标……241
　　　二、实收资本（股本）的审计……241
　　　三、资本公积的审计……242
　　　四、盈余公积的审计……244
　　　五、未分配利润的审计……244
　第五节　其他相关账户审计……246
　　　一、其他应收款审计……246
　　　二、无形资产审计……247
　　　三、应付股利审计……248
　　　四、其他应付款审计……248
　　　五、长期应付款审计……249
　　　六、营业外收入审计……249

七、营业外支出审计 ··· 249
　　　八、所得税费用审计 ··· 250
　思考题 ··· 250
　业务题 ··· 251

第十章　货币资金的审计 ··· 253
第一节　货币资金涉及的主要活动及凭证 ··· 253
　　　一、货币资金审计概述 ··· 253
　　　二、货币资金审计与交易循环审计 ·· 254
　　　三、货币资金审计涉及的主要凭证 ·· 254
第二节　货币资金的控制测试 ··· 254
　　　一、货币资金内部控制的内容 ·· 254
　　　二、货币资金控制测试步骤 ··· 258
第三节　库存现金审计 ··· 259
　　　一、库存现金审计的目标 ·· 259
　　　二、库存现金的实质性程序 ··· 259
第四节　银行存款审计 ··· 263
　　　一、银行存款审计目标 ··· 263
　　　二、银行存款的实质性程序 ··· 263
第五节　其他货币资金审计 ··· 267
　　　一、其他货币资金审计的目标 ·· 267
　　　二、其他货币资金的控制测试 ·· 267
　　　三、其他货币资金的实质性程序 ··· 268
　思考题 ··· 270
　业务题 ··· 270

第十一章　审计工作完成与审计报告出具 ··· 272
第一节　期初余额审计 ··· 273
　　　一、期初余额的含义 ·· 273
　　　二、期初余额的审计目标 ·· 274
　　　三、期初余额的审计程序 ·· 274
　　　四、期初余额对审计报告的影响 ··· 274
第二节　期后事项审计 ··· 275
　　　一、期后事项的含义及种类 ··· 275
　　　二、期后事项的审计目标 ·· 275
　　　三、期后事项的审计程序 ·· 276
　　　四、期后事项对审计报告的影响 ··· 277
第三节　或有事项审计 ··· 279
　　　一、或有事项的概念 ·· 279
　　　二、或有事项的审计目标与审计特征 ··· 279

三、或有事项应实施的审计程序 ………………………………………… 280
　　　四、或有事项审计对审计报告的影响 ……………………………………… 280
　第四节　评价结果审计 …………………………………………………………… 281
　　　一、对重要性和审计风险进行最终评价 …………………………………… 281
　　　二、对审计工作底稿进行全面复核 ………………………………………… 281
　　　三、对已审会计报表形成审计意见并草拟审计报告 ……………………… 281
　第五节　沟通关键审计事项 ……………………………………………………… 282
　　　一、注册会计师的目标 ……………………………………………………… 282
　　　二、确定关键审计事项 ……………………………………………………… 282
　　　三、关键审计事项在审计报告中的表述 …………………………………… 283
　　　四、关键审计事项的适用范围 ……………………………………………… 284
　第六节　形成审计意见和出具审计报告 ………………………………………… 285
　　　一、形成审计意见 …………………………………………………………… 285
　　　二、出具审计报告 …………………………………………………………… 285
　第七节　审计报告的基本类型 …………………………………………………… 292
　　　一、无保留意见审计报告 …………………………………………………… 293
　　　二、非无保留意见审计报告 ………………………………………………… 297
　　　三、带有强调事项段和其他事项段的审计报告 …………………………… 306
　第八节　管理建议书 ……………………………………………………………… 310
　　　一、管理建议书的含义 ……………………………………………………… 310
　　　二、管理建议书的作用 ……………………………………………………… 310
　　　三、管理建议书的内容 ……………………………………………………… 311
　　　四、管理建议书与审计报告的区别 ………………………………………… 311
　思考题 ……………………………………………………………………………… 315
　业务题 ……………………………………………………………………………… 316

第十二章　内部控制审计 …………………………………………………………… 319
　第一节　内部控制审计与整合审计概述 ………………………………………… 320
　　　一、内部控制审计的含义和范围 …………………………………………… 320
　　　二、整合审计概述 …………………………………………………………… 322
　第二节　内部控制审计的主要步骤 ……………………………………………… 323
　　　一、签订单独内部控制审计业务约定书 …………………………………… 323
　　　二、计划内部控制审计工作 ………………………………………………… 323
　　　三、实施内部控制审计工作 ………………………………………………… 324
　　　四、编制内部控制审计工作底稿 …………………………………………… 327
　　　五、评价内部控制缺陷 ……………………………………………………… 328
　　　六、完成内部控制审计工作 ………………………………………………… 328
　　　七、出具内部控制审计报告 ………………………………………………… 329
　第三节　内部控制审计报告 ……………………………………………………… 329

一、内部控制审计报告的构成要素 …………………………………………… 329
　　二、内部控制审计报告类型 ………………………………………………… 330
　思考题 ……………………………………………………………………………… 334
　业务题 ……………………………………………………………………………… 334
附录　中国注册会计师执业准则目录 ………………………………………… 337
参考文献 ………………………………………………………………………… 339

第一章

绪 论

英国股份公司发展的迷途——"南海泡沫"事件

17世纪末到18世纪初,随着英国殖民主义的扩张,英国正处于经济发展的兴盛时期。南海股份有限公司于1711年宣告成立,其成立的主要目的是便于英国对南美实行贸易扩张。

南海公司经过近10年的惨淡经营,表现平平。1718年,英国国家债务总额累积达到了3 100万英镑。为了迅速筹齐还债资金,不堪重负的英国政府做出了一个大胆的决定——把南海公司的股票卖给公众。1719年,英国政府允许以债券总额的70%与南海公司的股票进行转换。当年恰逢英国政府扫除了殖民地贸易的障碍,在政府的默许下,南海公司为了融资,对外编织了一套美丽的谎言:南海公司可以把英格兰的加工商品送上南美东部海岸,而秘鲁和墨西哥的地下埋藏着巨大的金银矿藏,当地的土著就会付给英国人价值百倍的金锭银锭,数以万计的"金砖银石"会源源不断地运回国内,而且,西班牙允许南海公司在智利和秘鲁沿岸使用其四个港口。实际上,南海公司只能在贩卖黑奴的贸易中获利,西班牙也从来没有打算让英国人用西班牙在美洲的港口进行自由贸易。但是,公众对南海公司的信心却丝毫没有动摇,公众只知道这家公司能够赚大钱,又有政府的支持,是很好的投资对象,公司还对外放出各种所谓的公司利好消息,从而使公司股价不断上扬。

1719年年中,南海公司股价为114英镑;1720年3月,南海公司拉拢贿赂政府高官,获得了除英格兰银行和印度公司的国债以外价值3 100万英镑的英国所有国债的包销权,南海公司股票一夜之间由130英镑涨到了300英镑;4月12日,南海公司宣布发行100万新股,每股资本金为100英镑,售价为300英镑,可以分5次付款,每次60英镑。各个阶层的人们都争相申购,人们发疯一样涌向交易所,第一次认购的数量就超过了200万股。几天之后,股票的价格就涨到了每股340英镑。为了将公司股票的价格哄抬得更高,在4月21日的董事会上,公司宣布夏季发放的股利为10%,所有认股的股东都将享受如此优厚的股利。随后董事会又决定第二次发行100万的新股,以400%的溢价发行。人们的投资热情再一次被激发,在消息发布的几个小时内,股票申购的数量就已达到了150万股。

在南海公司股票价格扶摇直上的示范效应下,全英170多家新成立的股份公司的股票及原有公司的股票，都成了投机者，股价暴涨了 5~6 倍，1720 年 5 月 28 日，南海公司的股票价格是 550 英镑，在此后的 4 天中，股票的价格继续大幅度上扬，上涨到了 890 英镑。许多人认为南海公司的股票已经不会继续上涨了，他们纷纷抛售自己手中的股票，这引起了南海公司董事们的警觉，他们给自己的代理人下达了命令，自己买入了南海公司的股票。他们的努力无疑是成功的，股票的价格得到了稳定，到了 7 月，股价已高达 1 050 英镑。

为制止各类"泡沫公司"的膨胀，英国国会通过了《泡沫公司取缔法》，自 1720 年 7 月以后，随着热潮减退，南海公司的股价由原本 1 000 英镑以上的价位急速下滑。南海公司的股价到 8 月 25 日已跌至 900 英镑，这时不少知情的内幕人士及时脱身，免却了血本无归的下场，但普通大众却在 9 月损失惨重。9 月 9 日，南海公司股价已暴跌至 540 英镑，为了挽救跌势，南海公司董事与英格兰银行董事在 9 月 12 日召开了会议以商讨解决方法。会后有传言宣称，英格兰银行愿意为南海公司融通 600 万英镑的债务。该传言使南海的股票有所回升，但就在当天下午，一切的传言被证实为空穴来风，股票价格应声而落，并一直跌到了 400 英镑。南海公司的股票继续滑落，甚至引发了大量的银行挤兑的现象，股票价格跌落到了 150 英镑，几经动荡后到了 12 月股票价格仅为 124 英镑。当年年底，政府对南海公司资产进行清理，发现其实际资本已所剩无几，南海公司不得不宣告破产倒闭，数以万计的债权人与股东蒙受了巨大损失。为了平息南海公司所引发的经济恐慌，英国议会组织了一个由 13 人组成的特别委员会进行秘密查证，为进一步查清南海公司的财务状况，聘请了精通会计实务的查尔斯·斯耐尔对南海公司的账目进行查询和审核。斯耐尔于次年提交了一份名为《伦敦市彻斯特·莱恩学校的书法大师 Charles Snell 对素布里奇商社的会计账簿进行检查的意见》的报告，指出了南海公司存在舞弊行为、会计记录严重不实等问题，但没有对公司为何编制这种虚假的会计记录表明自己的看法。

议会根据这份查账报告，将南海公司董事之一的雅各希·布伦特以及他的合伙人的不动产全部予以没收。自此，查尔斯·斯奈尔成了世界上第一位民间审计人员，他所撰写的查账报告是世界上第一份民间审计报告，英国南海股份有限公司舞弊案被列为世界上第一起比较正式的民间审计案例。

由上述案例可知，审计是在一定的经济关系下产生的一项独立的经济监督活动，英国"南海泡沫"事件对当时英国的经济和社会都产生了复杂深远的影响，对该案件的审计作为近代世界上第一起比较正式的审计案也开创了近代民间审计的先河，对审计的产生和发展具有里程碑式的意义。该审计案件说明基于股份有限公司所有权和经营权相分离的性质，客观上要求与公司无利益关系的熟悉会计理论与实务的第三者对公司财务会计报告的真实性和准确性进行审查，以便将可靠、真实的会计信息提供给公司股东及债权人。

资料来源：英国股份公司发展的迷途——"南海泡沫"事件[OL].中国民商法律网 2007-11-24.

第一节 审计的产生与发展

经济基础决定上层建筑，审计的产生也不例外，当社会经济发展到一定程度时，审计便应运而生。无论是国内还是国外，审计都产生于官厅，即政府审计，后来随着经济的发展，经济组织规模日益扩大，审计逐步向民间蔓延，形成了现在的内部审计和注册会计师审计。审计从最开始的产生到发展再到如今的日臻成熟，经历了一个漫长的发展过程。

一、我国审计的产生和发展

我国审计的发展历史源远流长，最早可追溯到西周时期。我国审计的发展大致经历了六个阶段：西周时期的初步形成阶段；秦汉时期的最终确立阶段；隋唐宋时期的日臻健全阶段；元明清的停滞不前阶段；中华民国的不断演进阶段；新中国的振兴阶段。

（一）西周时期的初步形成阶段

《周礼》记载："凡上之用，必考于司会""以参互考日成，以月要考月成，以岁会考岁成"。也就是说，凡是帝王所用的开支，都要受司会的检查。并且，司会每旬、每月、每年都要对下级送上来的报告加以考核，以判断每一个地方官吏每月和每年所编制的报告是否真实、可靠，再由周王据此决定赏罚。由此可见，西周王朝对司会一职的重视。西周国家财计机构分为两个系统：一是地官大司徒系统，掌管财政收入；二是天官家宰系统，掌管财政支出。天官所属中大夫司会，为主宰之长，主天下之大计，分掌王朝财政经济收支的全面核算。同时，在中央政权设置的官职中，位于下大夫的"宰夫"一职，负责审查"财用之出入"，并拥有"考其出入，而定刑赏"的职权。这个职位虽然不高，但其所从事的工作却具有审计的性质，是我国国家审计的萌芽。

（二）秦汉时期的最终确立阶段

秦汉时期是我国审计的确立阶段。秦、汉两代都曾采用"上计制度"，以审查监督财物收支有无错弊，并借以评价有关官吏之政绩，这种制度始于西周，到秦汉时期逐渐完善。虽然在秦汉官制中，尚无专司审计职责的官员，也无专职审计机构，但其设有"御史大夫"一职，仅次于相。御史大夫为"三公"之一，执掌弹劾、纠察之权，专司监察全国的民政、财政以及财物审计事项，并协助丞相处理政事，具有极高的权威。虽然审计制度在秦汉时期已经确立，但仍处于初步发展阶段。

秦汉审计有以下特点。

（1）初步形成了统一的审计模式。秦汉时期是我国封建社会的建立和成长时期，封建社会经济的发展，促进了秦汉时期逐渐形成全国审计机构与监察机构的结合、经济法制与审计监督制度的统一。

（2）"上计"制度日趋完善。

（3）审计地位提高职权扩大。御史制度是秦汉时期审计建制的重要组成部分，秦汉时期的御史大夫不仅行使政治军事的监察之权，还行使经济的监督之权，控制和监督财政收支活动，勾稽总考财政收入情况。

由于秦汉都重视审计工作，因此尽管秦劳民伤财修阿房宫，建万里长城，汉武帝穷兵黩武，花钱很多，但财政上一直未出问题。这与皇帝重视、亲自抓审计监督是分不开的。

（三）隋唐宋时期的日臻健全阶段

隋唐时期是我国封建社会发展的巅峰，宋代是我国封建社会经济持续发展的时期，审计在这一时期也兴盛起来。隋在刑部之下设"比部"，建立了比较独立的能司审计之职的机构。特别是唐代，改设三省六部，六部之中，刑部掌天下律令、刑法等政令，凡国家财计，不论军政内外，无不加以勾稽，无不加以查核审理。唐代经济发达，政治稳定，对中央和地方的财物收支实行定期的审计监督，国家审计有了明显发展。宋代设立审计司，隶属于太府寺，后改称"审计院"。这是我国审计机构定名之始，使"审计"这个名词正式出现。

（四）元明清时期的停滞不前阶段

元明清时期，君主专制日益恶化，封建社会走向衰落，审计制度发展也呈现停滞不前的状态。元、明、清三代均未设专门的审计机构。明初，比部虽一度恢复，但不久即取消，后设"督察院"，清也设立"督察院"，直至清末再未设置独立的审计组织。在这三个朝代，国家审计陷于衰败时期。

（朱元璋本人对贪污舞弊是深恶痛绝的，处理的决心也是很大的，一经发现贪污舞弊之官员，则采取严酷刑法，剥皮冲草，立于县太爷公案边，让县太爷们警惕。可是，他依仗的是个人权势，而不是制度。由于比部取消，财审合一，所以明朝的贪污风气始终未能有效地制止，而且延伸至清代。）

（五）中华民国时期的不断演进阶段

辛亥革命结束了清王朝的统治，建立了中华民国。北洋政府在 1914 年设立审计院，颁布《审计法》；国民党政府也于 1928 年颁布过《审计法》和实施细则，次年还颁布了《审计组织法》，审计人员有审计、协审、稽察等职称，后改为审计部隶属监察院。国民党政府的审计法几经修改，但由于当时的政治腐败，贪污横行，使审计制度徒具形式，并没有发挥应有的经济监督作用。

在这一时期，我国资本主义经济有了初步发展，促进了民间审计的产生。1918 年 9 月，北洋政府农商部颁布了我国第一部注册会计师法规——《会计师暂行章程》，并于同年批准著名会计学家谢霖先生为我国第一位注册会计师，谢霖先生创办的中国第一家会计师事务所——"正则会计师事务所"也获准成立。随后，1921 年，徐永祚在上海创办了"徐永祚会计师事务所"。1929 年《公司法》《破产法》《税法》的颁布实施，对会计师事务所的产生起到了极大的推动作用。20 世纪 30 年代以后，一些大城市也相继成立了会计师事务所，民间审计得到了发展。

（六）新中国成立后的振兴阶段

新中国成立以后，国家没有设置独立的审计机构，对财政经济的监督由财政、银行、税务等部门通过业务分别在一定范围内进行。自1978年中国共产党第十一届三中全会以来，全国全党的工作重点转入以经济建设为中心的轨道，实行经济体制改革，国民经济蓬勃发展。我国1982年修改的《中华人民共和国宪法》规定，建立政府审计机构，实行审计监督。据此，1983年9月成立了我国政府审计的最高机关——审计署，在县以上各级人民政府设置各级审计机关。1985年8月发布《国务院关于审计工作的暂行规定》，1988年11月颁发了《中华人民共和国审计条例》。1995年1月1日《中华人民共和国审计法》的实施，这从法律上进一步确立了政府审计的地位，为其进一步发展奠定了良好基础。 2003年，审计署颁布实施《审计署关于内部审计工作的规定》，内部审计蓬勃发展。至此，我国形成了政府审计、内部审计、民间审计的格局。2006年，对《中华人民共和审计法》进行了大量修订，从法律上进一步确定了国家审计的地位，这标志着政府审计的进一步完善和发展。2016年12月23日，财政部批准发布了"在审计报告中沟通关键审计事项"新的审计准则，并对"对财务报表形成审计意见和出具审计报告""在审计报告中发表非无保留意见""在审计报告中增加强调事项段和其他事项段""与治理层的沟通""持续经营""注册会计师对其他信息的责任"六项审计准则进行了实质性修订，对"审计业务约定条款达成一致意见""审计工作底稿""审计证据"等五项审计准则仅做出文字调整。2017年2月28日，中国注册会计师协会同步印发新审计报告准则应用指南，是对我国审计准则的进一步完善。

二、国外审计的发展历史

与我国审计的产生和发展类似，在西方国家，审计的产生和发展也经历了漫长的过程。据有关文献记载，最早出现国家审计萌芽的是奴隶制度下的古罗马、古希腊和古埃及等国家。公元前443年，古罗马设立财务官和审计官，协助元老院处理日常财政事务。在西方国家，除了开展官厅审计之外，还大规模地进行私人财产审计，如寺院审计、庄园审计、行会审计和银行审计等，形成了早期的内部审计，审计逐渐从官厅走向了民间。

职业会计师最早在意大利出现。16世纪，意大利的商业城市中出现了一批具备良好的会计知识、专门从事查账和公证工作的专业人员，他们所进行的查账与公证，可以说是注册会计师审计的起源。随着此类专业人员的增多，于1581年在威尼斯创立了威尼斯会计协会。随着工业革命的到来，资本主义工商业在英国得到了前所未有的发展，股份公司随之产生，企业的所有权与经营权相互分离的局面出现，股份公司的所有者聘请职业会计师来承担此项工作，现代社会审计制度便应运而生。 1720年，受英国议会委托负责清查"南海泡沫"事件的查尔斯是世界上第一位社会审计人员。1844年英国第一部《公司法》的颁布，标志着西方注册会计师审计的开端。1853年，在苏格兰的爱丁堡创立了世界上第一个职业会计师的专业团体，即"爱丁堡会计师协会"。美国在独立战争期间，产生了专门负责审计工作的委员会，20世纪初，注册会计师审计在美国得到了发展；1916年，成立了注册会计师协会，后来发展成美国注册公共会计师协会(AICPA)，成为世界上最大的社会审计专业团体；1917年，实行注册会计师全国通考。

第一次世界大战以后，美国对审计工作更加重视，成立了隶属于国会的联邦总署（GAO），一直延续到今天。1929年经济危机爆发后，美国开始重视对投资者利益的保护。

1934年，美国公布了《证券交易法》，规定上市公司必须向交易所报送经注册会计师审查鉴证的会计报表，美国社会审计进入了会计报表审计时代，是国外审计进入成熟阶段的标志。然而，2001年，安然公司破产，这宗美国历史上最大的破产案起因于管理层一味追求高盈利，该公司自1997年以来处心积虑地创立了3000家不纳入合并报表范围的SPE（特殊目的实体）进行表外融资、隐匿巨额债务和虚增利润。2002年3月，长期为安然公司服务的安达信会计师事务所因公然销毁安然公司会计档案资料阻挠调查受到美国司法部刑事起诉，同年8月31日停止上市公司审计业务，"五大"变成了"四大"，它们是：普华永道（Pricewaterhouse Coopers）、毕马威（KMPG）、德勤（Deloitte Touche Tohmatsu）、安永（Ernst&Young）。

案例 1-1

安达信退出会计行业
——全球会计"五大"变"四大"

2002年8月31日，美国安达信会计师事务所（Arthur AnderseLLP）宣布，自愿放弃或同意吊销在美国所有各州为上市公司提供审计的营业执照。自此，安达信彻底退出奋斗了89年的会计行业。从今往后，世界"五大"会计师事务所也要改称"四大"了。

一、安达信灭亡

从安然公司案发到现在，9个月的时间，安达信从一家创建于1913年、始终走在行业前端，享有极高声誉的会计师事务所滑落到了关门大吉的地步。没有新闻发布会，安达信只是用一篇几百字的声明，悄然地宣告了生命的终结。

悲惨的还不止这些，在出事前，安达信美国大约有2.8万名员工，如今只剩下不到3 000人；从前的1 200个公司审计客户，也都同安达信断绝了关系，重新选择了别的会计师事务所。位于芝加哥的安达信总部如今已是人去楼空，只剩下一些家具和装饰品。

在结束对休斯敦办公室进行了最后一次巡视后，安达信公司人力资源主管加里·布兰特林格关上灯。他说："（公司目前的状况）就像一个患了晚期癌症的家人……我们看着公司一步步滑向死亡。"

二、毁于贪婪

安达信"崩盘"的直接原因是帮助安然公司"造假""售假"，用虚假的财务报告蒙骗投资者，销毁有关安然的审计文件只不过是"二安"狼狈为奸的一部分。

正如顶级会计师事务所的名号是安达信人用自己的劳动累积起来的一样，砸掉这块招牌的人也是他们自己。1913年，阿瑟·安达信在创办会计师事务所时为自己立下了一个目标，查账人的角色不应该只是对公司资产负债表和收益表的最后审查，也要进行最初的把关——审计师由此产生。

1915年，安达信要求一家轮船公司在公布其资产负债表时，对一艘货轮沉没而造成的损失进行披露——尽管这发生在这家轮船公司的财务年度之后，但在安达信签署这家公司的财务报表之前。这是历史上第一次由会计师事务所要求用这样的标准进行披露，安达信对准确性的执着、专业化特色及一贯对客户采取严格标准的态度，很快赢得了广大投资者和社会的信赖。

然而随着行业竞争的日益加剧，安达信的企业理念在悄然改变。自20世纪90年代以来，会计事务所业务进入拓展期，出现了大量的非审计业务，如税务、咨询、法律顾问、人力资源及投资顾问等，传统单一的审计被多元化的经营替代，非审计业务的盈利一般占会计事务所总收入的30%上。

在这种情况下，以独立为基础的审计业务因利益冲突而无法做到真正独立，审计人员或会计事务所参股客户的行为在整个业界十分普遍，结果出现了会计事务所有时不免一身兼二任——既当裁判员又当运动员的现象。独立无法保证，公正也就丧失了。

会计业界的混业经营埋下了诚信危机的种子。为此，美国证券交易委员会也曾试图采取遏制行动，怎奈大多数人眼中只有美元符号，没有丝毫忧患意识。而安达信被认为在混业经营方面最有"进取精神"，它的合伙人中有近60%来自税务、业务咨询及公司财务操作等非审计业务。

利润就是权力，当思想灵活的咨询师们逐渐掌握了安达信的管理权时，审计师们就沦为二等公民，一些死守会计行业以诚信为本的审计师甚至遭遇了被辞退的厄运。为了让咨询客户满意，更为了保住饭碗，审计师们不得不说违心话。如此一来，保持金融市场稳定、保护投资者安全的最后防线形同虚设。

在经济繁荣时，股市大盘只涨不落，大家皆欢喜，人人有钱可赚，会计业审计和咨询混合的行为所产生的问题尚不容易被人发觉。而泡沫破裂后，巨额亏损纷纷冒了出来，诚信危机也随之显现，因为人们发现原来会计事务所曾经"拿信誉来做赌注"，愤怒是可想而知的。

令人担忧的是，这并不仅仅是安达信存在的问题。在过去三年中，美国涉及盈利报告数据失真并予以修正的大公司的数量有233家，在每一家的背后都有相关的会计事务所做假。从这个意义上说，安达信的诚信危机是整个会计行业的诚信危机，安达信不过是一个"突出"的代表罢了。

三、料理后事

现在，安达信所能做的就是等待宣判——休斯敦法官将于10月17日宣布对安达信的最后判罚，以及处理停业的相关事宜。除了繁重的资料归档工作外，更困难的是如何面对愤怒的投资者和他们提起的诉讼。

8月27日，安达信环球与安然股东及雇员达成和解协议，同意支付6 000万美元以解决由安然破产案所引发的法律诉讼。但安达信作为安然的外部审计师，仍然是这起集体诉讼的被告。

一些安达信的合伙人表示，他们不准备申请破产保护，而要彻底停业——退租房屋、移交审计业务。眼下，安达信在美国很多的办公室已经成了文件和纸箱的海洋，留下的安达信员工正在整理客户资料，以便向新的审计师进行移交工作。

失去了工作，安达信的财务来源就成了问题。据称，安达信利用截至上个季度的收入继续支撑，另外，安达信培训中心可能也会获得一些收入。由于公司已经没多少人领工资了，预计这些钱可以坚持到支付政府罚款。然后，就不知道了。

摘自《中国日报》网站

第二节 审计的定义与特征

一、审计的概念

审计,是指原来负责提供资料的会计人员以外的会计专家,对企业活动、记录和报表所进行的检查活动。

——《新大英百科全书》第一卷

审计,是指对国营企业、单位或个人由财务人员所掌管的账目进行审查,并证明其是否正确的一种行为。

——《大英百科全书》第二卷

审计是指为编写证明报告书做根据而进行的检查工作。

——H.F.斯泰特格

审计是指人们对审计实践活动的概括和总结。审计实践活动具有悠久的历史,人们对审计的定义也众说纷纭,但是随着审计实践活动的开展,人们对审计的概念也逐渐趋于完善。

1972 年,美国会计学会在其颁布的《基本审计概念公告》中将审计定义为:"为了查明有关经济活动和经济现象的认定与所制定标准之间的一致程度,而客观地收集和评估证据,并将结果传递给有利害关系的使用者的系统过程。"

美国注册会计师协会在《审计准则说明书》第 1 号中,对审计进行如下定义:"独立注册会计师对财务报表的审计目标是,对财务报表是否按照公认会计原则在所有重大方面公允地反映财务状况、经营成果和现金流量发表意见。"

国际会计师联合会下设的国际审计与鉴证准则理事会将注册会计师审计概念描述为:"财务报表的审计目标是,使审计师(会计师事务所)能够对财务报表是否在所有重大方面按照确定的财务报告框架编制发表意见。"

《中国注册会计师审计准则第 1101 号——注册会计师的总体目标和审计工作的基本要求》将审计概念描述为:"财务报表的审计目标是注册会计师通过执行审计工作,对财务报表在下列方面发表审计意见:①财务报表是否按照适用的会计准则和相关会计制度的规定编制;②财务报表是否在所有重大方面公允被审计单位的财务状况、经营成果和现金流量。"

通过上述定义不难发现,不同的组织机构对审计的定义都强调了不同的侧面,因此,本书将审计的定义界定如下:审计是由国家授权或接受委托的专职机构和人员,依照国家法规、审计准则和会计理论,运用专门的方法,对被审计单位的财政、财务收支、经营管理活动及相关资料的真实性、正确性、合规性、效益性进行审查和监督,评价经济责任,鉴证经济业务,用以维护财经法纪、改善经营管理、提高经济效益的一项独立性的经济监督活动。

审计作为一种社会活动,其运行的基础是审计关系。从上述定义中可以发现,审计关系通常涉及三个方面:审计人、审计(授权)委托人和被审计人。其具体关系如图 1-1

所示。

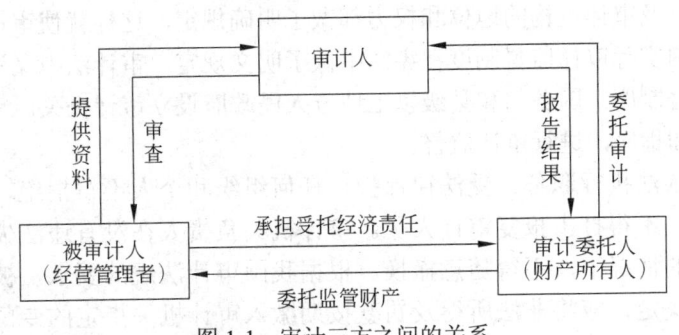

图1-1 审计三方之间的关系

在上述审计关系中，审计委托人与被审计人的契约关系是审计存在的前提，正因为该契约关系的存在，审计委托人才有必要要求审计师对被审计人进行审计。其中，审计师是实施审计的主体，包括政府审计组织、内部审计机构、会计师事务所，其对应的实施审计工作人员为政府审计师、内部审计师、注册会计师；被审计人，又称审计客体或审计对象，从审计关系的角度来界定审计客体，主要是指被审单位和个人。

二、审计特征

审计是一种特殊的经济监督活动，与经济管理活动、非经济监督活动以及其他专业性经济监督活动相比较，主要具有以下几方面的基本特征。

（一）独立性

独立性是审计最本质的特征，也是审计的灵魂。《中华人民共和国宪法》规定，审计机关在国务院总理领导下，依照法律独立行使审计监督权，不受其他行政机关、社会团体和个人的干涉。我国颁布的审计法规和注册会计师法等，也都对各审计机构、人员的独立性给予了明确的说明。

审计独立性主要包括组织机构的独立、业务工作的独立、经济来源的独立。审计机构的独立表现在，为确保审计机构独立地行使审计监督权，审计机构必须是独立的专职机构，应单独设置，与被审计单位没有组织上的隶属关系。业务工作的独立是指审计工作不受任何部门、单位和个人的干涉，应独立地对被审查的事项做出评价和鉴定，同时审计人员要保持精神上的独立，自觉抵制各种干扰，对被审计事项做出客观公正的结论。经济来源是审计机构维持正常生产经营活动顺利运行的保障，但是如果审计机构的收入受到被审计单位或与被审单位相关的其他单位的控制，审计的独立性就难以保证，这就要求各级审计机构（如政府审计机构和内部审计机构）的经费要有一定的标准，不得随意变更；另一方面又要求会计师事务所的收入要受国家法律的保护，使其公正、合理。

（二）权威性

审计的权威性，是保障有效行使审计权的必要条件。审计的权威性总是与独立性相关,它离不开审计组织的独立地位与审计人员的独立执业。国家法律对实行审计制度、建立审计机关以及审计机构的地位和权力都做了明确规定,这样就使审计组织具有法律的权威性。我国实行审计监督制度在宪法中做了明文规定,审计法中又进一步规定:国家实行审计监督制度。国务院和县级以上地方人民政府设立审计机关。审计机关依照法律规定的职权和程序,进行审计监督。

审计人员依法执行职务,受法律保护。任何组织和个人不得拒绝、阻碍审计人员依法执行职务,不得打击报复审计人员。审计机关负责人在没有违法失职或者其他不符合任职条件的情况下,不得随意撤换。根据我国审计法规的要求,被审计单位应当坚决执行审计决定,应将非法所得及罚款按期缴入审计机关指定的专门账户。对被审计单位和协助执行单位未按规定期限和要求执行审计决定的,应当采取措施责令其执行;对拒不执行审计决定的,申请法院强制执行,并可依法追究其责任。由此可见,我国政府审计机关的审计决定具有法律效力,可以强制执行,这充分显示了我国审计的权威性。

(三) 公正性

与权威性密切相关的是审计的公正性。从某种意义上说,没有公正性,也就不存在权威性。审计的公正性,反映了审计工作的基本要求。审计人员理应站在第三者的立场上,进行实事求是的检查,做出不带任何偏见的、符合客观实际的判断,公正地评价和处理,以正确地确定或解除被审计人的经济责任。审计人员只有同时保持独立性、公正性,才能取信于审计授权者或委托者以及社会公众,才能真正树立审计权威的形象。

第三节 审计的对象与分类

一、审计对象

审计对象是指审计监督活动的范围和内容,它是对被审计单位和审计的范围所作的理论概述。从其定义可知,审计对象包含两层含义:一是外延上的审计实体,即被审计单位;二是内涵的审计内容或审计内容在范围上的限定。

传统审计的对象主要是被审计单位的财政财务收支。它是以会计资料及其所反映的财务收支为主要对象的审计。例如,古代的早期的簿纪审计,20世纪前流行于英国的对所有会计报表及凭证、账簿进行详细审计,20世纪后流行于美国的资产负债表及财务报表审计,以及中国目前的财政财务审计,都是以会计资料及其所反映的财务收支为主要对象的传统审计方式。

现代审计的对象主要是被审计单位的财政财务收支及其有关经济活动。20世纪下半叶,为了适应经济的发展,审计的外延有所扩大。在西方出现了经营审计、管理审计、"三E审计"和绩效审计等,以及在中国实施的经济效益审计,其审查对象都超出了原有的财政财务收支活动的范围,扩展到影响经济效益的生产经营管理等各个方面。对被审计事项已实现和预计实现的经济效益进行事前事后的审计和评价，其中包括收支活动在内的各项经营管理活动的信息，除了会计资料外，还有计划、统计以及其他各种资料，如合同、协议、决策、预算、章程等。因而现代审计的对象既包括会计资料及其所反映的财务收支活动，也包括其他经济资料及其所反映的各项生产经营管理活动。

二、审计分类

按照不同的标准，可以把审计分为不同的类别。对审计进行科学的分类，有助于加深对各种不同审计活动的认识，探索审计规律，更好地组织审计工作，充分发挥审计的作用。研究审计的分类，是有效地进行审计工作的一个重要前提。

（一）主要分类方法

1. 按审计主体的不同来分类

按照审计主体的不同，可以把审计分为政府审计、内部审计和注册会计师审计三种形式。

1）政府审计

政府审计又称国家审计，一般是指国家组织和实施的审计，确切地讲是由国家专设的审计机关所进行的审计。我国国务院审计署、派出机构和地方各级人民政府审计厅(局)所组织和实施的审计，均属于国家审计。我国国家审计机关代表政府实行审计监督，依法独立行使审计监督权。国家审计机关有要求报送资料权，监督检查权，调查取证权，建议纠正有关规定权，向有关部门通报或向社会公布审计结果权，经济处理权、处罚权，建议给予有关责任人员行政处分权以及一些行政强制措施权等。同时，国家审计机关还可以进行授权审计和委托审计。

2）内部审计

内部审计是指由本单位内部专门的审计机构和人员对本单位财务收支和经济活动实施的独立审查和评价，审计结果向本单位主要负责人报告。这种审计具有显著的建设性和内向服务性，其目的在于帮助本单位健全内部控制，改善经营管理，提高经济效益。在西方国家，内部审计被普遍认为是企业总经理的耳目、助手和顾问。1999年，国际内部审计师协会（IIA）理事会通过了新的内部审计定义，指出："内部审计是一项独立、客观的保证和咨询顾问服务。它以增加价值和改善营运为目标，通过系统、规范的手段来评估风险，改进风险的控制和组织的治理结构，以达到组织的既定目标。"

3）注册会计师审计

注册会计师审计又可称为社会审计、民间审计、独立审计，我国注册会计师协会（CICPA）在发布的《独立审计基本准则》中指出："独立审计是指注册会计师依法接受委托，对被审计单位的会计报表及其相关资料进行独立审查并发表审计意见。"会计师事务所主要承办海外企业、横向联合企业、集体所有制企业、个体企业的财务审计和管理咨询业务；接受国家审计机关、政府其他部门、企业主管部门和企事业单位的委托，办理经济案件鉴定、纳税申报、资本验证、可行性方案研究、解散清理以及财务收支、经济效益、经济责任等方面审计。注册会计师审计的风险高、责任重,因此审计理论的产生、发展及审计方法的变革基本上都是围绕独立审计展开的。

案例 1-2

××地震灾后重建政府审计案例分析

20×8年9月起,审计署组织审计机关对××地震灾后恢复重建进行了3年的全过程跟踪审计。3年来,全国审计机关先后投入11 648名审计人员,对规划投资7 678亿元的27 902个重建项目进行了跟踪审计,并对17 329个已完工项目实施了竣工决算审计。20×0年11月至20×1年10月底对第五批规划总投资3 231.44亿元的13 635个重建项目进行了跟踪审计,其中审计署直接审计了规划总投2 031.80亿元的939个灾后恢复重建项目,并对完成投资132.17亿元的188个工程项目实施了工程结算或竣工决算审计。审计署20×1年度跟踪审计和竣工决算主要审计结果公告如下:

一、××地震灾后恢复重建取得重大成就

审计结果表明,在党中央、国务院的坚强领导下,中央各有关部门、地方各级党委政府以高度的政治责任感和历史使命感,积极采取措施,全力推进灾后恢复重建工作,加强资金和项目管理,顺利实现了"家家有房住、户户有就业、人人有保障、设施有提高、经济有发展、生态有改善"的重建目标,为灾区经济社会发展奠定了坚实基础。

一是灾区城乡居民生活生产条件得到了极大的改善。震后一年完成震损住房维修加固,一年半完成农村住房重建,两年基本完成城镇住房重建。截至20×1年9月底,三省灾区共维修加固农村住房292.14万套,城镇住房145.67万套;新建农村住房190.85万套,城镇住房29.09万套;恢复重建农村基础设施和农业生产设施项目1 836万个。经过3年努力,妥善解决了灾区群众住房问题,城乡居民住上了安全美观的房屋,村庄和村落规划布局合理,城镇面貌焕然一新,城乡居民生活生产环境发生了天翻地覆的变化。

二是灾区公共服务设施水平大幅度提高。截至20×1年9月底,三省灾区已累计恢复重建3 941个学校项目、2 979个医疗机构项目,新建一大批社会福利院、敬老院、社区服务中心、文化中心等公共服务设施。这些公共服务设施的建筑安全可靠、设施装备齐全、服务功能完备,由此,灾区公共服务设施条件实现了历史性飞跃。

三是灾区基础设施条件得到根本性改善。截至20×1年9月底,3省灾区共恢复重建了2 810个交通项目、619个水利项目、1 265个能源项目、311个通信项目、1 030个市政公共设施等城镇项目,建设了2 000个防灾减灾和生态修复项目。D市至F县高速公路、C市至D市铁路等一大批关系灾区长远发展的基础设施项目相继建成并投入运营,38个重建城镇拔地而起,为灾区后续发展提供了有力的基础设施保障;震损水库全部除险加固,生态环境逐步修复,灾区防灾减灾保障能力明显增强。

四是灾区产业迅速恢复并实现跨越式发展。截至20×1年9月底,3省灾区累计恢复重建了 5 298 个产业项目、6 407 个市场服务项目，恢复和新建了一批产业园区、产业集中发展区；5 566 户规模以上震损工业企业已恢复生产，引进了一批重大产业项目和优势企业，建成了一批特色农业生产基地，××县映秀镇和水磨镇、B 县的新城区和老城区等重点城镇建成了旅游名镇，灾区产业经济发展实现了再生性跨越，灾区可持续发展能力明显提高，主要经济指标都超过了震前水平。

二、20×1 年审计署审计发现的主要问题及整改情况

在审计署 20×1 年度跟踪审计的 939 个项目 2 031.80 亿元规划总投资中，发现有 63 个项目、26 个施工单位、4 个勘察设计单位、8 个监理单位不同程度地存在管理不合规、勘察设计不到位的问题。之后，灾区政府和各相关单位依法、依纪进行了严肃处理和认真整改。具体情况如下。

（1）有 15 个项目不符合国家基本建设程序，5 个项目进度较慢，6 个项目未经验收就投入使用，4 个项目建成投入使用后仍未办理土地审批手续。审计指出上述问题后，有关单位及时进行了整改。有关建设单位表示会吸取教训，在今后的项目建设中注意严格执行国家基本建设程序，对未完工项目加快施工进度；对未经验收就投入使用的项目按规定办理相关验收工作；对已建成投入使用而未办理土地审批手续的项目，也正在补办土地审批手续。

（2）有 16 个项目存在违反招标投标规定程序，直接指定勘察设计单位、施工单位、材料设备供应商等问题；2 个项目存在招标投标不严格、不规范的问题；6 个项目违反转分包承包工程的规定。审计指出上述问题后，有关单位及时进行了整改。鉴于部分项目已经完工，灾区政府和主管部门发文，要求所有灾后恢复重建项目应严格执行招标投标制度，有关建设单位修改完善了内部招标投标管理办法，表示今后会严格履行招标投标程序。

（3）有 22 个项目超标准超规模建设、未经批准改变建设内容、设计变更未办理审批手续，13 个项目存在财务核算不规范、投资控制不严的问题。审计指出上述问题后，有关单位及时进行了整改。灾区政府和有关主管部门已要求有关建设单位就设计变更、改变建设内容的问题，向原审批部门申请调整；并要求相关建设单位进一步规范资金核算工作，加强投资控制。

（4）有 26 个项目施工单位存在借用资质承揽工程，不按合同规定配备工程管理人员，施工中存在不按规范操作、不按设计施工等问题，其中 14 个项目存在某些缺陷或隐患。审计指出上述问题后，有关单位及时进行了整改。有关建设主管部门对相关施工单位进行了处理，对有关施工单位和责任人给予了行政处罚，并责成有关施工单位对存在的项目缺陷采取或正在采取修复、拆除返工等补救措施。

（5）有 4 个设计单位存在未按设计规范要求设计，设计方案不周全、不细致，致使 4 个重建项目存在工程缺陷的问题。审计指出上述问题后，有关单位及时进行了整改。有关建设单位进一步调查后，已要求有关设计单位严格按照国家设计规范要求完善设计方案，督促施工单位按照新的设计方案进行施工整改，并对相关设计单位做出了处理，追究了相关设计单位和人员责任。

资料来源：摘自商业案例库.

案例 1-3
从 B 集团看企业的内审监控案例

B 集团的内部审计部门是在集团总经理和董事会审计委员会的双重领导下进行工作的，完全独立于其他业务事业部及其财务部门。内部审计部门一切开销入总部账户，其对各子公司的审计报告都直接抄送集团首席执行官、首席财务官、董事会审计委员会、各相关事业部总裁等高级管理人员。审计报告的结果将直接影响各子公司及事业部的业绩，较差的评定结果极可能导致撤换该子公司的领导人。因此，无论是事业部还是子公司对内审都极为重视并予以积极配合，内审机构的独立性和权威性都是不容置疑的。

B 集团内审部门首先会根据《B 集团财务政策手册》制定《B 集团内审标准》并发放至集团总公司和全球各子公司作为定期自查工具。《B 集团内审标准》是就《B 集团财务政策手册》中所有重要制度来分类、设计审查事项并以问卷形式反映出来一套风险评估标准。内审部门在对子公司审计过程中会侧重两方面：一是子公司有否完全按《B 集团财务政策手册》运作；二是及时查找手册在实际操作中有无漏洞，对其进行不断更新。内审部门对各子公司进行定期审计的结果分为四个等级：良好控制、较高标准控制、基本控制和较低标准控制。子公司若拿到最高等级评定，就可以在四年后再接受内审，第二等级是三年，第三等级是两年，最差等级则须第二年重新接受评定。对评为最差等级的子公司，审计部门及其所属事业部的财务人员会联合进驻协助整改。内审结果需双方同意，若子公司对评定结果有异议的，也可直接与内审最高管理人员协商，若无法解决仍可向集团提出申诉，从而保证审计结果的公正客观性，起到相互牵制的作用。

B 集团内审部门进行审计的程序如下：首先，一组内审人员会在审计前一星期内通知子公司将进行内审并告知其内审重点及时间，避免子公司为应付审计提早做准备；其次，内审人员到达公司后先了解公司业务运作再做出审计计划，然后分头进行审计，提出他们发现的问题要求予以答复，若答复不能令人满意，审计人员将把此问题及整改建议列入评定报告，并根据其风险及严重性分为 A、B、C、D 四类。

内审组会根据所查出的 A、B、C、D 各类问题数量给出最初评级并将评估报告送交审计总部最终评审，审计结果将抄送集团最高管理层。整个内审的时间一般为一个月。

B 集团内审人员不但肩负查找子公司问题的重任，还须就所提问题提出整改建议这一做法。它不但可以增强内审人员工作的审慎性和专业性，被审查的子公司还可通过他们获得其他子公司的先进管理经验，从而达到在企业集团内部进行横向交流的良好效应。

B 集团有一批素质较高的内审队伍。内审人员绝大部分都是从世界各著名会计师事务所招募进来的，有十分丰富的审计经验和独立工作能力。他们进入 B 集团后会接受全面的业务及财务审计政策培训并跟随其他审计小组进行学习。在他们正式接受内审工作后，仍会定期接受集中培训。为增强内审工作的客观公正性，各内审小组会经常有其他区域的同事加入。同时，内审人员若非高级管理人员，其任职期限一般为 3 年，期满后原则上不可以转入 B 集团财务或其他业务部门，从而确保内审人员与被审部门不存在利益关系。内审人员较高的收入报酬可以尽可能杜绝其接受贿赂的可能性，内审纪律规定内审人员不得在审计期间接受被审单位的请客及送礼。由此可见,一支素质高、纪律严的内审队伍对B集团是何其重要。

资料来源:摘自商业案例库.

案例1-4
信息披露违规"两罪"并罚,A公司遭上交所公开谴责

W市A股份有限公司(A公司),是B大学B集团下属H大上市公司之一,是S省信息产业厅认定、信息产业部首批公布的享受国家优惠政策的软件企业。公司自20×0年起上市,股票代码:××××××。公司在最初上市时,业务领域涉及通信设备、电子信息产品、光机电一体化设备等;随后20×0年,由于电子产品市场缩水,在主营业务上不能获得足够支撑经营的收入,公司董事会决议将业务范围逐渐转变至房地产行业。公司在20×1年取得两宗土地,并且于20×1年9月着手进行开发。公司董事会下达相关要求部署,加快向房地产行业的战略转型,以解决公司主营业务不突出、持续发展能力低下的问题。

在案例事发之前,XY事务所对A公司的20×0、20×1年财务报告所出具的审计意见,连续带有了强调事项段。强调事项段指出:公司旗下的大部分子公司都处于停产状态,并且对公司持续经营能力已经产生了严重的影响。尤其在20×2年4月,公司得到了证监会的退市风险警告。对于当时连续两年的大幅亏损,公司董事会解释称,由于电子产品市场的萧条,大部分子公司入不敷出,因此自20×0年起公司展开主营业务转型至房地产方向;转型后,公司已经竞得国有建设土地使用权,而由于土地开发、楼宇建设是长期项目,因此暂时还没有获得可观收入。20×2年,公司的年度报告也仍然显示,A公司旗下的房地产项目并没有带来利润收入,楼盘的房屋刚刚完成一期建设,建设尚未开展市场销售;也就是说,在其主营业务范围内并未给公司带来大量的收入、利润。可是公司却在20×2年度获得了大额的营业收入和利润;注册会计师则对其当年的财务报告发表了标准无保留意见,且不再带有强调事项。

在证监会随后的调查中,通过对相关当事人的询问发现:S也仅仅是X省盛世新天的名义股东,其实际股东仍然是H公司。H公司究竟又是何来头,调查人员顺藤摸瓜,发现在收购期间,H公司的间接控制股东是香港青鸟科技发展有限公司。"A"字样浮现,错综复杂的交易关系也就昭然若揭:XA是B集团控股99%的子公司。同属一家集团下的公司交易,H公司的股权转让正是一场蓄意隐瞒的关联方交易。

这样看来,由于审计人员采取的审计程序不足,导致交易真相被隐瞒。关联方股权转让利得本应计入所有者权益,A公司通过隐瞒与H公司之间的关系,将利得计入了当期损益,虚增利润,避免了公司股票被证监会实施暂停上市的风险警示处理。

资料来源:摘自《上海证券报》.

由上述4个案例我们可以进一步分析政府审计、内部审计及注册会计师审计的区别,如表1-1所示。

表 1-1　政府审计、内部审计与注册会计师审计的区别

比较项目	政府审计	内部审计	注册会计师审计
审计方式	强制审计	授权审计	受托审计
审计对象	主要是各级政府及其部门的财政收支情况及公共资金的收支、运用情况	主要是审查各项内部控制的执行情况、经营管理状况等，提出各项改进措施	受委托人的委托，对包括一切营利及非营利组织进行审计
审计监督的性质	可以根据审计结果发表审计处理意见，如被审计单位拒不采纳，政府审计部门可以依法强制执行(监督职能)	审计的结果只对本部门、本单位负责，只能作为本部门、本单位改进管理的参考，对外不起鉴证作用，并向外界保密(内部参考，评价)	根据其审计结论发表独立、客观、公正的审计意见，以合理保证审计报告使用人确定已审计的被审计单位会计报表的可靠程度。审计结论不具强制性(鉴证职能)
审计实施的手段	是行政监督，是政府行为，所以是无偿审计	根据本部门、本单位经营管理的需要自行安排施行(自行安排)	是由中介组织(会计师事务所)进行的，是有偿审计
审计的独立性	单向独立，即仅独立于审计第二关系人(被审计单位)	仅仅强调与所审的其他职能部门独立(相对独立)	双向独立，既独立于第三关系人(审计委托人)，又独立于第二关系人(被审计单位)
依据的审计准则	依据审计署制定的国家审计准则	非法定的公认方针和程序，中国内部审计协会制定的内部审计准则	依据中国注册会计师协会制定的独立审计准则
法律法规依据	《中华人民共和国审计法》	《中国内部审计准则》	《中华人民共和国注册会计师法》

2. 按照审计的内容来分类

按审计内容分类，我国一般将审计分为财政财务审计和经济效益审计。

1) 财政财务审计

财政财务审计是指对被审计单位财政财务收支的真实性和合法合规性进行审查，旨在纠正错误、防止舞弊。具体来说，财政审计又包括财政预算执行审计（由审计机关对本级和下级政府组织财政收入、分配财政资金的活动进行审计监督）、财政决算审计（由审计机关对下级政府财政收支决算的真实性、合规性进行审计监督）和其他财政收支审计（由审计机关对预算外资金的收取和使用进行审计监督）。财务审计则是指对企事业单位的资产、负债和损益的真实性与合法合规性进行审查。由于企业的财务状况、经营成果和现金流量是以会计报表为媒介集中反映的，因而财务审计时常又表现为会计报表审计。

财政财务审计在审计产生以后的很长一段时期都居于主导地位，因此可以说是一种传统的审计；又因为这种审计主要是依照国家法律和各种财经方针政策、管理规程进行的，故又称为依法审计。我国审计机关在开展财政财务审计的过程中，如果发现被审单位和人员存在严重违反国家财经法规、侵占国家资财、损害国家利益的行为，往往会立专案进行深入审查，以查清违法违纪事实，做出相应处罚。这种专案审计一般称为财经法纪审计，实质上只是财政财务审计的深化。

2）经济效益审计

经济效益审计是指对被审计单位经济活动的效率、效果和效益状况进行审查、评价，目的是促进被审计单位提高人、财、物等各种资源的利用效率，增强盈利能力，实现经营目标。在西方国家，经济效益审计也称为"3E 审计"（efficiency，effectivity，economy）。最高审计机关国际组织（INTOSAI）则将政府审计机关开展的经济效益审计统一称为"绩效审计"（performance audit）。西方国家又将企业内部审计机构从事的经济效益审计活动概括为"经营审计"（operational audit）。

3. 按照审计实施的技术方法来分类

按采用的技术模式，审计可以分为账项基础审计、制度基础审计和风险导向审计三种。这三种审计代表着审计技术的不同发展阶段，但即使在审计技术十分先进的国家也往往同时采用。而且，无论采用何种审计技术模式，在会计报表审计中最终都要用到许多共同的方法来检查报表项目金额的真实性、公允性。

1）账项基础审计

账项基础审计是审计技术发展的第一阶段，它是指顺着或逆着会计报表的生成过程，通过对会计账簿和凭证进行详细审阅，对会计账表之间的勾稽关系进行逐一核实，来检查是否存在会计舞弊行为或技术性错失。在进行财务报表审计，特别是专门的舞弊审计时，采用这种技术有利于做出可靠的审计结论。

2）制度基础审计

制度基础审计是审计技术发展的第二阶段，它建立在健全的内部控制系统可以提高会计信息质量的基础上。即首先进行内部控制系统的测试和评价，当评价结果表明被审单位的内部控制系统健全且运行有效、值得信赖时，可以在随后对报表项目的实质性测试工作中仅抽取小部分样本进行审查；相反，则须扩大实质性测试的范围。这样能够提高审计的效率，有利于保证抽样审计的质量。

3）风险基础审计

风险基础审计是审计技术的最新发展阶段。采用这种审计技术时，审计人员一般从对被审单位委托审计的动机、经营环境、财务状况等方面进行全面的风险评估出发，利用审计风险模型，规划审计工作，积极运用分析性复核程序，力争将审计风险控制在可以接受的水平上。风险导向审计是迎合高度风险社会的产物，是现代审计方法的发展和进步。

4. 按照审计实施的时间来分类

按审计实施时间相对于被审单位经济业务发生的前后分类，审计可分为事前审计、事中审计和事后审计。

1）事前审计

事前审计是指审计机构的专职人员在被审计单位的财政、财务收支活动及其他经济活动发生之前所进行的审计。这实质上是对计划、预算、预测和决策进行审计，如国家审计机关对财政预算编制的合理性、重大投资项目的可行性等进行的审查；会计师事务所对企业盈利预测文件的审核，内部审计组织对本企业生产经营决策和计划的科学性与经济性、经济合同的完备性进行的评价等。

开展事前审计,有利于被审单位进行科学决策和管理,保证未来经济活动的有效性,避免因决策失误而遭受重大损失。一般认为,内部审计组织最适合从事事前审计,因为内部审计强调建设性和预防性,能够通过审计活动充当单位领导进行决策和控制的参谋、助手和顾问,并且内部审计结论只作用于本单位,不存在对已审计划或预算的执行结果承担责任的问题,审计人员无开展事前审计的后顾之忧。同时,内部审计组织熟悉本单位的活动,掌握的资料比较充分,且易于联系各种专业技术人员,有条件对各种决策、计划等方案进行事前分析比较,做出评价结论,提出改进意见。

2)事中审计

事中审计是指在被审单位经济业务执行过程中进行的审计。例如,对费用预算、经济合同的执行情况进行审查。通过这种审计,能够及时发现和反馈问题,尽早纠正偏差,从而保证经济活动按预期目标合法合理和有效地进行。

3)事后审计

事后审计是指在被审单位经济业务完成之后进行的审计。大多数审计活动都属于事后审计。事后审计的目标是监督经济活动的合法合规性,鉴证企业会计报表的真实公允性,评价经济活动的效果和效益状况。

5. 按审计执行地点来分类

按审计执行的地点分类,可以将审计分为报送审计和就地审计。

1)报送审计

报送审计又称送达审计,是指被审计单位按照审计机关的要求,将需要审查的全部资料送到审计机关所在地就地进行的审计。它是政府审计机关进行审计的重要方式。这种审计方法的优点是省时、省力;缺点是不易发现被审计单位的实际问题,不便于用观察的方法或盘点的方法进一步审查取证,从而使审计的质量受一定的影响。

2)就地审计

就地审计又称现场审计,是审计机构派出审计小组和专职人员到被审计单位现场进行的审计。它是国家审计机关、民间审计组织和内部审计部门进行审计的主要类型。

(二)其他分类方法

除了上述分类方法,审计还可以从其他角度对其进行划分。

按照审计范围的不同,可以分为全部审计、局部审计和专项审计。全部审计又称全面审计,是对被审计单位一定期间的财政收支及有关经济活动的各个方面及其资料进行全面的审计;局部审计又称部分审计,是对被审单位一定期间的财政收支或经营管理活动的某些方面及其资料进行部分的、有目的、有重点的审计,对企业的固定资产审计、存货审计、银行存款审计都属于局部审计;专项审计又称专题审计,是对某一特定项目所进行的审计,其业务范围确定,专业性比较强,如三峡工程专项资金审计、灾后重建资金审计。对注册会计师来说,审计范围不同,所遵循的职业规范和标准也不同。

按照审计动机不同,可以分为强制审计和任意审计。强制审计是指审计机构根据相关法律、法规的要求对被审计单位行使审计监督权而进行的审计,这种方式是按照审计机关的计划进行的，不论被审计单位是否愿意，都要无条件接受；任意审计是指根据被审单位自身的需要，自己要求审计组织对其进行的审计。

按审计组织方式不同可以划分为授权审计、委托审计、联合审计。授权审计是指上级审计机关将其职责范围内的一些审计事项，授权下级审计机关进行的审计；委托审计是指审计机关将其审计范围内的审计事项委托给另一审计机构办理的行为；联合审计是指由两个以上的审计组织共同进行的审计。

按实施的周期性分类，审计还可分为定期审计和不定期审计。定期审计是按照预定的间隔周期进行的审计，如注册会计师对上市公司年度会计报表进行的年度审计，国家审计机关每隔几年对行政事业单位进行的财务收支审计等。而不定期审计是出于需要临时安排的审计，如国家审计机关对被审单位存在的严重违反财经法规行为突击进行的财经法纪专案审计，会计师事务所接受企业委托对拟收购公司的会计报表进行的审计，内部审计机构接受总经理指派对某分支机构经理人员存在的舞弊行为进行审查等。

第四节　审计的目标与职能

一、审计目标

审计目标是指人们在特定的社会历史环境中，期望通过审计实践活动达到的最终结果。审计总目标是指对被审计单位财政财务收支活动的正确性、公允性、合理性、真实性、合法性、合规性、有效性、一贯性进行评价、审查。

（一）审计总目标的演变

审计总目标的确定以审计环境为基础，并随审计环境的变化而变化。在注册会计师审计的发展过程中，根据其审计环境变化，可以划分为详细审计、资产负债表审计和财务报表审计三个阶段。在不同的审计发展阶段，审计总目标的内涵也有所不同。

1. **详细审计阶段**

在详细审计阶段，注册会计师通过对被审计单位一定时期内会计记录的逐笔审查，判定有无技术错误和舞弊行为。查错防弊是此阶段主要的审计目标。

2. **资产负债表审计阶段**

在资产负债表审计阶段，注册会计师通过对被审计单位一定时期内资产负债表所有项目余额的真实性、可靠性进行审查，判断其财务状况和偿债能力。在此阶段，审计目标是对历史财务信息进行鉴证，查错防弊这一目标依然存在，但已退居第二位，审计的主要职能从防护性发展为公正性。

3. **财务报表审计阶段**

在财务报表审计阶段，注册会计师判定被审计单位一定时期内的财务报表是否公允地反映其财务状况和经营成果以及现金流量，并在出具审计报告的同时，提出改进经营管理的意见。在此阶段，审计由静态审计发展到动态审计，并且增加了"管理审计"的内容(包括经营审计、效益审计、效果审计)。审计目标不再局限于查错防弊和为社会提供公证,而是向管理领域有所深入和发展。此阶段的审计工作已比较有规律,且形成了一套较完整的理论和方法。

尽管审计总目标发生了变化,但注册会计师审计的主要职责,始终是对被审计单位财务报表进行审计。财务报表的合法性及其公允性始终是注册会计师审计的主要目标。

(二)我国审计的总目标

根据我国独立审计准则,社会审计的总目标是对被审计单位会计报表的合法性、公允性及会计处理方法的一贯性表示意见。合法性是指被审计单位会计报表的编报是否符合《企业会计准则》及国家其他财务会计法规的规定。公允性是指被审计单位会计报表在所有重大方面是否公允地反映了被审计单位的财务状况、经营成果和现金流量情况。一贯性是指被审计单位的会计处理方法是否前后各期保持一致。

二、审计职能

审计职能是指审计能够完成任务、发挥作用的内在功能。审计职能是审计自身固有的,但并不是一成不变的,而是随着社会经济的发展、经济关系的变化、审计对象的扩大、人类认识能力的提高而不断加深和扩展的。

(一)经济监督

经济监督是审计的基本职能。审计的经济监督职能是由审计的性质所决定的。它主要是通过审计,检查和督促被审计人的经济活动在规定的范围内沿着正常的轨道健康运行;检查受托经济责任人忠实履行经济责任的情况,借以揭露违法违纪,制止损失浪费,查明错误弊端,判断管理缺陷,进而追究经济责任。在审计实务中,审计机关和审计人员从依法检查到依法评价,从依法做出审计处理处罚决定到督促决定的执行,无不体现着审计的经济监督职能。

(二)经济鉴证

经济鉴证是指审计人对被审计单位的财务报表及其他经济资料进行检查和验证,确定其财务状况和经营成果的真实性、公允性、合法性,并出具证明性审计报告,为审计授权人或委托人提供确切的信息,以取信于社会公众。比如,注册会计师接受委托并通过财务报表审计出具的审计报告就体现了审计的经济鉴证职能。又如,国家审计机关经授权提交的审计结果报告也体现了审计的经济鉴证职能。

(三)经济评价

经济评价是指审计人对被审计人的经济资料及经济活动进行审查,并依据相应的标准对所查明的事实做出分析和判断,肯定成绩,揭露矛盾,总结经验,从而改善经营管理,寻求提高效率和效益的途径。审计人对被审计人的经营决策、计划、方案是否切实可行,是否科学先进，是否贯彻执行，内部控制系统是否健全、有效，各项经济资料是否真实、可靠，以及各项资源的利用是否合理、有效等诸多方面所进行的评价，都可以作为提出改善经营管理建议的依据。在现代审计事务中，效益审计最能体现审计的经济评价职能。

通过审计经济监督、经济鉴证、经济评价职能，我们不难发现审计对经济发展不仅有制约和监督作用，还具有促进和服务的功能，因此，审计在我国国民经济发展中具有不可替代的作用。

第五节 计算机信息技术与审计

案例 1-5

大数据审计护航现代金融体系构建

2016年5月17日，审计署印发了《"十三五"国家审计工作发展规划》（以下简称《规划》）。这是第一个全国性的国家审计工作五年规划。根据《规划》，审计部门将依法对金融监管部门、金融机构、金融市场开展全方位、多层次审计监督，推动建立安全高效的现代金融体系。在当前大数据背景下，互联网技术的快速发展催生了网络中各种可信任官方数据的呈现，将促使计算机审计进入大数据时代，大数据下的计算机审计必将带来审计技术和方法的革新，也将出现新的特点。面对新的任务和要求，审计部门更需要勇于创新，创新审计方式方法，注重运用信息化、大数据等现代科技手段提高审计效率。这一点在地方审计工作中得到了充分体现。H 省审计厅金融审计处处长曾经指出："我们试图不断创新审计方法，着力加强金融审计业务和计算机业务的融合，对被审计单位的数据进行深度分析整理，建立各种审计分析模型，逐步形成依托信息化技术的审计方法体系。"为此，他们结合金融审计的特点，站在现代审计的新高度和最前沿，在审计实际工作中不断创新方法，积极运用大数据理念，提高审计效率。国内 ABC 事务所质监与技术支持部 W 表示："当前，数据的收集来源从被审计对象内部扩展到与其相关的全部外部数据，从仅针对选取的样本转为全面覆盖，与此同时，数据分析模式的多样化和可视化以及数据导入及预处理的智能化，都会给审计工作提出新的要求。"做好应对随大数据时代而来的挑战和机遇，从政府审计到社会审计行业，加大对"大数据"的人、财、物的投入就显得尤为必要。因此，计算机审计在大数据时代的重要作用也日益凸显。

资料来源：根据《中国审计报》改编.

一、计算机审计概述

（一）计算机审计产生的原因

审计作为一种独立性的经济监督活动，是国家现代化事业的重要组成部分，也是国家经济安全运行的重要保障。但是随着信息技术的飞速发展，以查账为主要手段的审计职业面临前所未有的挑战，计算机审计是伴随科学技术的不断进步、审计对象的电算化及审计事业的不断发展而成长起来的，它是审计科学、计算机技术和数据处理电算化发展的必然结果。

从审计工作自身角度讲，审计的产生在于：一方面，审计业务范围的不断扩大随着社会经济的发展，审计由原来单纯的以查错防弊为主的财政财务收支审计，发展到经营管理审计、经济责任审计和经济效益审计。审计作为一项具有独立性的监督、评价或鉴证的活动，产生于受托经济责任关系，因此，它总是与查明、考核和评价经济责任有关。随着外部审计向内部审计的发展，以及事后审计到事前审计、事中审计的发展，利用传统的方法进行审计已显得越来越"力不从心"，所以有必要使用先进的计算机技术来及时完成审计任务，因此产生了计算机审计。另一方面，人们对电子数据处理过程及其影响的认识也在不断深入。在电子数据处理的初期，由于人们计算机知识的缺乏，以及对数据处理过程及结果的计算机辅助审计应用教程不甚了解，很少对电子数据处理系统本身进行审计，即使进行审计也不采用计算机审计的方法，而是把经过计算机处理的数据打印出来，采用传统的手工方法进行审计。会计实现电算化以后，对计算机信息处理系统的安全性、可靠性及效率进行检查、监督与评价显得越发必要。利用计算机舞弊和犯罪的案件不断出现，给审计界带来了巨大压力，从而使审计人员认识到，要对被审单位的经济活动做出客观、公正的评价，必须使用计算机辅助审计技术对电子数据处理系统进行审计。面对如此广泛的审计对象，利用传统的手工方法进行审计越来越不能及时完成审计任务，达到审计目的。因此，对那些已经在不同程度上实现了会计电算化的单位进行审计的研究，以及对用计算机辅助审计手段审计会计系统，发展和创造新的审计方法等问题的研究，促使了计算机审计的产生。

（二）计算机审计的发展

Samuel 于 1955 年首先提出"通过计算机审计"的概念，之后"通过计算机审计"得到越来越多学者及广大实务工作者的关注。直到 20 世纪 60 年代中期，美国的一些大型财务公司为了提高审计工作效率，开发了审计作业和管理软件。1984 年，美国 EDP 审计人员协会发布了一套 EDP 控制标准——《EDP 控制目标》，提出了电算化一系列总的控制标准。然而，真正的商品化审计软件出现在 1987 年，是加拿大的 ACL Services Ltd. 推出的第一个商品化审计软件 ACL(Audit Command Language)。经过几十年的发展，审计软件不断发挥作用，有效提高了审计工作效率，在很多国家都得到了广泛的应用。

我国的计算机审计起步于 20 世纪 80 年代末，计算机审计从无到有、从简单到复杂、从局部探索到逐步普及，已取得了一定的成绩。1993 年 9 月 1 日，审计署发布了中华人民共和国审计署令第 9 号《审计署关于计算机审计的暂行规定》，该规定主要针对电算化方面的审计行为和规范；1999 年，中国注册会计师协会颁布了《独立审计具体准则第 20 号——计算机信息系统环境下的审计》；2001 年，国务院办公厅发布了《关于利用计算机信息系统开展审计工作有关问题的通知》；2003 年，审计署信息化建设领导小组编制了《审计软件开发指南》；2008 年，审计署在《审计署 2008 年至 2012 年信息化发展规划》中提出进一步建设、完善、推广审计管理系统、现场审计实施系统，积极探索互联网审计和信息系统建设，有力地推动了我国计算机审计的发展。

二、计算机审计的基本特征

由于计算机审计包括对桌面与网络化的财会及经济信息系统的审计，以及利用计算机及其网络进行辅助审计，因此，计算机审计存在以下主要特征。

（一）审计范围的广泛性

在电算化信息系统中，原始数据一经输入，即由计算机按程序自动进行处理，中间一般不再进行人工干预。这样，系统的合法性、效益性，系统输出结果的真实性，不仅取决于输入数据、操作系统的工作人员，还取决于计算机的硬件和软件等。因此，要确定系统的合法性、效益性，系统输出结果的真实性，不仅要对输入数据、操作系统的工作人员及其打印输出的资料进行审查，而且还要对计算机的硬件、系统软件、应用程序和机内的数据文件进行审查，而这些内容在传统的手工审计中是没有的。另外，由于电算化信息系统投入使用后，对它进行修改非常困难，代价也非常昂贵。因此，除了要对投入使用后的电算化信息系统进行事后审计外，审计人员还要对系统进行事前审计和事中审计。由此可见，电算化信息系统的审计范围比传统的手工审计范围更广泛。

（二）审计线索的隐蔽性和易逝性

在电算化信息系统中，审计需要跟踪的审计线索大部分存储在磁性介质上，这些线索是肉眼不可见的，容易被篡改、隐匿，也容易被转移、销毁或伪造。在实时系统中，有些数据只存在很短的时间就被新的数据所覆盖。在审计中，如果操作不当，很可能破坏系统的数据文件和程序，从而毁坏了重要的审计线索，甚至干扰被审系统的正常工作。

（三）审计取证的实时性和动态性

在大中型企事业单位中，电算化信息系统是一个企业不可缺少的神经系统，该系统如果停止工作，有时会直接影响单位的生产经营活动。例如，有些企业的电算化会计信息系统每天都要结算成本和利润，进行生产动态分析，以供领导进行决策和指挥时参考。在这些企业中，如果该系统停止运行，就会给企业带来巨大的损失。因此，对电算化信息系统的审计，往往是在系统运行过程中进行审计取证的，审计人员一方面要及时完成审计任务，另一方面又要不干扰被审系统的正常工作。这就给审计工作带来了一定难度。

（四）审计技术的复杂性

首先，不同被审单位的计算机设备各式各样，有大中型机、微型机，有国产机、进口机等，各种计算机的功能各异，所配备的系统软件也各不相同。由于审计人员在审计过程中，必然要和计算机硬件与系统软件打交道，这些不同势必会增加审计技术的复杂性。其次，由于不同单位的业务规模和性质不同，所采用的数据处理和存储方式也不同，因此，审计时所采用的方法和技术也不同。此外，不同被审单位其应用软件的开发方式、开发的程序设计语言也不尽相同,对其进行审计的方法和技术也不一样。

三、计算机审计的工作程序

根据我国审计工作实践,计算机审计程序一般包括三个主要阶段:计划准备阶段、审计实施阶段和审计完成阶段。

(一)计划准备阶段

在计划准备阶段,一方面,审计人员需要了解企业基本情况,与企业的有关人员初步面谈并查阅其会计电算化系统的基本资料,归纳被审计系统的运行特点和审计重点;另一方面,审计人员需要组织相关参与审计的人员并准备所需要的审计软件。根据被审计企业会计电算化系统的构成特点,复杂程度可选择安排有计算机审计经验的注册会计师担任项目负责人,组成审计小组,准备审计软件。如果对某审计项目需要特殊的审计软件,还必须组成一个专门小组预先开发所需要的软件,以保障审计工作顺利开展。

(二)审计实施阶段

审计实施阶段是计算机审计的中心环节。其主要任务包括:对被审单位内部控制制度的建立及遵守情况进行符合性测试,对系统处理的功能及结果的正确性进行实质性测试。主要工作程序包括:详细调查应审计的范围或系统;对被审单位内部控制进行测试;收集各种审计证据;做出审计评价;整理审计工作底稿。

(三)审计完成阶段

通过上述的审计步骤,审计证据和对各项目的初步评价结果已经形成,但这些证据和初步评价的结果是比较分散的。全面评价的目的是将收集到的审计证据和初步评价结果进行综合,筛选重要的证据和主要的问题,将这些问题和证据作为重点进行综合评价。评价的范围包括对会计数据的公允性,内控制度的健全性和有效性,以及会计电算化系统的效率性和效益性。在评价结果的基础上编制客观公正的审计报告和管理建议书。在报告提供给委托人之前,还应当征求被审计企业的意见,必要时对重大的问题进行追加审计,以保证审计报告和管理建议书有更高的可信度。编制审计报告和建议书的基本过程和方法都与传统审计一样。但应当注意的是,应用计算机进行审计,其审计结果汇总评价的许多方面可由计算机自动完成,甚至最终的审计报告也可由计算机辅助完成。

四、计算机审计方法

计算机审计方法,是指审计人员利用计算机对被审程序进行审查,以确定其处理和控制功能是否可靠的一种方法。由于手工审计的方法,只有在肉眼可见的审计线索存在并且比较充分时才适用,而对大多数计算机系统,审计线索都存储在磁性介质上;另外,由于手工审计方法没有直接对系统实际运行的程序进行审查,审计结论的可靠性较差。因此,只有利用计算机对被审程序进行审查,才能得出正确可靠的结论。利用计算机审计方法主要如下。

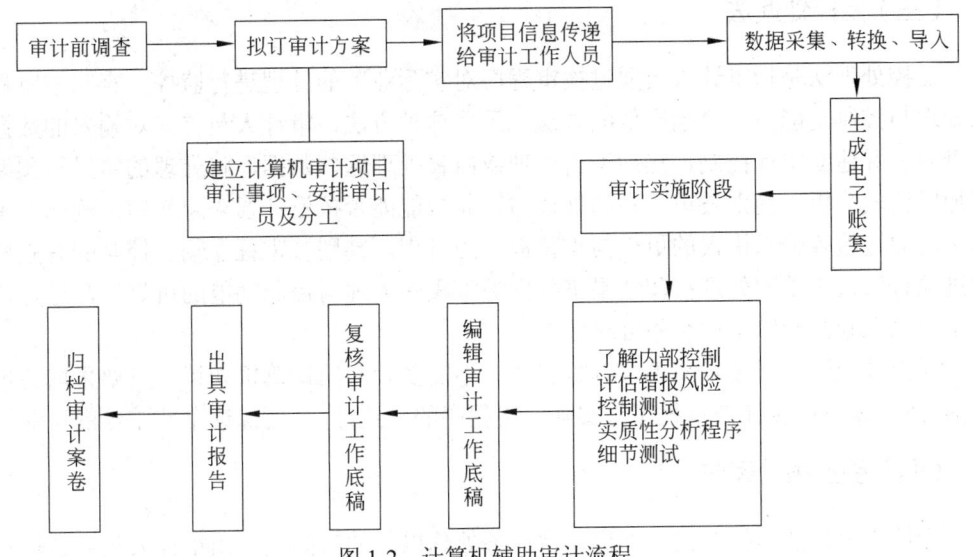

图 1-2 计算机辅助审计流程

（一）检测数据法

检测数据法是指审计人员把一批预先设计好的检测数据，利用被审程序加以处理，并把处理的结果与预期的结果作比较，以确定被审程序的处理与控制功能是否恰当有效的一种方法。

检测数据法既可用来审查系统的全部程序，也可用来审查个别程序，还可以用来审查某个程序中的某个或某几个控制措施，以确定这些控制是否能发挥有效功能。检测数据法一般适用于下列三种情况：被审系统的关键控制建立在计算机程序中；被审系统的可见审计线索有缺陷，难以由输入直接跟踪到输出；被审系统的程序较多，用检测数据法比直接用手工方法进行审查更经济、效率更高。

应用检测数据法对被审程序的处理与控制功能进行审查，选择或设计合适的检测数据是一个关键问题，检测数据的来源一般有被审单位以往设计的检测数据和审计人员自行设计的检测数据两种，不管检测数据的来源如何，检测数据中应包括正常、有效的业务和不正常、无效的业务两种情况。

检测数据法属于一种抽样审计的方法，但它对审计人员的计算机知识和技能要求不高，适用范围较广，比较适用于较复杂的系统审计。

（二）程序编码比较法

程序编码比较法是指比较两个独立保管的被审程序版本，以确定被审程序是否经过了改变。审计人员要用由审计部门自己保管的，将以前审查其处理和控制功能恰当的被审程序副本与被审单位现在使用的应用程序进行比较，可发现任何程序的改动，并评估这些改变带来的后果。这种方法不仅适用于源程序编码之间的比较，也可用于目标程序码之间的比较。

（三）受控处理法

受控处理法是指审计人员通过被审程序对实际业务的处理进行监控，查明被审程序的处理与控制功能是否恰当有效的方法。采用这种方法，审计人员首先对输入的数据进行查验，并建立审计控制，然后亲自处理或监督处理这些数据，将处理的结果与预期结果加以比较分析，判别被审程序的处理与控制功能能否按设计要求起作用。例如，审计人员可通过检查输入错误的更正与重新提交的过程，判别被审程序输入控制的有效性，通过检查错误清单和处理打印结果来判别被审程序处理与控制功能的可靠性，通过核对输出与输入来判别输出控制的可靠性。

受控处理法审计技术简单、省时省力，不需要较高的计算机知识，只要采取突出审计的方式，就可以保证被审程序与实际使用程序的一致性，从而保证审计结论的可靠性。

（四）受控再处理法

受控再处理法是指在被审单位正常业务处理以外的时间里，由审计人员亲自进行或在审计人员的监督下，把某一批处理过的业务进行再处理，比较两次处理的结果，以确定被审程序有无被非法篡改，被审程序的处理和控制功能是否恰当有效。运用这种方法的前提是以前对此程序进行过审查，并证实它原来的处理与控制功能是恰当有效的。因此，这种方法不能用于对被审程序的首次审计。

（五）平行模拟法

平行模拟法是指审计人员自己或请计算机专业人员编写的具有和被审程序相同的处理与控制功能的模拟程序，用这种程序处理当期的实际数据，将处理的结果与被审程序的处理结果进行比较，以评价被审程序的处理与控制功能是否可靠的一种方法。

运用这种方法，审计人员不一定要模拟被审程序的全部功能，也可只模拟被审程序的某一处理功能与控制功能。

采用平行模拟法的优点在于，它能独立地处理实际数据，不依赖被审单位的人力和设备，审计结果较为准确。平行模拟法的缺点是开发模拟系统难度较大且成本较高。另外，审计人员首先要证明模拟程序的正确性。

（六）嵌入审计程序法

嵌入审计程序法是指在被审系统的设计和开发阶段，在被审的应用程序中嵌入为执行特定的审计功能而设计的程序段，这些程序段可以用来收集审计人员感兴趣的资料，并建立一个审计控制文件，用来存储这些资料，审计人员通过这些资料的审核来确定被审程序的处理与控制功能的可靠性。

在实际操作中，审计程序段主要有两种：一种是不经常起作用的，只有审计人员在执行特定的审计任务才激活的审计程序；另一种是在被审程序中连续监控某些特定点上的处理的程序。当实际业务数据输入被审系统，由被审程序对其进行处理时，审计程序也对数据进行检查，如果符合某些条件，则将其记入审计控制文件中，审计人员可以定期或不定期地将审计控制文件输出，以便对被审程序的处理与控制功能进行评价，或对系统处理的业务进行监控。

（七）程序追踪法

程序追踪法是一种对给定的业务，跟踪被审程序处理步骤的审查技术，一般可用追踪软件来完成，也可利用某些高级语言或跟踪指令跟踪被审程序的处理。

采用这种方法可列示被审程序中的指令执行情况以及执行顺序，它也可查出被审程序中的非法指令，但它对审计人员的计算机知识要求较高，在实际审计工作中应用并不普遍。

以上只是简单地介绍了计算机审计的几种常见方法。当然，这几种方法并不是孤立存在的，而是相互补充的，在实际工作中通常需要将几种方法结合起来使用。

思 考 题

1. 审计的特征有哪些？
2. 我国审计的发展经历了哪几个阶段？
3. 我国审计有哪几种职能？为什么说经济监督是审计的基本职能？
4. 审计有哪几种分类方法？
5. 审计对象是什么？审计对象包括哪些内容？
6. 简述计算机审计工作程序。
7. 计算机审计有何特征？

业 务 题

根据 M 公司董事会的委托，ABC 会计师事务所对 M 公司 20×6 年度财务报表进行审计。具体审计内容和范围包括：对 M 公司 20×6 年 12 月 31 资产负债表、20×6 年度的利润表和现金流量表，以及会计报表附注的公允性和合法性进行审计。审计重点内容包括主营业务收入、货币资金、应付账款等。审计时间从 20×7 年 1 月 5 日至 2 月 1 日。审计人员安排是：项目负责人 X（注册会计师）。项目小组成员有 Y（助理）、Z（审计师）、W（注册会计师）。具体分工是：销售与收款业务循环由 Y 负责，采购与付款业务循环由 Z 负责，货币资金及其他业务循环由李平负责，工作底稿复核及审计报告由 X 负责，审计总体策略由 W 编写。审计工作进度是：审计准备阶段 4 天，审计实施阶段 19 天，审计报告阶段 4 天。经初步评估，审计项目组对 M 公司审计重大错报风险暂定为 50%，检查风险暂定为 10%，同时按资产的 1%和总收入的 0.5%确定报表层次重要性水平（被审单位总资产为 800 万元，20×6 年销售收入为 2400 万元）。

要求

根据以上内容编制总体审计策略。

被审单位：M 公司	编制人：W	时间：20×6	索引号：A9
截止日：20×6 年 12 月 31	复核人：X	页次：1/1	

一、委托审计的目的、范围

二、审计策略

三、评价审计风险

四、重要审计领域

五、重要性水平初步估计

六、计划审计日期及时间预算

七、审计小组组成及人员分工

姓名	职务或职称	分工	备注

答案

被审单位：M 公司　　　编制人：W　　　时间：20×6　　　索引号：A9
截止日：20×6 年 12 月 31　　复核人：X　　　页次：1/1

一、委托审计的目的、范围
　　对 M 公司 20×6 年 12 月 31 日的资产负债表、20×6 年度的利润表和现金流量表，以及会计报表附注的公允性和合法性进行审计。
二、审计策略
　　由于被审单位内控不规范，拟不进行控制测试而按业务循环开展实质性测试。
三、评价审计风险
　　审计风险=50%×10%=5%
四、重要审计领域
　　主营业务收入、货币资金、应付账款
五、重要性水平初步估计
　　总资产的 1%，即 800×1%=8（万元）
六、计划审计日期及时间预算
　　审计时间从 20×7 年 1 月 5 日起；审计准备阶段 4 天，审计实施阶段 19 天，审计报告阶段 4 天
七、审计小组组成及人员分工

姓名	职务或职称	分工	备注
X	注册会计师	工作底稿复核及审计报告	
W	注册会计师	货币资金及其他业务循环	
Z	审计师	采购与付款业务循环	
Y	助理	销售与收款业务循环	

第二章

审计职业标准与民间审计组织

麦克逊·罗宾斯公司破产审计案

20世纪30年代,在美国经济发展进程中,上市公司自愿委托社会公认会计师实施审计形成风气。通过民间审计,有效地帮助了投资者的决策,维护了资本市场的稳定,民间审计中的会计报表审计在美国逐渐深化。在这样的背景下,1938年,美国发生了一桩令人震惊的"麦克逊·罗宾斯公司破产案",引起了全美各界人士的关注。

1938年,麦克逊·罗宾斯药材公司(以下简称罗宾斯公司)的债权人汤普森公司在与罗宾斯公司的经济往来业务发现了该公司的财务资料有异常之处。其一,该公司制药原材料部门是盈利较高的经营部门,但公司经营者都直接对其重新投资,而该部门还没有资金积累;其二,公司账面制药原材料存货的保险金额较少。前任公司董事会决定减少存货余额,并要求现任经理菲利普·科斯特执行这一决定,但1938年年末,公司存货却增加了100万美元。汤普森公司对上述问题产生疑惑,向公司管理人员要求提供有关制药原材料实际存货的证明,但未能取得该证据,拒绝承认公司300万美元的债券。而后,美国证券交易委员会开始对罗宾斯公司立案调查。

美国证券交易委员会对罗宾斯公司的调查结果如下。

(1)罗宾斯公司的有价证券在纽约交易所公开上市,并已依法在证券交易所注册登记。

(2)该公司及其公司10多年来的会计报表均由美国第一流的普赖斯·沃特豪斯会计公司执行审计,对罗宾斯公司财务状况及经营成果出具了无保留意见审计报告。

(3)1937年12月31日,罗宾斯公司的合并资产负债表中总资产8 700万美元,其中1 907.5万美元属虚假资产(存货1 000万美元,销售收入900万美元,银行存款7.5万美元)。1937年度,该公司合并损益表中虚假销售收入1 820万美元,虚假毛利180万美元。

(4)公司现任总经理菲利普·科斯特使用化名并有诈骗犯罪前科,其3位兄弟均使用化名在公司任要职。菲利普·科斯特与其3位兄弟合作舞弊,利用公司薄弱的内部控制,贪污巨款。

证券交易委员会宣布调查结果后立即引起了轩然大波。根据调查结果,罗宾斯公司的实际资产状况早已"资不抵债",应立即宣布破产。而首先遭受巨大损失的是罗宾斯公司的最大债权人汤普森公司,汤普森公司认为其之所以贷款给罗宾斯公司是因为信赖了会计师事务所出具的审计报告，因此他们要求沃特豪斯会计师事务所赔偿他们的全部损失。然而，沃特豪斯拒绝了汤普森公司的赔偿要求。沃特豪斯认为，他们执行的审计工作遵循了美国注册会计师协会颁布的《财务报表检查》中的各项规定，对罗宾斯公司的合谋欺骗造成的审计失败不承担任何责任。最终，在证券交易委员会的调解下，沃特豪斯事务所退回历年收取的审计费用50万美元作为对汤普森公司债权损失的赔偿。

该案件对美国民间审计准则的制定有着深远的影响。一方面，该案件引起了美国证券交易委员会对规范民间审计行为的重视，促使其开始投入研究和修订相关规范，完善了审计程序；另一方面，案件引起了美国职业会计师协会的关注，颁布和修订了《公认审计标准——意义和范围》，从此，民间有了一套公认的审计准则。

资料来源：摘自人大经济论坛案例库.

注册会计师在执行审计业务时，必须遵守职业标准。审计职业标准是由注册会计师团体制定的一套在执业过程中必须遵循的行为标准，用以规范注册会计师的执业行为，衡量和评价注册会计师审计服务的质量。发展至今，审计职业标准已形成一套较全面、完善的行业约束体系，包括注册会计师执业准则体系和职业道德规范两个方面的内容。

第一节 我国注册会计师执业准则体系

一、审计准则的含义和作用

（一）审计准则的含义

审计准则，又称审计标准或执业准则，是审计人员在实施审计工作的过程中必须遵循的行为规范，是衡量审计工作质量的重要依据。

审计准则是在审计实践的过程中，由于审计自身的需要和社会公众的要求而产生并逐渐完善的，为同行审计工作者共同承认并参照执行的一种审计工作规范。审计准则是审计经验的总结，随着审计实践的发展逐步得到完善，既是控制和评价审计工作质量的依据，也是控制审计风险的必然要求。

（二）审计准则的作用

审计准则是把审计实务中一般认为公正妥善的惯例加以概括归纳而形成的原则，是审计人员在实施审计工作的过程中必须遵循的行为规范和指南。它推动了审计事业的发展，其作用体现在以下几个方面。

（1）审计准则为审计人员提供了审计工作规范，为评价审计工作质量提供了衡量尺度。审计准则使审计人员在审计过程中有章可循，知道如何开展审计工作。在审计计划的编制、审计方案的制订、审计证据的收集与评价、审计报告的编写、审计意见的表示等方面，审计准则都为审计人员提供了工作规范，在一定程度上减少了审计人员在审计过程中的主观性失误和重复劳动，有利于保障审计工作质量和提高审计工作效率。同时审计组织的管理部门也可以通过检查审计人员对审计准则的遵守情况来评价审计工作质量。

（2）审计准则有利于取信公众和维护社会公众及审计人员的正当权益。注册会计师按照审计准则进行审计，一方面，有利于维护审计委托方、投资方、债权人、银行等有关社会公众方的利益；另一方面，审计准则规定了审计人员的工作范围，审计人员只要遵守了审计准则就算尽到了职责，有了审计准则，当审计委托人与审计人员发生意见分歧时，就有了裁决判别的公认标准，审计人员可以运用审计准则来维护自身的合法权益。

（3）实施审计准则可以促进国际审计经验交流。审计准则是审计实践经验的总结和升华，已成为审计理论的一个重要部分。随着我国对外开放的深化，国际合作的领域和范围也在不断扩大，客观上也要求各国对审计准则进行协调，开展国际审计经验交流。国际审计准则的制定和协调工作的开展，有力地推动了世界审计经验和学术交流。

二、中国注册会计师执业准则

（一）注册会计师执业准则的概念

注册会计师执业准则，又称注册会计师执业标准，是用来规范注册会计师执行审计业务、获取审计证据、形成审计结论、出具审计报告的专业标准，是注册会计师职业规范体系的重要组成部分，是注册会计师在执行审计业务过程中应该遵循的行为准则，也是衡量注册会计师审计工作质量的权威性标准。

（二）中国注册会计师执业准则体系的构成

我国的注册会计师执业准则体系作为规范我国注册会计师执业的权威性标准，对提高注册会计师的执业质量、降低执业风险、维护社会公众的利益起到了重要作用。2006年，财政部颁布了注册会计师执业准则体系；2010年，中国注册会计师协会对原有准则体系进行了更新；2016年，发布了一项新的1504号审计准则，对其中的6项审计准则做了实质性修订，5项准则做了文字调整，至此我国注册会计师执业准则体系共计52条准则。相应地，注册会计师协会为了指导注册会计师正确理解和运用上述准则，于2017年拟订和发布了16项应用指南，其中，新制定的审定准则应用指南1项，实质性修订的6项，做出文字调整的9项，与对应的审计准则同步施行。准则的具体框架如图2-1所示。

（三）中国注册会计师执业准则体系的内容

中国注册会计师执业准则体系的内容包括鉴证业务准则、相关服务准则、质量控制准则。其中鉴证业务准则包括鉴证业务基本准则、审计业务、审阅业务、其他鉴证业务。

1. 鉴证业务准则

鉴证业务是指注册会计师对鉴证对象信息提出结论，以增强除责任方之外的预期使用者对鉴证对象信息信任程度的业务。鉴证业务旨在增强某一鉴证对象信息的可信性，包括历史财务信息审计业务、历史财务信息审阅业务和其他鉴证业务。鉴证业务准则是整个执业准则体系中最主要的部分，分为两个层次。第一个层次是具有统领作用的鉴证业务基本准则，是依据《中华人民共和国注册会计师法》制定的，其目标是规范注册会计师执行鉴证业务，明确鉴证业务的目标和要素，界定审计准则、审阅准则和其他鉴证业务准则适用的鉴证业务类型的准则。第二个层次是按照鉴证业务提供的保证程度和鉴证对象的不同，分为审计准则、审阅准则和其他鉴证业务准则。其中，审计准则是整个业务准则体系的核心。

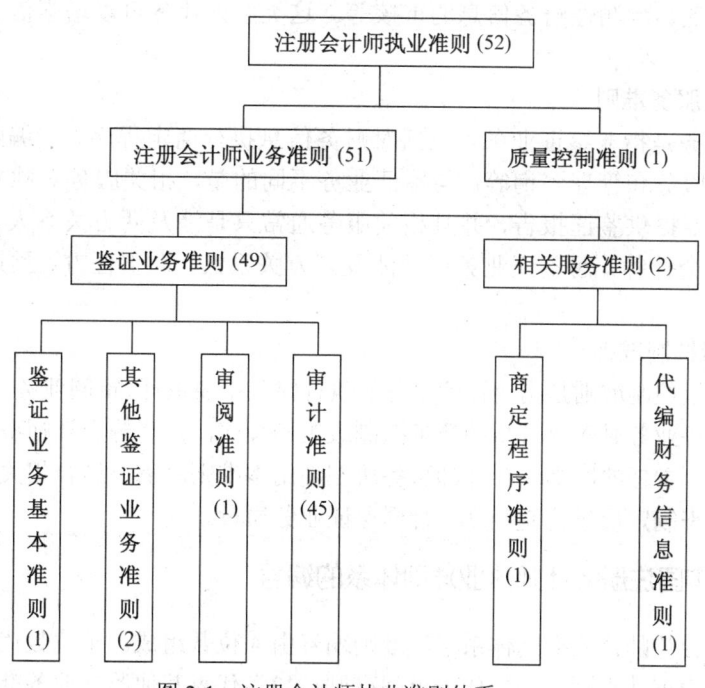

图 2-1　注册会计师执业准则体系

1）审计业务

审计业务是指注册会计师综合使用审计方法，对所审计的历史财务信息是否不存在重大错报提供合理保证，并以积极方式提出结论。审计准则的作用是规范注册会计师执行历史财务信息的审计业务。其中，"合理保证"是指注册会计师将鉴证业务风险降至该业务环境下可接受的最低水平，并对鉴证后的信息提供高水平保证。"以积极方式提出结论"是指审计结论应从正面发表意见。例如，"我们认为某公司财务报表已经按照企业会计准则和企业会计制度的规定编制，在所有重大方面公允反映了该公司的年度财务状况、经营成果和现金流量"。审计业务范围包括审查企业财务报表，出具审计报告；验证企业资本，出具验资报告；办理企业合并、分立、清算等事项中的审计业务，出具相关报告；执行法律法规规定的其他审计业务，出具相应的审计报告。审计准则是整个注册会计师执业准则体系中的核心部分，共 45 项，包括一般准则、工作准则和报告准则。

2）审阅业务

审阅业务是指注册会计师在实施审阅程序的基础上，说明是否注意到某些事项，使其相信财务报表没有按照适用的会计准则和相关会计制度的规定编制，未能在所有重大方面公允反映被审阅单位的财务状况、经营成果和现金流量。审阅准则是用来规范注册会计师执行历史财务信息（主要是财务报表）审阅业务的。相对审计而言，审阅业务程序简单，保证程度有限，成本也较低。

3）其他鉴证业务

其他鉴证业务是指注册会计师执行的除了审计业务和审阅业务以外的鉴证业务，如内部控制鉴证、预测性财务信息的审核等。这类鉴证业务可以增强信息使用者的信任程度。

2. 相关服务准则

相关服务是指非鉴证业务，包括对财务信息执行商定程序、代编财务信息、税务服务、会计服务和管理咨询等。与鉴证业务不同的是，相关服务对独立性没有强制性要求，不需要提供鉴证报告，并且相关服务通常只是涉及两方关系人，即客户和提供服务的注册会计师，而鉴证业务通常涉及三方关系人，即责任方、预期使用者和注册会计师。

3. 质量控制准则

业务质量控制准则是指会计师事务所执行财务报表审计、审阅业务、其他鉴证业务，以及相关服务业务时应该遵循的质量控制政策和程序，是明确会计师事务所及其审计人员的质量控制责任的准则。会计师事务所在使用本准则时需要结合相关职业道德要求，根据该准则来制定质量控制制度，合理保证业务质量。

（四）中国注册会计师执业准则体系的编号

在注册会计师执业准则体系中，准则编号由4位数组成。千位数代表不同的准则类别。"1"代表审计准则；"2"代表审阅准则；"3"代表其他鉴证业务准则；"4"代表相关服务准则；"5"代表质量控制准则。百位数代表某一类别准则中的大类，以审计准则为例，审计准则分为六类，"1"代表一般原则与责任；"2"代表风险评估与应对；"3"代表审计证据；"4"代表利用其他主体的工作；"5"代表审计结论与报告；"6"代表特殊领域审计。十位数代表大类中的小类。个位数代表小类中的顺序号。

第二节 注册会计师职业道德规范

职业道德是某一职业组织以公约、守则等形式公布的，其会员自愿接受的职业行为标准。注册会计师的职业性质决定了其对社会公众应承担的责任，为使注册会计师切实履行审计职责，为社会公众提供高质量的、可信赖的专业服务，在社会公众中树立良好的职业形象和职业信誉，就必须大力加强对注册会计师的职业道德教育，强化道德意识，提高道德水准。注册会计师职业道德规范是注册会计师在执行审计业务时应当遵循的行为规范，对注册会计师思想意识、品德修养等方面所规定的基本要求。

我国注册会计师协会一直关注注册会计师职业道德建设。为了规范注册会计师协会会员的职业行为，进一步提高职业道德水平，维护职业形象，注册会计师协会制定了《中国注册会计师职业道德守则》和《中国注册会计师协会非执业会员职业道德守则》。其中，

《中国注册会计师职业道德守则》具体包括《中国注册会计师职业道德守则第 1 号——职业道德基本原则》《中国注册会计师职业道德守则第 2 号——职业道德概念框架》《中国注册会计师职业道德守则第 3 号——提供专业服务的具体要求》《中国注册会计师职业道德守则第 4 号——审计和审阅业务对独立性的要求》和《中国注册会计师职业道德守则第 5 号——其他鉴证业务对独立性的要求》。《中国注册会计师职业道德守则》和《中国注册会计师协会非执业会员职业道德守则》于 2009 年制定发布，自 2010 年 7 月 1 日起施行。

（一）中国注册会计师职业道德基本原则

1. 诚信

注册会计师应当在所有职业活动中保持正直、诚实和守信。具体而言，当注册会计师如果认为业务报告、申报资料和其他信息存在下列问题时，则不得与这些问题的信息发生牵连：①含有严重虚假或误导性的陈述；②含有缺少充分依据的陈述或信息；③存在遗漏或含糊其辞的信息。注册会计师如果注意到已与有问题的信息发生牵连时，应当采取措施消除牵连。

2. 独立性

注册会计师执行审计和审阅业务以及其他鉴证业务时，应当从实质上和形式上保持独立性，不得因任何利害关系影响其客观性。会计师事务所在承办审计和审阅业务以及其他鉴证业务时，应当从整体层面和具体业务层面采取措施，以保持会计师事务所和项目组的独立性。

3. 客观和公正

注册会计师应当公正处事、实事求是，不得由于偏见、利益冲突或他人的不当影响而损害自己的职业判断。如果存在导致职业判断出现偏差或对职业判断产生不当影响的情形，注册会计师不得提供相关专业服务。

4. 专业胜任能力和应有的关注

注册会计师应当通过教育、培训和执业实践获取和保持胜任能力。注册会计师应当持续了解并掌握当前法律、技术和实务的发展变化，将专业知识和技能始终保持在应有的水平，确保为客户提供具有专业水准的服务。在应用专业知识和技能时，注册会计师应当合理运用职业判断。注册会计师应当保持应有的关注，遵守执业准则和职业道德规范的要求，勤勉尽责，认真、全面、及时地完成工作任务。注册会计师应当采取适当措施，确保在其领导下工作的人员得到应有的培训和督导。注册会计师在必要时应当使客户以及业务报告的其他使用者了解专业服务的固有局限性。

5. 保密

注册会计师应当对职业活动中获知的涉密信息保密，不得未经客户授权或法律法规允许，向会计师事务所以外的第三方披露其所获知的涉密信息，不得利用所获知的涉密信息为自己或第三方谋取利益。注册会计师应当对拟接受的客户或拟受雇的工作单位向其披露的涉密信息保密，对所在的会计师事务所的涉密信息保密。注册会计师在社会交往中应当履行保密义务，警惕无意中泄密的可能性，特别是警惕无意中向近亲属或关系密切的人员泄密的可能性。此外，注册会计师应当采取措施，确保下级员工以及提供建议和帮助的人员履行保密义务，在终止与客户的关系后，注册会计师应当对以前职业活动中获知的涉密信息保密。

6. 良好职业行为

注册会计师有应当遵守相关法律法规，避免任何损害职业声誉的行为。在向公众传递信息以及推介自己和工作时，应当客观、真实、得体，不得损害职业形象。注册会计师应当诚实，实事求是，不得夸大宣传其提供的服务、拥有的资质或获得的经验，不得贬低或无根据地比较其他注册会计师的工作。

（二）中国注册会计师协会非执业会员职业道德守则

《中国注册会计师协会非执业会员职业道德守则》具体包括职业道德基本原则、职业道德概念框架、潜在冲突、信息的编制和报告、专业知识和技能、经济利益、礼品和款待等内容。其中职业道德基本原则、职业道德概念框架与《中国注册会计师职业道德守则》中的对应内容大致相同。

1. 潜在冲突

如果履行工作职责与遵循职业道德基本原则产生冲突，非执业会员应当确定如何解决这种冲突。非执业会员可能由于履行工作职责而受到来自上级主管、经理、董事等方面的压力，从而对遵循职业道德基本原则产生不利的影响。这种压力可能会导致非执业会员出现下列行为：①违反法律法规；②违反会计准则和相关制度以及职业道德规范的要求；③参与实施不合法的盈余管理；④欺骗或故意误导他人，特别是欺骗或故意误导会计师事务所或监管机构；⑤发布严重歪曲事实的财务报告或其他报告，或者与此类报告发生牵连。

非执业会员应当评价不利影响的严重程度，并在必要时采取防范措施消除不利影响或将其降低至可接受的水平。防范措施主要包括向工作单位内部、独立的职业咨询专家或相关职业团体寻求建议，运用工作单位内部正式的冲突解决程序，征询法律意见等。

2. 信息的编制和报告

非执业会员在编制和报告预测与预算、财务报表、管理层讨论与分析、管理层声明书等信息时，应当公正诚实，遵守会计准则和相关制度以及职业道德规范的要求，使报告信息使用者能够正确理解信息。在编制或批准通用目的的财务报表时，非执业会员应当确信财务报表已按照适用的会计准则编制。非执业会员应当按照下列要求，以适当的方式编制和报告由其负责的信息：①清楚地描述交易、资产和负债的信息；②及时并恰当地分类和记录信息；③在所有重大方面准确、完整地反映事实。

3. 专业知识和技能

非执业会员应当遵循专业胜任能力和应有的关注原则，只有在经过专门培训并且获得足够的经验后，才能承担相应的重要工作。非执业会员不得夸大其专业知识水平或工作经验，故意误导工作单位，以及在需要时放弃寻求专家的建议和帮助。在非执业会员履行职责时，下列情形可能会对专业胜任能力和应有的关注原则产生不利影响：①缺乏足够的时间；②获取的信息不完整、不充分或范围受限；③缺乏应有的经验、培训或教育；④缺乏足够的资源。

非执业会员应当评价不利影响的严重程度，并在必要时采取防范措施，防范措施包括：①接受更多的建议和培训；②保证足够的时间履行相关职责；③获得具有特定专长的人员的帮助；④在适当时间向上级主管、独立咨询专家或相关职业团体咨询。如果不能消除不利影响或将其降低至可接受的水平，非执业会员应当确定是否拒绝执行相关工作。

4. 经济利益

当非执业会员或其近亲属在工作单位拥有下列经济利益时，可能会因自身利益对遵循职业道德基本原则产生不利影响：①在工作单位拥有直接或间接的经济利益，经济利益的价值可能直接受非执业会员决策的影响；②有资格获得与利润挂钩的奖金，奖金的价值可能直接受非执业会员决策的影响；③直接或间接持有工作单位的股票期权，其价值可能直接受非执业会员决策的影响；④直接或间接持有工作单位的现在可行权或即将可行权的股票期权；⑤在达到某些目标后，可能有资格获得工作单位的股票期权或与业绩挂钩的奖金。

非执业会员可以采取下列措施来消除不利影响或将其降低至可接受的水平：①工作单位制定政策和程序，规定由独立于管理层的委员会决定高级管理人员的薪酬形式及其水平；②根据工作单位的内部政策，非执业会员向治理层披露所有相关利益，以及相关股票的交易计划；③向上级主管、治理层或相关职业团体咨询；④工作单位开展内部审计或接受外部审计；⑤工作单位开展职业道德和与内幕交易问题相关的法律法规培训。此外，非执业会员不得操纵信息或利用涉密信息谋取个人利益。

5. 礼品和款待

1) 接受礼品和款待

如果非执业会员或其近亲属接受相关方礼品和款待，可能对遵循职业道德基本原则产生不利影响，此时，非执业会员应当评价不利影响的严重程度，并确定是否采取下列行动：①当相关方提供礼品和款待时，立即告知治理层或较高级别的管理人员；②在征询法律意见后，确定是否将相关方提供礼品和款待的事实告知对方单位或监管部门；③当近亲属收到相关方提供的礼品和款待时，告知近亲属可能产生的不利影响以及须采取的防范措施；④当近亲属被竞争对手或潜在的供应商聘用时，告知治理层或较高级别的管理人员。

2) 提供礼品和款待

非执业会员不得向相关方提供礼品和款待，以对相关方的职业判断产生不当影响。如果工作单位为了促使相关方做出违法或不诚实的行为，或获取其掌握的涉密信息，要求非执业会员相关方提供礼品和款待，非执业会员应当遵循上述潜在冲突中的规定。

案例分析 2-1

事务所因独立性受罚事件

基本案情：

2016 年 9 月 19 日，美国证监会（SEC）宣布，对四大会计师事务所之一的安永处以 930 万美元罚款。原因是，该公司的审计合伙人与两家上市公司客户的高管私人关系过于密切，违反了证券法中审计应当遵守的独立客观原则。而 SEC 判定因私交过密而影响审计独立从而处罚，安永尚属首例。

安永合伙人 Pamela Hartford 在任上市公司（公司 A）的审计师期间，与公司 A 的首席会计师 Robert Brehl 关系暧昧。Pamela Hartford 于 2010 年 11 月，以高级经理的身份加入公司 A 的审计团队，2011 年 7 月升为合伙人，2013 年年底，由安永推荐作为主管客户关系合伙人的候选人之一供公司 A 选择。

2014 年 2 月底，Hartford 升为主管客户关系的合伙人。在 2012 年 3 月至 2014 年 6 月期间，Hartford 与 Brehl 关系极为密切，在节日和生日时互换礼物，并利用工作和开会之便见面。两人虽然也意识到维持这样的关系不妥，试图隐藏，但最终还是被包括安永几位副总在内的人发现了。

2014 年 2 月，其中两位副总与安永的两个合伙人私下谈及此事，但安永合伙人未做反应，一位副总便在 2014 年 6 月 26 日上报公司。次日，公司对两人的关系启动调查，并将调查结果于三天后通知了安永。安永在进一步做内部调查后，认定两人关系影响了安永作为审计师的独立公正，便向公司 A 的董事会提出辞职。其后，根据美国证券法的规定，上市公司审计师辞职必须在四个工作日内上报 SEC。因此，安永因审计师与客户高管的不当关系而辞职一事，于 2014 年 7 月 9 日向公众曝光。

另一案例则是安永合伙人 Gregory Bednar 与另外一个上市公司客户（公司 B）的财务总监（CFO）的亲密关系。公司 B 从 1996 年开始聘用安永做审计工作，但在 2010 年公司的高管，包括 CFO 表示对安永服务不满，并通知安永公司考虑要撤换审计师。安永为了挽回客户，2010 年 5 月选定 Bednar 作为新的合伙人"发展和修复"与公司 B 的关系。

很显然，Bednar 的修复关系能力卓著。两人之间交换了几百封邮件、短信、语音留言，私事远远多于公事。就在 Bednar 策划想在 2015 年 4 月自己出 20 000 美元为 CFO 及其家人安排观看高尔夫球赛，并为 CFO 举行退休庆祝聚会的时候，2015 年 3 月，一纸关于两人亲密关系的"调查询问"终止了 Bednar 的策划。安永在 2015 年 3 月接到调查通知，2015 年 8 月被公司 B 解聘。

案例点评：

案例中都是合伙人的个人行为，为何安永也为此付出了巨大代价？这与安永的漠视和不作为有关。安永的内部政策要求审计师每年签字，规定审计师应当避免任何可能削弱或看似削弱审计师独立性的人际关系，也规定审计师不能与客户度假，不能与客户互换超越一般业务和社交礼节的礼物。但 SEC 认为安永在红灯频频亮起的情况下，并未执行其内部政策，严格监控审计师与客户私人关系及其对审计师独立性的影响。在明知其独立性受影响的情况下，安永还在客户的审计报告中做出审计结果为独立客观的承诺。这样的承诺误导了投资人和公众，违反了有关的证券法。安永受罚，罚在其没有充分认识到私人关系对独立性带来的影响，罚在因缺乏独立性可能让投资人失去对财务报告的信心，失去对公司的信心，从而失去对资本市场的信心。

注册会计师作为独立于企业经营管理者和所有者等利益相关方的第三方，如果在审计过程中保持独立性，则有效保证了审计质量，在很大程度上能避免上市公司经营者的机会主义，保护社会公众的利益；反之，则会成为上市公司财务造假舞弊的帮凶，最终损害社会公众利益。由此,在本案例中,公司 A 在披露撤换审计师时,也不得不同时宣布撤回在 Hartford 与 Brehl 保持浪漫关系期间的 2012 年和 2013 年审计报告,以及于 2014 年 3 月 31 日截止的第一季度财务报告,并告知投资人不能再依赖报告中的财务信息。

资料来源:摘自中国会计视野网站

第三节　注册会计师的法律责任

随着我国社会主义市场经济的建立和民主法治的不断加强,我国经济法规也逐渐建立和完善,经济生活中的各种专业人员的法律责任也相继明确。注册会计师实施的审计业务涉及多方面的利益,当发生利益冲突时便需要明确相关人员的责任。注册会计师的法律责任是指注册会计师或会计师事务所在执业过程中因违约、过失或欺诈对审计委托人、被审计单位或其他有利益关系的第三方造成损害,按照相关法律规定而应承担的法律后果。近年来,随着国内外诸多财务造假、审计舞弊案件带来的恶劣的社会影响乃至经济问题,注册会计师的法律责任问题也引起了社会的极大关注。

一、注册会计师法律责任的成因

(一)司法方面对审计的责任逐渐扩大

近十几年来,由于企业财务造假、管理当局舞弊造成企业经营失败、破产倒闭的诉讼案件大量增加,债权人和投资者蒙受大量损失,由此指控注册会计师在执行审计业务过程中未能及时发现并披露相关问题,并要求会计师事务所或注册会计师赔偿他们有关的损失。迫于社会公众的压力,许多国家的法院判决都逐渐倾向于增加注册会计师在这些方面的责任,主要体现在以下方面。

(1)逐步扩大了注册会计师对第三方利益集团或个人责任。

(2)扩充了注册会计师法律责任的内涵。传统的注册会计师的法律责任主要是对财务报表符合公认会计原则的公允性发表意见,而如今的审计准则还要求注册会计师在实施财务报表审计时,必须设计和实施必要的审计程序,为查明和揭露财务造假、管理舞弊、经营破产可能性及违反法律法规的行为提供合理的保证,从而在实质上扩充了注册会计师法律责任的内涵。

(3)有关法律允许采用"集体诉讼"方式,其中牵涉的利益受害人往往很多,会计师事务所赔偿的金额也往往很高。

(4)法院可能在某阶段出现明显倾向于保护财务报表使用者利益的趋势,从而扩大了注册会计师面临的法律责任。

(二)审计人员方面的原因

1. 审计失败

审计失败是指注册会计师由于没有遵守审计准则的相关要求而发表了错误的审计意

见。例如，注册会计师可能指派了不合格的助理人员去执行审计任务，未能发现应该发现的财务报表中存在的重大错报，导致注册会计师发表了不恰当的审计意见。注册会计师在执行审计业务时，应该按照职业准则的要求审慎执业，保证执业质量，控制审计风险，否则一旦出现审计失败，便可能承担相应的法律责任。

2. 违约

违约是指注册会计师未能按照合同的要求履行义务。当违约给他人造成损失时注册会计师就应承担违约责任。注册会计师的违约行为有：未能按时完成审计业务和出具审计报告；未能查出公司职员的重大侵吞资产行为；未能遵守客户事先声明的保密要求等。

3. 过失

过失是指在一定条件下，审计人员在执业过程中因缺少应有的合理的职业谨慎而导致审计失败。评价注册会计师的过失，是以其他合格注册会计师在相同条件下可做到的职业谨慎为标准的。当过失给他人造成利益损害时，注册会计师应承担过失责任。过失按其程度不同分为普通过失、重大过失和共同过失。

（1）普通过失，也称一般过失，通常是指没有保持职业上应有的合理谨慎，对注册会计师则是指没有完全遵循专业准则的要求。例如，没有按特定审计项目取得必要和充分的审计证据就出具报告的情况可视为一般过失。

（2）重大过失，是指连最基本的职业谨慎都没有保持，对业务或事项不加考虑，满不在乎。对注册会计师而言，则是完全没有按照执业准则的要求执业。

（3）共同过失，即对他人过失，受害方因自己未能保持合理的职业谨慎而蒙受损失。例如，委托单位委托注册会计师编制纳税申报表却没有提供编制所需要的信息，而后委托单位却控告注册会计师未能合理编制纳税申报表时，在这种情况下法院可能会判定委托单位有共同过失。

4. 欺诈

欺诈又称舞弊，是以欺骗或坑害他人为目的的一种故意的错误行为。作案具有不良动机是欺诈的重要特征，也是欺诈与过失的主要区别之一。具体而言，欺诈就是注册会计师为了达到欺骗他人的目的，明知客户的财务报表有重大错误，却加以虚伪的陈述，出具无保留意见的审计报告。

（三）客户方面的原因

客户方面的原因是指客户自身存在的错误、舞弊和违法行为以及经营失败的原因，给他人造成了利益损失，而注册会计师又未能查出时，造成注册会计师可能遭到客户或第三方的控告而承担相关的法律责任。

1. 经营失败

经营失败是指企业由于行业不景气、管理决策失误或出现预料之外的竞争因素导致企业无法满足投资者的期望或无力偿还债务的情况。企业经营失败的极端情况是破产。许多法院案例表明，企业经营失败很有可能会连累注册会计师，理解经营失败和审计失败的区别是界定注册会计师责任和管理层责任的主要标准。

2. 错误、舞弊和违法行为

错误是指客户财务报表无意错报或漏报,舞弊则是指客户财务报表有意错报或漏报。错误可能涉及下列行为:编制财务报表所用的会计数据收集或处理出错,由于疏忽或误解事实造成会计估计不正确,有关金额、分类、表达方式或揭露的会计原则应用错误等。舞弊可分为编制欺诈性财务报告和资产的侵占,涉及的舞弊方式包括篡改、伪造或变造编制财务报表依据的会计记录,故意伪造或遗漏事项、交易或其他主要信息,故意误用会计原则来处理金额、分类、表达方式或揭露等。

二、注册会计师法律责任的种类

注册会计师在执业过程中,因违约、过失或欺诈给被审计单位或其他利害关系人造成损失的,按照相关法律规定,可能承担的法律责任有行政责任、民事责任或刑事责任。这三种责任可以单处,也可以并处。

(一)行政责任

行政责任是指注册会计师或会计师事务所在执业过程中违反有关行政管理的法律、法规的规定,但尚未构成犯罪的行为,受到行政主管机关依法处罚的一种法律责任。行政责任对注册会计师来说,包括警告、暂停执业、吊销注册会计师证书等;对会计师事务所来说,包括警告、没收违法所得、罚款、暂停执业、撤销等。

(二)民事责任

民事责任是指会计师事务所、注册会计师对自身违反合同义务或民事侵权行为所引起的法律后果依法应该承担的法律责任。民事责任的法律特性是补偿性,即对受害人承担相应的赔偿责任,它与行政责任、刑事责任的强制程度不同,一般允许当事人自有处分、庭外和解。

(三)刑事责任

刑事责任是指注册会计师对社会经济造成严重危害而给予刑事制裁所承担的法律责任。根据《中华人民共和国刑法》的规定,注册会计师因其违法行为对社会经济造成影响,必须承担刑事责任。刑事责任主要是按照相关法律规定判处一定的徒刑。

通常而言,注册会计师的违约和过失行为可能承担行政责任与民事责任,欺诈行为则可能使其承担民事责任和刑事责任。

三、注册会计师法律责任的法律规定

随着社会主义市场经济的建立和完善,注册会计师在社会经济生活中发挥的作用越来越重要,注册会计师如果工作失误或出现欺诈行为,将会给客户及财务报告信息使用者造成重大损失,严重时甚至导致社会经济秩序的紊乱。因此,明确注册会计师的法律责任,强化注册会计师的法律责任意识对保障审计执业质量越来越重要。目前,在我国法律体系中，对注册会计师的法律责任做出规定的主要有《注册会计师法》《违反注册会计师法处罚暂行办法》《中华人民共和国公司法》《中华人民共和国证券法》及《中华人民共和国刑法》等。

（一）民事责任

1.《注册会计师法》的规定

于 1994 年 1 月 1 日实施的《注册会计师法》在第六章法律责任中规定了注册会计师的行政、刑事和民事责任。其中关于民事责任的条款是第四十二条："会计师事务所违反本法规定，给委托人、其他利害关系人造成损失的，应当依法承担赔偿责任。"

2.《中华人民共和国证券法》的规定

于 2005 年 10 月 27 日新修订的《中华人民共和国证券法》第一百七十三条规定："证券服务机构为证券的发行、上市、交易等证券业务活动制作、出具审计报告、资产评估报告、财务顾问报告、资信评级报告或者法律意见书等文件，应当勤勉尽责，对所依据的文件资料内容的真实性、准确性、完整进行核查和验证。其制作、出具的文件有虚假记载、误导性陈述或者重大遗漏，给他人造成损失的，应当与发行人、上市公司承担连带赔偿责任，但是能够证明自己没有过错的除外。"

3.《中华人民共和国公司法》的规定

于 2005 年 10 月 27 日新修订的《中华人民共和国公司法》第二百零八条第三款规定："承担资产评估、验资或者验证的机构因出具的评估结果、验资或者验证证明不实，给公司债权人造成损失的，能够证明自己没有过错的除外，在其评估或者证明不实的金额范围内承担赔偿责任。"

（二）行政责任

1.《注册会计师法》的规定

《注册会计师法》第三十九条第一款规定："会计师事务所违反本法第二十条、第二十一条规定的，由省级以上人民政府财政部门给予警告，没收违法所得，可以并处违法所得一倍以上五倍以下的罚款；情节严重的，并可以由省级以上人民政府财政部门暂停其经营业务或者予以撤销。"

《注册会计师法》第三十九条第二款规定："注册会计师违反本法第二十条、第二十一条规定的，由省级以上人民政府财政部门给予警告，情节严重的，可以由省级以上人民政府财政部门暂停其执行业务或者吊销注册会计师证书。"

2.《中华人民共和国证券法》的规定

《中华人民共和国证券法》第二百零一条规定："为股票的发行、上市、交易出具审计报告、资产评估报告或者法律意见书等文件的证券服务机构和人员，违反本法第第四十五条的规定买卖股票的，责令依法处理非法持有股票，没收违法所得，并处以买卖股票等值以下的罚款。"

《中华人民共和国证券法》第二百二十三条规定："证券服务机构未勤勉尽责，所制作、出具的文件有虚假记载、误导性陈述或者重大遗漏的，责令改正，没收业务收入，暂停或者撤销证券服务业务许可，并处以业务收入一倍以上五倍以下的罚款。对直接负责的主管人员和其他直接责任人员给予警告，撤销证券从业资格，并处以三万元以上十万元以下的罚款。"

《中华人民共和国证券法》第二百二十五条规定："上市公司、证券公司、证券交易所、证券登记结算机构、证券服务机构，未按照有关规定保存有关文件和资料的，责令改正，给予警告，并处以三万元以上三十万元以下的罚款；隐匿、伪造、篡改或者毁损有关文件和资料的，给予警告，并处以三十万元以上六十万元以下的罚款。"

3.《中华人民共和国公司法》的规定

《中华人民共和国公司法》第二百零八条第一款规定："承担资产评估、验资或者验证的机构提供虚假材料的，由公司登记机关没收违法所得，处以违法所得一倍以上五倍以下的罚款，并可以由有关主管部门依法责令该机构停业、吊销直接责任人员的资格证书、吊销营业执照。

第二百零八条第二款规定："承担资产评估、验资或者验证的机构因过失提供有重大遗漏的报告的，由公司登记机关责令改正，情节比较严重的，处以所得收入一倍以上五倍以下的罚款，并可以由有关主管部门依法责令该机构停业、吊销直接责任人员的资格证书、吊销营业执照。"

4.《违反注册会计师法处罚暂行办法》的规定

为加强注册会计师行业的监督管理，促进注册会计师事业的健康发展，维护社会公共利益和当事人的合法权益，根据《注册会计师法》和《中华人民共和国行政处罚法》，制定了《违反注册会计师法处罚暂行办法》（以下简称《办法》）。该法第四条规定，"对注册会计师的处罚种类包括：（一）警告；（二）没收违法所得；（三）罚款；（四）暂停执业部分或全部业务，暂停执业的最长期限为12个月；（五）吊销有关执业许可证；（六）吊销注册会计师证书"。

第五条规定，"对事务所的处罚种类包括：（一）警告；（二）没收违法所得；（三）罚款；（四）暂停执业部分或全部业务，暂停执行的最长期限为12个月；（五）吊销有关执业许可证；（六）撤销事务所"。

（三）刑事责任

1.《注册会计师法》的规定

《注册会计师法》第三十九条第三款规定："会计师事务所、注册会计师违反本法第二十条、第二十一条的规定，故意出具虚假的审计报告、验资报告，构成犯罪的，依法追究刑事责任。"

2.《中华人民共和国刑法》的规定

《中华人民共和国刑法》第二百二十九条第一款规定："承担资产评估、验资、验证、会计、审计、法律服务等职责的中间组织的人员故意提供虚假证明文件，情节严重的，处五年以下有期徒刑或者拘役，并处罚金。"

第二百二十九条第二款规定："前款规定的人员，索取他人财物或者非法收受他人财物，犯前款罪的，处五年以上十年以下有期徒刑，并处罚金。"

3.《中华人民共和国公司法》的规定

《中华人民共和国公司法》第二百一十六条规定："违反本法规定，构成犯罪的，依法追究刑事责任。"

4.《中华人民共和国证券法》的规定

《中华人民共和国证券法》第二百三十一条规定："违反本法规定，构成犯罪的，依法追究刑事责任。"

5.《违反注册会计师法处罚暂行办法》的规定

该法第三十一条规定："注册会计师和会计师事务所的违法行为构成犯罪的，应当移交司法机关，依法追究刑事责任。"

四、注册会计师法律责任的防范措施

注册会计师的职业性质决定了注册会计师是一个容易遭受法律诉讼的职业，那些蒙受利益损失的受害人总想通过起诉会计师事务所或注册会计师来使自己的损失得到一定程度的赔偿。因此，一直以来，对会计师事务所及注册会计师的法律诉讼案件都层出不穷，而注册会计师行业每年也不得不为此付出巨大的精力、支付巨额的赔偿金额、购买高额的保险费，这也成为多年来困扰整个行业界的热点问题。如何减少注册会计师面临的法律诉讼、减轻法律责任，具体措施有如下几个方面。

（一）严格遵循职业道德要求和执业准则

现代审计所面临的特定环境和自身特点，决定了不能苛求注册会计师对财务报表中未查出的所有错报、漏报事项都要负责，注册会计师是否承担法律责任在很大程度上取决于注册会计师在实施审计业务的过程中是否有过失或欺诈行为。判断注册会计师是否有过失行为主要是看注册会计师在执业过程中是否遵守执业准则的相关规定，而欺诈行为是注册会计师严重违背职业道德的行为。只要注册会计师严格遵守执业准则和职业道德的相关要求，一般是不会发生重大过失的。

（二）保持执业独立性和职业谨慎

独立性是审计的核心。独立性实质上是要求注册会计师采取一种脱离客户利益的负责态度，审计人员只有保持这样一种独立的态度才能在实施审计业务的过程中做出合理的职业判断。职业谨慎是作为一名注册会计师应具备的职业素养，只有保持应有的职业谨慎和怀疑态度，注册会计师才能在执行审计业务的过程中更容易发现问题，执行必要的审计程序，从而保证执业质量。

（三）建立、健全会计师事务所的质量控制制度

一套科学、严谨的质量控制制度是会计师事务所提高执业质量的必要保障，质量控制也是会计师事务所管理工作的核心。科学合理的质量控制制度从整体上保证了业务质量目标的实现，也为注册会计师开展审计业务提供了业务指导和衡量标准，以督促全体执业人员遵守执业准则，规范工作流程，提高业务能力，从而保证业务质量，降低审计

风险,减少法律诉讼。

(四)谨慎选择客户

为减少法律诉讼和经济赔偿,会计师事务所除了对内做好质量控制工作以外,在选择客户时也须有所取舍。

(1)选择正直、诚信的客户。如果选择了不正直、不诚信的客户,注册会计师在对该单位实施审计的过程中便很可能受到客户的误导甚至蒙骗,从而很容易导致注册会计师发生过失行为,出具不合理的审计报告。因而,事务所在选择客户时应事先了解被审计单位的历史情况及单位主要管理人员的品行作风情况,再决定是否接受客户的委托。

(2)对于陷入财务危机和经营困境的客户要谨慎考虑是否接受委托。陷入财务危机和经营困境的被审计单位很容易发生经营失败、破产倒闭的情况,一旦出现这种情况,注册会计师及事务所便很容易卷入法律纠纷,被审计单位的股东和债权人会更倾向于通过起诉事务所或注册会计师来使自己的损失得到一定程度的补偿。

(五)深入了解被审计单位的情况和业务

在很多案件中,注册会计师未能发现错误,一个很重要的原因就是对被审计单位的行业特点和经营状况缺乏了解,以致在审计过程中没能确定合理的审计重点、审计范围和抽样规模,没能及时发现财务报表中的错报问题,造成审计失败。会计师不了解经济活动的综合反应,不熟悉被审计单位的经济业务和生产经营实务,仅局限于有关的会计资料,就可能发现不了某些错误。因此,注册会计师在制订和实施审计计划时,必须深入了解被审计单位的基本情况和业务,了解被审计单位的内部控制、管理状况、经营状况和重大决策等。

(六)严格签订审计业务约定书

审计业务约定书是会计师事务所与委托单位共同签订的,据以明确审计业务的委托与受托关系,明确审计目的、审计范围以及双方权利与义务等事项的书面合约。该业务约定书具有法律效力,会计师事务所在承接业务时都应该严格与对方签订业务约定书,这样才能在发生法律诉讼时有维护自己权益的直接法律依据,避免承担不必要的法律责任。

(七)提取风险基金或购买职业责任保险

由于独立审计是一个高社会责任和高执业风险的行业,会计师事务所即使足够重视对审计风险的管理,也要承受一部分风险。而且随着与审计相关的法律制度的建立健全,会计师事务所的民事赔偿责任会不断增大,风险事故带来的损失可能是巨大的。通过参加职业责任保险可以有效抵御审计风险,我国《注册会计师法》也明确规定会计师事务所应该按照规定建立职业风险基金、办理职业保险。

(八)聘请熟悉注册会计师法律责任的律师

会计师事务所可以聘请熟悉审计法规和注册会计师法律责任的律师,并让律师协助注册会计师的审计工作,专门应对审计诉讼。注册会计师在执业过程中遇到法律问题时,可以向律师咨询潜在风险、寻求规避建议,在律师的指导下,还可以强化注册会计师在执业过程中的法律意识,在发生法律诉讼时,也能提高胜诉的可能性。

案例分析 2-2

审计中的法律责任

基本案情

A公司是一家中外合资企业,成立于2000年10月,下辖一个全资子公司、两个销售分公司、三个分厂。B会计师事务所,是A公司首次公开发行股票并上市(IPO)的审计机构。经查明,B事务所作为A公司的审计机构,对其2012年、2013年及2014年财务报表进行审计并出具了标准无保留意见的审计报告,审计收费130万元。B事务所在审计过程中未勤勉尽责,其所出具的审计报告存在虚假记载。具体违法事实如下。

一、B事务所对A公司2012—2014年与营业收入相关的项目进行审计时未勤勉尽责

2012—2014年,A公司出口收入分别占各年主营业务收入的73.25%、84.4%、85.27%。经查,A公司以虚增出口销售单价方式虚增利润,虚增各年利润金额分别占当年利润总额的8.61%、20.81%、67.33%。

(一)B事务所未保持应有的职业怀疑,未充分关注境外销售合同的异常情况

B事务所在对A公司2012—2014年营业收入进行审计时,A公司提供的与各个境外销售客户签订的合同的格式大致相同,合同中缺少对外贸易合同的一些基本要素,例如:对货物质量的约定(如纯度、含水率、破损率等);包装标准;付款条件(如见票即付);需要提交的文件(如发票、提单、各种检疫检验证明文件等)。B事务所在审计时发现A公司在2012年前后使用的外销合同格式不一样,但未保持应有的职业怀疑,特别是在2013年及2014年营业收入存在舞弊导致的重大错报风险的情况下,对上述异常情况未予以充分关注。

(二)未对函证保持控制

B事务所在对A公司2012—2014年财务报表进行审计时,对大部分销售客户(包括大部分境外销售客户)期末应收账款余额及当期销售金额进行了函证。经查,B事务所向销售客户的询证函交由A公司的工作人员发出,未对函证保持控制。A公司之后安排将虚假回函寄回B事务所。

二、B事务所对A公司2012—2014年与存货相关的项目进行审计时未勤勉尽责

2012—2014年,A公司各年末存货余额分别占资产总额的44%、39%及26%。经查,A公司分别通过调节出成率、调低原材料采购单价以及未在账面确认已处理霉变存货损失的方式虚增利润和存货。虚增利润金额分别占当年利润总额的25.52%、32.85%及32.43%;虚增存货金额分别占各年末资产总额的3.11%、6.51%及7.26%。

(一)未按审计准则、其设计的舞弊风险应对措施以及总体审计策略执行相应的审计程序

B事务所对A公司2013年及2014年财务报表进行审计时,将存货评估为存在舞弊

风险,将存货和营业成本评估为存在重大错报风险,并将存货评估为存在特别风险。在舞弊风险应对措施中提出,在观察存货盘点的过程中实施额外的审计程序,例如,更严格地检查包装箱中的货物、存货堆放方式等。但注册会计师在监督盘点过程中,在 A 公司的存货密集堆放,各垛物品间没预留可查看空间的情况下,只对顶层、侧面以及外围的存货进行抽样检查,未对垛中心存货进行检查。此外,B 事务所在总体审计策略中提出,应核对库房进销存账与财务账是否一致,但实际上未执行。

(二)未按审计准则及总体审计策略的要求,实施有效的抽盘程序

经查,2012—2014 年,A 公司虚增的以及存放于其他代工厂的存货金额分别占各年末存货金额的比例为 24.84%、30.97%及 41.49%,该部分存货于各年年末在 A 公司的自有库房中是无法盘点出来的,而 B 事务所在审计底稿中记录 2012 年、2013 年及 2014 年的抽盘比例分别是 54.36%、67.85%及 88.56%。且实际监盘时,B 事务所仅从每一垛存货中抽出部分存货进行称重或查看质量,进而认为整垛存货是经过抽盘的,故 B 事务所实际抽盘的比例远低于审计底稿记载的比例。此外,2013 年及 2014 年,B 事务所在总体审计策略中提出要加大抽盘的范围与数量,但实际上也未执行。

上述行为严重违反《中华人民共和国国家审计准则》和《中华人民共和国证券法》的相关规定,证监会对 B 事务所和相关涉案人员做出以下处罚决定:

(1)责令 B 事务所改正违法行为,没收业务收入 130 万元,并处以 260 万元罚款;
(2)对侯××、肖×给予警告,并分别处以 10 万元罚款。

案例点评

在本案例中,B 事务所对 A 公司 2012—2014 年的财务报告中营业收入和存货的相关项目进行审计时未做到勤勉尽责,对销售合同的格式异常情况未予以关注,函证过程通过 A 公司发放和收回询证函,影响了函证的有效性,在将存货评估为存在重大错报风险并制定了相应的风险应对措施后,实际执行过程中却没有具体落实,在观察存货盘点的过程中并未实施预先设计的额外审计程序,实际抽盘的比例远低于审计底稿记载的比例,在总体审计策略中提出的核对库房进销存账与财务账是否一致实际上也未得到执行。B 事务所在执业过程中,未保持应有的职业怀疑和职业谨慎,以致出具了虚假的审计报告,违反了《中华人民共和国国家审计准则》和《中华人民共和国证券法》的相关规定,给财务报告信息使用者造成损失,为此会计师事务所及其注册会计师都将承担相应的法律责任。

资料来源:摘自中国证券监督管理委员会网站.

第四节 注册会计师与会计师事务所

一、注册会计师考试和注册制度

注册会计师(Certified Public Accountant,CPA),是指取得注册会计师证书并在会计师事务所执业的人员,是指从事社会审计、中介审计、独立审计的专业人士。注册会计师考试和注册登记制度是一系列选拔和管理注册会计师措施、制度的总称。为了保证审

计工作人员的业务素质，保障审计工作的质量，保护投资者的合法权益，维护社会主义经济秩序，我国自改革开放以来，非常重视注册会计师管理体系的建设，制定了较完善的注册会计师考试和注册制度。

（一）注册会计师考试

我国于1991年建立了注册会计师全国统一考试制度，并规定从1994年起会计人员必须通过注册会计师全国统一考试才能获得注册会计师资格证书，才能加入注册会计师队伍。

1. 考试组织

根据《中华人民共和国注册会计师法》（以下简称《注册会计师法》）的规定，注册会计师全国统一考试由财政部制定，中国注册会计师协会负责组织实施工作。财政部成立注册会计师考试委员会（以下简称财政部考委会），并将财政部考委会办公室设在中国注册会计师协会，组织领导注册会计师开展全国统一考试工作。

财政部考委会组织领导全国统一考试工作，确定考试组织工作原则，制定考试组织工作方针、政策，审定考试大纲，确定考试命题原则，处理考试组织工作中的重大问题，指导地方考试委员会工作。地方考试委员会贯彻、执行财政部考委会的规定，组织、领导本地区的考试工作。

各省、自治区、直辖市财政厅（局）成立地方注册会计师考试委员会（简称地方考委会），组织领导本地区注册会计师全国统一考试工作。地方考委会设立地方注册会计师考试委员会办公室（简称地方考办），组织实施本地区注册会计师全国统一考试工作，地方考办设在各省、自治区、直辖市注册会计师协会。

2. 报考条件

根据《注册会计师法》和《注册会计师全国统一考试办法》的规定，具有下列条件之一的中国公民，可报名参加考试：①高等专科以上学历；②会计或者相关专业（指审计、统计、经济等）中级以上专业技术职称，具有会计或者相关专业高级技术职称的人员，如高级会计师、会计学教授、副教授、研究员、副研究员等并具有会计工作经验的人员，以及具有大专或者相当于大专学历，或者大专等同学力，从事财会工作20年以上，确有会计业务专长的人员，可以免试部分科目。

3. 考试阶段及考试科目

考试分为两个阶段，即专业考试阶段和综合考试阶段。专业阶段主要测试考生是否具备注册会计师执业所需要的专业知识，是否掌握了基本的业务技能和职业道德要求。目前设立的考试科目包括会计、审计、财务成本管理、企业战略与风险管理、经济法、税法。综合阶段主要测试考生是否具备在职业环境中运用专业知识，保持职业价值观、职业道德与态度，有效解决实务问题的能力，其中包括在国际环境下运用英语进行业务处理的能力，体现了注册会计师的职业特性和注册会计师胜任能力的要求。

考生在通过第一阶段的全部科目的考试后才能参加第二阶段的考试。两个阶段的考试每年各举行一次，合格成绩均为每科60分及以上。专业阶段的单科合格成绩在5年内有效，在连续的5年内通过第一阶段6个科目考试的考生可获发专业阶段合格证。综合阶段考试科目应在取得专业阶段合格证书后 5 年内完成，通过综合阶段考试的考生可获发全科合格证，并成为注册会计师协会的非执业会员。非执业会员在具备了两年以上在会计师事务所工作经验并拥有相应的业务能力后才能申请成为注册会计师协会的执业会员。

（二）注册会计师注册制度

根据《注册会计师法》的规定，通过注册会计师考试全科成绩合格的，并从事审计业务工作两年以上的，可以向省、自治区、直辖市注册会计师协会申请注册，获发注册会计师证书，成为执业注册会计师。

1. 不准予注册的情形

（1）不具有完全民事行为能力的；

（2）因受刑事处罚，自刑罚执行完毕之日起至申请注册之日止不满五年的；

（3）因在财务、会计、审计、企业管理或者其他经济管理工作中犯有严重错误受行政处罚、撤职以上处分，自处罚、处分决定之日起至申请注册之日止不满两年的；

（4）受吊销注册会计师证书的处罚，自处罚决定之日起至申请注册之日止不满五年的；

（5）国务院财政部门规定的其他不予注册的情形。

2. 撤销注册的情形

已取得注册会计师证书的人员，如果注册后出现以下情形之一的，将被撤销注册，收回注册会计师证书：

（1）完全丧失民事行为能力的；

（2）受刑事处罚的；

（3）因在财务、会计、审计、企业管理或者其他经济管理工作中犯有严重错误受行政处罚、撤职以上处分的；

（4）自行停止执行注册会计师业务满一年的。

二、会计师事务所

（一）会计师事务所的组织形式

会计师事务所是注册会计师依法承办业务的机构。在世界范围内，会计师事务所包括独资、普通合伙、有限责任和有限责任合伙四种形式。根据《注册会计师法》的规定，我国的会计师事务所分为有限责任会计师事务所和合伙会计师事务所。

1. 独资会计师事务所

独资会计师事务所是由具有注册会计师执业资格的个人独立开业，业主负无限责任的企业组织形式。这种类型的会计师事务所一般规模较小，人员较少，主要服务于小企业。在注册会计师职业发展的初期，往往采用这种组织形式。它的优点是，对执业人员的需求不多，容易设立，执业灵活，能够在代理记账、代理纳税等方面很好地满足小型企业对注册会计师服务的需求，虽然承担无限责任，但实际发生风险的程度相对较低。

缺点是无力承担大型业务，缺乏发展后劲。

2. 普通合伙会计师事务所

普通合伙会计师事务所是由两位或两位以上合伙人组成的会计师事务所。合伙人以各自的财产对会计师事务所的债务承担无限连带责任。它的优点是，在风险牵制和共同利益的驱动下，促使会计师事务所强化专业发展，扩大规模，提高规避风险的能力。缺点是建立一个跨地区、跨国界的大型会计师事务所要经历一个漫长的过程。同时，任何一个合伙人在执业中的失误和舞弊行为，都可能牵连整个会计师事务所。

3. 有限责任会计师事务所

有限责任会计师事务所是指由注册会计师认购会计师事务所的股份，并以其认购股份对会计师事务所承担有限责任，会计师事务所以全部资产对其债务承担有限责任。其优点是可以通过公司制形式迅速聚集一批注册会计师，组成会计师事务所承接大型业务；其缺点是降低了风险责任对职业行为的高度约束，弱化了注册会计师的个人责任，对注册会计师不谨慎执业的行为缺乏威慑力。

4. 有限责任合伙会计师事务所

有限责任合伙会计师事务所在我国又称特殊的普通合伙会计师事务所，是指会计师事务所以其全部资产对其债务承担有限责任，各合伙人只需承担有限责任。无过失的合伙人对其他合伙人的过失或不当执业只以自己在事务所的财务为限承担有责任，不承担无限责任，除非该合伙人存在过失或者不当执业行为。其特征是融合了普通合伙和有限责任会计师事务所的优点，又摒弃了它们的缺点。该种形式顺应了经济发展对注册会计师行业的要求，已成为当今会计师事务所组织形式发展的一个大趋势，近年来，我国也多次出现这种特殊的普通合伙会计师事务所。

（二）会计师事务所的设立

1. 设立合伙会计师事务所的条件

根据《注册会计师法》和《会计师事务所审批和监督暂行办法》，设立合伙会计师事务所应该具备以下条件：①有2名以上的合伙人；②有书面合伙协议；③有会计师事务所的名称；④有固定的办公场所。

2. 设立有限责任会计师事务所的条件

应当具备下列条件：①有5名以上的股东；②有一定数量的专职从业人员；③有不少于人民币30万元的注册资本；④有股东共同制定的章程；⑤有会计师事务所的名称；⑥有固定的办公场所。

3. 成为会计师事务所的合伙人或者股东的条件

（1）持有中华人民共和国注册会计师证书。

（2）在会计师事务所专职执业。

（3）成为合伙人或者股东前3年内没有因为执业行为受到行政处罚。

（4）有取得注册会计师证书后最近连续5年在会计师事务所从事下列审计业务的经历，其中在境内会计师事务所的经历不少于3年：

① 审查企业会计报表，出具审计报告；

② 验证企业资本，出具验资报告；
③ 办理企业合并、分立、清算事宜中的审计业务，出具有关的报告；
④ 法律、行政法规规定的其他审计业务。

（5）成为合伙人或者股东前1年内没有因采取隐瞒或提供虚假材料、欺骗、贿赂等不正当手段申请设立会计师事务所而被省级财政部门做出不予受理、不予批准或者撤销会计师事务所的决定。

4. 其他规定条件

（1）会计师事务所应当设立主任会计师，合伙会计师事务所的主任会计师由执行会计师事务所事务的合伙人担任。有限责任会计师事务所的主任会计师由法定代表人担任，法定代表人由股东担任。

（2）注册会计师在成为会计师事务所的合伙人或者股东之前，应当在省、自治区、直辖市注册会计师协会办理完从原会计师事务所转出的手续。若为原会计师事务所合伙人或者股东，还应当按照有关法律、行政法规，以及合伙协议或者章程办理完退伙或者股权转让手续。

（3）会计师事务所的名称应当符合国家有关规定。未经同意，会计师事务所不得使用包含其他会计师事务所字号的名称。

（4）设立会计师事务所，应当由全体合伙人或者全体股东提出申请，由拟设立的会计师事务所所在地的省级财政部门批准。

（三）会计师事务所的审批

省级财政部门批准设立会计师事务所，应当按照下列程序办理。

（1）对申请人提交的申请材料进行审查，并核对有关复印件与原件是否相符。对申请材料不齐全或者不符合法定形式的，应当场或者在5日内一次告知申请人需要补正的全部内容。对申请材料齐全、符合法定形式，或者申请人按照要求提交全部补正申请材料的应当受理。受理申请或者不予受理申请，应当向申请人出具加盖本行政机关专用印章和注明日期的书面凭证。

（2）对申请材料的内容进行审查，并将申请材料中有关会计师事务所名称以及合伙人或者股东执业资格及执业时间等情况予以公示。

（3）自受理申请之日起30日内做出批准或者不予批准设立会计师事务所的决定。做出批准设立会计师事务所决定的，应当自做出批准决定之日起10日内向申请人下达批准文件、颁发会计师事务所执业证书，并予以公告。做出不予批准设立会计师事务所决定的，应当自做出不予批准决定之日起10日内书面通知申请人。书面通知中应当说明不予批准的理由，并告知申请人享有依法申请行政复议或者提起行政诉讼的权利。

（四）会计师事务所的业务范围

1. 审计业务

根据《注册会计师法》的规定，审计业务属于法定业务，非注册会计师不得从事审计业务。审计业务主要包括以下四个方面：①审查企业财务报表，出具审计报告；②验证企业资本，出具验资报告；③办理企业合并、分立、清算事宜中的审计业务，出具相关的审计报告；④办理法律、行政法规规定的其他审计业务。

2. 审阅业务

审阅业务是指注册会计师在实施审阅程序的基础上，说明是否注意到某些事项，使其相信财务报表没有按照适用的会计准则和相关会计制度的规定编制，未能在所有重大方面公允反映被审阅单位的财务状况、经营成果和现金流量。是对历史财务报表提供中等保证水平的一种鉴证服务。

3. 其他鉴证业务

其他鉴证业务是指由注册会计师执行的除了审计业务和审阅业务以外的鉴证业务，如企业战略审计、企业社会责任审计、内部控制鉴证、预测性财务信息的审核等。这类鉴证业务可以增强信息使用者的信任程度。

4. 相关服务

（1）对财务信息执行商定程序。对财务信息执行商定程序是注册会计师对特定财务数据、单一财务报表或整套财务报表等财务信息执行与特定主体商定的具有审计性质的程序，并就执行的商定程序及其结果出具报告。

（2）税务服务。税务服务包括税务代理和税务筹划。税务代理是指注册会计师接受企业或个人委托，为其填制纳税申报表，办理纳税事项。税务筹划是指在纳税行为发生之前，在不违反法律法规（税法及其他相关法律法规）的前提下，注册会计师通过对客户的经营活动或投资行为等涉税事项做出事先安排，以达到少缴税或递延纳税目标的一系列谋划活动。

（3）管理咨询。管理咨询是由注册会计师接受企业委托，为之提供各种知识和服务，通过各种数据和现象进行综合分析核算，提出切实可行的方案，进而指导实施，以改善企业经营管理，谋取可持续发展的一项服务性活动。从历史上看，管理咨询是会计师事务所的衍生业务，是审计和其他鉴证业务的延伸。由于注册会计师更熟悉客户的经营活动，在管理咨询方面有着明显优势，近年来，会计师事务所的管理咨询业务迅猛发展，取得的业务收入也不断增加。

（4）会计服务。注册会计师为企业提供会计咨询、会计服务业务，包括代理记账、对会计政策的选择提供建议、担任常年会计顾问等，有效地帮助企业节省时间、精力和资金。该种业务属于服务性质，是具有相关资质的中介机构都能从事的非法定业务。

第五节 会计咨询与服务业务

一、会计咨询、服务业务的特点和范围

（一）会计咨询、服务业务的特点

注册会计师开展会计咨询、服务业务是社会经济发展的客观要求，也取决于注册会计师智力密集型的职业特点。基于注册会计师通晓会计、审计、税务、财务管理、计算

机、会计法律等方面的知识，使注册会计师具备提供会计咨询、服务业务的能力。会计咨询、服务业务就是注册会计师凭借其职业特点和智力优势，受托于企业经营者，帮助企业建立健全的内部控制制度和会计制度，进行经营诊断、建立电算系统、组织人员培训，以及对企业的重大经营决策或重大项目的实施进行论证等方面提供专业的咨询、服务，以帮助企业提高经营管理水平、减少或避免错误的决策。

会计咨询、服务业务是一项提供与企业实际管理问题有关的专业知识和技术的服务工作，性质上是参谋性的服务，具有自身的职业特点，主要表现在以下几个方面。

1. **独立性**

会计咨询、服务业务具有独立性的特点，要求注册会计师在开展会计咨询工作时，应遵循独立思考的工作方法，保持态度上、方法上和实施咨询程序上的独立性，不带任何成见和偏见，不依赖他人独立工作。这是保证工作有效性，并获得企业和社会公众信赖的重要前提。

2. **客观性**

注册会计师开展咨询工作时要保持客观公正的立场，实事求是地反映问题，提出客观的建议，不受企业内外部各种因素的干扰。客观性是保证咨询、服务工作做到科学、有效的前提。

3. **创造性**

创造性是指会计咨询、服务工作应面向实际，深入调查，把握主要问题，以高度的科学求实精神和创造精神，探索能够提高企业管理水平和经济效益的切实可行的方法。创造性体现在针对企业的实际情况，注册会计师应该不受现状和客观条件的限制，大胆探索，发挥专业特长，设计和推行新的内部控制流程，采用新的财务会计核算方法，建立新的会计工作管理程序，开发新的高效的会计核算软件，开展有效的会计人员培训等。创造性是会计咨询服务具有生命力的源泉。

4. **科学性**

科学性是指在提供会计咨询、服务业务过程中，注册会计师应该重视调查研究，运用科学的方法进行预测、分析和评价，尤其重视定量分析，以便提出科学可行的实施方案。科学性体现在提出的方案建议要有科学的计算依据和事实根据，能给企业带来经济效益和提高管理水平，能适应企业财力、人力和管理水平，并综合考虑了企业的内外部条件，能达到整体最优化。

5. **协作性**

会计咨询过程是注册会计师与委托单位密切配合、协同工作的过程，需要双方的协调配合才能使注册会计师全面了解委托企业的各方面状况，从而发现问题，并提出可行的解决方案。良好的协作、交往能力是注册会计师开展会计咨询的基本素质，注册会计师应以高度负责的精神与委托单位紧密合作，深入开展调查研究，同时加强与委托单位管理人的交流，虚心听取他们的意见，以便提出切实可行的解决方案。

（二）会计咨询、服务业务的范围

会计咨询、服务业务的工作范围很广，工作内容也很丰富，主要包括下列咨询、服务业务。

（1）设计财务会计师制度，代理记账，担任会计顾问，提供会计、财务、税务和经济管理咨询。

（2）税务代理业务。即注册会计师可以接受委托，以委托人的收入或所得，代理委托人办理纳税申报，向税务机关申报纳税。

（3）代办申请注册登记，协助拟定合同、章程和其他经济文件。

（4）为委托单位培训财务会计人员。

（5）其他会计咨询、服务业务。注册会计师凭借自己的专业知识和技能，可以开展的业务还很多。例如，为委托单位办理业绩考核，接受普通高校委托指导会计专业学生的实习和论文等。会计咨询并不仅限于办理单纯的会计业务的咨询服务，注册会计师可充分发挥专长，为委托者提供综合性的服务。

二、代理记账业务

《中华人民共和国会计法》规定：不具备设置专职会计人员的企业应当委托经批准设立从事会计代理记账业务的中介机构代理记账。代理记账是指将本企业的会计核算、记账、报税等一系列的工作全部委托给专业记账公司完成，本企业只设立出纳人员，负责日常货币收支业务和财产保管等工作。

（一）从事代理记账的条件

从事代理记账业务，应当符合下列条件。

（1）至少有三名持有会计证的专职从业人员，同时可以聘请一定数量相同条件的兼职从业人员。

（2）主管代理记账业务的负责人必须具有会计师以上的专业技术资格。

（3）有健全的代理记账业务规范和财务会计管理制度。

（4）机构的设立依法经过工商行政管理部门或其他管理部门核准登记。

（二）代理记账的内容

（1）办理会计核算业务。根据委托人提供的原始凭证和其他会计资料，按照国家统一的会计制度的规定进行会计核算，包括审核原始凭证、填制记账凭证、登记会计账簿、编制财务会计报告等。

（2）对外提供财务会计报告。代理记账机构为委托人编制的财务会计报告，经代理记账机构和委托人签名盖章后，按照有关法律法规和会计制度的规定对外披露。

（3）定期向税务机关提供纳税的相关资料。

（4）承办委托人委托的其他会计业务。

（三）委托代理记账的委托人应履行的义务

（1）对本单位发生的经济业务，必须填制或者取得符合规定的原始凭证。

（2）应该配备专人负责日常货币收支和保管。

（3）及时向代理记账机构提供合法、真实、准确、完整的原始凭证和相关资料。

（4）对于代理记账机构退回的要求按照国家统一的会计制度规定进行更正、补充的原始凭证，应该及时予以更正、补充。

（四）代理记账机构及其从业人员应履行的义务

（1）按照委托合同办理代理记账业务，遵守有关法律、法规和国家统一的会计制度的规定。

（2）对在执行业务中知悉的商业秘密应该保密。

（3）对委托人示意做出不当的会计处理，提供不实的会计资料，以及其他不符合法律、法规和国家统一的会计制度规定的要求，应当拒绝。

（4）对委托人提出的有关会计处理原则问题应当予以解释。

三、税务代理业务

税务代理指代理人接受纳税主体的委托，在法定的代理范围内依法代其办理相关税务事宜的行为。税务代理人在其权限内，以纳税人（含扣缴义务人）的名义代为办理纳税申报，申办、变更、注销税务登记证，申请减免税，设置保管账簿凭证，进行税务行政复议和诉讼等纳税事项的服务活动。

（一）从事税务代理的条件

经国家批准设立的会计师事务所、律师事务所、审计师事务所、税务咨询机构需要开展税务代理业务的，必须在本机构内设置专门的税务代理部、配备五名以上经税务机关审定注册的税务师，并报经国家税务总局或省、自治区、直辖市国家税务局批准，方能从事税务代理业务。国家对税务师实行资格考试和认定制度。取得执业会计师、审计师、律师资格者以及连续从事税收业务工作十五年以上者，可不参加全国统一的税务师资格考试，其代理资格由省、自治区、直辖市国家税务局考核认定。

（二）税务代理的权利与义务

（1）税务代理人有权按规定代理由纳税人、扣缴义务人委托的税务事宜。

（2）税务代理人依法履行职责，受国家法律保护，任何机关、团体、单位和个人不得非法干预。

（3）税务代理人有权根据代理业务需要，查阅被代理人的有关财务会计资料和文件，查看业务现场和设施。被代理人应当向代理人提供真实的经营情况和财务会计资料。

（4）税务代理人可向当地税务机关订购或查询税务政策、法律、法规和有关资料。

（5）税务代理人对税务机关的行政决定不服的，可依法向税务机关申请行政复议或向人民法院起诉。

（6）税务代理人在办理代理业务时，必须向有关的税务工作人员出示税务师执业证书，按照主管税务机关的要求，如实提供有关资料，不得隐瞒、谎报，并在税务文书上署名盖章。

（7）税务代理人对被代理人偷税、骗取减税、免税和退税的行为，应予以制止，并及时报告税务机关。

（8）税务代理人在从事代理业务期间和停止代理业务以后，都不得泄漏因代理业务而得知的秘密；

（9）税务代理人应当建立税务代理档案，如实记载各项代理业务的始末和保存计税资料及涉税文书。税务代理档案至少保存五年。

（三）税务代理的责任

（1）税务师没有按照委托代理协议书的规定进行代理或违反税收法律、行政法规的规定进行代理的，由县以上国家税务局处以二千元以下的罚款。

（2）税务师在一个会计年度内违反本办法规定从事代理行为两次以上的，由省、自治区、直辖市国家税务局注销税务登记，收回税务师执业证书，停止其从事税务代理业务二年。

（3）税务师明知被委托代理的事项涉嫌违法仍进行代理活动或知道自身的代理行为违法仍进行的，由省、自治区、直辖市国家税务局吊销其税务师执业证书，禁止从事税务代理业务。

（4）税务师触犯刑律，构成犯罪的，由司法机关依法惩处。

（5）税务代理机构违反本办法规定的，由县以上国家税务局根据情节轻重，给予警告、处以二千元以下罚款、停业整顿、责令解散等处分。

（6）税务师、税务代理机构从事地方税代理业务时违反本办法规定的，由县以上地方税务局根据本办法的规定给予警告、处以二千元以下的罚款或提请省、自治区、直辖市国家税务局处理。

（7）税务机关对税务师和税务代理机构进行惩戒处分时，应当制作文书、通知当事人，并予以公布。

思 考 题

1. 注册会计师执业准则体系由哪些内容组成？其中的鉴证业务准则包括哪些方面的内容？
2. 我国注册会计师职业道德的组成部分有哪些？
3. 使注册会计师在执业过程中可能承担法律责任的成因有哪些？注册会计师如何防范或减少承担的法律责任？
4. 会计师事务所的组织形式有哪几种？当前我国存在哪些组织形式的会计师事务所？
5. 会计师事务所可以承接哪些类型的业务？

业 务 题

1. A 会计师事务所正在制定业务质量控制制度，经过领导层集体研究，确立了下列重大质量控制制度：

（1）合伙人的晋升与考核以业务量为主要考核指标，同时考虑遵循质量控制制度和职业道德规范的情况；

（2）对员工介绍的客户，由员工所在部门经理根据收费的高低自行决定是否承接；

（3）所有审计工作底稿应当在业务完成后 90 日内整理归档；

（4）由于尚未取得上市公司审计资格，不予执行项目质量控制复核制度；

（5）无论审计项目组内部的分歧是否得到解决，审计项目组必须保证按时出具审计报告；

（6）以每 3 年为一个周期，选取已完成业务进行检查，检查对象为当年度考核等级位列后 3 名的项目负责人。

要求

针对上述（1）至（6）项，分别指出 A 会计师事务所可能违反质量控制准则的情形，并简要说明理由。

答案

（1）违反，会计师事务所在业绩评价过程中要贯彻以质量为导向，使员工充分了解提高业务质量和遵守职业道德规范是晋升的主要途径，而不是以业务量为主要考核指标。

（2）违反，会计师事务所在决定承接业务时应当确保满足以下条件：①已考虑客户的诚信，没有信息表明客户缺乏诚信；②具有执行业务必要的素质、专业胜任能力、时间和资源；③能够遵守职业道德规范。而不是由部门经理根据收费的高低自行决定。

（3）违反，审计工作底稿的归档期限为审计报告日后或审计业务中止日后 60 天内。

（4）违反，会计师事务所除对上市公司财务报表审计业务必须实施项目质量控制复核外，还可以自行建立判断标准，确定对那些涉及公众利益的范围较大，或已识别出存在重大异常情况或较高风险的特定业务，实施项目质量控制复核。

（5）违反，只有意见分歧问题得到解决，项目负责人才能出具报告。

（6）违反，在每个周期内，应对每个项目负责人的业务至少选取一项进行检查，而不是仅对当年考核等级位列后 3 名的项目负责人进行检查。

2. 上市公司甲是 ABC 会计师事务所的常年审计客户。2016 年 4 月 1 日，ABC 会计师事务所与甲公司续签了 2016 年度财务报表审计业务约定书。ABC 会计师事务所遇到下列与职业道德相关的事项。

（1）ABC 会计师事务所委派 A 注册会计师担任甲公司 2016 年度财务报表审计项目合伙人。A 注册会计师曾担任甲公司 2010 年度至 2014 年度财务报表审计项目合伙人，但并未担任甲公司 2015 年度财务报表审计项目合伙人。

（2）2016 年 9 月 15 日，甲公司收购了乙公司 80%的股份，乙公司成为其控股子公司。A 注册会计师自 2015 年 1 月 1 日起担任乙公司的对独立董事，任期 5 年。

(3) B 注册会计师是 ABC 会计师事务所的合伙人,与 A 注册会计师同处一个业务部门。2016 年 3 月 1 日,B 注册会计师购买了甲公司股票 5 000 股,每股 10 元,由于尚未出售该股票,ABC 会计师事务所未委派 B 注册会计师担任甲公司审计项目组成员。

(4) 丙公司是甲公司的母公司,甲公司审计项目组成员 C 的妻子在丙公司任财务总监。

(5) 甲公司审计项目组成员 D 曾在甲公司人力资源部负责员工培训工作,于 2016 年 2 月 10 日离开甲公司,加入 ABC 会计师事务所。

要求:针对上述几项,逐项指出会计师事务所及其人员是否违反了注册会计师职业道德守则,并说明理由。

答案:(1) 违反职业道德守则。如果审计客户属于公共利益实体,执行其审计业务的关键审计合伙人任职时间不得超过五年。任期结束后的两年内,该关键审计合伙人不得再次成为该客户的审计项目组成员或关键审计合伙人。A 注册会计师在 2014 年任期结束后,未满两年再次担任审计合伙人,不符合职业道德守则的规定。

(2) 违反职业道德守则。A 注册会计师担任乙公司的独立董事,而乙公司作为甲公司的子公司,A 注册会计师便与甲公司产生了利益关联,导致 A 注册会计师很可能会因自我评价和自身利益对审计独立性产生严重的不利影响。

(3) 违反职业道德守则。当审计组成员或其主要近亲属在审计客户中拥有直接经济利益或重大间接经济利益时,很可能对审计实施产生严重的不利影响,导致没有有效地降低风险水平的防范措施。

(4) 违反职业道德守则。如果审计项目组成员的主要亲属是审计客户的董事、高管或特定员工,或者在业务期间或财务报表涵盖的期间曾担任上述职务,只有把该成员调离审计项目组,才能将独立性的不利影响降低至可接受的水平。

(5) 不违反职业道德守则。虽然 D 曾在甲公司工作,但从事的是人力资源培训方面的工作,不足以对财务报表施加重大影响,因而不违反职业道德守则。

第三章

审计程序与审计技术方法

审计程序实施不到位导致的审计失败

A 公司是一家面向国内和国际资本市场，从事资本市场投资咨询及相关服务业务的全国性投资管理咨询公司。B 会计师事务所是国内最早建立和最有影响的会计师事务所之一，是 A 公司 2013 年财务报表审计机构。经查，B 事务所作为 A 公司 2013 年财务报表审计机构，出具了标准无保留意见的审计报告。B 事务所在审计过程中存在如下违法事实。

一、未对销售和收款业务中已关注到的异常事项执行必要的审计程序

2013 年 12 月，A 公司将不满足收入确认条件的软件产品销售确认为当期销售收入，导致 2013 年提前确认收入 87 446 901.48 元。

会计师在审计工作底稿中记录，A 公司 2013 年 12 月确认收入占全年的比重达 37.74%（审计调整前，以母公司口径计算），并对在 2014 年 1 月 1 日至 2 月 26 日财务报表批准报出日间发生销售退回的 22 422 913.77 元收入进行了审计调整，调减了 2013 年收入。

针对临近资产负债表日的软件产品销售收入大增，期后退货显著增加的情况，B 事务所在审计过程中未对退货原因进行详细了解。会计师仅执行了查验公司合同，抽样检查并获取软件开通权限单、销售收款单、退款协议、原始销售凭证等常规审计程序，但没有根据公司销售相关的财务风险状况，采取更有针对性的审计程序，以获取充分的审计证据以支持审计结论；在面对客户数量较多，无法函证的情况下，也没有采取更有效的替代程序以获取充分适当的审计证据。

二、未对临近资产负债表日非标准价格销售情况执行有效的审计程序

2013 年 12 月，A 公司对部分客户以非标准价格销售软件产品。经查，该售价主要是以"打新股""理财"为名进行营销，虚增 2013 年销售收入 2 872 486.68 元。

对此，审计的注册会计师称关注到非标准价格销售的情况，并获取了销售部门的审批单。但是，相关过程没有在审计工作底稿中予以记录。同时，审计工作底稿程序表中"获取产品价格目录，抽查售价是否符合价格政策"的程序未见执行记录。

三、未对抽样获取的异常电子银行回单实施进一步审计程序

2013 年 12 月，A 公司电话营销人员对客户称可以参与打新股、理财、投资等以弥补前期亏损。部分客户应邀向 A 公司汇款，其中有客户在汇款时注明"打新股"等字体。A 公司收到款项后计入 2013 年产品销售收入。经查，A 公司虚增 12 名客户，2013 年收

入 2 872 486.68 元，后续已应客户的要求全部退款。

B 事务所审计工作底稿中复印留存了部分软件产品销售收款的电子银行回单，其中摘要栏中的"打新股资金""理财投资资金"等备注存在明显异常。对此，会计师没有保持合理的职业怀疑态度，以发现的错报金额低于重要性水平为由，未进一步扩大审计样本量，以确认抽样总体不存在重大错报，审计底稿中也没有任何记录表明 B 事务所已对该异常事项执行了任何风险识别和应对的程序。经查，如果 B 事务所扩大银行回单的抽样范围，2013 年 12 月存在异常摘要的银行进账单笔数将为 48 笔，合计金额 873 万元，明显高于底稿中抽样所涉及的回单数量及对应金额。

四、对于 A 公司 2014 年跨期计发 2013 年年终奖的情况，B 事务所未根据重要性按照权责发生制的原则予以调整

A 公司将应归属于 2013 年的年终奖跨期计入 2014 年的成本费用，导致 2013 年少计成本费用 24 954 316.65 元。

审计工作底稿未描述或记录针对审计报告报出日前已发放的 2013 年年终奖执行的审计程序，以及其未被计入 2013 年成本费用的合理性解释。审计工作底稿"应付职工薪酬"程序表中也未记录相关程序的执行情况。

五、未对 A 公司全资子公司股权收购购买日的确定执行充分适当的审计程序

C 公司为 A 公司全资子公司，其提前一个月将实施股权收购的公司的财务报表纳入其合并范围，导致 A 公司 2013 年合并财务报表虚增利润 8 250 098.88 元，虚增商誉 4 331 301.91 元。

审计工作底稿"长期股权投资——成本法××子公司审核表（初始计量）"明细表编制不完整，确认合并（购买）日的审计表格未填列，无法确定其具体执行了何种审计程序以确定购买日。审计工作底稿后附的审计证据中，未见会计师所称据以认定购买日的支持性文件。

资料来源：摘自中国证券监督管理委员会网站.

第一节　审计程序

审计作为一项独立的经济监督活动，是由各种存在内在逻辑关系的工作所组成的完整的活动过程。在实施审计的过程中，必须遵循一定的审计程序才能保证审计工作有条不紊地进行，保证审计工作质量和审计效率的提高。

所谓审计程序，是指审计人员对审计项目从开始到结束的整个过程中所采取的系统性工作步骤。不论是政府审计、内部审计，还是民间审计；也不论是财政财务审计、财经法纪审计，还是经济效益审计，审计过程一般包括准备、实施和完成三个阶段，每个阶段又分别包括若干具体的工作内容。审计种类不同，审计的程序也有所差异。本节主要说明会计师事务所执行审计业务过程中遵循的审计程序。

一、审计的准备阶段

审计的准备阶段是整个审计工作的起点，其主要工作内容包括了解被审计单位的基本情况，初步评价被审计单位的内部控制系统，分析审计风险，签订审计业务约定书，编制审计计划等。

（一）了解被审计单位的基本情况

会计师事务所在决定接受被审计单位的委托之前，应该先对被审计单位的基本情况进行了解，包括被审计单位的行业状况、法律环境与监管环境及其他外部因素，被审计单位的性质及其对会计政策的选择和运用，被审计单位的目标、战略及相关经营风险，被审计单位财务业绩的衡量与评价、内部控制等方面。了解被审计单位的基本情况后，再决定是否接受委托。

（二）初步评价被审计单位的内部控制系统

在审计工作开始之前，必须初步了解和评价被审计单位的内部控制系统，包括被审计单位相关的规章制度、业务处理流程和人员职责分工等是否合理，处理每一项经济业务的程序和手续是否合理等情况，然后才能确定审计工作的重点。

（三）分析审计风险

审计风险，是指审计人员通过审计工作未能发现被审计单位财务报表中存在的重大错报而签发无保留意见审计报告的风险，是在审计准备阶段必须认真分析的一个重要问题。

一般而言，审计风险由重大错报风险和检查风险组成，三者之间的关系是：

$$审计风险 = 重大错报风险 \times 检查风险$$

重大错报风险是指财务报表在审计前存在重大错报的可能性。在实施审计程序以确定财务报表整体是否存在重大错报时，注册会计师应从财务报表层次和各类交易、账户余额、列表认定层次考虑重大错报风险。注册会计师应该评估认定层次的重大错报风险，并根据既定审计风险水平评估的认定层次重大错报风险确定可接受的检查风险水平。

（四）签订审计业务约定书

审计业务约定书，是指会计师事务所与客户签订的，用以记录和确认审计业务的委托与受托关系、审计工作的目标和范围、双方的责任以及出具报告的形式等事项的书面合同。审计业务约定书具有合同的性质，如果出现法律诉讼，它是确定双方责任的首要依据之一。

会计师事务所在签约之前，应当先与被审计单位就审计项目的性质、审计目标、审计范围、审计费用以及被审计单位应协助的主要工作等问题进行协商，以便后续的审计工作顺利进行。

（五）编制审计计划

完成上述工作后，审计组便可着手拟订审计计划。审计计划是审计组为了完成各项审计业务，达到预期的审计目标，在具体执行审计程序之前编制的工作计划，通常可分为总体审计计划和具体审计计划。其内容一般包括被审计单位的概况、被审计单位委托审计的目的和出具审计报告的要求、参加审计组的人员、审计重要性考虑、审计风险评价、审计范围、为被审计单位提供其他服务的性质和内容、时间预算等。

二、审计的实施阶段

审计的实施阶段是审计全过程的中心环节，主要工作是按照审计计划的要求，对被审计单位内部控制系统的建立及其遵守情况进行检查，对财务报表项目实施重点、详细的检查，收集审计证据。

（一）进驻被审计单位

审计人员在完成前期的准备阶段的工作后，审计便开始进入实施阶段，首先是审计组要进驻被审计单位。进驻以后，审计人员应主动与被审计单位管理人员和其他员工接触交流，以进一步了解被审计单位的情况，也使相关员工了解本次审计的目的、内容、起止时间等，争取员工的信任、支持和协助。

（二）测试和评价内部控制系统

对内部控制系统的测试和评价是实施审计的基础。在正式执行审计业务时首先必须对被审计单位的内部控制进行检查并做出评价。一方面有利于被审计单位改善内部控制系统，提高内部控制的有效性；另一方面也有利于确定下一步审计工作的范围和重点。内部控制系统的检查和评价包括：检查和评价被审计单位的内部控制系统设计是否有效，内部控制系统执行是否有效。

（三）测试财务报表及其所反映的经济活动

审计人员通过测试财务报表，对被审计单位财务收支及其他经济活动的合法性和公允性进行全面或重点的检查，是审计实施阶段的一项重要工作。对财务报表的实质性测试，主要通过审阅观察，复核财务报表内相关数据填列是否符合要求，抽查核对各报表项目金额是否与总账、明细账、会计凭证和实物一致，分析各报表项目所反映的内容是否真实准确，揭示财务报表项目中违反会计准则的重大错报等。

（四）收集审计证据

审计证据是指审计机关和审计人员获取的，用以证明审计事实真相，形成审计结论的证明材料。事实上，审计人员执行审计业务的过程就是一系列收集、评价审计证据的活动过程。收集审计证据的途径包括：一是通过审查被审计单位的财务报表，取得必要的证据；二是通过审查其他相关的资料，获取相关证据；三是通过查阅有关文件，获得审计证据。

三、完成审计工作阶段

完成审计工作阶段是实质性审计工作的结束，其主要工作包括整理、评价审计过程中收集到的审计证据，复核审计工作底稿，编写审计报告，后续跟踪。

（一）整理、评价审计证据

为使收集到的分散的审计证据具有充分的证明效力，有效地评价被审计单位的经济活动，从而得出正确的审计意见和结论，达到预定的审计目标，必须对收集的证据按一定的方法进行加工整理，使之条理化、系统化，使其有利于审计证据的评价和审计结论的形成。整理和评价审计证据的过程，事实上也是审计人员依据政策水平、专业知识和个人实践经验对证据进行分析研究的过程。通过整理和评价，选出若干最适宜、最具有说服力的证据，作为编制审计报告的依据。

（二）复核审计工作底稿

审计工作底稿是审计人员在审计工作中汇总、综合分析、整理与审计问题有关的资料所形成的书面文件。在审计程序进入完成审计工作阶段时，审计工作底稿也编写完成，但尚不能形成最后的审计结论。由于审计工作底稿是审计人员根据自己的取证记录独立编写的，存在较大的主观性和片面性，其编写质量受审计人员业务素质影响较大，因此需要对审计工作底稿进行复核，然后根据审计工作底稿所反映的问题与被审计单位进行商议，听取对方对审计证据真实性和正确性的反馈意见，以确保形成正确的审计结论。

（三）编写审计报告

审计报告是审计工作的最终成果，是审计人员对被审计单位实施必要的审计程序后，就被审计事项做出审计结论，提出审计意见的书面文件。审计报告主要以审计证据和审计工作底稿为依据，通过对各类审计资料加以梳理、分析和整合，经过取舍和增删，选择其中与审计目的和重点有关的素材，并按编制要求和规定格式编写。

案例分析 3-1

上市公司财务造假，事务所审计失败无奈受罚

基本案情

A 公司是国内一家自主开发、设计、制造和销售适应全球不同风资源和环境条件的大型陆地、海上和潮间带风电机组的专业化高新技术企业。B 事务所为 A 公司 2011 年年度报告审计机构，经证监会查，B 事务所在 A 公司年度报告审计项目中存在以下违法事实。

一、A 公司虚增 2011 年收入与利润的情况

A 公司于 2011 年 1 月在上海证券交易所上市。2012 年 4 月 11 日，A 公司披露 2011 年年报，确认风电机组收入 1 686 台，营业总收入 104.36 亿元，营业总成本 99.19 亿元，营业利润 5.29 亿元，利润总额 7.39 亿元，报告期内风电工程项目适用的会计政策为商品销售收入。

A 公司通过制作虚假吊装单提前确认收入的方式，在 2011 年度提前确认风电机组收入 413 台，对 2011 年度财务报告的影响为虚增营业收入 24.32 亿元、营业成本 20.04 亿元，多预提运费 0.31 亿元，多计提坏账 1.19 亿元，虚增利润总额 2.78 亿元，占 2011 年利润总额的 37.58%。

二、审计工作的具体问题

（一）识别、评估舞弊风险因素存在缺陷

2011 年，受国家风电行业政策的较大影响，A 公司整体业绩出现大幅下滑，未见会计师执行相关审计程序以获取相应审计证据的风险识别轨迹，会计师对"竞争激烈或市场饱和，且伴随利润率的下降""客户需求大幅下降"等风险评估结果是"不存在"，其风险评估结果与当时企业所处的行业状况明显不符。

（二）了解、评价销售与收款循环内部控制设计和有效性测试存在缺陷

会计师没有根据企业自身特点，对确认销售收入的流程控制点，如客服部提供的项目日动态表、货到现场后设备验收单进行描述或测试。

（三）执行收入循环审计程序存在缺陷

（1）吊装单可靠性问题。A 公司确认收入的关键证据即吊装单，会计师未对吊装单的可靠性进行合理判断。根据 A 公司 2011 年审计底稿，大部分吊装单仅有个人签字，而无业主方的盖章确认，会计师未对签字人员是否有权代表业主方签署吊装单进行有效验证；大部分吊装单未注明吊装日期，对于其吊装完成时点及确认当期收入的合理性，会计师未予以充分关注。在吊装单存在上述严重不确定性的情况下，会计师未向公司索取项目日动态表、发货验收单等资料予以比对判断，未对吊装情况获取进一步的审计证据。

（2）集中确认及合同执行问题。虚增或提前确认收入项目中有部分项目合同执行情况异常，吊装单标注日期或收入确认时点为临近资产负债表日，公司存在资产负债表日前集中确认收入的情形。在审计底稿中未见会计师对上述情况的原因进行关注和分析，并追加必要的审计程序予以解决。

（3）发货单问题。根据 A 公司披露的确认收入的会计政策，"货到现场后双方已签署设备验收手续"是确认销售收入的依据之一，根据 A 公司 2011 年审计底稿，会计师未取得货物发运、验收手续相关证据，未能按照公司既定的会计政策履行相应的审计程序。

（4）函证问题。会计师在审计计划中将应收账款函证作为重点审计程序，会计师执行函证程序存在以下问题：①确定了应收账款金额较大的几家公司作为函证样本，但实际未发函；②函证金额不完整，未对应收账款余额中未开具发票但已确认销售收入部分金额进行函证；③回函比例过低，回函确认金额占年末应收账余额的比例仅为 17%。函证程序虽已执行，但未对应收账款余额、收入确认的真实性进行有效验证。

（5）替代测试问题。会计师称他们对应收账款开票部分通过函证程序加以确认，而对于未开票部分、未回函客户以及未函证的样本采取了替代测试，在替代测试中查看了吊装单、合同和项目回款，但其替代测试存在以下问题：未对部分未发函的函证样本进行替代测试。其替代性程序依赖的核心证据吊装单存在严重缺陷，在审计底稿中未见会计师对合同执行情况异常、无回款的项目予以关注和分析，并追加必要的审计程序予以解决。

（6）截止性测试问题。会计师在审计计划中将"进行期末截止性测试，结合公司的期

后发生额，检查公司收入确认的完整性"作为收入应履行的重点审计程序。但会计师未有效执行截止性测试，没有对收入确认的关键依据吊装单进行有效验证，其对截止性样本选择的解释缺乏专业判断和应有的职业谨慎。

B事务所作为A公司2011年年报审计机构，其未勤勉尽责的行为，违反了《中华人民共和国证券法》的相关条例，证监会对B事务所及涉案的注册会计师做出以下处罚决定：责令事务所改正，没收业务收入95万元，并处以95万元罚款；对涉案的注册会计师给予警告，并分别处以10万元罚款。

案例点评

审计人员在A公司2011年年报审计业务中未能勤勉尽责，存在诸多执业问题。2011年受国家风电行业政策的较大影响，A公司业绩出现大幅下滑，上市第一年即出现业绩变脸，会计师在执行风险评估程序时，未识别出风电行业风险。会计师对于A公司确认收入的关键证据吊装单的可靠性未予合理判断，对于资产负债表日前集中确认收入的情形缺乏应有的职业谨慎，导致未发现公司存在伪造吊装单的情况。应收账款函证程序存在对大额应收账款未执行函证程序、函证金额不完整、回函比例低等缺陷，会计师所依赖的替代性测试、截止性测试程序存在明显缺陷，同时在核心审计证据吊装单的可靠性存在缺陷的情况下，会计师未取得公司内部控制中的关键证据项目日动态表、货物发运验收单予以核实，也未追加进一步的审计程序对收入真实性进行有效验证。未实施必要的审计程序，审计程序实施不到位是利安达对A公司财务造假审计失败的重要原因。

资料来源：摘自中国证券监督管理委员会网站.

第二节 管理层认定

一、管理层认定的含义和内容

（一）管理层认定的含义及意义

管理层认定是管理层对财务报表组成要素的确认、计量、列报做出的明确或隐含的表达，审计人员将其用于考虑可能发生的不同类型的潜在错报。管理层认定的重要意义在于：

（1）认定反映了财务报表中数据完整的经济含义；

（2）认定反映了管理层所承担的全面的财务报告责任；

（3）认定是确定具体审计目标的基础，不同报表项目的具体审计目标都是根据管理层认定推导而来的；

（4）认定决定了错报的性质和类型，财务报表错报都是因为违反了管理层的一项或多项认定而造成的。

（二）管理层认定的内容

管理层认定的类别如图3-1所示。

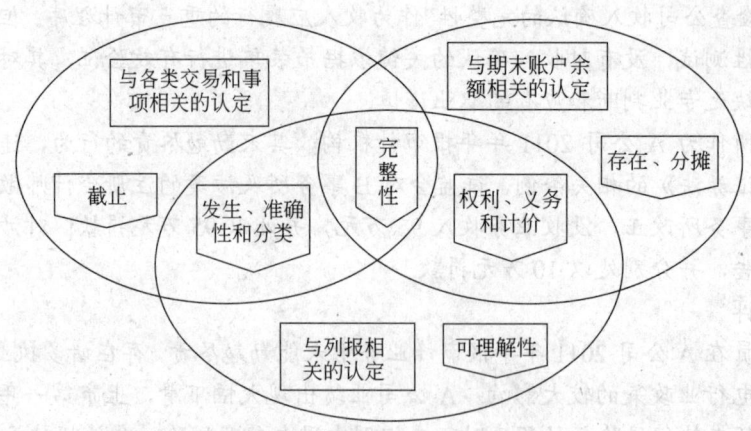

图 3-1 管理层认定类别

1. 与各类交易和事项相关的认定

（1）发生：记录的交易和事项已发生且与被审计单位有关；
（2）完整性：所有应当记录的交易和事项均已记录；
（3）准确性：与交易和事项有关的金额及其他数据已恰当记录；
（4）截止：交易和事项已记录于正确的会计期间；
（5）分类：交易和事项已记录于恰当的账户。

2. 与期末账户余额相关的认定

（1）存在：记录的资产、负债和所有者权益是存在的；
（2）权利和义务：记录的资产为被审计单位拥有或控制，记录的负债是被审计单位应当履行的偿还义务；
（3）完整性：所有应当记录的资产、负债和所有者权益均已记录；
（4）计价和分摊：资产、负债和所有者权益以恰当的金额包括在财务报表中，与之相关的计价或分摊调整已恰当记录。

3. 与列报相关的认定

（1）发生及权利和义务：披露的交易、事项和其他情况已发生，且与被审计单位有关；
（2）完整性：所有应当包括在财务报表中的披露均已包括；
（3）分类和可理解性：财务信息已被恰当地列报和描述，且披露内容表述清楚；
（4）准确性和计价：财务信息和其他信息已公允披露，且金额恰当。

二、管理层认定与审计目标

财务报表审计是对管理层认定的再认定，是对财务报表与既定标准（如会计准则）的比较，确定它们的符合程度，得出审计结果，并把审计结果以财务报表形式传递给报表使用者的过程。而财务报表是管理层对财务报表组成要素进行认定的结果，注册会计师的基本职责就是确定被审计单位管理层对其财务报表的认定，设计审计具体目标，实施相应的审计程序，取得证据完成对财务报表各项认定的确定，最后才能形成审计意见，出具审计报告。因此，管理层认定与审计目标密切相关。

（一）与各类交易和事项相关的审计目标

（1）发生：管理层是否把那些不曾发生的项目记入财务报表，它主要与财务报表组成要素的高估有关，审计目标是已记录的交易，是真实的。例如，如果没有发生销售交易，但在销售日记账中记录了一笔销售，则违反了该目标。

（2）完整性：针对漏记交易（低估），审计目标是已发生的交易，确实已经完整记录，不存在遗漏。例如，如果发生了销售交易，但没有在销售日记账和总账中记录，则违反了该目标。

（3）准确性：审计目标是已记录的交易，是按正确金额反映的。例如，如果在销售交易中，发出商品的数量与账单上的数量不符，或是开账单时使用了错误的销售价格，或是账单中的乘积或加总有误，则违反了该目标。

（4）截止：审计目标是接近资产负债表日的交易记录于恰当的期间。例如，如果本期交易推到下期，或下期交易提到本期，均违反了截止目标。

（5）分类：审计目标是被审计单位记录的交易经过适当的分类。例如，如果将现销记录为赊销，将出售经营性固定资产所得的收入记录为营业收入，则导致交易分类的错误，违反了分类的目标。

（二）与期末账户余额相关的审计目标

（1）存在：审计目标是记录的金额确实是存在的。例如，如果不存在某顾客的应收账款，在应收账款试算平衡表中却列入了对该顾客的应收账款，则违反了存在性目标。

（2）权利和义务：审计目标是资产归属于被审计单位，负债属于被审计单位的义务。例如，将他人寄售商品计入被审计单位的存货中，违反了权利的目标，将不属于被审计单位的债务计入账内，违反了义务目标。

（3）完整性：审计目标是已存在的金额均已记录。例如，如果存在某顾客的应收账款，在应收账款试算平衡表中却没有列入对该顾客的应收账款，则违反了完整性目标；

（4）计价和分摊：审计目标是资产、负债和所有者权益以恰当的金额包括在财务报表中，与之相关的计价或分摊调整已恰当记录。

（三）与列报相关的审计目标

（1）发生及权利和义务：披露的交易、事项和其他情况已发生，且与被审计单位有关，将没有发生的交易、事项或与被审计单位无关的交易和事项包括在财务报表中，则违反该目标。

（2）完整性：所有应当包括在财务报表中的披露均已包括，如果应当披露的事项没有包括在财务报表中，则违反该目标。例如，检查关联方和关联交易，以验证其在财务报表中是否得到充分披露，即是对列报的完整性认定的运用。

（3）分类和可理解性：财务信息已被恰当地列报和描述，且披露内容表述清楚。例如，检查存货的主要类别是否已披露，是否将一年内到期的长期负债列为流动负债，即是对列报的分类和可理解性认定的运用。

(4) 准确性和计价：财务信息和其他信息已公允披露，且金额恰当。例如，检查财务报表附注是否分别对原材料、在产品和产成品等存货成本核算方法做了恰当说明，即是对列报的准确性和计价认定的运用。

三、管理层认定与审计程序

管理层认定与审计程序密切相关，审计的基本职责就是确定被审计单位管理层对财务报表认定的合法性和公允性。审计人员了解管理层认定，有利于确定合理的审计程序。审计程序一般分为风险评估程序、控制测试程序和实质性程序。风险评估程序是为了解被审计单位及其环境而实施的程序，控制测试是为了确定被审计单位控制政策和程序的设计与执行是否完整与有效而实施的审计程序，实质性程序是指注册会计师针对评估的重大错报风险而实施的直接用以发现认定层次重大错报的审计程序。

注册会计师为获取充分、适当的审计证据，应当实施风险评估程序，以此作为评估财务报表和认定层次重大错报风险的基础。注册会计师应该在了解被审计单位及其环境的整个过程中识别风险，并考虑识别的风险与特定的某类交易、账户余额、列报的认定相关，还是与财务报表整体广泛相关，进而影响多项认定。如果是后者，则属于财务报表层次的重大错报风险。对财务报表层次的重大错报风险，注册会计师应采取总体应对措施，而且要考虑报表层次重大错报风险对认定层次总体审计方案的影响。对认定层次的重大错报风险，采取进一步的审计程序，包括实施控制测试以确定被审计单位内部控制在防止或发现并纠正认定层次重大错报方面的有效性，以及实施实质性程序直接用以发现认定层次重大错报。可见，风险评估程序主要是识别和评估哪些认定可能出错，而控制测试和实质性程序是验证认定是否出错。控制测试与实质性程序之间也有着密切的关系，如果审计人员认为被审计单位内部控制的可靠性高，则实质性程序的工作量就可以大大减少；反之，实质性程序的工作量就会增加。

不同的审计程序，应对特定认定错报风险的效力不同。因此，针对不同的交易和事项、期末账户余额及列报所产生的认定层次的重大错报风险，适用的审计程序也有所差异。例如，对于收入发生认定相关的重大错报风险，实质性程序往往更有效，对于与收入完整性认定相关的重大错报风险，控制测试通常更有效。审计人员应对不同类别的认定层次重大错报风险采取针对性的审计程序。

第三节 审计方法

审计方法是指审计人员检查和分析审计对象，收集审计证据，并对照审计依据，形成审计结论和意见的各种专门手段的总称。审计方法贯穿整个审计工作过程，不只存在于某个审计阶段或其中的某几个环节。审计方法是审计人员从长期实践中总结和积累的工作方法，在审计过程中，选用合理的审计方法，能提高审计的工作效率，收到事半功倍的效果。

一、审查书面资料的方法

审查书面资料的方法是审计最基本的方法。审查的对象主要是会计凭证、会计账簿和财务报表，因而也叫查账法。

（一）按审查书面资料的技术可分为审阅法、核对法、比较法和分析法和函询法

1. 审阅法

审阅法是通过对与审计对象相关的文件和资料内容进行详细阅读和审查，以检查财务资料和经济业务的公允性、合法性、合规性，从中发现错误或疑点，收集书面证据的一种审查方法。审阅的对象主要是会计凭证、会计账簿和财务报表。

（1）凭证审阅。对原始凭证的审阅，主要是审阅原始凭证上反映的经济业务是否符合规定，填写是否规范；凭证记载的抬头、日期、数量、单价、金额等方面字迹是否清晰，数字是否准确；审阅单位名称、地址、图章，各项手续是否完备。

对于记账凭证，要审阅其是否存在对应的合法的原始凭证，凭证的记载是否符合会计准则的规定，是否符合会计原理，所记账户名称和会计分录是否正确等。

（2）账簿审阅。主要审查会计账簿记录是否符合相关会计原理和原则，科目使用是否正确，账户对应关系是否正常合理，账簿中是否有涂改、刮擦、挖补、伪造变造及其他不符合规定的书写和更改。

（3）财务报表审阅。审阅报表项目是否按制度的规定编制，会计报表项目对应关系是否正确，并按报表之间有关项目的勾稽关系，核对相关数据是否一致，报表各项目有无异常的增减变化现象。

除此之外，对于被审计对象相关的资料如计划资料、合同等也应进行审阅，以便核实相关事实，发现问题，获取证据。

2. 核对法

核对法是对会计凭证、会计账簿和财务报表等资料之间的有关数据进行相互对照检查，借以检查证、账、表之间的数据是否相符，证实被审计单位财务状况和经营成果的真实性、准确性和合法性。核对的内容包括以下方面。

（1）证证核对。包括原始凭证与记账凭证核对，原始凭证与汇总原始凭证核对，记账凭证与汇总记账凭证（或科目汇总表）核对，主要根据其所列要素，核对其内容、数量、日期、单价、金额、借贷方向等是否相符。

（2）证账核对。根据记账凭证或汇总记账凭证，核对总分类账、明细分类账，查明账证是否相符，应看其内容、日期、金额、科目名称、借贷方向等是否相符。

（3）账账核对。主要核对总分类账期末余额与所属明细分类账期末余额之和是否相符，总分类账本期发生额、期初余额与其所属明细分类账本期发生额之和、期初余额之和是否分别相符，以及核对总分类账、明细分类账与日记账有关记录。

（4）账实核对。包括明细账同实物盘点数的核对，日记账同现金盘点数及银行对账单的核对。

（5）账表核对。核对总分类账、明细分类账与各报表的相关项目数据是否一致，查

明账表是否相符。

（6）表表核对。包括不同报表中具有勾稽关系项目的核对，如本期报表期初余额与上期报表期末余额核对。另外，包括同一报表中有关项目的核对，如核对资产负债资产总额与负债、所有者权益数额之和是否一致等。表表核对的重点是核对本期报表与上期报表之间有关项目是否相符，静态报表与动态报表之间有关项目是否相符，主表与附表的有关项目是否相符。

3. 比较法

比较法是指对被审计单位的被审计项目的书面资料同相关的标准进行比较，确定它们之间的差异，通过分析从中发现问题取得审计证据的一种方法。

比较法分为绝对数比较法和相对数比较法。绝对数比较法是对绝对数进行比较以寻找差异的一种方法。相对数比较法是对不能直接比较的指标，将对比的指标数值换算为相对数，然后比较各种比率。

4. 分析法

分析法是通过对会计资料的有关指标的逻辑推理、分析综合，以揭示本质和了解构成要素的相互关系的一种审计方法。按其分析的技术，可分为比较分析、比率分析、账户分析、账龄分析、平衡分析和因素分析等。

5. 询证法

询证法是指审计人员对审计过程中发现的疑点或问题，通过向有关人员调查和询问，求证事实真相并取得审计证据的一种方法。

询证法分为函询和面询。函询是通过向有关单位发函来了解情况取证的一种方法，一般用于往来款项的查证。面询是审计人员当面向有关人员了解查证情况。采用询证法时，审计人员要讲究方式方法，以尽量争取询证对象的配合。

（二）按审计检查范围分为详查法和抽查法

1. 详查法

详查法是指对被审计单位一定时期内的所有会计凭证、会计账簿和财务报表或某一项目的全部会计处理进行详细检查的方法。其优点是检查内容全面完整，审计结果准确可靠，缺点是耗费人力和时间过多、成本高。一般小型企事业单位或单一的业务适用此法。

2. 抽查法

抽查法是指从被审计单位审查期的全部会计资料中抽取部分进行审查，据此推断被审计单位总体有无错弊情况的一种方法。其优点是能明确审查重点，效率高、成本低，但如果样本选择不当或缺乏代表性，往往不能发现问题，甚至会做出错误的审计结论。

（三）按审查资料的顺序分为顺查法和逆查法

1. 顺查法

顺查法是按照会计核算的处理顺序，依次对证、账、表各个环节进行检查的一种方法。

具体做法如下：一是审查原始凭证，着重审查经济业务是否真实合法、记载是否准确合规；二是审查记账凭证，查明会计科目处理、金额计算是否正确，核对证证是否相符；三是审查会计账簿，检查记账、过账是否正确，核对账证、账账是否相符；四是审查和分析财务报表，检查报表各项目是否正确完整，核对账表、表表是否相符。其优点是系统全面，可以避免疏漏；缺点是面面俱到、重点不突出，工作量大、效率不高。顺查法适用于对规模较小、业务不多的单位审计。

2. 逆查法

逆查法是按照与会计核算项目相反的顺序，依次对表、账、证各环节进行检查核对的一种方法。

具体做法如下：一是审查财务报表，从中找出异常或有错弊的项目，据以确定下一步审查的重点和方向；二是根据所确定的可疑账项和重要项目，追溯审查会计账簿，进行账表、账账核对；三是进一步追查原始凭证和记账凭证，进行账证核对、证证核对，以查明问题的原因和真相。优点是重点突出，易于抓住问题的关键，节省时间和成本；缺点是可能遗漏或疏忽，不能全面审查问题。逆查法适用于规模较大、业务较多的大中型企事业单位。

二、证实客观事物的方法

证实客观事物的方法是指证明落实客观事物的形态、性质、存放地点、数量、价值等信息，以核实账实是否相符，有无弄虚作假的方法，包括盘点法、调节法、观察法和鉴定法。

（一）盘点法

盘点法又称实物清查法，是对被审计单位的各项财产物资进行实地盘点，检查实物的数量、品种、规格、金额等实际情况，以证实相关实物资产账户的记载是否真实准确的方法。

盘点法分为直接盘点法和监督盘点法。直接盘点法是审计人员亲自到现场进行盘点，以证实账实是否相符。审计人员一般不采用该种方式。

监督盘点法是由被审计单位自行组织盘点，审计人员亲临现场进行监督，必要时审计人员可进行抽查、复点，以保证盘存的质量。监督盘点法又分为突击性盘点和抽查性盘点。突击性盘点能防止经管人员在盘点前对财产保管工作中的挪用、盗窃及其他舞弊进行掩饰。抽查性盘点是只对总体财产物资进行抽查核实，检验盘点记录是否真实准确，财产物资是否完整无损，有无挪用、盗窃和贪污等情况。对大宗原材料、产成品等，应采用抽查性盘点。

（二）调节法

调节法是在现成数据与需要证实的数据不一致时，通过调整有关数据，求得需要证实的数据的方法。例如，运用调节法编制银行存款调节表，对企事业单位与开户银行发生的"未达账项"进行增减调节，以验证被审计单位的银行存款余额是否正确。

调节法还可用来证实账实是否相符,根据公式可以验证结存日财产物资的应结存数量。计算公式为

结存日数量=盘点日盘点数量+结存日至盘点日发出数量-结存日至盘点日收入数量

(三)观察法

观察法是审计人员进驻被审计单位后,深入车间、科室、仓库、工地等地,对生产经营管理工作的进行、财产物资的保管利用、内部控制的执行、员工的状态等进行观察,从中发现薄弱环节和存在的问题,是否符合审计标准和书面资料的记载,以取得审计证据的方法。

(四)鉴定法

鉴定法是邀请专业人士运用专门技术对书面资料、实物和经济活动进行分析、鉴别的方法。例如,对实物性能、质量、价值的鉴定,对书面资料真伪的鉴定,对经济活动的合理性、有效性的鉴定等。鉴定法的鉴定结论应作为一种独立的审计证据,详细地记入审计工作底稿。

第四节　审计抽样技术

一、审计抽样的概念和分类

(一)审计抽样的概念

审计抽样(audit sampling)是指注册会计师对具有审计相关性总体中低于百分之百的项目实施审计程序,使所有的抽样单元都有被选取的机会,为注册会计师对整体做出判断提供合理的基础。审计抽样是注册会计师获取和评价与被选取项目的某些特征有关的审计证据的过程,以形成或帮助形成对总体的结论。总体是指注册会计师从中选取样本并据此得出结论的整个数据集合,抽样单元是指构成总体的个体项目。审计抽样具备以下基本特征。

(1)对具有审计相关性的总体中低于百分之百的项目实施审计程序。
(2)所有抽样单元都有被选取的机会。
(3)审计抽样的目标是为得出关于抽样总体的结论提供基础。

(二)审计抽样的分类

1. 统计抽样和非统计抽样

(1)统计抽样。是指同时具备以下两个特征的抽样方法:①随机选取样本;②运用概率论来评价样本结果,包括度量抽样风险。统计抽样的优点是能够科学地确定样本规模,客观地选取样本,科学地度量和控制抽样风险,定量地评价样本结果。本节主要介绍的是统计抽样在控制测试和实质性程序中的运用。

（2）不同时具备上述两个特征的抽样方法属于非统计抽样，非统计抽样又可分为随意抽样和判断抽样。随意抽样是指抽取样本时带有很大的随意性，抽取多少、如何抽取，没有客观的标准和依据。这种方式虽然简单易行，提高了工作效率，但缺乏科学性，容易形成片面甚至错误的结论。

判断抽样是指注册会计师根据审计工作目标，结合自己的经验，有目的、有重点地选取相关样本来进行审查，并以样本的测试结果来推断总体特征的审计方法。这种方法的优点是重点突出、针对性强、工作效率高、简单灵活、易于操作，缺点是过于依赖注册会计师的个人经验和素质，带有主观性，不能定量表示抽样风险。

2. 属性抽样和变量抽样

在审计抽样中，根据样本测试结果对总体进行推断有两种方法：一是根据样本的差错率来推断总体的差错率；二是根据样本的差错额来推断总体的差错额。前者就是属性抽样，后者就是变量抽样。具体而言，属性抽样是指在精确度和可靠程度一定的条件下，为测试总体特征的发生频率而采用的一种方法。变量抽样是指用来估计总体错误金额的一种方法。在对内部控制进行控制测试时采用的抽样方法通常是属性抽样，对账、证、表等会计资料进行的实质性程序采用的通常是变量抽样。在审计实务中，也会出现同时进行控制测试和实质性程序的情况，这时采用的审计抽样称为双重目的抽样。

二、控制测试中的审计抽样

（一）相关概念

1. 偏差

在属性抽样中，偏差是指注册会计师认为使控制程序失去效能的所有控制无效事件。注册会计师应该根据实际情况，恰当地定义偏差。例如，可将会计记录中的虚假账户、经济业务的记录未进行复核、审批手续不齐全等各类差错定义为偏差。

2. 可接受的信赖过度风险

在属性抽样中，信赖过度风险与样本规模成反比，即注册会计师愿意接受的信赖过度风险越低，样本规模通常越大，反之则越小。在控制测试中，一般将信赖过度风险确定为10%，如果其属性对于其他项目是重要的，则采取5%的信赖过度风险。

3. 可容忍偏差率

在进行控制测试时，可容忍偏差率的确定应当能保证当总体偏差率超过可容忍偏差率时将降低注册会计师对内部控制有效性的可信赖程度。可容忍偏差率越小，所需的样本规模就越大。

（二）属性抽样的具体方法

属性抽样的方法主要包括固定样本规模抽样、停—走抽样和发现抽样三种。

1. 固定样本规模抽样

固定样本规模抽样是使用最为广泛的属性抽样，常用于估计审计对象总体中某种偏差发生的比例。其主要步骤如下。

1）确定样本规模

样本规模可通过使用样本量表来确定。样本规模的确定与预计总体偏差率和可容忍偏差率相关，相应的样本规模可直接通过查表获得。表 3-1 列出了可接受的信赖过度风险为 10%时所使用的样本量。

表 3-1　控制测试统计抽样样本规模表（信赖过度风险为 10%）

预期总体偏差率/%	可容忍偏差率										
	2%	3%	4%	5%	6%	7%	8%	9%	10%	15%	20%
0.00	114(0)	76(0)	57(0)	45(0)	38(0)	32(0)	28(0)	25(0)	22(0)	15(0)	11(0)
0.25	194(1)	129(1)	96(1)	77(1)	64(1)	55(1)	48(1)	42(1)	38(1)	25(1)	18(1)
0.75	265(2)	129(1)	96(1)	77(1)	64(1)	55(1)	48(1)	42(1)	38(1)	25(1)	18(1)
1.00	*	176(2)	96(1)	77(1)	64(1)	55(1)	48(1)	42(1)	38(1)	25(1)	18(1)
1.25	*	221(3)	132(2)	77(1)	64(1)	55(1)	48(1)	42(1)	38(1)	25(1)	18(1)
1.50	*	*	132(2)	105(2)	64(1)	55(1)	48(1)	42(1)	38(1)	25(1)	18(1)
1.75	*	*	166(3)	105(2)	88(2)	55(1)	48(1)	42(1)	38(1)	25(1)	18(1)
2.00	*	*	198(4)	132(3)	88(2)	75(2)	48(1)	42(1)	38(1)	25(1)	18(1)
2.25	*	*	*	132(3)	88(2)	75(2)	65(2)	42(2)	38(2)	25(1)	18(1)
2.50	*	*	158(4)	110(3)	75(2)	65(2)	58(2)	38(2)	25(1)	18(1)	
2.75	*	*	*	209(6)	132(4)	94(3)	65(2)	58(2)	52(2)	25(1)	18(1)
3.00	*	*	*	*	132(4)	94(3)	65(2)	58(2)	52(2)	25(1)	18(1)
3.25	*	*	*	*	153(5)	113(4)	82(3)	58(2)	52(2)	25(1)	18(1)
3.50	*	*	*	*	194(7)	113(4)	82(3)	73(3)	52(2)	25(1)	18(1)
3.75	*	*	*	*	*	131(5)	98(4)	73(3)	52(2)	25(1)	18(1)
4.00	*	*	*	*	*	149(6)	98(4)	73(3)	65(3)	25(1)	18(1)
5.00	*	*	*	*	*	*	160(8)	115(6)	78(4)	34(2)	18(1)
6.00	*	*	*	*	*	*	*	182(11)	116(7)	43(3)	25(2)
7.00	*	*	*	*	*	*	*	*	199(14)	52(4)	25(2)

注：① *样本规模过大，在多数情况下不符合成本效益原则。
　　② 本表假设总体足够大。

例如，注册会计师可接受信赖过度风险为 10%，可容忍偏差率为 7%，预计总体偏差率为 1.75%，查表 3-1 可得样本规模为 55。

2）评价抽样结果

（1）计算样本偏差率。将样本中发现的偏差数除以样本规模，即可得到样本偏差率。样本偏差率是对总体偏差率的最佳估计值。

（2）确定偏差上限。偏差上限是指根据样本所发现的实际偏差数计算得到的总体最大偏差率，可通过统计抽样评价表来确定该数值。表 3-2 列示了可接受的信赖过度风险为 10%时的总体偏差上限。

表 3-2 控制测试中统计抽样结果评价（信赖过度风险为 10%时的偏差率上限）

样本规模	实际发现的偏差数										
	0	1	2	3	4	5	6	7	8	9	10
20	10.9	18.1	*	*	*	*	*	*	*	*	*
25	8.8	14.7	19.9	*	*	*	*	*	*	*	*
30	7.4	12.4	16.8	*	*	*	*	*	*	*	*
35	6.4	10.7	14.5	18.1	*	*	*	*	*	*	*
40	5.6	9.4	12.8	16.0	19.0	*	*	*	*	*	*
45	5.0	8.4	11.4	14.3	17.0	19.7	*	*	*	*	*
50	4.6	7.6	10.3	12.9	15.4	17.8	*	*	*	*	*
55	4.1	6.9	9.4	11.8	14.1	16.3	18.4	*	*	*	*
60	3.8	6.4	8.7	10.8	12.9	15.0	16.9	18.9	*	*	*
70	3.3	5.5	7.5	9.3	11.1	12.9	14.6	16.3	17.9	19.6	*
80	2.9	4.8	6.6	8.2	9.8	11.3	12.8	14.3	15.8	17.2	18.6
90	2.6	4.3	5.9	7.3	8.7	10.1	11.5	12.8	14.1	15.4	16.6
100	2.3	3.9	5.3	6.6	7.9	9.1	10.3	11.5	12.7	13.9	15.0
120	2.0	3.3	4.4	5.5	6.6	7.6	8.7	9.7	10.7	11.6	12.6
160	1.5	2.5	3.3	4.2	5.0	5.8	6.5	7.3	8.0	8.8	9.5
200	1.2	2.0	2.7	3.4	4.0	4.6	5.3	5.9	6.5	7.1	7.6

注：① *表示超过 20%；
② 本表以百分比表示偏差率上限，假设总体足够大。

前例中，注册会计师可接受的信赖过度风险为 10%，样本规模为 55，若对样本进行检查时未发现偏差，则查表 3-2 可得对应的偏差率上限为 4.1%。总体偏差率上限低于可容忍偏差率 7%，因此，总体的实际偏差率超过可容忍偏差率的风险很小，总体可以接受。换言之，样本结果证实注册会计师对控制运行有效性的估计和评估的重大错报风险水平是适当的。

当样本中发现两例偏差时查表 3-2 可得对应偏差率上限为 9.4%，超过可容忍偏差率，因此不能接受总体，即抽样结果不支持注册会计师对控制运行有效性的估计和评估的重大错报风险水平。注册会计师应该扩大控制测试范围，以证实初步评估结果，或提高重大错报风险评估水平，并增加实质性程序的数量，或对影响重大错报风险评估水平的其他控制进行测试，以支持计划的重大错报风险评估水平。

（3）分析偏差性质和原因。评价样本结果时除了评价样本发生的频率外，还应该对偏差进行定性分析，即分析偏差的性质和原因。此外，注册会计师还应该考虑偏差对财务报表是否有直接影响。

（4）形成总体结论。注册会计师利用抽样结果以及了解到的关于控制系统的信息，结合自己的专业判断，可以对整个控制系统存在的控制风险进行评估，进而评价受此类交易影响的有关财务报表认定的控制风险。

2. 停—走抽样

停—走抽样是固定样本量抽样的一种特殊形式，它是从预计总体误差为零开始，通过边抽样边评价，来完成抽样工作的方法。具体而言，注册会计师先抽取一定量的样本进行审查，如果结果可以接受，就停止抽样得出结论，如果结果不能接受，就扩大样本量继续审查直至得出结论，故称为停—走抽样。其基本步骤如下。

1）确定初始样本规模

通常可根据可容忍偏差率和信赖过度风险水平来确定，如表3-3所示。

表3-3 停—走抽样初始样本规模（预计总体偏差率为零） %

可容忍偏差率 \ 信赖过度风险	10	5	2.5
10	24	30	37
9	27	34	42
8	30	38	47
7	35	43	53
6	40	50	62
5	48	60	74
4	60	75	93
3	80	100	124
2	120	150	185
1	240	300	370

2）进行停—走抽样决策

（1）确定风险系数，根据信赖过度风险和误差数量确定停—走抽样的风险系数，如表3-4所示。

表3-4 停—走抽样可接受的信赖过度风险系数 %

误差数量 \ 信赖过度风险	10	5	2.5
0	2.4	3.0	3.7
1	3.9	4.8	5.6
2	5.4	6.3	7.3
3	6.7	7.8	8.8
4	9.0	9.2	10.3
5	9.3	10.6	11.7
6	10.6	11.9	13.1
7	11.8	13.2	14.5
8	13.0	14.5	15.8
9	14.3	16.0	17.1

续表

误差数量 \ 信赖过度风险	10	5	2.5
10	15.5	17.0	18.4
11	16.7	18.3	19.7
12	18.0	19.5	21.0
13	19.0	21.0	22.3
14	20.2	22.0	23.5
15	21.4	23.4	24.7
16	22.6	24.3	26.0
17	23.8	26.0	27.3
18	25.0	27.0	28.5
19	26.0	28.0	29.6
20	27.1	29.0	31.0

（2）计算总体误差率，公式如下：

$$总体误差率 = \frac{可接受的信赖过度风险系数}{样本量}$$

（3）若总体误差率大于可容忍误差率，则增加样本，继续抽样。若小于可容忍误差率，则停止抽样。继续抽样的样本量计算公式如下：

$$样本量 = \frac{可接受的信赖过度风险系数}{可容忍偏差率}$$

例如，注册会计师确定的可容忍误差率为 4%，信赖过度风险为 10%，第一次抽样发现 1 个误差，第二次抽样未发现误差。则根据表 3-3，得到初始样本规模为 60 个，第一次在 60 个样本中发现 1 个误差，则累计误差为 1，查表 3-4 得到对应的风险系数为 3.9，由此得到总体误差率为 3.9/60=6.5%，大于可容忍误差率 4%，故应增加样本，继续抽样。继续抽样的总样本量为 3.9/4%=98，故第二次应增加样本量为 38（98-60）个。第二次抽样未发现误差，则累计误差数量仍为 1，查表 3-4 得信赖过度风险系数仍为 3.9，由此得到总体误差率为 3.9/98=3.98%，小于可容忍误差率 4%，可停止抽样。因而注册会计师可得出结论：有 90% 的保证程度表明总体误差率不超过 4%。

3. 发现抽样

发现抽样是固定样本规模抽样的另一种特殊形式，根据可接受信赖过度风险和可容忍偏差率一起确定样本规模，不同于固定样本规模抽样的是发现抽样将预计总体偏差率直接定为 0。在抽样检查中，一旦发现偏差就停止抽样。如果未发现偏差，则可得出总体可以接受的结论。发现抽样适用于检查重大舞弊或错误事项。

三、实质性程序中的审计抽样

实质性程序包括细节测试和实质性分析程序。注册会计师在实施细节测试时，可以使用审计抽样，但在实施实质性分析程序时，通常不宜使用审计抽样和其他选取测试项目的方法。

（一）传统变量抽样

1. 均值估计抽样

均值估计抽样是一种通过求得样本均值来推断总体的平均值和总值的变量抽样方法。注册会计师先计算样本中所有项目审定金额的平均值，然后用该值乘总体规模，从而得出总体金额的估计值。总体估计金额和总体账面金额之间的差额就是推断的总体错报。例如，注册会计师从总体规模为 1 000 个、账面金额为 1 000 000 元的存货项目中抽取了 200 个项目作为样本。在确定了正确的采购价格并计算了价格和数量的乘积之后，将 200 个样本的审定金额加总后除以 200，得到样本的平均审定金额为 970 元、估计的存货余额为 970 000（970×1 000）元。推断的总体错报便为 30 000（1 000 000–970 000）元。

2. 差额估计抽样

差额估计抽样是以样本实际金额与账面金额的平均差额来估计总体实际金额与账面金额的平均差额，再以平均差额乘总体规模得到总体的实际金额与账面金额之间的差额（总体错报）的一种方法。计算公式如下：

$$\text{推断的总体错报} = \text{平均错报} \times \text{总体规模}$$

例如，注册会计师从总体规模为 1 000 个、账面金额为 1 060 000 元的存货项目中抽取了 200 个样本进行检查，得到 200 个样本的审定金额为 196 000 元与账面金额 212 000 元之间的差额为 16 000 元。样本差额再除以样本规模 200 个，得到样本的平均错报为 80 元，平均错报再乘总体规模，得到总体错报为 80 000（80×1000）元。

3. 比率估计抽样

比率估计抽样是以样本的实际金额与账面金额的比率作为总体实际金额与账面金额的比率的估计值，再以该值乘总体账面金额得到估计的实际总体金额，进而推断总体错报的一种抽样方法。计算公式如下：

$$\text{估计的总体实际金额} = \text{总体账面金额} \times \text{比率}$$

$$\text{推断的总体错报} = \text{估计的总体实际金额} - \text{总体账面金额}$$

上例中，样本审定金额与账面金额的比率为 0.92（196 000/212 000），估计的总体存货实际金额为 975 200（1 060 000×0.92）元，推断的总体错报为 84 800（1 060 000–975 200）元。

在以上三种变量抽样方法中，在没有对总体进行分层的情况下，一般不适宜采用均值估计抽样方法，因为此时所需要的样本规模可能太大，不符合成本效益原则。差额估计抽样和比率估计抽样所需的样本量较小，但采用的前提是样本项目存在错报。在实施抽样时，如果注册会计师预计只发现少量差异，则不宜采用差额估计抽样和比率估计抽样，可考虑其他的方法，如均值估计抽样或 PPS 抽样。

（二）PPS 抽样

概率比例规模抽样（probability-proportional-to-size sampling，PPS），简称 PPS 抽样，是以货币单位作为抽样单元进行选样的一种方法。在该方法下，总体中的每个货币单元被选中的概率相同,所以总体中某一项目被选取的概率等于该项目的金额与总体金额的比率。项目金额越大,被选中的概率就越大。但实际上并不是对总体中的货币单位进行检查,而是检查包含被选取货币单位的余额或交易。

PPS 抽样有助于注册会计师将审计重点放在较大的余额或交易上。这种抽样方法得名是因为总体中每一余额或交易被选取的概率与其账面金额成比例。此外,PPS 抽样的使用须满足两个条件:一是总体的错报率很低,且总体规模在 2 000 以上,这是为满足泊松分布的要求;二是总体中任一项目的错报不能超过该项目的账面金额。

1. PPS 抽样的优点

(1) PPS 抽样通常比传统变量抽样更易于操作。由于 PPS 抽样以属性抽样原理为基础,可以很方便计算样本规模,并手工或使用量表来评价样本结果,而样本的选取可以在计算机程序或计算器的协助下进行。

(2) PPS 抽样的样本规模不需要考虑被审计金额的预计变异性。传统变量抽样的样本规模是在总体项目共有特征的变异性或标准差的基础上计算的,PPS 抽样在确定所需的样本规模时不需要直接考虑货币金额的标准差。

(3) PPS 抽样中项目被选取的概率预期货币金额大小成比例,因而生成的样本自动分层。若使用传统变量抽样,则需要对总体进行分层,以减小样本规模。

(4) PPS 抽样中,如果项目金额超过选样间距,PPS 系统选样将自动识别所有单个重大项目。

(5) 如果审计人员预计错报不存在,PPS 抽样的样本规模一般比传统变量抽样方法更小。

(6) PPS 抽样的样本更容易设计,且可在能够获得完整的总体之前开始选取样本。

2. PPS 抽样的缺点

(1) 使用 PPS 抽样要求抽样单元的错报金额不能超出其账面价值。

(2) 在 PPS 抽样中,被低估的实物单元被选取的概率更低,因而 PPS 抽样不适用于测试低估项目。如果审计人员在 PPS 抽样的样本中发现低估,评价样本时需要特别加以注意。

(3) 对零余额或负余额的选取在设计时需要特别考虑。例如,如果对应收账款进行抽样,审计人员可能需要先将贷方余额分离出去,作为一个单独的总体。如果检查零余额的项目对审计目标非常重要,审计人员则需要单独对其进行测试,因为零余额的项目在 PPS 抽样中不会被选取。

(4) 当预计总体错报数量增加时,PPS 抽样所需的样本规模也会增加,甚至可能超过传统变量抽样。

(5) 当发现错报时,若风险水平一定,PPS 抽样在评价样本时可能会高估抽样风险的影响,从而导致审计人员可能拒绝一个可接受的总体账目金额。

(6) 在 PPS 抽样中审计人员一般需要逐个累计总体金额。但如果相关的会计数据以电子形式储存,则不会额外增加大量的审计成本。

3. PPS 抽样的过程

PPS 抽样作为属性抽样的变种,首先需要确定样本规模,可使用公式法和查表法来确定对应的样本规模。确定样本规模后通过运用计算机软件、随机数表等随机数法或系统选样法来进行样本选取。对样本进行完测试后进行样本评价，推断总体错报，并计算抽样风险允许限度。如果样本中没有发现错报，推断的总体错报便为零，抽样风险允许限度小于或等于设计样本时使用的可容忍错报。此时，审计人员通常不需要进行额外的计算便可得出结论，在既定的误受风险下，总体账面金额高估不超过可容忍错报。如果样本中发现了错报，审计人员则需要计算推断的错报和抽样风险允许限度。

思 考 题

1. 审计工作需要经过哪几个阶段？各个阶段有哪些具体的工作内容？
2. 管理层认定包括哪些内容？管理层认定与审计目标有什么关系？
3. 审计工作中有哪些常用的审计方法？各种方法分别在什么情况下适用？它们各自有何优缺点？
4. 审计抽样有哪些方式？在控制测试和实质性测试中通常使用什么抽样方式？

业 务 题

1. A 注册会计师负责对 X 公司 2015 年度财务报表实施审计。在审计过程中，A 注册会计师需要针对评估的重大错报风险设计和实施进一步审计程序。以下是 A 注册会计师计划实施的部分审计程序：

（1）获取并检查长期股权投资协议，确认协议约定的长期股权投资到期时间；
（2）抽取 2015 年 12 月应付账款明细账借方记录，追查到银行对账单；
（3）检查资产负债表日后至外勤审计结束前发生的销货退货是否已做相应的会计处理；
（4）观察并询问支票签发过程，确认是否只有被授权的职员才能接触和签发支票；
（5）将员工工薪表中列示的员工总人数与经实际清点并确认的员工人数进行比较；
（6）将 2015 年末各主要产成品的账面成本与 2016 年初销售的同类产成品单价比较。

要求

请指出上述进一步审计程序可能证实 X 公司管理层对财务报表做出的哪一种认定。如果证实的认定与交易、事项或期末账户余额相关，请指出相关的财务报表项目。

答案

程序（1）：分类与可理解性（长期股权投资）。
程序（2）：完整性（应付账款）。
程序（3）：发生（营业收入）。
程序（4）：存在（货币资金）。
程序（5）：存在（应付职工薪酬）。
程序（6）：计价与分摊（存货）。

解析

程序（1）：如果在资产负债表日期的一年内到期，则应关注是否在财务报表的"一年内到期的非流动资产"项目列示，涉及财务报表列报的分类和可理解性认定。

程序（2）：如果银行对账单所显示的借记的应付账款在 2015 年并未支付，则应付账款账户余额违背了完整性认定。

程序（3）：如果退回的是 2015 年度销售的商品，且退回后未做相应处理，则营业收入违背了发生认定。

程序（4）：如未经授权的职员可以签发支票，则支票很可能被盗用，导致货币银行存款减少，银行存款账户余额，即货币资金项目违背存在认定。

程序（5）：员工工薪表中列示的员工总人数超过实际清点的员工人数，表明相应的工薪费用存在虚构，导致应付职工薪酬项目违背存在认定。

程序（6）：如果产成品账面成本高于或接近 2016 年年初售价，说明存货可变现净值可能低于账面成本，存货项目可能违背计价和分摊认定。

2. A 注册会计师负责审计甲公司 2015 年度财务报表。在了解甲公司内部控制后，A 注册会计师决定采用审计抽样的方法对拟信赖的内部控制进行测试，部分做法摘录如下：

（1）为测试 2015 年度信用审核控制是否有效运行，将 2015 年 1 月 1 日至 11 月 30 日期间的所有销售单界定为测试总体。

（2）为测试 2015 年度采购付款凭证审批控制是否有效运行，将采购凭证缺乏审批人员签字或虽有签字但未按制度审批的界定为控制偏差。

（3）在使用随机数表选取样本项目时，由于所选中的 1 张凭证已经丢失，无法测试，直接用随机数表另选 1 张凭证代替。

（4）在对存货验收控制进行测试时，确定样本规模为 60，测试后发现 3 例偏差。在此情况下，推断 2015 年度该项控制偏差率的最佳估计为 5%。

（5）在上述第（4）项的基础上，A 注册会计师确定的信赖过度风险为 5%，可容忍偏差率为 7%。由于存货验收控制的偏差率的最佳估计不超过可容忍偏差率，认定该项控制运行有效。

要求

针对上述第（1）项至第（5）项，逐项指出 A 注册会计师的做法是否正确。如不正确，简要说明理由。

答案及解析

（1）A 注册会计师关于总体的定义不恰当。注册会计师在定义总体时，应当确保总体的适当性和完整性。注册会计师确定的特定审计目标是 2015 年度信用审核控制是否有效执行，则测试的总体应当是 2015 年 1 月 1 日至 12 月 31 日期间所有开具的销售单。

（2）A 注册会计师关于偏差的定义是恰当的。

（3）A 注册会计师关于无法对选取的项目实施检查时做出的处理不恰当。对于选择的样本由于丢失无法进行测试时，应当将其视为一个控制偏差处理，而不是重新选择一个样本予以代替。

（4）A 注册会计师对总体偏差率的最佳估计是恰当的。

（5）A 注册会计师做出的样本结果评价是不恰当的。根据控制测试统计抽样结果评价表可查得当样本量为 60、实际发现的偏差数为 3 时对应的偏差率上限为 12.5%，超过了可容忍偏差率 7%，所以表示存货验收控制的总体偏差率上限大于可容忍偏差率，总体不能接受，该项控制运行无效。

第四章

审计风险与审计证据

福建JS重组失败案例

福建JS股份有限公司（以下简称福建JS）于2014年9月9日发布一系列公告声称，发行股份及支付现金购买LH公司80%股权，并向两名特定投资者非公开发行股份募集配套资金。但是，2015年2月6日，福建JS发出公告，决定当日向中国证监会申请撤回相关申报材料，并终止本次重大资产重组。事后，经过证监会调查，发现福建JS披露的《重大资产重组报告书（草案）》存在财务造假，在2015年1月13日披露的草案中虚增2012—2014年的营业收入分别为28 255 650元、27 463 495元、22 147 080元，虚增比例分别为15.93%、14.76%、13.96%。其审计机构×××会计师事务所在重组过程中也未能勤勉尽责，主要存在以下违法事实。

（1）×××会计师事务所未执行前后任注册会计师的沟通程序。2015年1月，福建JS与前任会计师事务所解除合作关系，聘请×××会计师事务所为重大资产重组的审计机构。×××会计师事务所业务承接评价表未显示×××会计师事务所曾关注变更会计师事务所的原因，或与前任注册会计师进行过必要的沟通。

（2）×××会计师事务所对LH公司的风险评估程序未执行到位，未能识别和评估财务报表重大错报风险。×××会计师事务所了解被审计单位及其环境（不包括内部控制）的审计底稿显示，会计师实施的风险评估程序包括：向被审计单位项目总体负责人询问主要业务和行业发展状况等信息、对兰花专家进行访谈、对经销商及花卉市场进行调研与询价等；审计底稿中兰花市场调研总结显示，对兰花市场的调研分为南线组、北线组、北京组和广州组进行；审计总结显示，项目组专程到昆明，对昆明市西山区兰花协会秘书长李某某进行访谈，在盘点现场对中国植物学会兰花分会理事长罗某某进行访谈。但是，在接受证监会调查时，会计师未向证监会提供向被审计单位项目总体负责人询问主要业务和行业发展状况的工作记录；对李某某的访谈记录为复印件，且没有记录参加访谈的项目组成员，也未能提供项目组成员的出行记录；未能提供项目组成员进行市场调研的出行记录，未能证明会计师或其他审计项目组成员执行了上述审计程序。

（3）×××会计师事务所对LH公司审计底稿未能证明审计程序的履行。应收账款函证结果汇总表显示，会计师对北京4家、上海2家、福建1家和广东1家经销商进行实地走访；经销商走访工作总结显示项目组成员田某等对前述LH公司北京4家经销商进行现场观察、访谈；审计总结显示会计师对厦门1家、上海2家、北京4家经销商分别进行实地走访，执行询问、观察、记录、拍照等审计程序。但审计工作底稿中未见上述实地走访的相关记录。项目组对前述北京 4 家经销商进行现场观察验证，未对经销商进行访谈，项目组也未对 LH 公司其他经销商进行实地走访。

（4）×××会计师事务所未按行业准则规定对银行存款实施函证程序。2012 年 1 月至 2014 年 9 月，LH 公司西安分公司、北京分公司和福州分公司的银行账户均销户。会计师未对上述银行账户实施函证程序，也未说明不实施函证程序的理由。

资料来源：摘自《中国证监会行政处罚决定书》。

通过上述案例可以看到，×××会计师事务所在审计过程中主要存在相应的审计程序未履行到位，未能正确识别和评估被审计单位财务报表重大错报风险以及未收集充分适当的审计证据等问题。由此提醒审计机构在保持审计独立性和谨慎性的原则下应该实施足够的审计程序，正确识别重大错报风险，获取充分适当的审计证据，确保审计质量。

第一节 审计风险

一、审计风险的含义

审计风险是指当财务报表存在重大错报时，注册会计师发表不恰当审计意见的可能性。其主要包括两层含义：一是被审计单位财务报表原本公允，但注册会计师认为其不公允；二是被审计单位财务报表原本存在重大错误，但未被察觉，注册会计师认为其财务报表公允。一般来说，由于审计过程中固有风险的存在，审计风险不可能降至为零，注册会计师只有运用自身职业判断，实施必要的审计程序，将审计风险降低至可接受的较低水平，为财务报表使用者提供合理保证，而非绝对保证。

二、审计风险的构成要素

在现行的审计理论与实践中，审计风险主要由重大错报风险和检查风险构成。

（一）重大错报风险

重大错报风险是指财务报表在审计前存在重大错报的可能性，与被审计单位的风险相关，并且独立于财务报表审计而存在。注册会计师在设计审计程序以确定财务报表整体是否存在重大错报时，应该从财务报表层次和认定层次方面考虑重大错报风险。

财务报表层次的重大错报与财务报表整体存在广泛联系，可能影响多项认定。此类风险主要受控制环境的影响，例如，管理层自身是否诚信、治理层是否能对管理层进行有效监督都会对此产生影响。此外，它也可能受其他因素的影响，比如整体经济环境、企业所处行业的整体情况。此类型的风险很难被界定于某类交易、账户余额、披露的具体认定，但是，此类风险增大了数目不同认定发生重大错报的可能性。此类风险与注册会计师考虑由于舞弊引起的风险特别相关。

认定层次的重大错报风险是指与某类交易、事项，期末账户余额或财务报表披露相关的重大错报风险，由固有风险和控制风险构成。其中，固有风险是指假设不考虑企业相关内部控制,被审计单位某一账户或交易类别单独或者连同其他账户、交易类别产生重大错报的可能性。固有风险高低受诸多因素影响。例如,认定及相关类别的交易、账户余额披露的复杂程度和自身性质。一般来说,账户金额计算较为复杂或者具有高度不确定性的会计估计,固有风险相对较高;此外,固有风险也受被审计单位的外部环境影响,比如,行业内其他企业的技术进步可能致使本企业某项产品陈旧,进而导致存货容易被高估,从而加大固有风险。控制风险是指某一账户或交易类别单独或者连同其他账户、交易类别产生重大错报,但是没有被内部控制及时防止或发现并纠正的可能性。控制风险主要受被审计单位内部控制制度或程序的有效性影响。被审计单位建立内部控制的目标之一是防止错误和舞弊。但是无论内部控制设计和运行多么有效,本身固有的限制(比如人为差错的可能性等)使其不能完全保证防止或发现所有的重大错报。因此有效的内部控制只能降低控制风险,并不能消除财务报表的重大错报风险,控制风险必然会影响最终的审计风险。总体来说,固有风险和控制风险是不可分割地交织在一起,所以将它们合并统称为"重大错报风险",三者关系可以用下列公式表示:

$$重大错报风险=控制风险×固有风险$$

注册会计师在审计中应该考虑各交易、账户余额和披露认定层次的重大错报风险,这样直接有助于他们确定认定层次上实施的进一步审计程序的性质、时间安排和范围。注册会计师评估认定层次的重大错报风险并在此基础上获取证据,也便于在审计工作完成时以可接受的较低水平的审计风险对财务报表整体发表意见。

(二) 检查风险

检查风险是指如果存在某一错报,该错报单独或连同其他错报可能是重大的,但注册会计师没有发现这种错报的可能性。检查风险取决于审计程序设计的合理性和执行的有效性,所以注册会计师应该合理确定审计程序的性质、时间和范围,并有效实施审计程序,比如,制订合适的审计计划,保持一定的职业怀疑态度,监督和复核已经执行的审计工作等,以此来控制检查风险,将审计风险降至可接受的较低水平。

案例 4-1

如何识别农业上市公司的审计风险
——以 KH 农业财务造假为例

案例简介

2014 年 5 月,浙江 BS 服饰股份有限公司(以下简称"BS 股份")与 KH 农业协商重组事项。2014 年 8 月 22 日,KH 农业将其主要财务数据在《重大资产重组报告书(草案)》中公开披露,并通过 BS 股份披露了《广西 KH 农业股份有限公司审计报告及财务报表(2011 年 1 月 1 日至 2014 年 4 月 30 日)》。2016 年,经证监会查实,披露的《重大资产报告书(草案)》中 KH 农业主要财务数据和上述审计报告及财务报表中存在虚假记载:"(一)虚增资产,通过虚增银行存款和应收账款,KH 农业 2014 年 1 月 1 日—2014 年 4 月 30 日财务报表虚增资产 503 309 782.17 元,占 KH 农业披露当期总资产的 53.00%。

(二)虚增营业收入:通过虚构与 LY 公司、SFY 公司、ZQS 公司等 7 个客户的销售业务,KH 农业 2014 年 1 月 1 日至 2014 年 4 月 30 日财务报表虚增营业收入 41 289 583.20 元,占 KH 农业当期披露营业收入的 44.25%。

资料来源:摘自《中国证监会行政处罚决定书》

案例简析

第一,考虑到农产品作为生物资产,具有一定生长期,存货通常不易确认和计量,并且数量较多,只能采用抽样方式估计,无法准确盘点和核实的特点,注册会计师应该重点关注存货监盘的检查风险和重大错报风险。第二,农业上市公司交易量大,终端分散,且大量以现金结算为主,可验证性较差,审计时较难获得直接交易证据的特点给公司提供了一定操作空间,注册会计师应该重点关注交易及收入确认存在检查风险和重大错报风险。上述 KH 农业就是利用第二个特点,通过虚构交易和收入进行财务造假的。因此,注册会计师应该把握农业行业的基本特点,正确识别审计风险,防止其财务造假。

(三)重大错报风险与检查风险关系

重大错报风险和检查风险的关系可以由现代审计风险模型来概括,具体见以下公式:

$$审计风险 = 重大错报风险 \times 检查风险$$

在审计风险水平一定的情况下,认定层次重大错报风险的评估结果与检查风险水平呈反向关系。也即评估的重大错报风险越高,财务报表出现重大错报的可能性就越大,那么确定的可接受的检查风险就越低;反之,评估的重大错报风险越低,财务报表出现重大错报的可能性越小,确定的可接受的检查风险也就越高。例如,如果注册会计师将可接受的审计风险定为 5%,通过实施风险评估程序将重大错报风险确定为 10%,根据审计风险模型计算得到,可接受的检查风险为 50%。但是,在实务中,注册会计师不一定用绝对数量表达这些风险水平,而是选用高、中、低等文字进行定性描述。

第二节 审计重要性

一、审计重要性的含义

审计重要性是指被审计单位财务报表中错报或漏报的严重程度,在特定环境下可能影响财务报表使用者的判断或决策。一般来说,如果一项错报单独或者连同其他错报可能对财务报表使用者依据财务报表做出的经济决策产生影响,那么该项错报则是重大的。重要性是一个非常重要的概念,其贯穿审计过程的始终,可以从以下几个方面来理解。

(1) 审计重要性中的错报包含漏报。财务报表错报包括报表金额和披露的错报。

(2) 重要性包括对数量和性质两方面。数量是指错报的金额大小,性质是指错报的性质。在通常情况下,金额大的错报比金额小的错报更加重要。但是,从性质上判断,如果该项错报的性质较严重,例如,由于财务舞弊引起的错报,即使错报的金额很小都认为该项错报十分重要。

（3）重要性的判断是在考虑财务报表使用者整体共同的财务信息需求的基础上做出的。因为不同财务报表使用者对财务信息的需求可能存在较大差异，所以不需要考虑错报对个别财务报表使用者可能产生的影响。

（4）重要性的确定离不开具体环境。被审计单位的不同，其面临的环境也有所不同；财务报表使用者不同，其信息需求也有所不同；某一金额的错报对某被审计单位的财务报表来说是重要的，而对另一个被审计单位的财务报表来说可能不重要，因此注册会计师应该根据不同的审计环境，确定不同的重要性水平。

二、影响审计重要性水平因素

（一）以往的审计经验

注册会计师如果认为以往审计中所运用的重要性水平较为恰当，可以将此作为本次重要性水平的直接依据，并且根据被审计单位经营环境和业务范围发生的变化，注册会计师做出相应调整。

（二）相关法律法规的要求

一般来说，如果被审计单位有权自由处理会计事项，注册会计师必须将重要性水平定得低些。

（三）被审计单位的性质、经营规模

由于被审计单位性质、经营规模以及行业的不同，企业的重要性水平都有所差异，例如上市公司，由于其报表使用者范围较广，并且报表使用者主要依据报表所提供的信息做出判断，所以通常确定较低的重要性水平。

（四）内部控制的有效性

如果企业内部控制设计合理并且有效执行，注册会计师可以将被审计单位的重要性水平定得高一些，以此来节约审计成本，提高审计效率。

（五）财务报表的性质以及勾稽关系

财务报表项目的重要性水平存在差别，财务报表使用者对某些报表项目要比另外一些报表项目更为关心。比如报表使用者通常更加关注流动性高的项目，所以注册会计师对流动性高的会计报表项目应该从严确定重要性水平。

（六）财务报表金额的波动

财务报表的金额以及波动幅度可能成为财务报表使用者做出反映的信号。因此，注册会计师在确定重要性水平时，应当深入研究这些金额以及波动幅度。

三、实施审计计划对重要性水平的确定

确定重要性水平是制订审计计划中必不可少的环节,一般包括财务报表层次的重要性、特定类别的交易、账户余额或披露的重要性、实际执行的重要性和明显微小错报的临界值。注册会计师应该考虑对被审计单位及环境的了解、审计的目标、财务报表各项目的性质及相互关系、财务报表项目的金额及波动幅度,以此确定一个合理的重要性水平,发现在金额上的重大错报。

(一)财务报表层次重要性水平的确定

财务报表审计的目的是注册会计师通过执行审计工作对财务报表的合法性、公允性发表意见,所以,注册会计师应当考虑财务报表整体层次的重要性水平。只有这样,才能得出财务报表是否公允的整体性结论。

1. 确定判断基础

注册会计师需要根据所在会计师事务所的惯例及自己的经验,充分运用自身的职业判断来合理确定财务报表层次的重要性水平。注册会计师通常应当合理选用重要性水平的判断基础,该判断基础可以从以下几个方面考虑。

(1)财务报表要素(如资产、负债、所有者权益、收入和费用)。

(2)是否存在特定会计主体的财务报表使用者特别关注的项目(比如,为了评价财务业绩,使用者可能更关注利润、收入或净资产)。

(3)被审计单位的性质、所处的生命周期阶段以及所处行业和经济环境。

(4)被审计单位的所有权结构和融资方式(比如,如果被审计单位仅通过债务而非权益进行融资,财务报表使用者可能更加关注资产及资产的索偿权,而非被审计单位的收益)。

(5)基准的相对波动性。

适当的基准取决于被审计单位的具体情况,主要包括各类报告收益(如税前利润、营业收入、毛利和费用总额),以及所有者权益和净资产,表4-1列出了一些实务中较常用的基准。需要注意的是,如果被审计单位的经营规模较上年度没有重大变化,通常使用替代性基准确定的重要性不宜超过上年度的重要性。此外,注册会计师为被审计单位选择的基准在各年度中通常保持稳定,但是并非必须保持一贯不变,注册会计师可以根据经济形势、行业状况和被审计单位具体情况的变换对采用的基准做出调整。

表4-1 常用的基准

被审计单位的情况	可能选择的基准
1. 企业的盈利水平保持稳定	经常性业务的税前利润
2. 企业近几年经营状况大幅波动,盈利和亏损交替发生,或者由正常盈利变为微利或微亏,或者本年度税前利润因情况变化而出现意外增加或减少	过去3-5年经常性业务的平均税前利润或亏损(取绝对值),或其他基准,如营业收入
3. 企业为新设企业,处于开办期,尚未开始经营,目前正在建造厂房及购买机器设备	总资产

续表

被审计单位的情况	可能选择的基准
4. 企业处于新兴行业，目前侧重于抢占市场份额、扩大企业知名度和影响力	营业收入
5. 开放式基金，致力优化投资组合、提高基金净值、为基金持有人创造投资价值	净资产
6. 国际企业集团设立的研发中心，主要为集团下属各企业提供研发服务，并以成本加成的方式向相关企业收取费用	成本与营业费用总额
7. 公益性质的基金会	捐赠收入或捐赠支出总额

2. 重要性水平的计算方法

注册会计师在选定了恰当的判断基准的基础上，通常需要采用固定比率、变动比率两种主要方法来确定财务报表层次的重要性水平。

固定比率法，即在选定判断基准后，乘上一个固定百分比，求出财务报表层次的重要性水平。在实务中，百分比的选用有一些参考数值，具体如下。

（1）税前净利润的 5%~10%（净利润较小时用 10%，较大时用 5%）。
（2）资产总额 0.5%~1%。
（3）净资产的 1%。
（4）营业收入的 0.5%~1%。

案例 4-2

甲注册会计师对 A 公司 2016 年度财务报表进行审计，A 公司未经审计的有关财务报表项目金额分别为：总资产 200 000 万元，净资产 780 000 万元，主营业务收入 240 000 万元，利润总额 30 000 万元，净利润 20 120 万元。

甲注册会计师根据对 A 公司的具体情况分析，没有将利润总额作为评估重要性水平的基准，根据从严制定重要性水平的原则，从低选择了对应不同基准的百分比，并计算了不同的重要性水平，见下表 4-2。

表 4-2 A 公司 2015 年财务报表层次重要性水平

财务报表项目名称	金额/万元	百分比/%	重要性水平/万元
总资产	200 000	0.5	1 000
净资产	78 000	1	780
主营业务收入	240 000	0.5	1 200
净利润	20 120	5	1 006

从表 4-2 可知，如果以总资产为评估基准，确定的财务报表总体的重要性水平为 1 000 万元，表示当财务报表总体错报金额为 1 000 万元以上时属于重大错报，会影响会计信息使用者的决策。其他评估标准的含义则类似。虽然根据不同基准确定的总体重要性水平不同，但是注册会计师根据从严制定重要性水平的原则，确定 A 公司总体重要性水平为 780 万元。

变动比率法的基本原理是，规模越大的企业，允许的错报金额比率就越小。一般是根据资产总额或营业收入两者中较大的一项确定一个变动百分比。例如某国际会计师事务所判断重要性的方法是以总资产和总收入的较大者为基准确定重要性水平，规模越大的企业，比率（系数）就越小。具体步骤是：确定总资产或总收入中的较大者的范围，然后参考表 4-3，并按下列公式计算：

重要性水平=基数＋系数×超过下限的部分

表 4-3 重要性水平计算表

总资产或总收入中较大者的范围（美元）（下限不包括在内，上限包括在内）	重要性水平	
	基数	系数
0～30 000	0	0.059 00
30 000～100 000	1 780	0.031 00
100 000～300 000	3 970	0.021 00
300 000～1 000 000	8 300	0.014 50
1 000 000～3 000 000	18 400	0.010 00
3 000 000～10 000 000	38 300	0.006 70
10 000 000～30 000 000	85 500	0.004 60
30 000 000～100 000 000	178 000	0.003 13
100 000 000～300 000 000	397 000	0.002 14
300 000 000～1 000 000 000	826 000	0.001 45
1 000 000 000～3 000 000 000	1 840 000	0.001 00
3 000 000 000～10 000 000 000	3 830 000	0.000 67
10 000 000 000～30 000 000 000	8 550 000	0.000 46
30 000 000 000～100 000 000 000	17 800 000	0.000 31
100 000 000 000～300 000 000 000	39 700 000	0.000 21
300 000 000 000 以上	82 600 000	0.000 15

案例 4-3

被审计单位 A 的总资产为 15 000 000 美元，收入总额为 8 000 000 美元。较大者为总资产 15 000 000 美元，所以以总资产为计算基础。依据表 4-3 可知，总资产为 10 000 000～30 000 000 美元，查表得计算基数为 85 500，系数为 0.004 60，重要性水平为

重要性=85 500＋0.004 60×（15 000 000–10 000 000)=108 500（美元）

（二）特定类别的交易、账户余额或披露的重要性

特定类别的交易、账户余额或披露的重要性水平被称为"可容忍错报"。可容忍错报的确定以注册会计师对财务报表层次重要性水平的初步评估为基础。它是在不导致财务报表存在重大错报的情况下，注册会计师对各类交易、账户余额、列报确定的可接受的最大错报。

注册会计师在确定账户或交易层次重要性水平时，应该考虑以下主要因素。
（1）各类交易、账户余额、列报的性质及错报的可能性。
（2）各类交易、账户余额、列报的重要性水平与财务报表层次重要性水平的关系。
（3）各类交易、账户余额、列报的审计成本。
主要有以下两种方法。

（1）分配法。在采用分配法时，各类交易、账户余额、列报的重要性水平之和，应当等于财务报表层次的重要性水平。

（2）不分配法。不分配方法主要有两种：一种是某国际会计事务所采用的方法。假如财务报表层次的重要性水平为 200 万元，则根据各类交易、账户余额、列报的性质及错报的可能性，将各类交易、账户余额、列报的重要性水平确定为财务报表层次重要性水平的 20%～50%。在审计过程中，一旦发现错报超过这一水平，就建议被审计单位调整。最后，编制未调整事项汇总表，如果调整的错报超过 200 万元，就应该建议被审计单位调整。另外一种是境外某会计师事务所采用的方法。该会计师事务所规定，各类交易、账户余额、列报的重要性水平为财务报表层次重要性水平的 1/6～1/3。例如，财务报表层次的重要性水平为 100 万元，根据各交易账户的性质，将应收账款的重要性水平定为这一金额的 1/4，存货为 1/5，应付账款为 1/5，则其重要性水平的金额分别为 25 万元、20 万元、20 万元。

但是，在实际工作中，预测哪些账户可能发生错报通常很难，而且对于审计成本的大小也无法事先确定，所以确定重要性水平是一个比较困难的专业判断过程。

案例 4-4

某注册会计师受委托对 A 公司财务报表审计时，初步判断的会计报表层次的重要性水平按资产总额的 1% 计算为 140 万元，即资产账户可容忍的错误或漏报为 140 万元。并采用两种分配方案将这一重要性水平分给了各资产账户。某公司资产构成及重要性水平分配方案如表 4-4 所示，请说明哪种方案更加合理。

表 4-4 重要性水平的分配 　　　　　　　　　　　　　　万元

项 目	金 额	甲方案	乙方案
现金	700	7	2.8
应收账款	2 100	21	25.2
存货	4 200	42	70
固定资产	7 000	70	42
总计	14 000	140	140

案例简析

乙方案较合理。因为现金账户属于重要的资产账户，其重要性水平应当从严制定；而应收账款和存货项目出现错报或漏报的可能性较大，为节约审计成本，其重要性水平可确定得高些；固定资产项目出现错报或漏报的可能性较小，可将其重要性水平确定得低些。因此，乙方案较为合理。

（三）实际执行的重要性

财务报表层次实际执行的重要性旨在将未更正和未发现错报的汇总数超过财务报表整体重要性的可能性降至适当的低水平，其往往低于财务报表整体的重要性。注册会计师在确定实际执行的重要性时并非简单机械地计算，而是需要运用自身职业判断。通常需要考虑以下因素：对被审计单位的了解；前期审计工作中识别出的错报的性质和范围；根据前期识别出的错报对本期错报做出的预期。在实际工作中，财务报表层次实际执行的重要性通常为财务报表整体重要性的50%～75%。

（四）明显微小错报的临界值

明显微小错报的临界值是指如果注册会计师将低于某一金额的错报界定为明显微小的错报，那么意味着这些错报无论从规模、性质或其发生的环境，还是单独或者汇总起来，都是明显微不足道的。采用经验百分比的方法来确定，通常为财务报表整体重要性的3%～5%，一般不超过10%。在工作中，注册会计师应当在审计工作底稿中记录设定的明显微小错报临界值，低于该金额的错报可以不累积。

四、审计过程中对重要性水平的考虑

在实施审计计划阶段确定的重要性水平不是一成不变的，如果存在以下原因，注册会计师应该考虑修改重要性水平：①审计过程中情况发生重大变化（如决定处置被审计单位的一个重要组成部分）；②获取新信息；③通过实施进一步审计程序，注册会计师对被审计单位及其经营所了解的情况发生变化。比如，注册会计师在审计过程中发现，实际财务成果与最初确定财务报表整体的重要性时使用的预期本期财务成果相比存在很大差异，则需要修改重要性水平。

五、评价审计结果对重要性水平的考虑

（一）评价审计结果时所运用的重要性水平的确定

在评价审计结果时，所运用的重要性水平包括已经识别的具体错报以及推断的错漏报。

1. 已经识别的具体错报

已经识别的具体错报是指在审计过程中，能够准确计量的错报，主要包括两大类：第一类是指对事实的错报。这类错报主要是由于被审计单位收集和处理数据的错误、对事实的忽略或误解，或故意舞弊行为。比如，注册会计师在实施细节测试时发现最近购入存货的实际价值为20 000元，但是账面记录的金额却为15 000元，因此存货和应付账款分别被低估了5 000元，这里被低估的5 000元就是已识别的对事实的具体错报。另一类是指涉及主观决策的错报。该类错报主要由于管理层和注册会计师对会计估计以及对选择和运用会计政策的判断差异。

2. 推断错漏报

推断错漏报又称为"可能误差"，是注册会计师对不能明确、具体识别的其他错报的最佳估计。推断错报通常包括两大类：第一类是指通过测试样本估计出的总体错报减去测试中发现的已经识别的具体错报。比如，应付账款年末余额为 1 000 万元，注册会计师抽查样本发现有 50 万元被低估，低估部分占所抽查样本账面价值的 20%，据此注册会计师推断总体的错报金额为 200 万元，其中 50 万元为已经识别的具体错报，另外 150 万元就是推断误差。第二类是指通过实质性分析程序推断出的估计错报。比如，注册会计师根据客户的预算资料及行业趋势等要素，对客户年度销售额费用独立地做出估计并与客户账面金额比较后发现：两者间有 40%的差异。考虑估计的精确度有限，注册会计师根据自身经验认为，10%的差异通常是可接受的，而剩余 30%的差异需要有合理解释并取得佐证证据。如果注册会计师对其中 15%的差异无法得到合理解释或者不能得到佐证，则称该部分差异金额为推断误差。

（二）汇总错报或漏报

注册会计师在评价审计结果时，应当对已经发现但尚未调整的错报或漏报进行汇总（其中小于明显微小错报临界值的错报可以不汇总），考虑其金额与性质是否对财务报表的反映产生重大影响。

如果汇总数超过确定的重要性水平，注册会计师应当考虑扩大实质性测试范围或者让被审计单位调整财务报表，以此来降低审计风险。但是如果被审计单位拒绝或者通过进一步扩大实质性测试范围后，未调整的错报或漏报的汇总数仍然超过重要性水平，注册会计师应当发表保留意见和否定意见，或者在法律法规允许的前提下接触业务约定书。

如果汇总数没有超过只是接近重要性水平，但考虑到如果加上尚未发现的错报或漏报可能超过重要性水平，审计风险就会增加，注册会计师应当实施进一步审计程序，或者请被审计单位进一步调整以发现的错报或漏报，以降低审计风险。

案例 4-5

甲注册会计师负责对 A 公司 2015 年度财务报表进行审计，在制订审计计划、实施风险评估时，甲注册会计师遇到下列与重要性相关的事项。

（1）在确定财务报表整体的重要性水平时，甲注册会计师特别考虑了 A 公司最大股东决策需要，以确保金额在重要性水平以下的错报不影响财务报表使用者决策。

（2）考虑到公司处于新兴行业，目前侧重于抢占市场份额、扩大企业知名度和影响力，A 注册会计师将净资产作为确定财务报表整体重要性的基准。

（3）A 注册会计师运用财务报表整体的重要性评价了已识别错报对财务报表和审计报告中审计意见的影响。

请分别指出甲注册会计师的观点是否恰当，并说明理由。

答案简析

（1）不恰当。因为不同财务报表使用者对财务信息的需求有所差异，在确定重要性水平时，不应考虑错报对个别报表使用者产生的影响。

(2)不恰当。根据该公司特点应该选取营业收入作为确定财务报表整体重要性的基础。

(3)恰当。

第三节 审 计 证 据

一、审计证据的含义及基本特点

(一)审计证据的概念

审计证据是指注册会计师为了得出审计结论、支持审计意见而使用的所有信息,包括会计记录中的信息和其他信息。审计证据是审计理论中的一个核心概念,注册会计师的主要审计工作就是收集充分、适当的审计证据,作为形成审计意见的基础,得出合理的审计结论。

1. 构成财务报表基础的会计记录中含有的信息

依据会计记录编制财务报表是被审计单位管理层的职责,注册会计师应当针对会计记录实施审计程序以获取审计证据。该类信息一般包括初始会计分录形成的记录和支持性记录。它既包括被审计单位内部生成的手工或电子形式的凭证,也包括从与被审计单位进行交易的其他企业收到的凭证。其中内部生成的凭证主要包括:销售发运单和发票、对账单;考勤卡和其他工时记录、工薪单、个别支付记录和人事档案;支票存根、电子转移支付记录;相关的记账凭证等。而通过从被审计单位进行交易的其他企业收到的凭证主要包括:购货发票和顾客的对账单;顾客的汇款通知单;租赁合同和分期付款销售协议;银行存款单和银行对账单等。

在将这些凭证作为审计证据时,其来源和被审计单位内部控制的强弱会直接影响审计对这些原始凭证的信赖程度。

2. 其他信息

为了收集充分、适当的审计证据,形成合理的审计意见,注册会计师除了获取会计记录中含有的信息之外,还应该获取其他信息作为审计证据。其他信息是指注册会计师从被审计单位内部或外部获取的会计记录以外的信息,主要包括以下几个层次:①与被审计单位整体相关但是属于非会计记录,可以直接获取的信息,比如被审计单位的会议记录、内部控制手册、分析师的报告、询证函的回函、与竞争者的比较数据等;②通过询问、观察和检查等审计程序获取的信息,如通过检查存货获取存货存在的证据等;③自身编制或获取的可以通过合理推断得出结论的信息,如注册会计师编制的各种计算表、分析表等。

构成财务报表基础的会计记录中含有的信息和其他信息共同构成了审计证据,两者缺一不可。如果没有前者,审计工作将无法进行;如果没有后者,可能无法识别重大错报风险。只有将两者结合,才能将审计风险降至可接受的低水平,为注册会计师发表审计意见提供合理基础。

（二）审计证据的基本特征

审计证据的基本特征是充分性和适当性。注册会计师应当保持怀疑态度，运用职业判断，评价审计证据的充分性和适当性。

1. 审计证据的充分性

审计证据的充分性是对审计证据数量的衡量，主要与注册会计师确定的样本量有关。注册会计师获取的审计证据的数量受其对重大错报风险评估和审计质量的影响。一般来说，重大错报风险越高，需要的审计证据可能越多；审计证据质量越高，需要的审计证据可能就越少。但是，审计证据的数量不是越多越好，在保证客观公正地表达审计意见的基础上，为了提高审计效率，降低审计成本，注册会计师需要将审计证据的范围降低到最低限度。

2. 审计证据的适当性

审计证据的适当性是对审计证据质量的衡量，即审计证据在支持审计意见所依据的结论方面具有的相关性和可靠性。相关性和可靠性是审计证据的核心内容，只有相关且可靠的审计证据才是高质量的。

1）审计证据的相关性

相关性是指用作审计证据的信息与审计程序的目的和所考虑的相关认定之间的逻辑关系。用作审计证据的信息的相关性可能受测试方向的影响。例如，某审计程序的目的是测试固定资产的余额是否高估，则可以从固定资产的账簿记录核证到相关的凭证记录；如果某审计程序的目的是测试固定资产的余额是否低估，就不能执行上面的审计程序，而是从相关的凭证记录追查固定资产的账簿记录。所以，只有把审计事项存在内在联系的证据作为审计证据，才能反映审计事项的真实情况，从而得出正确的审计结论。

2）审计证据的可靠性

审计证据的可靠性是指审计证据应如实地反映客观事实。审计证据的可靠性受其来源和性质的影响，并取决于获取审计证据的可信程度。注册会计师在判断审计证据的可靠性时，通常会考虑下列原则。

（1）从外部独立来源获取的审计证据比从其他来源获取的审计证据更加可靠。例如，用函证方式从第三方获取的审计证据比被审计单位内部生成的审计证据更加可靠。

（2）内部控制有效时生成的审计证据比内部控制薄弱时生成的审计证据更可靠。例如，如果与销售业务相关的内部控制有效，注册会计师就能从销售发票和发货单中取得比内部控制不健全时更加可靠的审计证据。

（3）直接获取的审计证据比间接获取或推论得出的审计证据更可靠。例如，注册会计师观察某项内部控制的运行得到的证据比询问被审计单位某项内部控制的运行情况得到的证据更可靠。间接获取的证据有被涂改及伪造的可能性，降低了信息可信赖程度。推论得出的审计证据，其主观性较强，人为因素较多，可信赖程度也受影响。

（4）以文件、记录形式（无论是纸质、电子或其他介质）存在的审计证据比口头形式的审计证据更可靠。一般而言，口头证据本身并不足以证明事情的真相，但注册会计师往往可以通过口头证据发掘一些重要的线索，从而有利于对某些须审核的情况做进一步的调查，以收到更为可靠的证据。例如，注册会计师在对应收账款进行账龄分析后，可以询问应收账款负责人对收回逾期应收账款的可能性的意见。如果其意见与注册会计师自行估计的坏账损失基本一致，则这一口头证据就可成为证实注册会计师有关坏账损失判断的重要证据。但口头证据一般需要得到其他相应证据的支持。

（5）从原件获取的审计证据比从传真件或复印件获取的审计证据更可靠。注册会计师可查原件是否有被涂改或伪造的迹象，以排除伪证，提高证据的可信赖程度。而传真或复印件容易是篡改或伪造的结果，可靠性较低。

3. 充分性和适当性的关系

充分性和适当性是审计证据的两个重要特征，两者缺一不可，只有充分且适当的审计证据才是有证明力的。

注册会计师获取审计证据的数量受审计证据质量的影响。审计证据质量越高，需要的审计证据数量可能越少，即审计证据的适当性会影响审计证据的充分性。需要注意的是，尽管审计证据的充分性和适当性相关，但如果审计证据的质量存在缺陷，那么注册会计师仅仅依靠获取更多审计证据可能难以弥补其质量上的缺陷。如果审计证据与要证实的审计目标不相关，即使获取的证据再多，也难以实现审计目标。同样地，如果注册会计师获取的证据不可靠，那么证据数量再多也难以起到证明作用。

二、证据分类

为了使审计证据收集、整理和评价工作更加有效，以保障审计目标顺利实现，同时，使人们加深对审计证据的了解，本节结合审计具体目标主要介绍审计证据按其外表形态的分类，分为实物证据、书面证据、口头证据和环境证据。

（一）实物证据

实物证据是指通过实际观察或盘点所获取的、用以证明实物资产的真实性和完整性的证据。实物证据主要用来查明实物存在的实在性、数量和计价的正确性，比如注册会计师可以通过监盘的方式，验证各种存货和固定资产是否真实存在。实物证据的存在本身就是具有很大的可靠性，所以，实物证据具有较强的证明力。但是，实物证据并不能够完全证实被审计单位实物资产的所有权和价值情况。

（二）书面证据

书面证据是指注册会计师获取的以书面形式存在的证实经济活动的一类证据。它主要包括与审计有关的各种会计凭证、账簿、报表、经济合同、总结报告等。书面证据来源广泛，主要有以下三大类：第一，由被审计单位以外的单位所提供，且直接送交注册会计师的书面证据，如询证函；第二，由被审计单位以外的单位提供，但为被审计单位所持有的审计证据，如银行对账单；第三，由被审计单位自行编制并持有的书面证据，如工资发放表、会计记录等。对于纷繁复杂的审计证据，注册会计师需要进行整理归档，其效用也需要进一步证实。

(三) 口头证据

口头证据是指被审计单位的负责人、职工、法律顾问、鉴定人等对注册会计师的提问所做的口头答复形成的一类证据。在一般情况下，口头证据本身不足以证明事物的真相，但注册会计师可以通过口头证据发掘一些重要线索，从而有利于对某些稽核的情况做出进一步调查，以收集其他更可靠的证据。

(四) 环境证据

环境证据是指对审计事项产生影响的各种环境事实。主要包括被审计单位内部控制情况、管理人员自身素质、各种管理条件制度、管理水平等对被审计单位产生的影响。环境证据一般不属于主要的审计证据，但是它有利于注册会计师了解被审计单位、被审计事项所处的环境，这些是进行判断必须掌握的资料。

三、审计证据的收集、鉴定与整理分析

审计证据的收集是指根据审计目的需要获取审计证据的过程，是审计过程的中心环节。审计证据数量多、来源广，因此，注册会计师应该综合运用各种方法，收集客观、充分、可靠、有效的审计证据，并结合自身专业知识运用科学的方法对审计证据进行鉴定并整理分析，最终用以证明被审计事项，形成合理的审计意见。

(一) 审计证据的收集

收集审计证据的主要方法有检查、监盘、观察、询问、函证、重新计算、重新执行和分析程序。对不同类型的证据，需要使用不同方法才能获取。例如，通过观察、盘点等方法可以获取实物证据；而通过审阅、核对、函证及分析性计算方法取得各种文件资料证据。该部分内容在审计程序章节已经详细讲解。

案例 4-6

XT 电气强制退市审计案例介绍（节选）

2016 年 7 月 8 日，XT 电气因涉嫌欺诈发行和定期报告中存在虚假记载与重大遗漏被中国证监会启动强制退市程序。自此，XT 电气成为首家遭到强制退市的创业板上市公司。

与此同时，作为负责对 XT 电气进行审计的北京×××会计师事务所也难辞其咎，其中与本节审计证据相关的履职过失节选如下。

×××会计师事务所在应收账款、预付账款询证函未回函的情况下，未实施替代程序，未获取充分适当的审计证据。×××会计师事务所在对 XT 电气 2012 年财务报表应收账款进行审计时，共向 51 家客户发出询证函，在其中 7 家客户未回函的情况下，仅对其中 1 家客户进行了替代测试，剩余 6 家客户未做替代测试。6 家客户中有 2 家系 XT 电气虚构收回应收账款的客户，共计虚减应收账款 2 104 万元。对于回函客户中有 2 家客户存在函证金额、审计最终确认金额与账面余额不一致的情况，×××会计师事务所未予关注，未做调整也未实施进一步的审计程序。×××会计师事务所在对 XT 电气 2013

年半年报应收账款进行审计时,共向 46 家客户发出询证函,在未收到任何回函的情况下,仅对其中 13 家客户进行了替代测试,剩余 33 家客户未做替代测试。33 家客户中有 19 家系 XT 电气虚构收回应收账款的客户,共计虚减应收账款 5 704 万元。×××会计师事务所在对 XT 电气 2013 年半年报预付账款进行审计时,共向 19 家客户发出询证函,在未收到任何回函的情况下,仅对其中 5 家客户进行了替代测试,剩余 14 家客户未做替代测试。14 家客户中有 1 家系 XT 电气虚构调整预付账款的客户,金额为 1 000 万元。

资料来源:摘自《中国证监会行政处罚决定书》.

(二)审计证据的鉴定

在通过实施审计程序获取一定审计证据后,注册会计师需要依据审计目标对审计证据进行适当筛选,以保证所收集整体的审计证据足以支持发表的审计意见。注册会计师对审计证据的鉴定主要包括对审计证据可靠性、相关性和重要性的鉴定:鉴定可靠性即判断审计证据是否真实、可靠;鉴定相关性即判断审计证据与被审计事项是否相关;鉴定重要性即判断审计证据是否重要。

(三)审计证据的整理分析

为了使分散的审计证据能够整合在一起形成充分有力的审计证据,注册会计师通常需要对收集并经过鉴定的审计证据加以综合分析,以此为基础对被审计单位的经济活动做出评价,得出审计意见和结论。通常整理分析方法主要包括分类、计算、比较、小结、综合等。

第四节 审计工作底稿

一、审计工作底稿概述

(一)审计工作底稿的概念

审计工作底稿是指注册会计师对制订的审计计划、实施的审计程序、获取的相关审计证据,以及得出的审计结论做出的记录。审计工作底稿是审计证据的载体,是注册会计师在审计过程中形成的审计工作记录和获取的资料。它形成于审计过程,也反映整个审计过程。

(二)审计工作底稿的编制目的

审计工作底稿在计划和执行审计工作中发挥着关键作用,它提供了审计工作实际执行情况的记录,并形成审计报告的基础。审计工作底稿也可以用于审计质量控制和检查。因此,注册会计师应当及时编制审计工作底稿,以实现以下目的。

(1)提供审计记录,作为出具审计报告的基础。

(2)提供证据,证明注册会计师已按照审计准则和相关法律法规的规定计划和执行了审计工作。

（3）有助于项目组计划和执行审计工作。

（4）有助于负责督导的项目组成员按照《中国注册会计师审计准则第1121号——对财务报表审计实施的质量控制》的规定，履行指导、监督与复核审计工作的责任。

（5）便于项目组说明其执行审计工作的情况。

（6）保留对未来审计工作持续产生重大影响的事项的记录。

（7）便于注册会计师按照《质量控制准则第5101号——会计师事务所对执行财务报表审计和审阅、其他鉴证和相关服务业务实施的质量控制》的规定，实施质量控制复核与检查。

（8）便于监管机构和注册会计师根据相关法律法规或其他相关要求，对会计师事务所实施执业质量检查。

（三）审计工作底稿的编制要求

注册会计师在编制审计工作底稿时，应当使未曾接触该项审计工作的有经验的专业人士清楚了解以下内容：按照审计准则和相关法律法规的规定实施的审计程序的性质、时间安排和范围；实施审计程序的结果和获取的审计证据；审计中遇到的重大事项和得出的结论，以及在得出结论时做出的重大职业判断。其中有经验的专业人士是指会计师事务所内部或外部的具有审计实务经验，并且对审计过程、审计准则和相关法律法规的规定、被审计单位所处的经验环境、与被审计单位所处行业的会计和审计问题等方面有合理了解的人士。

（四）审计工作底稿的性质

1. 审计工作底稿的存在形式

审计工作底稿可以以纸质、电子或其他介质形式存在。但是随着信息技术的广泛运用，电子或其他介质形式存在的审计工作底稿逐渐代替了传统纸质形式。在实务中，为了便于复核，注册会计师可以将用电子或其他介质形式存在的审计工作底稿通过打印等方式，转换成纸质形式的审计工作底稿，并且与其他纸质形式的审计工作底稿一并归档。

2. 审计工作底稿的内容

审计工作底稿通常包括总体审计策略、具体审计计划、分析表、问题备忘录、重大事项概要、询证函回函和声明、核对表、有关重大事项的往来函件（包括电子邮件）以及被审计单位文件记录的摘要或复印件（如重大的或特定的合同和协议）。

此外，审计工作底稿还包括业务约定书、管理建议书、项目组内部或项目组与被审计单位举行的会议记录、与其他人士（如注册会计师、律师、专家等）的沟通文件以及错报汇总表等。对于具体的审计事项，由于审计性质、目的、要求以及采取方法的差异，与之相应的审计工作底稿也不尽相同，具体每一审计工作底稿的内容也因审计工作底稿种类的不同有所差异。

审计工作底稿通常不包括已被取代的审计工作底稿的草稿或财务报表的草稿，反映不全面或初步思考的记录、存在印刷错误或其他错误而作废的文本，以及重复的文件记录等。因为这些草稿、错误的文本或重复的文件记录不直接构成审计结论和审计意见的支持性证据,因此,注册会计师通常无须保留这些记录。

二、审计工作底稿编制基本要素和常用格式

(一)编制审计工作底稿应考虑的因素

(1)被审计单位的规模和复杂程度。在通常情况下,被审计单位规模越大,业务复杂程度越高,注册会计师编制的审计工作底稿更多。

(2)拟实施审计程序的性质。审计程序不同,注册会计师编制的审计工作底稿可能存在差异。例如,注册会计师编制的有关函证程序的审计工作底稿和存货监盘程序的审计工作底稿在内容、格式以及范围方面都有所差异。

(3)识别出的重大错报风险。例如,如果注册会计师识别出应收账款存在较高的重大错报风险,而其他应收款的重大错报风险较低,那么注册会计师对应收账款会实施更多的审计程序并获取较多的审计证据,因此对其相关的记录的内容会比其他应收款广泛。

(4)已获取的审计证据的重要程度。注册会计师执行的多项审计程序可能使获取审计证据的质量参差不齐,注册会计师可能区分不同的审计证据进行选择性的记录,因此审计证据的重要性程度对审计工作底稿产生影响。

(5)识别出的例外事项的性质和范围。有时注册会计师在执行审计程序时会发现例外事项,由此可能导致审计工作底稿存在不同。

(6)当从已执行审计工作或获取审计证据的记录中不易确定结论或结论的基础时,记录结论或结论基础就显得必要了。

(7)审计方法和使用工具。例如,如果使用计算机辅助技术对应收账款的账龄进行重新计算,通常可以针对总体进行测试,而采用人工方式重新计算时,则可能会针对样本进行测试,由此形成的审计工作底稿会有所差异。

(二)审计工作底稿的要素

1. 审计工作底稿的标题

每张底稿应当包括被审计单位的名称、审计项目的名称以及资产负债表日或底稿覆盖的会计期间(如果与交易相关)。

2. 审计过程记录

审计过程记录是指注册会计师对审计程序实施的全过程详细记录,它体现了注册会计师的工作轨迹与专业判断。在对审计过程进行记录时,应该注意以下几个重点方面:记录具体项目或事项的识别特征;记录重大事项及相关重大职业判断;记录针对重大事项如何处理不一致的情况。

3. 审计结论

审计结论是指注册会计师通过实施必要的审计程序后,对某一审计事项所做出的专业判断。注册会计师需要根据实施的审计程序及获取的审计证据得出结论,并以此作为对财务报表发表审计意见的基础。在记录审计结论时须注意,在审计工作底稿中记录的

审计程序和审计证据是否足以支持所得出的审计结论。

4. 审计标识及其说明

审计标识及其说明是指审计工作底稿中使用的标示符号以及对各种标示符号所代表含义的说明,旨在便于其他人理解。下列为常见标示。^:纵加核对。<:横加核对。B:与上年度结转数核对一致。T:与原始凭证核对一致。G:与总分类账核对一致。S:与明细账核对一致。T/B:与试算平衡表核对一致。C:已发询证函。C\:已收回询证函。

5. 索引号及页次

索引号是指注册会计师为整理利用审计工作底稿,将具有同一性质或反映同一具体审计事项的审计工作底稿分别归类,又使之相互联系、相互控制所做的特定编号。页次是同一索引号下不同的审计工作底稿的顺序编号。例如,固定资产汇总表的编号为C1,按类别列示的固定资产明细表的编号为C1-1,房屋建筑物的编号为C1-1-1,机器设备的编号为C1-1-2,运输工具的编号为C1-1-3,其他设备的编号为C1-1-4。

6. 编制者姓名及编制日期

编制者姓名及编制日期指注册会计师应在其编制的审计工作底稿上签名和签署日期。

7. 复核者姓名及复核日期

复核者姓名及复核日期是指注册会计师应在其复核过的审计工作底稿上签名和签署日期。

8. 其他应说明事项

其他应说明事项是指注册会计师根据其专业判断,认为应在审计工作底稿上说明的事项。

表 4-5 包括上述审计工作底稿的基本要素。

表 4-5 应收账款审计工作底稿

索引号
被审计单位名称：W 公司　复核人　王××　2016.4.24
审计项目名称：应收账款　编制人　陈××　2016.4.19

单位名称	未审计数	审计调整	重分类	审定数	索引号	备注
A 公司	52 000 S	0	0	520 000<C\	D-1	
B 公司	630 000 S			650 000<C\	D-2	
C 公司	80 000 S			80 000<		
……	……	……	0	……		
合计	2 866 000G^	40 000^	0^	2 906 000<T/B^		
审计标识及说明	S:与明细账核对一致。G:与总分类账核对一致。T/B:与试算平衡表核对一致;C\:已收回询证函,且与审定数一致。^:纵加核对。<:横加核对。D-1、D-2:应收账款询证函					
审计结论	调整后的应收账款余额可以确认					

(三) 审计工作底稿基本格式

审计工作底稿形式多样,表 4-6、表 4-7、表 4-8 和表 4-9 分别是审计计划阶段、审计程序、审计业务类和审计测试类的工作底稿的基本格式。

表 4-6　审计计划阶段表

被审计单位：　　　　　编制人：　　日期：　　索引号：
会计期间或截止日：　　复核人：　　日期：　　页码：

一、委托审计的目的、范围：

二、审计策略（是否实施预审，是否进行控制测试，实质性测试按业务循环还是按报表项目等）：

三、评价内部控制和审计风险：

四、重要会计问题和重点审计领域：

五、重要性标准初步估计：

六、计划审计日期：

七、审计小组组成及人员分工：

八、修订计划记录：

表 4-7　审计程序

阶段	时间	工作序号	工作内容	执行人
准备阶段			1	
			2	
			……	
实施阶段			1	
			2	
			……	
报告阶段			1	
			2	
			……	

表 4-8　业务类审计工作底稿基本格式

签名：　　　日期：　　索引号：　　被审计单位名称：
编制人：　　复核人：　　页次：　　审计项目名称：　　会计期间或截止日：

索引号	审计内容及说明：	金额
	审计程序实施记录：	
		……
		……（交叉索引号）
	审计标识说明：	
	资料来源说明：	
审计结论：		

表 4-9　测试审计工作底稿基本格式

签名：	日期：	索引号：	被审计单位名称：
编制人：	复核人：	页次：	审计项目名称：　　会计期间或截止日：

序号	样本	样本内容	测试内容	备注

结论：

三、审计工作底稿复核与管理

（一）审计工作底稿的复核

一张审计工作底稿往往由一名专业人员独立完成，编制者在编制过程中可能出现误差。因此，在审计工作底稿编制完成后，必须采取一定程序，经过多层次复核，确保审计工作底稿的正确性。在通常情况下，会计师事务所对工作底稿采取三级复核制度，即以项目经理、部门经理（或签字注册会计师）和主任会计师为复核人，对审计工作底稿进行逐级复核的一种复核制度。

（1）项目经理（或项目负责人）复核是第一级复核，称为详细复核。它要求项目经理对下属审计助理人员形成的审计工作底稿逐张复核，发现问题，及时指出，并督促其及时修改完善。

（2）部门经理（或签字注册会计师）是第二级复核，称为一般复核。它是在项目经理完成了详细复核之后，再对审计工作底稿中重要会计账项的审计、重要审计程序的执行，以及审计调整事项等进行复核。部门经理复核就是对项目经理复核的一种再监督，也是对重要审计事项的重点把关。

（3）主任会计师（或合伙人）复核是最后一级复核，又称重点复核。它是对审计过程中的重大会计审计问题、重大审计调整事项及重要的审计工作底稿所进行的复核。主任会计师复核既是对前面两级的再监督，也是对整个审计工作的计划、进度和质量的重点把握。

如果部门经理作为某一审计项目的项目负责人，该项目又没有项目经理参加，则该部门经理的复核应视为项目经理复核，主任会计师应另行指定人员代为执行部门经理复核工作，以保证三级复核制度执行。

（二）审计工作底稿的归档

1. 审计工作底稿的归档与保存期限

审计工作底稿形成后，注册会计师应该对其进行分类、整理和归档，并最终形成审计档案。审计工作底稿的归档期限为审计报告日后 60 天内。如果注册会计师未能完成审计业务，审计工作底稿的归档期限为审计业务中止后的 60 天。

审计档案是审计工作的重要历史材料，会计师事务所应当制定审计档案保管制度，对审计档案妥善管理。对于永久性档案，应当长期保存。对于一般审计档案，应当自审计报告日起至少保存 10 年。如果注册会计师未能完成审计业务，会计师事务所应当自审计业务中止日起，对审计工作底稿至少保存 10 年。

2. 审计工作底稿归档后的变动

在完成最终审计档案的归档工作后，注册会计师不应在规定的保存期限届满前删除或废弃任何性质的审计工作底稿。但是下列两种情况除外。

（1）注册会计师已实施了必要的审计程序，取得了充分、适当的审计证据并得出了恰当的审计结论，但审计工作底稿的记录不够充分。

（2）审计报告日后，发现例外情况要求注册会计师实施新的或追加审计程序，或导致注册会计师得出新的结论。其中，例外情况主要是指审计报告后发现与审计财务信息相关，且在审计报告日已经存在的事实，该事实如果被注册会计师在审计报告日后获知，可能影响审计报告。例如，注册会计师在审计报告日后才获知法院在审计报告日前已对被审计单位的诉讼、索赔事项做出最终判决结果。例外情况可能在审计报告日后发现，也可能在财务报表报出日后发现，注册会计师应按照《中国注册会计师审计准则第 1332 号——期后事项》有关"财务报表报出后发现的事实"的相关规定，对例外事项实施新的或追加的审计程序。

在完成最终审计档案的归整工作后，如果发现有必要修改审计现有工作底稿或增加新的审计工作底稿，无论修改或增加的性质如何，注册会计师均应当记录下列事项。

（1）修改或增加审计工作底稿的理由。

（2）修改或增加审计工作底稿的时间和人员，以及复核的时间和人员。

3. 审计档案的保密与调阅

审计档案包含了许多被审计单位的商业秘密，会计事务所应当建立严格的审计工作底稿保密制度，并落实专人管理。除下列情况外，会计师事务所不得对外泄露审计档案中涉及的商业秘密等有关内容：①法院、检察院及其他部门因工作需要；②注册会计师协会对执业情况的检查；③被审计单位更换会计师事务所，后任注册会计师可以调阅前任注册会计师的审计档案；④基于合并财务报表的审计业务的需要，母公司所聘的注册会计师可以调阅所聘注册会计师的审计档案；⑤联合审计；⑥会计事务所认为其他合理的情况。值得注意的是，以上人员在查阅审计工作底稿时，必须按规定办理相关手续或经相关人员同意，才能进行。

思 考 题

1. 审计风险由哪些构成，并分别阐述其概念。
2. 审计风险各组成要素之间有什么关系？
3. 简述审计风险与审计重要性的关系。
4. 举例说明在审计过程中如何运用重要性。
5. 审计证据的充分性和适当性的含义是什么？如何确定？
6. 简述审计证据、审计风险和审计重要性之间的关系。
7. 怎样从形式到质量来把握审计工作底稿的质量？

业 务 题

1. 上市公司甲公司是 ABC 会计师事务所的常年审计客户，A 注册会计师负责审计甲公司 2014 年度财务报表，审计工作底稿中与确定重要性和评估错报相关的部分内容摘录如下：

万元

项　　目	2014 年	2013 年	备　　注
营业收入	16 000（未审数）	15 000（已审数）	2013 年，竞争对手推出新产品抢占市场，甲公司通过降价和增加广告投入促销
税前利润	50（未审数）	2 000（已审数）	2013 年，降价及销售费用增长导致盈利大幅下降
财务报表整体的重要性	80	100	
实际执行的重要性	60	75	
明显微小错报的临界值	0	5	

（1）2013 年度财务报表整体的重要性以税前利润的 5% 计算。2014 年，由于甲公司处于盈亏临界点，A 注册会计师以过去 3 年税前利润的平均值作为基准确定财务报表整体的重要性。

（2）由于 2013 年度审计中提出的多项审计调整建议金额均不重大，A 注册会计师确定 2014 年度实际执行的重要性为财务报表整体重要性的 75%，与 2013 年度保持一致。

（3）2014 年，治理层提出希望知悉审计过程中发现的所有错报，因此，A 注册会计师确定 2014 年度明显微小错报的临界值为 0。

（4）甲公司 2014 年年末非流动负债余额中包括一年内到期的长期借款 2 500 万元，占非流动负债总额的 50%，A 注册会计师认为，该错报对利润表没有影响，不属于重大错报，同意管理层不予调整。

（5）A 注册会计师仅发现一笔影响利润表的错报，即管理费用少计 60 万元，A 注册会计师认为，该错报金额小于财务报表整体的重要性，不属于重大错报，同意管理层不予调整。

要求

针对上述第（1）项至第（5）项，假定不考虑其他条件，逐项指出 A 注册会计师的做法是否恰当，如不恰当，简要说明理由。

答案及解析

（1）恰当。

（2）不恰当。理由：2013 年度有多项审计调整，甲公司在 2014 年面临较大市场压力，显示项目总体风险较高，将实际执行的重要性确定为财务报表整体重要性的 75% 不恰当。

（3）恰当。

（4）不恰当。理由：该分类错报对其所影响的账户重大，很可能影响关键财务指标（如营运资金），应作为重大错报。

（5）不恰当。理由：该错报虽然小于财务报表整体的重要性，但会使甲公司税前利润由盈利转为亏损，属于重大错报。

2. ABC会计师事务所的A注册会计师负责审计甲公司2016年度财务报表，与审计工作底稿相关的部分事项如下，请逐项指出A注册会计师的做法是否恰当。如果不恰当，简要说明理由。

（1）在归整审计档案时，A注册会计师删除了商誉减值测试审计工作底稿的初稿，以及计划阶段评估重要性的工作底稿；同时，代之以商誉减值测试审计工作底稿的终稿，以及重新评估重要性的工作底稿。

（2）A注册会计师就一项与债务重组相关的重大会计问题咨询了事务所专业技术部，在归整审计档案时，A注册会计师认为双方的不同意见已经得到解决，将记录该问题的职业判断过程的审计工作底稿予以删除，仅保留记录最终处理意见的问题备忘录。

（3）A注册会计师在电子表格中记录了对存货实施的计价测试，在光盘中存储了实地查看固定资产的影像资料，因页数较多未打印成纸质工作底稿，直接将该电子表格和光盘进行归档。

（4）审计工作底稿中包含一份甲公司重大投资合同的复印件，共计20页，A注册会计师将其编制在同一索引号中，并要求审计工作的执行人员和复核人员仅在该复印件首页签署姓名和日期。

（5）在完成审计档案归整工作后，A注册会计师收到一份其他应收款询证函回函，其结果显示无差异。A注册会计师将其归入审计档案，并删除了在审计过程中实施的相关替代程序的审计工作底稿。

答案及解析

（1）不恰当。理由：计划阶段评估重要性的工作底稿不应在审计工作底稿归档时删除。注册会计师应当在审计工作底稿中记录在审计过程中对具体审计计划做出的任何重大修改和理由。

（2）不恰当。理由：注册会计师应当在审计工作底稿中记录项目组成员和专业技术部门不同意见的解决情况。

（3）恰当。

（4）恰当。

（5）不恰当。理由：在完成最终审计档案的归整工作后，不应在规定的保存期限届满前删除，或废弃任何性质的审计工作底稿。

3. 注册会计师在对F公司2005年度财务报表进行审计时，收集了以下6组审计证据。

（1）收料单与购货发票。

（2）销售发票副本与产品出库单。

（3）领料单与材料成本计算表。

（4）工资计算单与工资发放单。

（5）存货盘点表与存货监盘记录。
（6）银行询证函回函与银行对账单。

要求

分别说明每组证据中哪项审计证据较可靠，简要说明理由。

答案及解析

（1）购货发票比收料单可靠：购货发票来自外部独立来源，收料单是被审计单位自行编制的。

（2）销售发票副本比产品出库单可靠：销货发票在外部流转，须经外部的承认，产品出库单只在公司内部流转。

（3）领料单比材料成本计算表可靠：领料单在生产部门、仓储部门和会计部门之间流转，材料成本计算表只在会计部门流转。

（4）工资发放单比工资计算单可靠：工资发放单须经职员签字确认，工资计算单只在会计部门内部流转。

（5）存货监盘记录比存货盘点表可靠：存货监盘记录是注册会计师自行编制的，存货盘点表是公司提供的。

（6）银行询证函回函比银行对账单可靠：前者是注册会计师从银行直接获取的；后者由公司职员经手，有伪造、涂改的可能。

第五章

现代风险导向审计

A 集团审计失败案例

2009年9月，A集团被证监会立案调查。9月23日，证监会有关部门负责人通报该案调查的进展：发现A集团涉嫌存在三项违法违规行为，分别是：未按规定披露重大证券投资行为及较大投资损失，并导致财务报表虚假记载；未如实披露重大证券投资损失，而涉嫌虚增利润；披露的主营业务收入数据存在差距。2001年4月10日，A集团控股子公司B投资咨询公司（以下简称B公司）向关联企业C公司借款8 000万元，由甲证券公司委托理财，到2007年亏损5 500万元。2000—2002年，A集团以关联公司名义投入2 000万元进行证券投资，最后造成520万元投资损失。为隐瞒亏损事实，A集团的子公司B公司将此投资事项虚构成借款，并于2002年从上述合作投资款项中划回2 000万元冲账。B公司于2000年7月，投入13 000万元在乙证券公司设立账户并进行投资，到2005年年底，其资金余额仅为8 761.79万元。2007年，乙证券公司破产后，B公司申报债权；2008年，仅收回乙证券公司破产财产分配资金458.81万元。A集团在2006年、2007年、2008年半年报和年报中，均将上述资金作为正常货币资金予以反映，未计提相应减值准备，涉嫌虚增利润。因该虚假报表未被查出，造成了不良的社会影响。

未能恰当运用风险导向审计是此项审计失败的主要原因之一。风险导向审计是完全新颖的现代化审计途径，其主要是指以被审计单位的经营风险分析为导向来进行审计工作。该方法的特点主要是需要严谨的风险测评以及风险估算。借鉴国际上大型事务所和审计机构的现代信息化审计方式来预防审计风险，通过风险导向审计的应用，能够大大提升审计工作的质量，有效规避审计风险。针对如何以高效率、科学的形式完成审计工作的问题，新审计准则要求严格遵守审计要求的方式，从审计工作的组织、编制以及确立等流程，对被审计单位的审计工作给出指导和实施细则。

在该案例中，为A集团提供审计服务的会计师事务所是ABC会计师事务所，该所从2001年开始一直为A集团提供年报审计服务。该事务所以及A集团事件中的签字审计人员均在证监会有处罚记录。例如，在为A集团提供审计服务期间，因该所审计人员程某、刘某没有审计A集团账面价值2 062.40万元的6 000吨酿酒车间，以及道路转让给A集团子公司×塑胶有限公司而受到证监会的通报批评，同时对其给予警告处分。但是，他们仍然为A集团进行年报审计，且从2001—2008年均出具了无保留意见审计报告。A集团本身存在的问题，通过从实质上运用现代风险导向审计是不难发现的。例如：

2007年披露的主营业务收入与实际数据相差10亿元,证监会的调查结果显示,年报存在录入差错未及时更正,该录入差错导致营业收入虚增10亿元。这说明审计人员在审计工作中缺少应有的职业关注,未保持应有的职业怀疑态度,在现代风险导向审计的运用方面仍不成熟,在审计质量控制方面存在缺陷。

通过对A集团内部控制及公司治理制度的调查发现,公司的董事会缺乏应有的独立性,管理层都是经董事会任命,总经理和副总经理通常又兼任公司的董事,多年以来董事会均未从外界公开招聘过高级经理等高级管理人员,都是从公司内部提拔任用。审计人员在审计A集团时,未发现并及时披露上述内控问题,说明我国审计人员在运用现代风险导向审计模型时,还有很多需要改进的地方。

资料来源:摘自中华会计视野.

审计模式经过账项基础审计、内控导向审计、传统风险导向审计,发展成了现在的现代风险导向审计。与其余三种审计模式相比,现代风险导向审计从战略系统的广阔视角,更加注重对被审计单位的战略、经营以及风险的分析,侧重于对被审计单位所处的宏观环境和非财务信息的检查,而不是仅仅局限于对被审计单位的内部环境和财务信息的审计。现代风险导向审计更多地运用分析程序,以识别可能存在的重大错报风险。

现代风险导向审计模式要求审计人员在审计过程中,以对重大错报风险的识别、评估和应对作为工作主线。相应地,审计过程大致可以分为接受业务委托、计划审计工作、评估重大错报风险、应对重大错报风险和编制审计报告。本章将对风险导向审计的整个过程进行详细介绍。

第一节 接受业务委托和计划审计工作

一、接受业务委托

按照执业准则规定,会计师事务所应当谨慎决策是否接受或保持某客户审计关系和审计业务。在接受新客户业务、决定是否保持现有业务或考虑接受现有客户的新业务前,会计师事务所都应当执行有关客户接受与保持的程序,以判断:

(1) 客户是否诚信,有无信息表明该客户缺乏诚信;
(2) 是否具有执行业务的必要素质、专业胜任能力、时间和资源;
(3) 是否能够遵守相关职业道德要求。

执行客户接受与保持程序的目的在于有效识别和评估会计师事务所面临的风险。如果事务所发现潜在客户以前有不诚信的行为,或是目前正处于财务困境中,则可以确定接受或保持该潜在客户的风险很高,甚至是不能接受的。除此之外,会计师事务所还应当在此过程中,衡量自身执行业务的能力,是否有合适的具有相关专业知识的员工,是否能够在需要的时刻取得专业人士的帮助,是否能够对客户保持独立性,是否存在任何的利益冲突等。

接受和保持客户是审计人员做出的最重要的决策之一。一项不恰当的决策可能会导致不能准确地分配时间、计算报酬，徒增项目合伙人和员工的工作压力，甚至使事务所声誉受损，或是遭受不必要的赔偿。

一旦审计人员决定接受业务委托，则应当与客户就审计预定条款达成一致认可，签订审计业务约定书。对于连续审计，审计人员应当针对当前的具体情况，考虑是否对以前的业务条款进行更改，如需要修改，则应当与客户就修改的审计预定条款达成一致意见。

二、计划审计工作

对于任何一项审计业务，在执行具体的审计业务之前，审计人员都应当根据具体的情况制订科学合理的计划。合理的审计计划可以帮助审计人员恰当地安排审计时间，合理利用审计资源，并及时发现和解决潜在问题，提高审计效率。如果执行业务前，审计人员没有一份合理、详细的审计计划，就无法获取充分、适当的审计证据，从而影响最终的审计结果，并且还会浪费有限的审计资源，降低审计效率。所以，为了使审计工作能够高效地开展，制订一份合适的审计工作计划是十分重要的。

一般来说，计划审计工作的内容包括：在本期审计业务开始时开展的初步业务活动；制定总体审计策略；制订具体审计计划等。计划审计工作并不是一个独立的阶段，它贯穿整个审计业务的执行过程。注册会计师通常在前一期审计工作结束后，即开始开展本期的审计计划工作，并直到本期审计工作结束为止，并会根据审计业务的实际执行情况进行调整，以保证审计业务高效率、高质量地完成。

（一）初步业务活动

开展初步业务活动，主要为了确保会计师事务所具备执行此业务所需的能力和独立性，保证不存在因为被审计单位管理层的诚信问题影响审计人员执行审计业务的事项，与被审计单位就业务约定条款内容达成一致意见，签订审计业务约定书。初步业务活动解决的是注册会计师能否保持客户关系和承接具体审计业务的问题，是注册会计师控制及降低审计风险的第一道，也是非常重要的屏障。

1. 审计的前提条件

审计的前提条件是指管理层在编制财务报表时采用可接受的财务报告编制基础，以及管理层对审计人员执行审计工作的前提的认同。如果不能确定审计前提条件的存在，或是审计人员和管理层无法就审计业务约定条款达成一致意见，则审计业务无法执行。

（1）审计人员应当评价被审计单位管理层编制财务报表时采用的财务报告编制基础是否可接受或是否适用。如果存在不适当的财务报告编制基础，被审计单位管理层就不具备编制财务报表的恰当基础，审计人员也不拥有对财务报表进行审计的适当标准。

在确定编制财务报表所采用的财务报告编制基础的可接受性时，审计人员还应当考虑被审计单位的性质、财务报表的目的、财务报表的性质以及是否有法律法规规定了适用的财务报告编制基础。

（2）审计人员应当与被审计单位的管理层就管理层责任达成一致的意见。执行审计工作的一大前提就是管理层已经认可并理解其承担的责任，允许审计人员能够获得审计所需的有关信息。所以，在执行独立审计业务前，审计人员应当了解被审计单位管理层是否按照适用的财务报告编制基础编制该企业的财务报告，使其实现公允反映；是否有设计、执行和维护必要的内部控制，使财务报表不存在由于舞弊或者错误导致的重大错报；是否能够提供审计业务所需的工作条件，允许审计人员在获取审计证据时，接触与编制财务报表相关的所有信息，不受限制的接触和访问有关的内部人员和其他相关人员，向审计人员提供所有审计所需的相关信息。

如果管理层对审计工作的范围有所限制，导致审计人员无法对其财务报表发表审计意见，除非法律法规另有规定，审计人员不应当承接该项业务。

（3）按照审计准则的规定，审计人员应当要求被审计单位管理层就其履行的责任提供书面声明。除此之外，审计人员还应当获取其他审计准则要求的书面声明，必要时，还应当取得用于支持其他审计证据的书面声明。如果管理层不认可其责任或不同意提供书面声明，则可认为审计人员无法获取充分、适当的审计证据，不应当接受此项审计业务。

2. 审计业务约定书

审计业务约定书是指会计师事务所与客户签订的，用以记录和确认审计业务的委托与受托关系、审计工作的目标和范围、双方的责任以及出具报告的形式等事项的书面协议。审计业务约定书应由会计师事务所和被审计单位双方的法定代表人或其授权人共同签订，并加盖委托人和会计师事务所的印章。签订后的审计业务约定书具有法定约束力。审计工作全部完成后，审计人员应将审计业务约定书妥善保管，作为一项重要的审计工作底稿资料，纳入审计档案管理。

1）审计业务约定书的基本内容

审计业务约定书的具体内容因被审计单位的不同而不同，但应当包括以下主要内容。

（1）财务报表审计的目标和范围。

（2）审计人员的责任。

（3）管理层的责任。

（4）指出用于编制财务报表所适用的财务报告编制基础。

（5）提及审计人员拟出具的审计报告的预期形式和内容，以及对在特定情况下出具的审计报告可能不同于预期形式和内容的说明。

若存在相关的法律法规对审计业务约定书的内容做出了具体的规定，审计人员除了记录适用的法律法规和管理层认可并理解其责任的事实外，不必将上述的内容记录在审计业务约定书中。

2）审计业务约定书的特殊考虑

（1）考虑特定需要。如果情况需要，审计人员应当考虑在审计业务约定书中列明下列内容：在某些方面对利用其他审计人员和专家协助审计业务执行的安排；与审计业务涉及的内部审计人员和被审计单位其他员工工作的协调；预期向被审计单位提交的其他函件或报告；与治理层整体的直接沟通；在首次接受审计委托时，与前任审计人员沟通的安排；审计人员与被审计单位之间需要达成进一步协议的事项。

（2）集团审计。如果负责集团财务报表审计的审计人员同时负责组成部分财务报表的审计，审计人员应当考虑下列因素，决定是否与各个组成部分单独签订审计业务约定书；组成部分审计人员的委托人；是否对组成部分单独出具审计报告；法律法规的规定；母公司、总公司或总部占组成部分的所有权份额组成部分管理层的独立程度。

（3）连续审计。对于连续审计，审计人员应当考虑是否需要根据具体情况修改业务约定的条款，以及是否需要提醒被审计单位注意现有的业务约定条款。

（4）审计业务的变更。在完成审计业务前，如果被审计单位要求审计人员将审计业务变更为保证程度较低的鉴证业务或相关服务，审计人员应当考虑变更业务的适当性。下列原因可能导致被审计单位要求变更业务：环境变化对审计服务的需求产生影响；对原来要求的审计业务的性质存在误解；审计范围存在限制。上述前两项通常被认为是变更业务的合理理由，但如果有迹象表明该变更要求与错误的、不完整的或者不能令人满意的信息有关，审计人员不应认为该变更是合理的。如果审计业务约定书发生变更，审计人员应当与管理层就新的约定书条款达成一致意见，并记录于书面协议中。

如果没有合理的理由，审计人员不应当同意变更业务。如果不同意变更业务，被审计单位又不允许继续执行原审计业务，审计人员应当解除业务约定，并考虑是否有义务向被审计单位董事会或股东会等方面说明解除业务约定的理由。

（二）总体审计策略和具体审计计划

1. 总体审计策略

总体审计策略用以确定审计的范围、时间和方向，并指导制订具体审计计划。在制定总体审计策略时，审计人员应当考虑以下主要事项，同时，这些事项也会影响具体审计计划。

1）审计范围

在确定审计范围时，审计人员需要考虑下列事项。

（1）编制财务报表适用的会计准则和相关会计制度。

（2）特定行业的报告要求，如某些行业的监管部门要求提交的报告。

（3）预期的审计工作涵盖范围，包括需审计的集团内组成部分的数量及所在地点。

（4）母公司和集团内其他组成部分之间存在的控制关系的性质，以确定如何编制合并财务报表。

（5）其他审计人员参与组成部分审计的范围。

（6）需审计的业务分部性质，包括是否需要具备专门知识。

（7）外币业务的核算方法及外币财务报表折算和合并方法。

（8）除对合并财务报表审计之外，是否需要对组成部分的财务报表单独进行审计。

（9）内部审计工作的可利用性及对内部审计工作的拟依赖程度。

（10）被审计单位使用服务机构的情况，及审计人员如何取得有关服务机构内部控制设计、执行和运行有效性的证据。

（11）拟利用在前期审计工作中获取的审计证据的程度，如获取的与风险评估程序和控制测试相关的审计证据。

（12）信息技术对审计程序的影响，包括数据的可获得性和预期使用计算机辅助审计技术的情况。

（13）根据中期财务信息审阅及在审阅中所获信息对审计的影响，相应调整审计涵盖范围和时间安排。

（14）与为被审计单位提供其他服务的会计师事务所人员讨论可能影响审计的事项。

（15）被审计单位的人员和相关数据可利用性。

2）报告目标、时间安排及所需沟通

制定总体审计策略时应当明确审计业务的报告目标，以及计划审计的时间安排和所需沟通的性质等内容，包括提交审计报告的时间要求、预期与管理层和治理层沟通的重要日期等。

为计划报告目标、时间安排和所需沟通，审计人员需要考虑下列事项。

（1）被审计单位的财务报告时间表。

（2）与管理层和治理层就审计工作的性质、范围和时间所举行的会议的组织工作。

（3）与管理层和治理层讨论预期签发报告和其他沟通文件的类型及提交时间，如审计报告、管理建议书与治理层沟通函等。

（4）就组成部分的报告和其他沟通文件的类型和提交时间与负责组成部分审计的审计人员沟通。

（5）项目组成员之间预期沟通的性质和时间安排，包括项目组会议的性质、时间安排及复核工作的时间安排。

（6）是否需要跟第三方沟通，包括与审计相关的法律法规规定事项和业务约定书约定的报告责任。

（7）与管理层讨论预期在整个审计过程中通报审计工作进展及审计结果的方式。

3）审计方向

总体审计策略的制定应当考虑影响审计业务的重要因素，以确定项目组工作方向，包括确定适当的重要性水平，初步识别可能存在较高的重大错报风险的领域，初步识别重要的组成部分和账户余额，评价是否需要针对内部控制的有效性获取审计证据，识别被审计单位所处行业、财务报告要求及其他相关方面最近发生的重大变化等。

在确定审计方向时，审计人员需要考虑下列事项。

（1）重要性方面。具体包括：在制订审计计划时确定的重要性水平；为组成部分确定重要性且与组成部分的审计人员沟通；在审计过程中重新考虑重要性；识别重要的组成部分和账户余额。

（2）重大错报风险较高的审计领域。

（3）评估的财务报表层次的重大错报风险对指导、监督及复核的影响。

（4）项目组成员的选择（在必要时包括项目质量控制复核人员）和工作分工，包括向重大错报风险较高的审计领域分派具备适当经验的人员。

（5）项目预算，包括考虑为重大错报风险可能较高的审计领域分配适当的工作时间。

（6）向项目组成员强调在收集和评价审计证据过程中保持职业怀疑必要性的方式。

（7）以往审计中对内部控制运行有效性评价的结果，包括所识别的控制缺陷的性质及应对措施。

（8）管理层重视设计和实施健全的内部控制的相关证据，包括这些内部控制得以适当记录的证据。

（9）业务交易量规模，以基于审计效率的考虑确定是否信赖内部控制。

（10）管理层对内部控制重要性的重视程度。

（11）影响被审计单位经营的重大发展变化，包括信息技术和业务流程的变化，关键管理人员变化，以及收购、兼并和分立。

（12）重大的行业发展情况，如行业法规变化和新的报告规定。

（13）会计准则及会计制度的变化。

（14）其他重大变化，如影响被审计单位的法律环境的变化。

总体审计策略应能恰当地反映审计人员考虑审计范围、时间和方向的结果。审计人员应当在总体审计策略中清楚地说明下列内容：向具体审计领域调配的资源，包括向高风险领域分派有适当经验的项目组成员，就复杂的问题利用专家工作等；向具体审计领域分配资源的数量，包括安排到重要存货存放地观察存货盘点的项目组成员的数量，对其他审计人员工作的复核范围，对高风险领域安排的审计时间预算等；何时调配这些资源，包括是在期中审计阶段还是在关键的截止日期调配资源等；如何管理、指导、监督这些资源的利用，包括预期何时召开项目组预备会和总结会，预期项目负责人和经理如何进行复核，是否需要实施项目质量控制复核等。

2. 具体审计计划

总体审计策略一经制定，审计人员应当针对总体审计策略中所识别的不同事项，制订具体审计计划，并考虑通过有效利用审计资源以实现审计目标。值得注意的是，虽然编制总体审计策略的过程通常在具体审计计划之前，但是两项计划活动并不是孤立、不连续的过程，而是内在紧密联系的，对其中一项的决定可能会影响甚至改变对另外一项的决定。

审计人员应当为审计工作制订具体审计计划。具体审计计划比总体审计策略更加详细，其内容包括为获取充分、适当的审计证据以将审计风险降至可接受的低水平，项目组成员拟实施的审计程序的性质、时间和范围。可以说，为获取充分、适当的审计证据，确定审计程序的性质、时间和范围的决策是具体审计计划的核心。具体审计计划应当包括风险评估程序、计划实施的进一步审计程序和其他审计程序。

（1）风险评估程序。为了足够识别和评估财务报表重大错报风险，具体审计计划应当包括审计人员计划实施的风险评估程序的性质、时间和范围。

（2）计划实施的进一步审计程序。针对评估的认定层次的重大错报风险，具体审计计划应当包括审计人员计划实施的进一步审计程序的性质、时间和范围。

需要强调的是，随着审计工作的推进，对审计程序的计划会一步步深入，并贯穿整个审计过程。例如，计划风险评估程序通常在审计开始阶段进行，计划进一步审计程序则需要依据风险评估程序的结果进行。因此，为达到编制具体审计计划的要求，审计人员需要完成风险评估程序，识别和评估重大错报风险，并针对评估的认定层次的重大错报风险，计划实施进一步审计程序的性质、时间和范围。

通常，审计人员计划的进一步审计程序可以分为进一步审计程序的总体方案和拟实施的具体审计程序（包括进一步审计程序的具体性质、时间和范围）两个层次。进一步审计程序的总体方案主要是指审计人员针对各类交易、账户余额和列报决定采用的总体方案（包括实质性方案或综合性方案）。具体审计程序则是对进一步审计程序的总体方案的延伸和细化，它通常包括控制测试和实质性程序的性质、时间和范围。在实务中，审计人员通常单独编制一套包括这些具体程序的"进一步审计程序表"，待具体实施审计程序时，审计人员将基于所计划的具体审计程序，进一步记录所实施的审计程序及结果，并最终形成有关进一步审计程序的审计工作底稿。

另外，完整、详细的进一步审计程序的计划包括对各类交易、账户余额和列报实施的具体审计程序的性质、时间和范围，包括抽取的样本量等。在实务中，审计人员可以统筹安排进一步审计程序的先后顺序，如果对某类交易、账户余额或列报已经做出计划，则可以安排先行开展工作，与此同时再制定其他交易、账户余额和列报的进一步审计程序。

（3）计划其他审计程序。具体审计计划应当包括根据中国审计人员审计准则的规定，审计人员针对审计业务需要实施的其他审计程序。计划的其他审计程序可以包括上述进一步程序的计划中没有涵盖的、根据其他审计准则的要求审计人员应当执行的既定程序。除此之外，还应当兼顾其他审计准则所要求的审计程序。

第二节　风险评估审计

一、风险评估程序概述

风险评估程序是指审计人员实施的了解被审计单位及其环境并识别和评估财务报表层次及认定层次的重大错报风险的程序。虽然风险评估程序无法为审计意见提供充分、适当的审计证据，但是，为识别和评估财务报表层次与认定层次的重大错报风险打下坚实基础，以及设计和实施针对评估的重大错报风险采取的应对措施提供基础，审计人员应当实施风险评估程序。

风险评估程序包括：询问管理层以及被审计单位内部其他人员；分析程序；观察和检查；其他必要的审计程序。

（一）询问管理层以及被审计单位内部其他人员

询问是审计过程中最简单但也是最必要的步骤，是了解企业及其环境重要信息的最基本的方式。需要询问的人员是审计人员认为其可能拥有利于识别重大错报风险信息的人员。在审计过程中，审计人员可以向管理层和财务负责人询问下列事项。

（1）管理层所关注的主要问题。如新的竞争对手、主要客户和供应商的流失、新的税收法规的实施以及经营目标或战略的变化等。

（2）被审计单位近期的财务状况、经营成果和现金流量。

（3）可能影响财务报告的交易和事项，或者目前发生的重大会计处理问题，如重大的并购事宜等。

（4）被审计单位发生的其他重要变化。如所有权结构、组织结构的变化，以及内部控制的变化等。

除了询问管理层以及被审计单位财务人员外，审计人员还应当考虑询问内部审计人员、采购人员、生产人员、销售人员等其他人员，并考虑询问不同级别的员工，以获取对识别重大错报风险有用的信息。例如：询问治理层，有助于审计人员理解财务报表编制的环境；询问参与生成、处理或记录复杂或异常交易的企业员工，有助于审计人员评估被审计单位所选择和运用的某项会计政策的适当性；询问营销或销售人员，有助于审计人员了解被审计单位的营销策略及其变化、销售趋势以及与客户的合同安排；询问采购人员和生产人员，有助于审计人员了解被审计单位的原材料采购和产品生产等情况；询问仓库人员，有助于审计人员了解原材料、产成品等存货的进出、保管和盘点等情况；询问内部审计人员，有助于审计人员了解其针对被审计单位内部控制设计和运行有效性而实施的工作，以及管理层对内部审计发现的问题是否采取适当的措施；询问内部法律顾问，有助于审计人员了解有关法律法规的遵循情况、产品保证和售后责任与业务合作伙伴的安排（如合营企业）、合同条款的含义以及诉讼情况等。

（二）分析程序

分析程序是指审计人员通过研究不同财务数据之间以及财务数据与非财务数据之间的内在关系，对财务信息做出评价。分析程序还包括调查识别出的、与其他相关信息不一致或与预期数据严重偏离的波动和关系。分析程序既可用作风险评估程序和实质性程序，也可用于对财务报表的总体复核。

财务报表中的数据以及与财务相关的比率之间都存在一定的联系，审计人员实施分析程序，有助于识别异常的交易或事项以及对财务报表和审计产生影响的金额、比率和趋势。在实施分析程序时，审计人员应当了解可能存在的合理关系，并与被审计单位记录的金额，依据记录金额计算的比率或趋势相比较。如果发现异常或未预期到的关系，审计人员应当在识别重大错报风险时考虑这些比较结果。

如果使用了高度汇总的数据，实施分析程序的结果仅可能初步显示财务报表存在重大错报风险，审计人员应当将分析结果连同识别重大错报风险时获取的其他信息一并考虑。例如，被审计单位存在很多产品系列，各个产品系列的毛利率存在一定差异。对总体毛利率实施分析程序的结果仅可能初步显示销售成本存在重大错报风险，审计人员需要实施更详细的分析程序。例如，对每一产品系列进行毛利率分析，或者将总体毛利率分析的结果连同其他信息一并考虑。

案例 5-1

中国证监会对 LDA 会计师事务所的处罚决定

LDA 会计师事务所对 A 公司 2008 年财务报表进行了审计，出具了无保留意见的审计报告。在此过程中，LDA 会计师事务所未勤勉尽责，对 A 公司 2008 年财务报表出具了无保留意见的审计报告，发表了不恰当的审计意见。

一、LDA 会计师事务对 A 公司 2008 年财务报表审计未执行充分的分析程序

2008 年 10 月，A 公司向关联方 B 公司划转资金 30 000 000 元，A 公司将上述资金划转记录为向甲公司、乙公司、丙公司和丁公司预付货款 30 000 000 元。

LDA 会计师事务所获取了 A 公司与甲公司、乙公司、丙公司和丁公司的购货合同，但合同中约定的商品采购数量与 A 公司 2008 年实际采购量出现严重偏离，对于这一异常情况，LDA 会计师事务所的审计人员只是听取 A 公司的解释、收集 A 公司与上述 4 家机构的购货合同，未获取充分的证据。除上述 30 000 000 元外，A 公司在 2008 年与甲公司、乙公司、丙公司和丁公司基本上没有业务往来，对此，LDA 会计师事务所的审计人员没有保持合理的职业怀疑。

LDA 会计师事务所的审计人员将未加盖 A 公司印章的 A 公司与上述 4 家机构的购货合同作为审计证据，没有对合同中所列事项进一步获取充分的解释和恰当的审计证据，没有对审计证据的适当性、可靠性进行职业判断。

LDA 会计师事务所没有按照《中国审计人员审计准则第 1313 号——分析程序》第三条、第二十一条、第二十二条，以及《中国审计人员审计准则第 1301 号——审计证据》第七条的规定进行审计。

由于 LDA 会计师事务所没有按照上述审计准则的规定对 A 公司 2008 年财务报表进行审计，导致没有发现 A 公司向甲公司、乙公司、丙公司和丁公司预付货款不真实，没有发现 A 公司向 B 公司划转资金的事实。

……

资料来源：摘自中国证监会行政处罚决定〔2012〕35 号.

（三）观察和检查

观察和检查程序可以印证对管理层与其他相关人员的询问结果，并可提供有关被审计单位及其环境的信息，审计人员应当实施下列观察和检查程序。

（1）观察被审计单位的生产经营活动。例如，观察被审计单位人员正在从事的生产活动和内部控制活动，可以增加审计人员对被审计单位人员进行生产经营活动及实施内部控制的了解。

（2）检查文件、记录和内部控制手册。例如，检查被审计单位的章程，与其他单位签订的合同、协议，各业务流程操作指引和内部控制手册等，了解被审计单位组织结构和内部控制制度的建立健全情况。

（3）阅读由管理层和治理层编制的报告。例如，阅读被审计单位年度和中期财务报告，股东大会、董事会会议、高级管理层会议的会议记录或纪要，管理层的讨论和分析资料，经营计划和战略，对重要经营环节和外部因素的评价，被审计单位内部管理报告以及其他特殊目的报告（如新投资项目的可行性分析报告）等，了解自上一审计结束至本期审计期间被审计单位发生的重大事项。

（4）实地察看被审计单位的生产经营场所和设备。通过现场访问和实地察看被审计单位的生产经营场所和设备，可以帮助审计人员了解被审计单位的性质及其经营活动。在实地察看被审计单位的厂房和办公场所的过程中，审计人员有机会与被审计单位的管理层和担任不同职责的员工进行交流，可以增强审计人员对被审计单位的经营活动及其重大影响因素的了解。

（5）追踪交易在财务报告信息系统中的处理过程（穿行测试）。这是审计人员了解被审计单位业务流程及其相关控制时经常使用的审计程序。通过追踪某笔或某几笔交易在业务流程中如何生成、记录、处理和报告，以及相关内部控制如何执行，审计人员可以确定被审计单位的交易流程和相关控制是否与之前通过其他程序所获得的了解一致，并确定相关控制是否得到执行。

（四）其他审计程序

除了采用上述程序从被审计单位内部获取信息以外，如果根据职业判断认为从被审计单位外部获取的信息有助于识别重大错报风险，审计人员应当实施其他审计程序以获取这些信息。例如，询问被审计单位聘请的外部法律顾问、专业评估师、投资顾问和财务顾问等。

在确定接受审计业务或保持审计业务关系以前，审计人员都应当对企业及其环境做一个初步的了解。在实施风险评估程序时，审计人员应当判断获取的被审计单位相关信息和企业环境信息对识别重大错报是否有帮助。对于连续审计业务，审计人员在确定运用以前审计业务中获取的信息前，应当对被审计单位的信息及其环境重新进行了解，确定其是否发生变化，如存在变化，则需要判断该变化是否影响以前年度的审计信息。

需要说明的是，审计人员从六个方面了解被审计单位及其环境，但审计人员无须在了解每个方面时都实施以上所有的风险评估程序。例如，在了解内部控制时通常不用分析程序。但是，在了解被审计单位及其环境的整个过程中，审计人员通常会实施上述所有的风险评估程序。

二、了解被审计单位及其环境

了解被审计单位及其环境是审计过程中的一项必要程序，是确定重要性水平、考虑会计政策选择运用和财务报表列报是否恰当、识别需要特别考虑的领域、确定分析程序的预期值、设计实施进一步审计程序和评估审计证据的充分性、适当性的基础。

了解被审计单位及其环境是一个连续和动态地收集、更新与分析信息的过程，贯穿整个审计过程的始终。审计人员应当运用职业判断确定需要了解被审计单位及其环境的程度。

（一）了解被审计单位及其环境的内容

审计人员应当从下列方面了解被审计单位及其环境：行业状况、法律与监管环境以及其他外部因素；被审计单位的性质；被审计单位对会计政策的选择和运用；被审计单位的目标、战略以及相关经营风险；被审计单位财务业绩的衡量和评价；被审计单位的内部控制。

在确定风险评估程序的性质、时间和范围时，审计人员应当考虑审计业务的具体情况和相关审计经验。审计人员还应当识别上述各项与以前期间相比发生的重大变化。

（二）行业状况、法律与监管环境以及其他外部因素

1. 行业状况

审计人员应当了解被审计单位的行业状况，包括但不限于：所在行业的市场供求与竞争；生产经营的季节性和周期性；产品生产技术的变化；能源供应与成本；行业的关键指标和统计数据。

2. 法律与监管环境

审计人员应当了解被审计单位所处的法律与监管环境，包括但不限于：适用的会计准则、会计制度和行业特定惯例；对经营活动产生重大影响的法律法规及监管活动；对开展业务产生重大影响的政府政策，包括货币、财政、税收和贸易等政策；与被审计单位所处行业和所从事经营活动相关的环保要求。

3. 其他外部因素

审计人员应当了解影响被审计单位经营的其他外部因素，包括但不限于：宏观经济的景气度；利率和资金供求状况；通货膨胀水平及币值变动。

审计人员应当考虑被审计单位所在行业的业务性质或监管程度是否可能导致特定的重大错报风险，考虑项目组是否配备了具有相关知识和经验的成员。

4. 应实施的风险评估程序

除第一节所介绍的风险评估程序外，在此过程中，还可以实施以下程序了解被审计单位及其环境。

1）查阅以前年度的审计工作底稿

对于连续审计业务，以前年度的审计工作底稿有助于审计人员了解与特定经营活动和行业相关的一些因素。

2）查阅被审计单位内部和外部的信息资料

内部信息资料主要包括中期财务报告（包括管理层的讨论和分析）、管理报告、其他特殊目的的报告，以及股东大会、董事会会议、高级管理层会议的会议记录或纪要。审计人员可以查阅被审计单位的组织结构图，关联方清单，公司章程，对外签订的主要销售、采购、投资、债务合同等，以及被审计单位内部的管理报告、财务报告、生产经营情况分析、会议记录或纪要等，了解被审计单位的性质。

外部信息资料包括外部顾问、代理机构、证券分析师等编制的关于被审计单位及其所处行业的报告，政府部门或民间行业组织发布的行业报告、宏观经济统计数据、行业统计数据，以及贸易和商业杂志等信息资料。

3）项目组内部的讨论

风险识别准则规定，审计人员应当组织项目组成员对财务报表存在重大错报的可能性进行讨论，研究和分析可疑迹象，并运用职业判断确定讨论的目标、内容、人员、时间和方式。

项目组内部的讨论为项目组成员提供了交流信息和分享见解的机会。项目组通过讨

论可以使成员更好地了解在各自分工负责的领域中,由于舞弊或错误导致财务报表重大错报的可能性,并了解各自实施审计程序的结果如何影响审计的其他方面,包括对确定进一步审计程序的性质、时间和范围的影响。项目组应当讨论被审计单位面临的经营风险、财务报表容易发生错报的领域以及发生错报的方式。特别是由于舞弊导致重大错报的可能性。

(三)被审计单位的性质

了解被审计单位的性质有助于审计人员理解预期在财务报表中反映的各类交易、账户余额、列报与披露。审计人员应当主要从所有权结构、治理结构、组织结构、经营活动、投资活动、筹资活动等方面了解被审计单位的性质。

1. 所有权结构

审计人员应当了解被审计单位的所有权结构以及管理者与其他单位和人员之间的关系,确保已识别所有相关的关联方,以便审查关联方交易是否正确核算。

2. 治理结构

较好的治理结构可以对企业的经营和治理起到一个良好的监督管理作用。所以,审计人员应当了解被审计单位的治理结构,考虑治理层是否能够在独立于管理层的情况下对被审计单位事务做出客观判断。

3. 组织结构

审计人员应当了解被审计单位的组织结构,考虑可能产生的财务报表合并、商誉摊销和减值、权益法运用以及特殊目的实体核算等问题。

4. 经营活动

了解被审计单位的经营活动,可以使审计人员预先掌握与各类交易相关的账户预期。审计人员应当了解被审计单位的经营活动,包括但不限于:主营业务的性质;与生产产品或提供劳务相关的市场信息;业务的开展情况;联合经营与业务外包;从事电子商务的情况;地区与行业分布;生产设施、仓库的地理位置及办公地点;关键客户;重要供应商;劳动用工情况;研究与开发活动及其支出;关联方交易。

5. 投资活动

被审计单位的投资活动可以在一定程度上反映一定时期内的企业的经营重点和经营方向上的变化。审计人员应当了解被审计单位的投资活动,包括但不限于:近期拟实施或已实施的并购活动与资产处置情况;证券投资、委托贷款的发生与处置;资本性投资活动,包括固定资产和无形资产投资,以及近期或计划发生的变动;不纳入合并范围的股权投资。

6. 筹资活动

筹资活动可以反映被审计单位的融资能力,这有助于审计人员判断其持续经营能力。审计人员应当了解被审计单位的筹资活动,包括但不限于:债务结构,包括债务协议、与债务相关的限制性条款、担保情况及表外融资;固定资产的租赁;关联方融资;出资人的情况;衍生金融工具的运用。

(四) 对会计政策的选择和运用

审计人员应当了解被审计单位对会计政策的选择和运用，是否符合适用的会计准则和相关会计制度，是否符合被审计单位的具体情况。在了解被审计单位对会计政策的选择和运用是否适当时，审计人员应当关注下列重要事项。

（1）重要项目的会计政策和行业惯例。
（2）重大和异常交易的会计核算方法。
（3）在缺乏权威性标准或共识的领域或新领域，采用重要会计政策产生的影响。
（4）被审计单位会计政策的变更。
（5）被审计单位何时采用以及如何采用新颁布的会计准则和相关会计制度。

如果被审计单位变更了重要的会计政策，审计人员应当考虑变更的原因及其适当性，并考虑是否符合适用的会计准则和相关会计制度。除上述事项外，审计人员应当考虑被审计单位是否按照适用的会计准则和相关会计制度的要求恰当地进行了列报，并披露了重要事项。

(五) 被审计单位的目标、战略和经营风险

企业目标就是企业发展的终极方向，是根据组织面临的形势和社会需要，企业管理层制订的一定时期内组织经营活动所要达到的总目标。企业战略是对企业的谋略，是对企业整体性、长期性、基本性问题的计谋，它随企业目标的变动而进行调整。经营风险是指公司的决策人员和管理人员在经营管理中出现失误而导致公司盈利水平变化从而产生投资者预期收益下降的风险。经营风险源于对被审计单位实现目标和战略产生不利影响的重大情况、事项、环境和行动，或源于不恰当的目标和战略，它取决于企业所处的行业环境、企业自身的战略目标、企业规模等各类因素。因此，不同的企业面临的经营风险不同，审计人员应当了解被审计单位的目标和战略，以及可能导致财务报表重大错报的相关经营风险。

在了解被审计单位的目标、战略和经营风险时，审计人员应当注意以下事项。

（1）行业发展，及其导致的被审计单位不具备足以应对行业变化的人力资源和业务专长的风险。
（2）开发新产品或提供新服务，及其导致的被审计单位产品责任增加的风险。
（3）业务扩张，及其导致的被审计单位对市场需求的估计不准确的风险。
（4）新颁布的会计法规及处理要求，及其导致的被审计单位执行法规不当或不完整，或会计处理成本增加的风险。
（5）监管要求，及其导致的被审计单位法律责任增加的风险。
（6）本期及未来的融资条件，及其导致的被审计单位由于无法满足融资条件而失去融资机会的风险。
（7）信息技术的运用，及其导致的被审计单位信息系统与业务流程难以融合的风险。

多数经营风险最终都有财务后果，从而影响财务报表。审计人员应当根据被审计单位的具体情况考虑经营风险是否可能导致财务报表发生重大错报。

管理层通常具有正式的识别和应对经营风险的策略，审计人员应当获取有关文件以了解被审计单位的风险评估过程。

（六）被审计单位业绩的衡量和评价

被审计单位内部或外部对财务业绩的衡量和评价可能对管理层产生压力，促使其采取行动改善财务业绩或歪曲财务报表。审计人员应当了解被审计单位财务业绩的衡量和评价情况，考虑这种压力是否可能导致管理层采取行动，以至于增加财务报表发生重大错报的风险。

在了解被审计单位财务业绩衡量和评价情况时，审计人员应当关注下列信息。

（1）关键业绩指标。
（2）业绩趋势。
（3）预测、预算和差异分析。
（4）管理层和员工业绩衡量与激励性报酬政策。
（5）分部信息与不同层次部门的业绩报告。
（6）与竞争对手的业绩比较。
（7）外部机构提出的报告。

审计人员应当关注被审计单位内部财务业绩衡量所显示的未预期到的结果或趋势、管理层的调查结果和纠正措施，以及相关信息是否显示财务报表可能存在重大错报。如果拟利用被审计单位内部信息系统生成的财务业绩衡量指标，审计人员应当考虑相关信息是否可靠，以及利用这些信息是否足以实现审计目标。

案例 5-2
如何应用风险评估确定审计重点——以 DQ 建设集团为例

应用风险评估方法开展审计，能有效解决审计任务与审计资源矛盾的问题，最大限度地提高审计工作效率。下面以 DQ 建设集团 2006 年经营考核审计为范例，具体介绍审计风险评估的应用。

DQ 建设集团是以油田地面工程建设、化工建设、长输管道、市政工程、路桥建设、建材产品预制为主营业务的大型施工集团企业。集团资产总额 42 亿元，职工人数 16 224 人，年综合施工能力可达 60 亿元左右，注册资金 12.08 亿元。由于该单位规模大，收入占地区石油近 1/4，而且由于是施工企业，受结算周期的影响，收入的不确定性相对大。经营考核审计目的是审查 DQ 建设集团 2006 年考核指标的完成情况，确认其经营成果的真实性、合规性、合法性，为主管部门实现"严考核、硬兑现"及评选"四好班子"提供依据。所以说，该项目审计风险较大。为了合理分配审计资源，降低审计风险，审计组从审计风险评估入手做好审前准备。

一、业务分块进行审计

将集团的业务分成四大板块：建筑业、建材行业、房地产、服务业。通过发放调查表的方式初步了解各个业务板块的总体情况，包括企业历史沿革说明、被审计单位基本情况表、组织结构图、企业重大改组和购并情况说明、被审计单位重大资本性支出情况说明、对外投资情况表、被审计单位主要产品生产和销售情况说明、主要经济指标完成情况表、重要管理岗位的变动情况、容易损失或被挪用的资产数量、产品的销售情况、单位的销售政策、以前年度的审计结果。通过对调查表的分析汇总，得出不同板块的固有风险的结果。同时，发放内部控制制度调查表，包括销售业务循环内部控制调查表、采购业务循环内部控制调查表、存货业务循环内部控制调查表、货币资金业务循环内部控制调查表、工薪人事业务循环内部控制调查表、投资业务循环内部控制调查表、固定资产业务循环内部控制调查表、筹资业务循环内部控制调查表、会计系统内部控制调查表、提供劳务业务内部控制调查表。根据调查表反映的情况，选择关键点进行控制测试，然后评价控制风险。

二、了解集团各经营环节相关信息

主要经营环节包括招投标、签订合同、施工前准备、工程施工、项目管理、现场签证变更、结算等环节。集团2006年编制修订了经营管理、合同管理、项目管理、财务管理、设备管理、物资管理、工程分包管理、外雇工管理等办法。虽然在各个管理环节中都有相应的制度和办法，但为了减少审计风险，审计人员对重要的经营环节的控制流程进行了调查了解，采取的方法是询问相关人员并取得审计证据。在审前调查中，审计人员了解到，为了抢占市场或完成收入指标和外部创收指标，在招投标过程中存在低价中标的问题，而且在招投标中缺乏足够的风险意识，对工程的效益论证不足，没有形成项目结束后的单项工程的效益分析，没有从源头做起抓效益。另外，在合同签订上也存在风险，超合同、无合同施工现象普遍存在，存在一定的资金风险。再有由于结算不及时，大部分工程年底预结，虽然执行的是建造合同，但由于存在人为估计的成分，操纵利润的风险仍然存在。既然存在会计报表错报的风险，审计人员就要在配置审计人员上下功夫，降低检查风险，制订可行的审计工作方案。总结上述的风险分析，建设集团各个经营环节有相关的控制制度。但该单位在招投标环节存在低价中标的决策风险；在经营环节存在经营风险，即无合同施工，有可能导致工程款收不回来的风险；在结算环节存在结算不及时，使资金紧张，存在资金周转困难的财务风险；另外，由于基建行业本身业务的特殊性，也存在人为操纵利润的财务信息风险，尤其是面临指标完成压力的情况。

三、分析整理信息，填制审计风险评估表

在填制风险评估表时，应充分考虑各业务板块的具体情况。审计组根据审前调查情况，按照各板块的特点，对集团存在的影响审计风险的相关因素进行分析，对审计人员无法控制的固有风险和控制风险采取量化打分的办法，进行风险排序。根据对集团的风险分析，编制审计实施方案，合理安排审计人员，将审计资源分配到高风险的领域。

在审前调查时，已经了解到集团存在的经营风险以及可能对报表真实性产生的影响。在实施现场审计时，进一步关注风险点，重点关注招投标程序、合同与签证、诉讼事项、结算情况。对不同业务性质的单位分别找出关键的风险点，提出合理的审计建议，并为下一年的审计计划提供依据，更好地体现内部审计关注风险为企业服务的作用。

上述案例列示的是在已有审计项目时，如何应用风险评估来确定审计重点，使审计过程出现有的放矢的情形。事实上，风险评估也可以用于制订审计计划。

资料来源：摘自中国内部审计.

三、了解被审计单位的内部控制

（一）内部控制

内部控制是被审计单位为了合理保证财务报告的可靠性、经营的效率和效果以及对法律法规的遵循，由治理层、管理层和其他人员设计与执行的政策和程序。审计人员应当了解与审计相关的内部控制以识别潜在错报的类型，考虑导致重大错报风险的因素，以及设计和实施进一步审计程序的性质、时间和范围，重点考虑被审计单位某项控制是否能够，以及如何防止或发现并纠正各类交易、账户余额、列报与披露存在的重大错报。内部控制包括下列要素：控制环境、风险评估过程、与财务报告相关的信息系统和沟通、控制活动、对控制的监督。

1. 与审计相关的控制

与审计相关的控制包括被审计单位为实现财务报告可靠性目标设计和实施的控制，审计人员应当运用职业判断，考虑一项控制单独或连同其他控制是否与评估重大错报风险，以及针对评估的风险设计和实施进一步审计程序有关。在此过程中，审计人员应当考虑下列因素：审计人员对重要性的判断；被审计单位的规模；被审计单位的性质；被审计单位经营的多样性和复杂性；法律法规和监管要求；作为内部控制组成部分的系统的性质和复杂性。

2. 对内部控制的了解内容及方式

审计人员在了解内部控制时，应当评价控制的设计，并确定其是否得到执行。评价控制的设计是指考虑一项控制单独或连同其他控制是否能够有效防止或发现并纠正重大错报。控制得到执行是指某项控制存在且被审计单位正在使用。设计不当的控制可能表明内部控制存在重大缺陷，审计人员在确定是否考虑控制得到执行时，应当首先考虑控制的设计。

审计人员通常实施下列风险评估程序，以获取有关控制设计和执行的审计证据：询问被审计单位的人员；观察特定控制的运用；检查文件和报告；追踪交易在财务报告信息系统中的处理过程（穿行测试）。在此需要说明的是，询问本身并不足以评价控制的设计以及确定其是否得到执行，审计人员应当将询问与其他风险评估程序结合使用。

3. 内部控制的人工和自动化成分

内部控制可能既包括人工成分又包括自动化成分，在风险评估以及设计和实施进一步审计程序时，审计人员应当考虑内部控制的人工和自动化特征及其影响。信息技术通常在深入分析信息数据，降低规避控制的风险，提高信息的及时性、可获得性及准确性等方面提高被审计单位内部控制的效率和效果。

在现实中，多数的企业都是采用将信息技术与人工相结合的方式。不论是人工系统主导还是自动化系统主导，都将影响交易的生成、记录、处理和报告的方式。所以，在审计过程中，审计人员应当了解被审计单位的人工和自动化成分。

审计人员应当从下列方面了解信息技术对内部控制产生的特定风险。

（1）系统或程序未能正确处理数据，或处理了不正确的数据，或两者兼而有之。

（2）在未得到授权情况下访问数据，可能导致数据的毁损或对数据不恰当的修改，包括记录未经授权或不存在的交易,或不正确地记录了交易。

(3) 信息技术人员可能获得超越其履行职责以外的数据访问权限,破坏了系统应有的职责分工。

(4) 未经授权改变主文档的数据。

(5) 未经授权改变系统或程序。

(6) 未能对系统或程序做出必要的修改。

(7) 不恰当的人为干预。

(8) 数据丢失的风险或不能访问所要求的数据。

自动化是无法完全代替人工系统的,在财务处理的过程中,便需要财务人员运用其职业判断能力。内部控制的人工成分在处理下列涉及主观判断的状况或交易事项时可能更适当:

(1) 存在大额、异常或偶发的交易;

(2) 存在难以定义、防范或预见的错误;

(3) 为应对情况的变化,在现有的自动化控制之外增加新的控制;

(4) 监督自动化控制的有效性。

人工系统是由财务及相关人员来判断和执行,存在因判断失误、未按要求执行等情况。因此,人工系统受人为因素的影响,也会产生特定的风险。在了解内部控制时,审计人员应当考虑被审计单位是否通过建立有效的控制,以恰当应对由于使用信息技术系统或人工系统而产生的风险,同时,应当从下列三方面了解人工控制产生的特定风险:

(1) 人工控制可能更容易被规避、忽视或凌驾;

(2) 人工控制可能不具有一贯性;

(3) 人工控制可能更容易产生简单错误或失误。

案例 5-3
现代风险导向审计在高校财务报表审计中的应用

"现代风险导向审计的核心在于发现风险、评估风险及应对风险,将财务报表重大错报风险与企业的战略目标、经营环境、经营模式紧密联系起来,从而在源头上和宏观上分析识别财务报表重大错报。"ABC 事务所高级合伙人郑某表示,《高等学校财务报表审计指引》要求审计人员在对高校财务报表进行审计时,遵循现代风险导向审计理念。结合多年来的实务工作,他认为高校财务报表审计须重点关注内部控制。

近几年爆发的一些高校舞弊案例,使高校在诸如科研经费、财务报销等方面的内部控制引起越来越多的关注。

3 月 20 日,教育部印发了《关于加强直属高等学校内部审计工作的意见》。教育部财务司有关负责人在答记者问中指出,审计力量不足、业务能力不强等因素,导致内部审计这一"免疫系统"难以充分发挥作用。

除了强化内部审计外,由来自高校外部的持独立、客观、公正立场的第三方对高校内部控制的合规性做出判断,对于全面推进依法治校、不断提高高校内部治理能力、提升高校领导决策能力和管理水平有着重要的作用。

郑某表示，审计人员了解、测试、评价内部控制是审计工作的重要环节。《行政事业单位内部控制规范》于 2014 年 1 月 1 日起开始实施，时间尚短，审计人员须关注高校是否将有关规定与自身实际情况有机结合，是否有效地设计和执行了内部控制。

比如，高校财务部门对院系处以及校内独立核算单位的财务管理情况，收费项目是否完整纳入学校财务部门统一核算，是否存在坐收坐支、体外循环；各级财务管理机构是否健全；岗位之间是否相互联系与协调等。

……

资料来源：摘自中国会计视野网.

4. 内部控制的局限性

内部控制存在下列固有局限性，无论如何设计和执行，只能对财务报告的可靠性提供合理的保证。

（1）在决策时人为判断可能出现错误和由于人为失误而导致内部控制失效。

（2）可能由于两个或更多的人员进行串通或管理层凌驾于内部控制之上而被规避。

（二）控制环境

控制环境包括治理职能和管理职能，以及治理层和管理层对内部控制及其重要性的态度、认识和措施。在评价控制环境的设计和实施情况时，审计人员应当了解管理层在治理层的监督下，是否营造并保持了诚实守信和合乎道德的文化，以及是否建立了防止或发现并纠正舞弊和错误的恰当控制。

在评价控制环境的设计时，审计人员应当考虑构成控制环境的要素，以及这些要素是如何被纳入被审计单位业务流程的。控制环境的要素主要包括：对诚信和道德价值观念的沟通与落实；对胜任能力的重视；治理层的参与程度；管理层的理念和经营风格；组织结构；职权与责任的分配；人力资源政策与实务。

在确定构成控制环境的要素是否得到执行时，审计人员应当考虑将询问与其他风险评估程序相结合以获取审计证据。通过询问管理层和员工，审计人员可能了解管理层是如何将业务规程和道德价值观念与员工进行沟通的；通过观察和检查，审计人员可能了解管理层是否建立了正式的行为守则，在日常工作中行为守则是否得到遵守，以及管理层如何处理违反行为守则的情形。

控制环境对重大错报风险的评估具有广泛影响，审计人员应当考虑控制环境的总体优势是否为内部控制的其他要素提供了适当的基础，并且未被控制环境中存在的缺陷所削弱。

控制环境本身并不能防止或发现并纠正各类交易、账户余额、列报与披露的相关认定的重大错报，审计人员在评估重大错报风险时应当将控制环境连同其他内部控制要素产生的影响一并考虑。

（三）被审计单位的风险评估过程

所有的企业在日常经营的过程中都会遇到形形色色的风险，这些风险都会对其生存和竞争能力产生一定的影响。企业的管理层应当有效地识别面临的风险，并采取相关的措施来防范。风险评估过程包括识别与财务报告相关的经营风险,以及针对这些风险所采取的措施。在审计过程中,审计人员应当了解被审计单位的风险评估过程和结果。

在评价被审计单位风险评估过程的设计和执行时,审计人员应当确定管理层如何识别与财务报告相关的经营风险,如何估计该风险的重大性,如何评估风险发生的可能性,以及如何采取措施管理这些风险。审计人员应当询问管理层识别出的经营风险,并考虑这些风险是否可能导致重大错报。在审计过程中,如果识别出管理层未能识别的重大错报风险,审计人员应当考虑被审计单位的风险评估过程为何没有识别这些风险,以及评估过程是否适合具体环境。

(四)信息系统与沟通

企业的各个层次都需要利用信息来确认、评估和应对风险。企业的大量信息涉及各种目标。从内部或外部来源获得的经营性信息,包括财务和非财务的,都与企业的经营目标相关。沟通是信息系统的一部分,包括内部沟通与外部沟通。内部沟通包括企业风险管理哲学和方式的明确陈述、明确的授权等,与活动流程和程序相关的沟通应与企业所希望建立的文化相协调,并支持这种文化的建立。

与财务报告相关的信息系统,包括用以生成、记录、处理和报告交易、事项和情况,对相关资产、负债和所有者权益履行经营管理责任的程序和记录,其应当与业务流程相适应。与财务报告相关的信息系统所生成信息的质量,对管理层能否做出恰当的经营管理决策以及编制可靠的财务报告具有重大影响。与财务报告相关的信息系统通常包括下列职能:

(1)识别与记录所有的有效交易;
(2)及时、详细地描述交易,以便在财务报告中对交易做出恰当分类;
(3)恰当计量交易,以便在财务报告中对交易的货币金额做出准确记录;
(4)恰当确定交易生成的会计期间;
(5)在财务报表中恰当列报交易及相关披露。

因此,在审计过程中,审计人员应当从下列方面了解与财务报告相关的信息系统:

(1)在被审计单位经营过程中,对财务报表具有重大影响的各类交易;
(2)在信息技术和人工系统中,对交易生成、记录、处理和报告的程序;
(3)与交易生成、记录、处理和报告有关的会计记录、支持性信息和财务报表中的特定项目;
(4)信息系统如何获取除各类交易之外、对财务报表具有重大影响的事项和情况;
(5)被审计单位编制财务报告的过程,包括做出的重大会计估计和披露。

在了解与财务报告相关的信息系统时,审计人员应当特别关注由于管理层凌驾于账户记录控制之上,或规避控制行为而产生的重大错报风险,并考虑被审计单位如何纠正不正确的交易处理。

与财务报告相关的沟通包括使员工了解各自在与财务报告有关的内部控制方面的角色和职责,与内部其他员工的相互联系,以及向适当级别的管理层报告例外事项的方式。审计人员应当了解被审计单位内部如何对财务报告的岗位职责,以及与财务报告相关的重大事项进行沟通。审计人员还应当了解管理层与治理层之间的沟通，以及被审计单位与外部的沟通。

（五）控制活动

控制活动是指有助于确保管理层的指令得以执行的政策和程序，包括与授权、业绩评价、信息处理、实物控制和职责分离等相关的活动。审计人员应当了解控制活动，以便评估认定层次的重大错报风险和针对评估的风险设计进一步审计程序。

在审计过程中，审计人员应当了解与授权有关的控制活动，包括一般授权和特别授权。一般授权是指管理层制定的要求组织内部遵循的普遍适用于某类交易或活动的政策。特别授权是指管理层针对特定类别的交易或活动逐一设置的授权。

审计人员应当了解与业绩评价有关的控制活动，主要包括被审计单位分析评价实际业绩与预算（或预测、前期业绩）的差异，综合分析财务数据与经营数据的内在关系，将内部数据与外部信息来源相比较，评价职能部门、分支机构或项目活动的业绩，以及对发现的异常差异或关系采取必要的调查与纠正措施。

审计人员应当了解与信息处理有关的控制活动，包括信息技术一般控制和应用控制。信息技术一般控制是指与许多应用程序有关的政策和程序，有助于保证信息系统持续恰当地运行（包括信息的完整性和数据的安全性），支持应用控制作用的有效发挥，通常包括数据中心和网络运行控制，系统软件的购置、修改及维护控制，接触或访问权限控制，应用系统的购置、开发及维护控制。应用控制是指主要在业务流程层次运行的人工或自动化程序，与用于生成、记录、处理、报告交易或其他财务数据的程序相关，通常包括检查数据计算准确性，审核账户和试算平衡表，设置对输入数据和数字序号的自动检查，以及对例外报告进行人工干预。

审计人员应当了解实物控制，主要包括对资产和记录采取适当的安全保护措施，对访问计算机程序和数据文件设置授权，以及定期盘点并将盘点记录与会计记录相核对。实物控制的效果影响资产的安全，从而对财务报表的可靠性及审计产生影响。

审计人员应当了解职责分离，主要包括被审计单位如何将交易授权、交易记录以及资产保管等职责分配给不同员工，以防范同一员工在履行多项职责时可能发生的错误或舞弊。

在了解控制活动时，审计人员应当重点考虑一项控制活动单独或连同其他控制活动是否能够，以及如何防止或发现并纠正各类交易、账户余额、列报与披露存在的重大错报。如果多项控制活动能够实现同一目标，那么审计人员就不必了解与该目标相关的每项控制活动。

（六）对控制的监督

对控制的监督是指被审计单位评价内部控制在一段时间内运行有效性的过程，该过程包括及时评价控制的设计和运行，以及根据情况的变化采取必要的纠正措施。审计人员应当了解被审计单位对与财务报告相关的内部控制的监督活动，并了解如何采取纠正措施。

持续的监督活动通常贯穿于被审计单位的日常经营活动与常规管理工作。被审计单位可能使用内部审计人员或具有类似职能的人员对内部控制的设计和执行进行专门的评价,也可能利用与外部有关各方沟通或交流所获取的信息监督相关的控制活动。因此,审计人员应当了解被审计单位对控制的持续监督活动和专门的评价活动。

审计人员应当了解与被审计单位监督活动相关的信息来源,以及管理层认为信息具有可靠性的依据。如果拟利用被审计单位监督活动使用的信息(包括内部审计报告),审计人员应当考虑该信息是否具有可靠的基础,是否足以实现审计目标。

案例 5-4

内部控制是企业的一道"防火墙"

2005年3月,新加坡ABC会计师事务所提交了第一期调查报告,认为新加坡ZH公司的巨额亏损由诸多因素造成,主要包括:2003年第四季度对未来油价走势的错误判断;公司未能根据行业标准评估期权组合价值;缺乏推行基本的对期权投机的风险管理措施;对期权交易的风险管理规则和控制,管理层也没有做好执行的准备等。但归根到底,ZH公司问题的根源是其内部控制缺陷。

一、控制环境

ZH公司聘请XYZ会计师事务所,制定了国际石油公司通行的风险管理制度,建立了股东会、董事会、管理层、风险管理委员会、内部审计委员会等制衡制度和风险防范制度,还受到新加坡证监会的严格监管。但在"强人治理"的文化氛围中,内控制度的威力荡然无存。

(1)内部人控制。在ZH公司的股权结构中,集团公司一股独大,股东会中没有对集团公司决策有约束力的大股东,众多分散的小股东只是为了获取投资收益,对重大决策基本没有话语权。在董事会组成中,绝大多数董事是ZH公司和集团公司的高管,而独立董事被边缘化,构不成重大决策的制约因素。这样,股东会、董事会和管理层三者合一,决策和执行合一,最终发展成由经营者一人独裁统治,市场规则和内部制度失效,决策与运作过程神秘化、保密化,独断专行决策的流程化和日常化。公司总裁陈某兼集团公司副总经理,ZH公司基本上是其一个人的"天下"。陈某从新加坡雇了当地人担任财务经理,只听他一个人的,而坚决不用集团公司派出的财务经理:原拟任财务经理派到后,被陈某以外语不好为由,调任旅游公司经理;第二任财务经理则被安排为公司总裁助理。集团公司派来的党委书记在新加坡两年多,一直不知道陈某从事场外期货投机交易。

(2)法治观念。2004年10月10日,ZH公司向集团公司报告期货交易将会产生重大损失,ZH公司、集团公司和董事会没有向独立董事、外部审计师、新加坡证券交易所和社会机构投资者及小股东披露这一重大信息,反而在11月12日公布的第三季度财务报告中仍然谎称盈利。集团公司在10月20日将持有的ZH公司75%股份中的15%向50多个机构投资者配售,将所获得的1.07亿美元资金以资助收购为名,挪用作为ZH公司的期货保证金。对投资者不真实披露信息、隐瞒真相、涉嫌欺诈,这些行为严重违反了新加坡公司法和有关上市公司的法律规定。

（3）管理者素质。管理者素质不仅仅是指知识与技能，还包括操守、道德观、价值观、世界观等各方面。这些方面直接影响企业的行为，进而影响企业内部控制的效率和效果。陈某有很多弱点，首先最明显的就是赌性重，花了太多的时间和精力在投机交易的博弈上，把现货交易看得淡如水，而这正是期货市场上最忌讳的。其次是他盲目自大，作为一个将净资产从21.9万美元迅速扩张到过亿美元的企业总裁，确有过人之处，但是盲目自大却导致了盲动，不尊重市场规律，不肯承认并纠正错误。陈某说过："如果再给我5亿美元，我就翻身了。"这番话表明，陈某还不明白自己及ZH公司栽倒的根源。

（4）另类企业文化。ZH公司暴露出国企外部监管不力、内部治理结构不健全，尤其是以董事会虚置、国企管理人过分集权为特征的国企组织控制不足等严重问题。这使现代企业得以存续的国际公认与公用的游戏规则流于形式，即使形式上建立了法人治理结构，实质上仍由不受制约的意志决策运作大事，由"一把手"说了算。ZH公司视公司治理结构为摆设的另类企业文化，为试图通过境外上市方式改善国有企业治理结构的改良设想提供了一个反面案例。

二、目标制定

管理人员应能适当地设立目标，使选择的目标能支持、连接企业的使命，并与其风险偏好相一致。从1997年起，ZH公司先后进行了两次战略转型，最终定位为以石油实业投资、国际石油贸易和进口航油采购为一体的工贸结合型的实体企业。在总裁陈某的推动下，ZH公司从2001年上市就开始涉足石油期货。在取得初步成功之后，ZH公司管理层在没有向董事会报告并取得批准的情况下，无视国家法律法规的禁止，擅自将企业战略目标移位于投机性期货交易。这种目标设立的随意性，以及对目标风险的藐视，最终使企业被惊涛骇浪所淹没。

三、事项识别

一个组织必须识别影响其目标实现的内、外部事项，区分表示风险的事项和表示机遇的事项，引导管理层的战略或者目标始终不被偏离。在此次事件中，如果公司的管理层能及时认清形势，在赚取巨额利润时，清醒地意识到可能产生的风险，或许就不会遭到如此惨痛的打击。

ZH公司违规之处有三点：一是做了国家明令禁止做的事；二是场外交易；三是超过了现货交易总量。ZH公司从事的石油期权投机是我国政府明令禁止的。国务院于1998年8月发布的《国务院关于进一步整顿和规范期货市场的通知》中明确规定："取得境外期货业务许可证的企业，在境外期货市场只允许进行套期保值，不得进行投机交易。"1999年6月，以国务院令发布的《期货交易管理暂行条例》第四条规定："期货交易必须在期货交易所内进行。禁止不通过期货交易所的场外期货交易。"第四十八条规定："国有企业从事期货交易，限于从事套期保值业务，期货交易总量应当与其同期现货交易总量相适应。"2001年10月，证监会发布的《国有企业境外期货套期保值业务管理制度指导意见》第二条规定："获得境外期货业务许可证的企业在境外期货市场只能从事套期保值交易，不得进行投机交易。"

四、风险评估

风险评估在于分析和确认内部控制目标实现过程中"不利的不确定因素",帮助企业确定何处存在风险,怎样进行风险管理,以及需要采取何种措施。ZH公司从事的场外石油衍生品交易,具有高杠杆效应、风险大、复杂性强等特点,但由于内部没有合理定价衍生产品,大大低估了所面临的风险,再加上ZH公司选择的是一对一的私下场外交易,整个交易过程密不透风,因此ZH公司承担的风险要比场内交易大得多。

五、风险反应

ZH公司进行石油衍生产品投机交易酿成大祸,直接成因并不复杂:ZH公司认定国际轻质原油价格每桶被高估约10美元,在石油期货市场大量持有做空合约。在国际石油期货价格大幅攀升的情况下,被迫不断追加保证金,直至包括信贷融资在内的现金流彻底枯竭为止。由于国际石油期货交易以5%的保证金放大20倍持有合约,ZH公司5.5亿美元巨亏意味着其"豪赌"了约110亿美元合约,而且在交易过程中充当"死空头",没有"空翻多"进行"对冲"。

在油价不断攀升导致潜亏额疯长的情况下,ZH公司的管理层连续几次选择延期交割合同,期望油价回跌,交易量也随之增加。一次次"挪盘"把到期日一次次往后推,这样导致的结果便是使风险和矛盾滚雪球似地加倍扩大,最终达到无法控制的地步。一般看涨期权的卖方基本上都会做一笔反向交易,以对冲风险、减小损失的可能性,虽然ZH公司内部有一个专业的风险控制队伍,但并没有做反向对冲交易。

六、控制活动

ZH公司曾聘请XYZ会计师事务所为其编制《风险管理手册》,设有专门的七人风险管理委员会及软件监控系统。实施交易员、风险控制委员会、审计部、总裁、董事会层层上报、交叉控制的制度,规定每名交易员损失20万美元时要向风险控制委员会报告和征求意见;当损失达到35万美元时要向总裁报告和征求意见,在得到总裁同意后才能继续交易;任何导致损失50万美元以上的交易将自动平仓。ZH总共有10位交易员,如果严格按照《风险管理手册》执行,损失的最大限额应是500万美元,但ZH公司却在衍生品交易市场不断失利,最终亏损额高达5.5亿美元,以致申请破产保护。

在风险控制机制中,ZH公司总裁陈某实际上处于中枢地位,对风险的控制和传导起着决定性的作用。陈某在获悉2004年第一季度出现580万美元的账面亏损后,决定不按照内部风险控制的规则进行斩仓止损,也不对市场做任何信息的披露,而是继续扩大仓位,孤注一掷,赌油价回落。直到2004年10月,亏损累计达到18 000万美元,流动资产耗尽,陈某才向集团公司汇报亏损并请求救助。集团公司竟没有阻止其违规行为,也不对风险进行评估,相反选择以私募方式卖出部分股份来"挽救"ZH公司。

在越权从事石油金融衍生产品投机过程中,陈某作为一个管理人员,竟然同时具有授权、执行、检查与监督功能,没有遇到任何阻拦与障碍,事后还能一手遮天,隐瞒真实信息,足见ZH公司在职能分工方面存在严重问题。

七、信息与沟通

ZH公司成立了风险委员会,制定了风险管理手册,明确规定损失超过500万美元必须报告董事会。但陈某从来不报,集团公司也没有制衡的办法,ZH公司的信息披露严重违反了诚实、信用原则。ZH 公司从事石油期权投机交易历时一年多，从最初的 200 万桶发展到出事时的 5 200 万桶，一直未向集团公司报告，集团公司也没有发现。直到保证金支付问题难以解决、经营难以为继时，ZH 公司才向集团公司紧急报告，但仍没有说明实情。ZH 公司从 2003 年下半年起在海外市场进行石油衍生品的交易，并且交易总量大大超过现货交易总量，明显违背了国家的规定，而母公司知悉以上违规活动是在一年以后。可见，ZH 公司和集团公司之间的信息沟通不顺畅，会计信息失真。

八、监控

ZH 公司拥有一个由部门领导、风险管理委员会和内部审计部组成的三层"内部控制监督结构"。但其交易员没有遵守风险管理手册规定的交易限额，没有向公司其他人员提醒各种挪盘活动的后果和多种可能性，挪盘未经董事会批准或者向董事会汇报，财务报表中亦未报告亏损；风险控制员没有正确计算公司期权交易的收益，没有准确汇报公司的期权仓位情况和敞口风险；财务部门的首要职责是对交易进行结算，而在 2004 年 5 月到 11 月长达 7 个月的时间内，ZH 公司共支付了近 3.81 亿美元由不断新增的损失引发的保证金，甚至动用了董事会和审计委员会明确规定有其他用途的贷款。风险管理委员会在所有重大问题上未履行其职责。在公司开始期权这项新产品交易时，风险管理委员会没有进行任何必要的分析和评估工作；交易开始后，未能对期权交易设置准确的限额，也未能准确报告期权交易；在期权交易挪盘时，未能监督执行相关的交易限额，未能控制公司的超额交易，未指出挪盘增加了公司的风险，也未建议斩仓止损；向审计委员会提供的衍生品交易报告中，实际隐瞒了公司在期权交易中面临的各种问题；未向董事会报告公司的期权交易和损失情况。内部审计部没有定期向审计委员会报告，即使报告也是内容重复，敷衍了事，且造成公司内部控制运行良好的假象。

该事件的核心问题并不在于市场云谲波诡，而是陈某为何能够如此胆大妄为地违规操作。陈某能够将越权投机进行到底，除了他编造虚假信息隐瞒真相之外，集团公司的失察、失控也难辞其咎。从披露的事实来看，控股股东没有对境外上市子公司行为进行实质性控制，既没有督促 ZH 公司建立富有实际效力的治理结构，也没有做好日常的内部监管。

此次事件也给企业管理者一些重要的启示。

1. 管理层更应关注企业存在的整体风险，而非一些细节控制

企业风险管理框架要求董事会与管理层将精力主要放在可能产生的重大风险环节上，而不是所有细小环节上。ZH 公司曾在 2003 年被新加坡证券监督部门列为最具透明的企业，说明该企业确实在细节方面的内部控制做得非常周到。但如果企业只把精力集中在细致地执行管理制度上，不但会浪费企业的资源、增加控制的成本，同时还会使管理者忽视企业存在的重大风险。

2. 管理者也应该成为内控的对象

企业风险管理框架要求董事会承担内控的责任，进行多元控制，保证内控实施力度。内部控制从单元主体转向多元主体，可以防止滥用职权、牟取私利、独断专行等后果。在该事件中，总裁陈某亲自操盘期货期权投机交易，而他本人又是公司内部控制的责任主体。如此混乱的局面最终导致企业控制失灵。

3. 国际市场竞争需要建立一套完整的风险管理系统

中国企业长期主要在国内市场发展，很少有国际市场的经验，因此也缺乏风险管理的经验。这次事件之后，国内各界开始意识到全面风险管理的重要性，国资委也明文要求所属各大型国有企业加强企业风险管理，以帮助企业健康发展并参与国际市场竞争，妥善解决舞弊、腐败和管理不当等问题。当然，保证企业风险管理框架的实施，比简单设计内部控制管理流程更重要。

资料来源：摘自上海市经济管理干部学院学报.

四、评估重大错报风险

了解被审计单位及其环境的目的之一就是评估被审计单位财务报表的重大错报风险。审计人员应当结合了解的内容，对被审计单位的财务报表层次和认定层次的重大错报风险进行识别和评估，从而完成对进一步审计计划性质、时间和范围的安排。

（一）识别与评估财务报表层次和认定层次的重大错报风险

在识别与评估重大错报风险时，审计人员应当：

（1）在了解被审计单位及其环境的整个过程中识别风险，并考虑各类交易、账户余额、列报与披露；

（2）将识别的风险与认定层次可能发生错报的领域相联系；

（3）考虑识别的风险是否重大；

（4）考虑识别的风险导致财务报表发生重大错报的可能性。

审计人员应当利用实施风险评估程序获取的信息，包括在评价控制设计和确定其是否得到执行时获取的审计证据，作为支持风险评估结果的审计证据。针对已识别的重大错报风险，审计人员应当确定其是与特定的某类交易、账户余额、列报与披露的认定相关，还是与财务报表整体广泛相关，进而影响多项认定。

财务报表层次的重大错报风险很可能源于薄弱的控制环境。薄弱的控制环境带来的风险可能对财务报表产生广泛影响，难以限于某类交易、账户余额、列报与披露，审计人员应当采取总体应对措施。

在评估错报风险时，审计人员应当将所了解的控制与特定认定相联系。控制与认定直接或间接相关；关系越间接，控制对防止或发现并纠正认定错报的效果越小。审计人员可能识别出有助于防止或发现并纠正特定认定发生重大错报的控制。在确定这些控制是否能够实现上述目标时，审计人员应当将控制活动和其他要素综合考虑。

（二）需要特别考虑的重大风险

作为风险评估的一部分，审计人员应当运用职业判断，确定识别的风险哪些是需要特别考虑的重大风险。在确定哪些风险是特别风险时，审计人员应当在考虑识别出的控制对相关风险的抵消效果后，根据风险的性质、潜在错报的重要程度和发生的可能性，判断剩余风险是否仍然属于特别风险。在确定风险的性质时，审计人员应当考虑下列事项：

（1）风险是否属于舞弊风险；
（2）风险是否与近期经济环境、会计核算和其他方面的重大变化有关；
（3）交易的复杂程度；
（4）风险是否涉及重大的关联方交易；
（5）财务信息计量的主观程度，特别是对不确定事项的计量存在较大区间；
（6）风险是否涉及异常或超出正常经营过程的重大交易。

特别风险通常与重大的非常规交易和判断事项有关。非常规交易是指由于金额或性质异常而不经常发生的交易。判断事项通常包括做出的会计估计。由于非常规交易具有下列特征，与重大非常规交易相关的特别风险可能导致更高的重大错报风险：

（1）管理层更多地介入会计处理；
（2）数据收集和处理涉及更多的人工成分；
（3）复杂的计算或会计核算方法；
（4）非常规交易的性质可能使被审计单位难以对由此产生的特别风险实施有效控制。

对特别风险，审计人员应当评价相关控制的设计情况，并确定其是否已经得到执行。与重大非常规交易或判断事项相关的风险很少受到日常控制的约束，审计人员应当了解被审计单位是否针对该特别风险设计和实施了控制。如果管理层未能实施控制以恰当应对特别风险，审计人员应当认为内部控制存在重大缺陷，并考虑对风险评估的影响。

（三）仅通过实质性程序无法应对的重大错报风险

作为风险评估的一部分，如果认为仅通过实质性程序获取的审计证据无法将认定层次的重大错报风险降至可接受的低水平，审计人员应当评价被审计单位针对这些风险设计的控制，并确定其执行情况。

在被审计单位对日常交易采用高度自动化处理的情况下，审计证据可能仅以电子形式存在，其充分性和适当性通常取决于自动化信息系统相关控制的有效性，审计人员应当考虑仅通过实施实质性程序不能获取充分、适当审计证据的可能性。如果认为仅通过实施实质性程序不能获取充分、适当的审计证据，审计人员应当考虑依赖的相关控制的有效性。

（四）对风险评估的修正

审计人员对认定层次重大错报风险的评估应以获取的审计证据为基础，并可能随着不断获取审计证据而做出相应的变化。如果通过实施进一步审计程序获取的审计证据与初始评估获取的审计证据相矛盾，审计人员应当修正风险评估结果，并相应修改原计划实施的进一步审计程序。

第三节　风险应对程序

在了解被审计单位及其环境、充分识别和评估财务报表的重大风险错报之后，审计人员应当针对评估的财务报表层次重大错报风险确定总体应对措施，并针对评估的认定层次重大错报风险设计和实施进一步审计程序,以将审计风险降至可接受的低水平。进一步审计程序包括控制测试和实质性程序,实质性程序则包括细节测试和实质性分析程序。在确定总体应对措施以及设计和实施进一步审计程序的性质、时间和范围时,审计人员应当运用职业判断。

一、针对重大错报风险的应对措施

在评估重大错报风险时,审计人员应当确定识别的重大错报风险是与财务报表广泛相关还是与某一项特定的交易、账户余额或列报相关。如果是与财务报表广泛相关的重大错报,则是属于财务报表层次的重大错报风险。在应对财务报表重大错报风险制订总体应对措施时,应当考虑以下措施:①向项目组强调保持职业怀疑的必要性;②申请聘请相关专家进行指导,或指派经验更丰富的审计人员参与项目;③提供更多督导;④设计进一步审计程序时考虑更多的不可预见因素;⑤对拟实施的审计程序的性质、时间及安排做出相应调整,以获取更充分的、更具说服力的审计证据。

在了解被审计单位内部控制时,如确定被审计单位内部控制运行有效,则可增强审计人员对被审计单位内部生成的财务信息的信赖程度。但是,如确定其内部控制运行无效时,应当考虑以下措施:①在期末获取更多的审计证据;②通过实施实质性程序获取更多的审计证据;③增加拟纳入审计范围的经营地点的数量。

因为财务数据的关联性较高,报表层次的重大风险会对多项认定产生广泛的影响,所以,制订的总体应对措施将对进一步审计程序造成很大影响。针对认定层次实施的进一步审计程序方案包括实质性方案和综合性方案。实质性方案是指审计人员在执行进一步审计程序时以实质性程序为主,综合性方案是指将控制测试与实质性程序相结合的进一步审计程序方案。当评估的财务报表的重大错报风险为高风险水平时,应采用实质性方案。

(一) 进一步审计程序的内涵和要求

审计人员应当针对评估的认定层次重大错报风险设计和实施进一步审计程序,包括审计程序的性质、时间和范围。进一步审计程序是指审计人员针对评估的各类交易、账户余额、列报与披露认定层次重大错报风险实施的审计程序,包括控制测试和实质性程序。审计人员设计和实施进一步审计程序的性质、时间和范围应当与评估的认定层次重大错报风险具备明确的对应关系。在应对评估的风险时,合理确定审计程序的性质是最重要的。

在设计进一步审计程序时,审计人员应当考虑下列因素:形成某类交易、账户余额和披露的认定层次重大错报风险评估结果的依据;评估的风险越高,需要获取越有说服力的审计证据。

形成某类交易、账户余额和披露的认定层次重大错报风险评估结果的依据包括:因相关类别的交易、账户余额或披露的具体特征而导致重大错报的可能性,即固有风险;风险评估是否考虑了相关控制,即控制风险,从而要求注册会计师获取审计证据以确定控制是否有效运行,即注册会计师在确定实质性程序的性质、时间安排和范围时,拟信赖控制运行的有效性。

案例 5-5
中国证监会对 LDA 会计师事务所的处罚决定书

LDA 会计师事务所及其审计人员在审计 TF 公司 IPO 和执行首次公开发行股票公司审计业务专项核查工作时未勤勉尽责，2013 年 2 月 17 日出具的审计报告和 2013 年 3 月 28 日出具的《LDA 会计师事务所有限责任公司关于 TF 公司落实〈关于做好首次公开发行股票公司 2012 年度财务报告专项检查工作的通知〉的自查报告》（以下简称《自查报告》）存在虚假记载。

（1）IPO 审计底稿中计划类工作底稿缺失或没有在计划中对评估的重大错报风险做出恰当应对，没有设计进一步审计程序，没有对舞弊风险进行评估和计划应对，违反《审计准则第 1231 号——针对评估的重大错报风险采取的应对措施》第五条、第六条和《审计准则第 1141 号——财务报表审计中与舞弊相关的责任》第十三条、第十六条、第十七条的规定。

LDA 会计师事务所 IPO 审计底稿（2010 年）无计划类工作底稿，无总体审计策略、具体审计计划、重要性水平确定表等；无"风险评估汇总表"或其他风险评估底稿。

LDA 会计师事务所 IPO 审计底稿（2011 年）无总体审计策略、具体审计计划；无"风险评估汇总表"或其他风险评估底稿。

LDA 会计师事务所 IPO 审计底稿（2012 年）具体审计计划中将"评估的重大错报风险"索引至 C47，但未见该份底稿。2012 年"风险评估汇总表"中将销售收款循环评估为财务报表层次的重大错报风险，最高风险，并将对报表的影响描述为虚增营业收入和虚增应收账款；将固定资产循环评估为高风险，对报表的影响描述为虚增资产，涉及在建工程、固定资产科目。但总体应对措施仅描述为"控制测试及实质性测试"，也没有就认定层次重大错报风险设计进一步审计程序。

LDA 会计师事务所 IPO 审计底稿（2010—2012 年）中没有舞弊风险评估的相关底稿。

……

资料来源：摘自《中国证监会行政处罚决定书》。

（二）进一步审计程序的性质

进一步审计程序的性质是指进一步审计程序的目的和类型。进一步审计程序的目的包括通过实施控制测试以确定内部控制运行的有效性，通过实施实质性程序以发现认定层次的重大错报。进一步审计程序的类型包括检查、观察、询问、函证、重新计算、重新执行和分析程序。不同的审计程序应对特定认定错报风险的效力不同，所以在应对评估风险时，应当谨慎选择合理的审计程序性质。

审计人员应当根据认定层次重大错报风险的评估结果选择审计程序。评估的认定层次重大错报风险越高，对通过实质性程序获取的审计证据的相关性和可靠性的要求越高，从而可能影响进一步审计程序的类型及其综合运用。在确定拟实施的审计程序时，审计人员应当考虑评估的认定层次重大错报风险产生的原因，包括考虑各类交易、账户余额、列报与披露的具体特征,以及被审计单位的内部控制。如果在实施进一步审计程序时拟利用被审计单位信息系统生成的信息,审计人员应当就信息的准确性和完整性获取审计证据。

(三) 进一步审计程序的时间

进一步审计程序的时间是指审计人员何时实施进一步审计程序,或审计证据适用的期间或时点。审计人员可在期中或期末实施控制测试或实质性程序。在确定何时实施审计程序时,审计人员应当考虑下列因素:控制环境;能得到相关信息的时间;错报风险的性质;审计证据适用的期间或时点。

当重大错报风险较高时,审计人员应当考虑在期末或接近期末实施实质性程序,或采用不通知的方式,或在管理层不能预见的时间实施审计程序。在期中实施进一步审计程序,可能有助于审计人员在审计工作初期识别重大事项,并在管理层的协助下及时解决这些事项,或针对这些事项制定有效的审计策略。如果在期中实施了进一步审计程序,审计人员还应当针对剩余期间获取审计证据。

某些审计程序只能在期末或期末以后实施,包括将财务报表与会计记录相核对,检查财务报表编制过程中所做的会计调整等。如果被审计单位在期末或接近期末发生了重大交易,或重大交易在期末尚未完成,审计人员应当考虑截至认定可能存在的重大错报风险,并在期末或期末以后检查此类交易。

(四) 进一步审计程序的范围

进一步审计程序的范围是指实施某项审计程序的数量,包括抽取的样本量、对某项控制活动的观察次数等。审计人员可以使用计算机辅助审计技术对电子化的交易和账户文档进行更广泛的测试,包括从主要电子文档中选取交易样本,或按照某一特征对交易进行分类,或对总体而非样本进行测试。随着重大错报风险的增加,审计人员应当考虑扩大审计程序的范围。但是,只有当审计程序本身与特定风险相关时,扩大审计范围才是有效的。

在确定审计程序的范围时,审计人员应当考虑下列因素。
(1) 确定的重要性水平。确定的重要性水平越低,实施进一步审计程序的范围更广。
(2) 评估的重大错报风险。评估的重大错报风险越高,对获取的审计证据的可靠性要求更高,故而实施进一步审计程序的范围更广。
(3) 计划获取的保证程度。计划获取的保证程度越高,对测试结果的可靠性要求越高,则实施的进一步审计程序的范围更广。

审计人员在综合运用不同审计程序时,不仅应当考虑各类审计程序的性质,还应当考虑测试的范围是否适当。

二、控制测试

(一) 控制测试的内涵和要求

控制测试,即测试被审计单位内部控制在防止和发现并纠正认定层次重大错报风险的控制运行有效性的审计程序。当存在下列情形之一时，审计人员应当实施控制测试。

（1）在评估认定层次重大错报风险时，预期控制的运行是有效的。

（2）仅实施实质性程序不足以提供认定层次充分、适当的审计证据。

如果在评估认定层次重大错报风险时预期控制的运行是有效的，审计人员应当实施控制测试，就控制在相关期间或时点的运行有效性获取充分、适当的审计证据。只有认为控制设计合理，能够防止或发现并纠正认定层次的重大错报时，审计人员才有必要对控制运行的有效性实施测试。如果认为仅实施实质性程序获取的审计证据无法将认定层次的重大错报风险降至可接受的低水平，审计人员应当实施相关的控制测试，以获取控制运行有效性的审计证据。

测试控制运行的有效性与确定控制是否得到执行所须获取的审计证据是不同的。在实施风险评估程序以获取控制是否得到执行的审计证据时，审计人员应当确定某项控制是否存在，被审计单位是否正在使用。在测试控制运行的有效性时，审计人员应当获取下列关于控制是否有效运行的审计证据：

（1）控制在所审计期间的不同时点是如何运行的；

（2）控制是否得到一贯执行；

（3）控制由谁执行；

（4）控制以何种方式运行。

如果被审计单位在所审计期间内的不同时期使用了不同的控制，审计人员应当考虑不同时期控制运行的有效性。

为评价控制设计和确定控制是否得到执行而实施的某些风险评估程序并非专为控制测试而设计，但可能提供有关控制运行有效性的审计证据，审计人员应当考虑这些审计证据是否足以实现控制测试的目的。审计人员可以考虑在评价控制设计和获取其得到执行的审计证据的同时测试控制运行有效性，以提高审计效率。

（二）控制测试的性质

审计人员应当选择适当类型的审计程序以获取有关控制运行有效性的保证。对控制测试的依赖程度越高，对有关控制运行有效性的审计证据的可靠性要求越高。当采取的审计策略主要以控制测试为主，尤其是仅实施实质性程序获取的审计证据无法将认定层次的重大错报风险降至可接受的低水平时，审计人员应当获取有关控制运行有效性的更高的保证水平。

虽然控制测试与了解内部控制的目的不同，但两者采用审计程序的类型通常相同。控制测试除了询问、观察、检查等审计程序外，还包括重新执行。在审计过程中，因询问本身并不足以测试控制运行的有效性，所以审计人员应当将询问与其他审计程序结合使用，以获取有关控制运行有效性的审计证据。

审计人员应当根据特定控制的性质选择所须实施审计程序的类型。对于存在控制记录文件的内部控制，审计人员可检查文件以获取有关审计证据。对于不存在控制记录文件的内部控制，或文件记录与证实控制运行有效性不相关，审计人员应当考虑实施检查以外的其他审计程序，以获取有关控制运行有效性的审计证据。在设计控制测试时，审计人员不仅应当考虑与认定直接相关的控制，还应当考虑这些控制所依赖的与认定间接相关的控制，以获取支持控制运行有效性的审计证据。

对于一项自动化的应用控制，由于信息技术处理过程的内在一贯性，审计人员可以利用该项控制得以执行的审计证据和信息技术一般控制（特别是对系统变动的控制）运行有效性的审计证据，作为支持该项控制在相关期间运行有效性的重要审计证据。

实施的实质性程序对控制测试也有一定影响。如实施实质性程序没有发现被审计单位存在重大错报，并不意味着内部控制运行是有效的，但是，如果是实施实质性程序发现被审计单位存在未被发现的重大错报，则说明被审计单位的内部控制是有明显缺陷的，审计人员应当考虑该错报对控制测试的影响，如扩大实质性程序的范围，降低对相关内部控制的信赖程度等，并就该缺陷与被审计单位管理层和治理层进行沟通。

（三）控制测试的时间

审计人员应当根据控制测试的目的确定实施控制测试的时间，并确定拟信赖的相关控制的时点或期间。如果仅需要测试控制在特定时点的运行有效性。例如，对被审计单位期末存货盘点进行控制测试等，审计人员只需获取该时点的审计证据。如果需要获取控制在某一期间有效运行的审计证据，仅获取与时点相关的审计证据是不充分的，审计人员应当辅以其他控制测试，包括测试被审计单位对控制的监督。实施其他控制测试是为了获取该项控制在所有时间点都运行有效的审计证据，测试对控制的监督则是一种检测的方法，以强化证明该项控制运行有效性的审计证据的效力。

在其中进行控制有更积极的作用。但在已经获得期中控制运行有效性的审计证据时，审计人员应当考虑如何将该审计证据合理延伸至期末。如果已获取有关控制在期中有效运行的审计证据，审计人员应当考虑下列因素，以确定还应获取的该控制在剩余期间运行有效的审计证据。

（1）获取这些控制在剩余期间发生重大变化的审计证据。针对已经获得审计证据的控制，审计人员应当考察这些控制在剩余期间的变化情况，如没有发生变化，审计人员可能确定信赖期中获取的审计证据；如果发生了变化，则需要确定控制的变化对审计证据的影响。

（2）确定针对剩余期间还须获取的补充审计证据。在获取期中证据以外的、剩余期间的补充证据时，审计人员应当考虑：评估的认定层次重大错报风险的重大程度；在期中测试的特定控制；在期中对有关控制运行有效性获取的审计证据的程度；剩余期间的长度；在信赖控制的基础上拟减少进一步实质性程序的范围；控制环境；在剩余期间内部控制发生重大变化的性质和范围等。

被审计单位对控制的监督可以检验相关控制在所有时点是否都运行有效，所以，除上述的测试方式之外，通过测试剩余期间控制的运行有效性或测试被审计单位对控制的监督，审计人员可以获取更多的审计证据。

如果存在以前年度审计时获取的被审计单位内部控制运行有效性的审计证据，审计人员可以考虑是否适当利用以前审计获取的有关审计证据。

如果拟信赖以前审计获取的有关控制运行有效性的审计证据，则应当通过实施询问并结合观察或检查程序，获取这些控制是否已经发生变化的审计证据。如果控制在本期发生变化，审计人员应当考虑以前审计获取的有关控制运行有效性的审计证据是否与本期审计相关。如果拟信赖的控制自上次测试后已发生变化，审计人员应当在本期审计中测试这些控制的运行有效性。如果拟信赖的控制自上次测试后未发生变化，且不属于旨在减轻特别风险的控制，审计人员应当运用职业判断确定是否在本期审计中测试其运行有效性，以及本次测试与上次测试的时间间隔，但每三年至少对控制进行一次测试。

　　在确定利用以前审计获取的有关控制运行有效性的审计证据是否适当以及再次测试控制的时间间隔时，审计人员应当考虑以下方面。

　　（1）内部控制其他要素的有效性，包括控制环境、对控制的监督以及被审计单位的风险评估过程。

　　（2）控制特征（人工控制还是自动化控制）产生的风险。

　　（3）信息技术一般控制的有效性。

　　（4）控制设计及其运行的有效性，包括在以前审计中测试控制运行有效性时发现的控制运行偏差的性质和程度，以及是否发生对控制运行产生重大影响的人员变动。

　　（5）由于环境发生变化而特定控制缺乏相应变化导致的风险。

　　（6）重大错报的风险和对控制的拟信赖程度。

　　当出现下列情况时，审计人员应当缩短再次测试控制的时间间隔或完全不信赖以前审计获取的审计证据。

　　（1）控制环境薄弱。

　　（2）对控制的监督薄弱。

　　（3）相关控制中人工控制的成分较大。

　　（4）信息技术一般控制薄弱。

　　（5）对控制运行产生重大影响的人事变动。

　　（6）环境的变化表明需要对控制作出相应的变动。

　　如果拟信赖以前审计获取的某些控制运行有效性的审计证据，审计人员应当在每次审计时从中选取足够数量的控制，测试其运行有效性，不应将所有拟信赖控制的测试集中于某一次审计，而在之后的两次审计中不进行任何测试。

　　如果确定评估的认定层次重大错报风险是特别风险，并拟信赖旨在减轻特别风险的控制，审计人员不应依赖以前审计获取的审计证据，而应在本期审计中测试这些控制的运行有效性。

（四）控制测试的范围

　　控制测试的范围主要是指某项控制活动的测试次数。审计人员应当设计控制测试，以获取控制在整个拟信赖的期间有效运行的充分、适当的审计证据。

　　在确定某项控制的测试范围时，审计人员通常考虑下列因素。

　　（1）在整个拟信赖的期间，被审计单位执行控制的频率。控制执行的频率越高，控制测试的范围越大。

　　（2）在审计期间，审计人员拟信赖控制运行有效性的时间长度。拟信赖期间越长，控制测试的范围越大。

（3）为证实控制能够防止或发现并纠正认定层次重大错报，所须获取审计证据的相关性和可靠性。

（4）通过测试与认定相关的其他控制获取的审计证据的范围。同一认定可能有不唯一的控制，当其他控制获取审计证据的充分性、适当性较高时，可减小该项控制的测试范围。

（5）控制的预期偏差。预期偏差=控制未得到执行的预期次/控制应当得到执行的次数

在进行控制测试时，不可能因为一次的控制偏差就断定控制运行无效，所以应当确定一个合理水平的预期偏差率。预期偏差率越高，则需要实施的控制测试范围越大。如果预期偏差率过高，则需要考虑控制不可以将认定层次的重大错报水平降至可接受的低水平，从而针对某项认定实施的控制测试可能是无效的。

在考虑自动化控制的测试范围时，因为信息技术处理具有内在一贯性，除非系统发生变动，审计人员通常不需要增加自动化控制的测试范围，但需要考虑执行下列测试，以确定该项控制持续有效运行：测试与该应用控制有关的一般控制的运行有效性；确定系统是否发生变动，如发生变动，则是否存在适当的系统变动控制；确定对交易的处理是否使用授权批准的软件版本。

三、实质性程序

（一）实质性程序的内涵和要求

实质性程序是指用于发现认定层次重大错报的审计程序。审计人员应当针对评估的重大错报风险设计和实施实质性程序，以发现认定层次的重大错报。实质性程序包括对各类交易、账户余额、列报与披露的细节测试以及实质性分析程序。

审计人员对重大错报风险的评估是一种判断，可能无法充分识别所有的重大错报风险，并且由于内部控制存在固有局限性，无论评估的重大错报风险结果如何，审计人员都应当针对所有重大的各类交易、账户余额和披露，设计和实施实质性程序。

审计人员实施的实质性程序应当包括下列与财务报表编制完成阶段相关的审计程序。

（1）将财务报表与其所依据的会计记录进行核对或调节。

（2）检查财务报表编制过程中做出的重大会计分录和其他会计调整。

审计人员对会计分录和其他会计调整检查的性质和范围，取决于被审计单位财务报告过程的性质和复杂程度以及由此产生的重大错报风险。

如果认为评估的认定层次重大错报风险是特别风险，审计人员应当专门针对该风险实施实质性程序。如果针对特别风险采取的审计策略是仅实施实质性程序，审计人员应当实施细节测试。在此过程中，可只实施细节测试，也可将细节测试和实质性分析程序结合使用，以获取充分、适当的审计证据。

（二）实质性程序的性质

实质性程序的性质是指实质性程序的类型和组合，包括细节测试和实质性分析程序。

细节测试通常适合获取账户余额有关认定的审计证据；实质性分析程序通常适合审计在一段时期内存在预期关系的大量交易。审计人员应当根据各类交易、账户余额、列报与披露的性质选择实质性程序的类型。

审计人员应当针对评估的风险设计细节测试，获取充分、适当的审计证据，以达到认定层次所计划的保证水平。认定层次的重大错报风险不同，就应当设计不同的有针对性的细节测试。例如：在针对存在或发生认定设计细节测试时，审计人员应当选择包含在财务报表金额中的项目，并获取相关审计证据。在针对完整性认定设计细节测试时，审计人员应当选择有证据表明应包含在财务报表金额中的项目，并调查这些项目是否确实包括在内。

在设计实质性分析程序时，审计人员应当考虑下列因素。

（1）对特定认定使用实质性分析程序的适当性。

（2）对已记录的金额或比率做出预期时，所依据的内部或外部数据的可靠性。

（3）做出预期的准确程度是否足以在计划的保证水平上识别重大错报。

（4）已记录金额与预期值之间可接受的差异额。

当实施实质性分析程序时，如果使用被审计单位编制的信息，审计人员应当考虑测试与信息编制相关的控制，以及这些信息是否在本期或前期经过审计。

（三）实质性程序的时间

实质性程序的时间选择和控制测试一样，同样面临对期中和以前审计证据的考虑的问题，但是在期中实施实质性程序时还应当考虑其成本，且对以前审计中通过实质性程序获取的审计证据应当采取更加慎重的态度和更加严格的限制。

如果在期中实施了实质性程序，审计人员应当针对剩余期间实施进一步的实质性程序，或将实质性程序和控制测试结合使用，以将期中测试得出的结论合理延伸至期末。审计人员在期中实施实质性程序，可能增加期末存在错报而未被发现的风险，并且该风险随着剩余期间的延长而增加。是否需在期中实施实质性程序，审计人员应当考虑下列因素。

（1）控制环境和其他相关的控制。控制环境和其他相关的控制越薄弱，审计人员越不应当在期中实施实质性程序。

（2）实施审计程序所需信息在期中之后的可获得性。若是实施实质性程序所需信息在期末很难获得，则应当考虑在期中实施实质性审计程序；反之，则该因素不应成为审计人员在期中实施实质性审计程序的重要影响因素。

（3）实质性程序的目的。若实施实质性程序的目的本就包括获取期中审计证据，则应当在期中实施实质性审计程序。

（4）评估的重大错报风险。某项认定评估的重大错报风险越高，对获取的审计证据的相关性和可靠性要求越高，审计人员就应当考虑将实质性程序集中于期末或接近期末实施。

（5）各类交易或账户余额以及相关认定的性质。如收入截至认定这类具有特殊性质的交易、账户余额和相关认定应当在期末或接近期末实施实质性程序。

(6)针对剩余期间,能否通过实施实质性程序或将实质性程序与控制测试相结合,以降低期末存在错报而未被发现的风险。

如果拟将期中测试得出的结论延伸至期末,审计人员应当考虑针对剩余期间仅实施实质性程序是否足够。如果认为实质性程序本身不充分,审计人员还应测试剩余期间相关控制运行的有效性或针对期末实施实质性程序。如果已识别出由于舞弊导致的重大错报风险,将期中得出的结论延伸至期末而实施的审计程序通常是无效的,审计人员应当考虑在期末或者接近期末实施实质性程序。

如果已在期中实施了实质性程序,或将控制测试与实质性程序相结合,并拟信赖期中测试得出的结论,审计人员应当将期末信息和期中的可比信息进行比较、调节、识别和调查出现的异常金额,并针对剩余期间实施实质性分析程序或细节测试。如果拟针对剩余期间实施实质性分析程序,审计人员应当考虑某类交易的期末累计发生额或账户期末余额在金额、相对重要性及构成方面能否被合理预期。

如果在期中检查出某类交易或账户余额存在未预期到的错报,审计人员应当考虑修改与该类交易或账户余额相关的风险评估结果,以及针对剩余期间拟实施实质性程序的性质、时间和范围,或考虑在期末扩大实质性程序的范围或重新实施实质性程序。

以前审计实施实质性程序获取的审计证据通常对本期只有很弱的证据效力或没有证据效力,不足以应对本期的重大错报风险。只有当以前获取的审计证据及其相关事项不出现重大变动时,以前获取的审计证据才可能用作本期的有效审计证据。如果拟利用以前审计实施实质性程序获取的审计证据,审计人员应当在本期实施审计程序,以确定这些审计证据是否具有持续相关性。

(四)实质性程序的范围

在确定实质性程序的范围时,审计人员应当考虑评估的认定层次重大错报风险和实施控制测试的结果。审计人员评估的认定层次的重大错报风险越高,需要实施实质性程序的范围越广。如果对控制测试结果不满意,审计人员应当考虑扩大实质性程序的范围。

在设计细节测试时,审计人员除了从样本量的角度考虑测试范围外,还要考虑选样方法的有效性等因素。在设计实质性分析程序时,审计人员应当确定已记录金额与预期值之间可接受的差异额。在确定该差异额时,审计人员应当主要考虑各类交易、账户余额、列报与披露及相关认定的重要性和计划的保证水平。

案例 5-6

房地产企业存货跌价审计

2014年,我国商品房销售企业虽然稳步回升,但仍存在开发面积持续回落、新开工面积降幅扩大、商品房待售面积显著增加等特点。房地产行业销售的不景气,导致房地产企业的存货可能存在跌价风险。因此在房地产企业财务报表审计过程中,存货跌价准备将成为重点审计领域,审计人员须重点关注不同类别存货项目跌价计提的及时性与充足性。

本提示仅供事务所及相关从业人员在执业时参考，不能替代相关法律法规、注册会计师执业准则以及注册会计师职业判断。提示中所涉及审计程序的时间、范围和程度等，事务所及相关从业人员在执业中须结合项目实际情况、风险导向原则以及注册会计师的职业判断确定，不能直接照搬照抄。

针对房地产企业主要存货跌价风险的识别、评估和应对，以及应重点关注的事项，房地产企业审计专家委员会对存货跌价审计做如下提示。

一、房地产企业存货跌价审计的总体思路

房地产企业存货主要包括开发成本和完工开发产品。开发成本主要含拟开发土地和在建开发产品。由于房地产企业的开发经营涉及从征地、拆迁、勘察、设计、施工、销售、售后服务等全过程，具有开发周期长、投资数额大、经营风险大、受政策环境影响大等特点，而这些因素都有可能加大房地产存货审计的风险。

对于房地产存货跌价审计，应紧密结合房地产存货审计、收入审计、会计估计审计，在准确确定被审计单位各类房地产存货账面成本、可变现净值的基础上，确定其计提存货跌价准备是否充分、适当。在审计全过程中应贯穿风险导向审计思路，在了解被审计单位及其环境、内部控制的基础上，识别和评估与存货跌价准备、存货跌价损失在财务报表层面及其相关认定层面可能存在的重大错报风险，从而设计和实施进一步审计程序，以将识别出的重大错报风险降至可接受水平。

二、房地产存货跌价审计相关重大错报风险的识别与评估

在房地产存货跌价审计中，审计人员应结合房地产行业及企业具体特点，从以下方面识别和评估相关的风险。

（一）了解被审计单位及其环境

（1）房地产行业状况、法律环境与监管环境以及其他外部因素。

审计人员应当重点关注行业状况、法律环境与监管环境以及其他外部因素的变化对企业产生的影响，从而识别和评估可能存在的与存货跌价准备相关的重大错报风险。例如：房地产市场的总体趋势是什么；市场需求、市场容量、市场价格如何；房地产行业是否受经济周期波动的影响，以及房地产行业涉及的法律法规、行政规章制度等。

自2014年以来，房地产市场持续下行，整体处于低迷状态，投资增速明显下降，各地商品住宅库存量逐步增高，整体步入调整期。在这种情况下，中央政策更关注民生保障和长效机制顶层设计。以"稳"为主，通过货币政策调整、户籍改革、棚户区改造等有效措施保障合理购房需求，稳定住房消费。随着限购、限贷手段逐步退出，并通过信贷、公积金、财政补贴等多轮支持政策刺激住房需求，加快去库存化。各地则因时因地灵活调整，加速房地产市场化转型。针对上述宏观经济政策的改变，审计人员应当识别和评估可能存在的与存货跌价准备相关的重大错报风险。

（2）了解被审计单位的性质。包括被审计单位的所有权结构、治理结构、组织结构、经营活动、投资活动、筹资活动等。

审计人员应当通过对被审计单位性质的了解，识别和评估可能存在的与存货跌价准备相关的重大错报风险。例如：通过对其所有权性质的了解，初步判断其风险偏好，存在哪些动机和压力；通过对其治理结构、组织结构的了解，初步判断其治理机制是否健

全，与存货跌价准备相关的重要组成部分有哪些；通过对其经营活动的了解，初步判断各类存货的特点、土地的来源、主要原料供应商、施工方的情况、主要客户情况，房地产项目的品牌、质量、现状及市场行情，是否存在以股权收购房地产项目等情况，从而识别和评估可能存在的与存货跌价准备相关的重大错报风险。

（3）了解被审计单位对会计政策的选择和运用。

审计人员应当通过对被审计单位计提存货跌价准备相关会计政策的选择和运用的了解，识别和评估可能存在的与存货跌价准备相关的重大错报风险。例如：了解被审计单位制定的计提存货跌价准备的会计政策和实际执行的行业惯例，分析判断是否存在隐瞒、不提或突击计提存货跌价准备等重大和异常的会计处理；了解计提存货跌价准备会计政策、会计估计的变更，以及何时采用计提存货跌价准备的会计政策，判断是否符合新颁布的会计准则和相关会计制度等。

（4）了解被审计单位的目标、战略以及相关经营风险。

审计人员应当通过对被审计单位的目标、战略以及相关经营风险的了解，识别和评估可能存在的与存货跌价准备相关的重大错报风险。一般包括被审计单位的政策风险、项目筹资风险、销售风险、土地风险、合作和合资项目的控制风险等。例如：被审计单位是否存在战略目标不清晰、盲目拿地、资金链紧张、工期延长、成本上升、工程质量低劣、楼盘滞销、低价销售、五证不齐违规销售而招致诉讼等情形，这些因素均可对存货跌价准备的各项认定构成影响。

（5）了解被审计单位对财务业绩的衡量和评价。

审计人员应通过对被审计单位业绩考核、激励政策的了解，识别管理层是否存在粉饰业绩的压力，从而判断其是否存在利用调节存货跌价准备的手段来粉饰财务报表，满足考核要求的动机，进一步识别和评估可能存在的与存货跌价准备相关的重大错报风险。例如：了解包括关键业绩指标、业绩趋势、预测、预算和差异分析、管理层和员工业绩考核与激励性报酬政策、分部信息与不同层次部门的业绩报告、与竞争对手的业绩比较、外部机构出具的报告等。

（二）了解被审计单位的内部控制

了解内部控制有助于审计人员识别潜在的错报类型和影响重大错报风险的因素，以及设计进一步审计程序的性质、时间安排和范围。

内部控制包括控制环境、风险评估过程、信息系统与沟通、控制活动和对控制的监督等。例如：审计人员通过对被审计单位计提存货跌价准备有关制度（内部控制）的制定过程，授权、审批等有关控制活动的了解，识别在存货跌价准备计提中可能发生错报的环节，从而识别和评估可能存在的与存货跌价准备相关的重大错报风险。

审计人员应通过对上述被审计单位及其环境、内部控制的了解，识别和评估可能存在的与存货跌价准备相关的财务报表层面及认定层面的重大错报风险。

三、关注可能导致房地产企业存货存在跌价的情形

由于房地产企业具有受国家政策影响较大、项目建设周期较长、建设过程较复杂等特点，审计人员应特别关注以下可能导致房地产企业存货存在跌价的情形。

（1）房地产项目受国家宏观经济政策、经济环境、市场环境、设计落后等因素的影

响，可能导致已开发产品不能及时销售，或销售价格低于成本，产生存货跌价。

（2）由于受资金、土地条件、征地补偿中存在纠纷等因素的影响，可能导致开发项目长时间停滞，产生存货跌价。

（3）由于施工质量问题，可能导致开发项目未能通过验收，产生存货跌价。

（4）"停工""烂尾""空置"项目，周边地区房产已经滞销，难以按成本价销售，导致产生存货跌价。

（5）项目所在地区房地产市场价格持续下跌，并且在可预见的未来无回升的希望，导致可变现净值低于账面成本，产生存货跌价。

（6）开发项目未取得《建设用地规划许可证》《建设工程规划许可证》《建筑工程施工许可证》《国有土地使用证》和《商品房预售许可证》，导致开发项目长期搁置、无法销售，产生存货跌价。

（7）开发项目户型不好、配套设施不全、所在地区环境不好，导致售价低于成本，产生存货跌价。

（8）在建开发项目根据已支出的成本及预算估计将要开发支出的成本后，估计在建开发项目开发的总成本高过市价的，导致产生存货跌价。

（9）表明存货发生跌价的其他情形。

四、房地产企业存货跌价审计风险的应对

审计人员在充分识别、评估房地产企业存货跌价可能存在的重大错报风险后，应与管理层充分沟通其所做出的有关存货跌价准备的会计估计是否适当；复核其会计估计方法是否适当；相关控制是否健全；必要时是否要利用专家的工作；会计估计所依据的假设是否合理，会计估计方法是否发生重大变更以及变更原因是否合理，并在此基础上针对不同存货类型且考虑区分已签约和未签约情况，分别设计和实施进一步审计程序，获取充分、适当的审计证据，将相关重大错报风险减至可接受的水平。以下就开发成本、开发产品的跌价审计应实施的进一步审计程序重点提示如下。

（一）开发成本跌价的进一步审计程序

（1）结合开发成本审计的结果确定其账面成本。

（2）结合现场盘点程序确定在建项目的现状是否属于正常的建设状态，对于盘点中发现的异常停建项目应特别关注其是否存在跌价情形。

（3）由于房地产行业专业性较强，审计人员在对在建项目进行盘点时可能无法判断项目进展或建设状态，应考虑利用专家的工作。如提请被审计单位聘请房地产评估师或造价师对在建项目的建设状态、完工程度进行确认，以确定其是否存在跌价情形。

（4）复核企业计提开发成本跌价的方法、相关控制、依据及假设、结果，特别是应通过以下措施检查其确定可变现净值的合理性。

① 获取与在建项目相同、类似地区、同质项目的市场价格、企业定价，确定被审计单位采用估计售价的合理性。

② 结合在建项目开发成本审计结果，获取该项目预算资料，利用专家工作复核被审计单位确定的该项目至完工时估计要发生成本的合理性。

③ 结合销售费用和税项的审计结果，复核被审计单位对于在建项目估计销售费用、

相关税费的合理性。

④ 结合期后事项，复核被审计单位在进行存货可变现净值测试时的会计估计是否合理。

⑤ 实施实质性分析程序，以判断其开发成本可变现净值测试是否恰当。

（5）在实施前述程序的基础上，整体复核被审计单位各项在建项目开发成本跌价计提的合理性。

（二）开发产品跌价的进一步审计程序

（1）结合开发产品审计的结果确定其账面成本。

（2）结合现场盘点程序确定开发产品是否存在户型陈旧、建筑质量低劣、周边环境较差等情况，关注是否存在跌价情形。

（3）结合收入审计结果确定开发产品扣除销售相关税费后的价格是否低于账面成本，参考相同地段、类似项目的市场价格，关注是否存在跌价情形。

（4）复核企业计提开发产品跌价的方法、相关控制、依据及假设、结果，特别是应通过以下措施检查其确定可变现净值的合理性。

① 获取与开发产品相同、类似地区、同质项目的市场价格、企业销售价格及其变动趋势，确定被审计单位采用估计售价的合理性。

② 结合销售费用和税项的审计结果，复核被审计单位对于开发产品估计销售费用、相关税费的合理性。

③ 结合期后事项，复核被审计单位在进行存货可变现净值测试时的会计估计是否合理。

④ 实施实质性分析程序，以判断其开发产品可变现净值测试是否恰当。

（5）在实施前述程序的基础上，整体复核被审计单位各项开发产品跌价计提的合理性。

（三）针对评估的舞弊风险考虑增加的审计程序

审计人员在审计过程中应进行持续的风险识别、评估和应对，根据评估出的舞弊风险增加针对性审计程序。例如：增加分析性程序，就同一地区、同质性的开发产品获取同行业其他企业计提跌价的情况进行对比分析，判断被审计单位存货跌价准备的计提是否存在重大异常。

（四）检查披露和列报是否恰当

检查存货跌价准备、存货跌价损失是否已按照企业会计准则的规定在财务报表中做出恰当的披露和列报。

资料来源：摘自《专家委员会专家提示[2015]第6号——房地产企业存货跌价的审计》。

思 考 题

1. 简述具体审计计划的核心内容和程序。
2. 简述评估重大错报风险时运用的风险评估程序。
3. 简述内部控制的内涵及其要素。

4. 简述各项风险应对程序的内容。
5. 简述控制测试的内涵及其与内部控制的区别。

业 务 题

1. ABC会计师事务所负责审计甲公司2014年度财务报表，审计工作底稿与内部控制相关的部分内容摘录如下：

（1）甲公司营业收入的发生认定存在特别风险。相关控制在2013年度审计中经测试运行有效。因这些控制本年未发生变化，审计项目组拟继续予以信赖，并依赖上年审计获取的有关这些控制运行有效的审计证据。

（2）鉴于甲公司2014年固定资产的采购主要发生在下半年，审计项目组从下半年固定资产采购中选取样本实施控制测试。

（3）甲公司与原材料采购批准相关的控制每日运行数次，审计项目组确定样本规模为25个，鉴于该控制自2014年7月1日起发生重大变化，审计项目组从上半年和下半年的交易中分别选取12个和13个样本实施控制测试。

（4）审计项目组对银行存款实施了实质性程序，未发现错误，因此认为甲公司与银行存款相关的内部控制运行有效。

（5）甲公司内部控制制度规定，财务经理每月应复核销售返利计算表，检查销售收入金额和返利比例是否准确，如有异常进行调查并处理，复核完成后签字存档。审计项目组选取了3个月的销售返利计算表，检查了财务经理的签字，认为该控制运行有效。

（6）审计项目组拟信赖与固定资产折旧计提相关的自动化应用控制。因该控制在2013年度审计中测试结果满意，且在2014年未发生变化，审计项目组仅对信息技术一般控制实施测试。

要求

针对上述事项（1）至（6）项，逐项指出每个事项中审计项目组的做法是否恰当。如果不当，简要说明理由。

答案及解析

（1）不恰当。因相关控制是应对特别风险的，应当在当年测试相关控制的运行有效性，不能利用以前审计中获取的审计证据。

（2）不恰当。控制测试的样本应当涵盖整个期间。

（3）不恰当。因为控制发生重大变化，应当分别测试。2014年上半年和下半年与原材料采购批准相关的内部控制活动不同，应当分别测试25个。

（4）不恰当。通过实质性测试未能发现错报，并不能证明与所测试认定相关的内部控制是有效的。注册会计师不能以实质性测试的结果推断内部控制运行的有效性。

（5）不恰当。只检查财务经理的签字不足够证明该项控制测试运行的有效性，应当检查财务经理是否按照规定完整实施了该项控制。

（6）恰当。

2. A注册会计师是X公司2016年度财务报表审计业务的项目合伙人。通过对X公司及其环境的了解，发现 X 公司 2016 年度存在以下事项。

（1）针对 X 公司多项控制活动能够实现营业收入发生的目标，A 注册会计师认为应该了解与该目标相关的每项控制活动。

（2）在识别和评估特别风险时，A 注册会计师认为必须亲自实施各项审计程序，不能利用专家的工作。

（3）在 2015 年度实现销售收入增长 10% 的基础上，X 公司董事会确定的 2016 年销售收入增长目标为 20%。X 公司管理层实行年薪制，总体薪酬根据上述目标的完成情况上下浮动。X 公司所在行业 2016 年的销售增长率为 10%。

（4）X 公司于 2016 年 4 月 30 日向 Y 公司投资 1 000 万元，取得了 Y 公司 30% 的股权。但至年末为止，双方尚未就 X 公司能否参与 Y 公司的经营决策达成完全一致。

（5）2016 年 8 月，由于开发商流动资金短缺，X 公司委托某房地产开发公司承建的大型基建项目被迫停工，何时开工，尚难预料。

（6）2016 年 12 月初，X 公司耗资 500 万元全面实现了会计电算化。为尽快适应信息技术环境，财务部门分期分批对全体财务人员进行了业务培训。

假定上述第（1）至（6）项均为独立事项，要求：

（1）指出事项（1）和事项（2）中 A 注册会计师的观点是否恰当。如不恰当，简要说明理由。

（2）逐项指出事项（3）至事项（6）是否表明存在重大错报风险。如认为存在重大错报风险，请指出重大错报风险是属于财务报表层还是认定层；如认为是认定层，请指明涉及财务报表的哪一个项目的哪一项认定，并简要说明理由。

答案及解析

（1）事项（1）不恰当。如果多项控制活动能够实现同一目标，注册会计师不必了解与该目标相关的每项控制活动。

事项（2）不恰当。注册会计师在识别和评估重大错报风险时可以利用专家的工作，而特别风险属于需要特别考虑的重大错报风险，所以也可以利用专家的工作。

（2）事项（3）存在重大错报风险。销售目标与行业其他公司相比偏高，并且管理层的报酬与销售增长目标挂钩，可能导致管理层多计销售收入。

事项（4）存在重大错报风险。由于未就 X 公司能否参与 Y 公司的经营决策达成一致，可能导致 X 公司长期股权投资项目的计价和分摊认定产生重大错报。

事项（5）存在重大错报风险。由于大型基建项目非正常原因停工，而且难以预料复工时间，可能导致在建工程项目的计价和分摊认定产生重大错报风险。

事项（6）存在重大错报风险。信息技术环境发生变化很可能导致相当一段时期内的信息技术难以与经营活动融合，从而导致财务报表层次的重大错报风险。

3. ABC 会计师事务所接受委托，负责审计上市公司甲公司 2016 年度财务报表，并委派 A 注册会计师担任审计项目合伙人。在执行审计工作时，A 注册会计师对计划审计工作有以下考虑。

（1）确定风险评估程序、进一步审计程序和其他审计程序的性质、时间安排和范围应当是具体审计计划的核心。

（2）计划风险评估程序和计划进一步审计程序应当同时进行，然后再实施相应的风险评估程序和进一步审计程序。

（3）完整、详细的进一步审计程序的计划包括对各类交易、账户余额和披露实施的具体审计程序的性质、时间安排和范围，但不应包括抽取的样本量。

（4）在计划实施的进一步审计程序中，应当在将所有交易、账户余额和披露做出计划后，再实施相应的进一步审计程序，而不能先做计划的先实施程序，后做计划的后实施程序。

（5）在审计计划阶段，还需要针对特定项目执行相应的审计程序。例如，针对舞弊、持续经营和被审计单位遵守法律法规的情况等实施相应的审计程序。

（6）如果在审计工作中对总体审计策略或具体审计计划做出了重大修改，注册会计师应当在审计工作底稿中记录做出的重大修改，但不必说明修改原因。

要求

针对上述第（1）至（6）项，逐项指出 A 注册会计师的考虑是否恰当。如不恰当，简要说明理由。

答案及解析

（1）恰当。

（2）不恰当。计划风险评估程序通常在审计开始阶段进行，计划进一步审计程序则需要依据风险评估程序的结果进行。因此，注册会计师需要先制定风险评估程序，识别和评估重大错报风险后，计划实施进一步审计程序的性质、时间安排和范围。

（3）不恰当。完整、详细的进一步审计程序的计划包括抽取样本量等。

（4）不恰当。注册会计师可以统筹安排进一步审计程序的先后顺序，如果对某类交易、账户余额或披露已经做出计划，则可以安排先行开展工作，与此同时再制定其他交易、账户余额和披露的进一步审计程序。

（5）恰当。

（6）不恰当。如果在审计工作中对总体审计策略或具体审计计划做出了重大修改，注册会计师应当在审计工作底稿中记录做出的重大修改和理由。

第六章

销售与收款循环审计

深圳 A 公司审计案

A公司是一家高新技术企业,它的上市之路比较长远。2003年,因SARS的原故被迫放弃海外上市;2009年,又因其核心竞争力不足被否上市;2011年11月,终于在××证券和深圳市××会计师事务所的保荐下得以成功上市。但好景不长,2013年3月21日,A公司因涉嫌财务欺诈被中国证监会立案调查。2014年11月14日,证监会发布了对A公司的行政处罚决定书,指明A公司自2009年到2011年6月底共虚构收回应收账款24 205万元,自2010年到2011年上半年共虚增营业收入2 761万元,涉嫌上市欺诈,上市后A公司仍以相同的方法进行舞弊,虚增2012年净利润340.74万元。鉴于此,证监会对A公司处以822万元的罚款,对其主要负责人罚款1 357万元并给予警告。其主要舞弊手段如下。

一、虚构收回应收账款

为解决公司应收账款余额过大的问题,2009年12月31日,A公司通过他人转入资金1 429万元冲减应收账款,后于2010年1月4日全额退款并转回应收账款;2010年9月和12月,A公司通过股东垫资转入资金2 566万元冲减应收账款;2010年12月,A公司通过他人转入资金8 754万元冲减应收账款,后于2011年1月4日他人资金8 754万元全额退款并转回应收账款;2011年6月30日,A公司通过他人转入资金8 890万元冲减应收账款,后于2011年7月1日全额退款并转回应收账款。截至2009年12月31日、2010年12月31日、2011年6月30日,A公司分别虚构收回应收账款1 429万元、11 320万元、11 456万元。

上市之后,A公司仍存在拆借资金冲减应收账款的行为。截至2012年3月31日,A公司通过股东垫款和向他人借款合计冲减应收账款10 817万元,其中股东垫款2 817万元,向他人借款8 000万元。A公司的上述行为,致使其披露的2012年第一季度报告中涉及应收账款项目的财务数据和财务指标存在虚假记载。

截至2012年6月30日,A公司通过股东垫款和向他人借款合计冲减应收账款11 784万元,其中股东垫款2 817万元,向他人借款8 967万元。A公司的上述行为,致使其披露的2012年半年度报告中涉及应收账款项目的财务数据和财务指标存在虚假记载。

截至2012年9月30日,A公司通过股东垫款和向他人借款合计冲减应收账款10 813万元,其中股东垫款2 817万元,向他人借款7 995万元。A公司的上述行为,致使其披露的 2012 年第三季度报告中涉及应收账款项目的财务数据和财务指标存在虚假记载。

二、虚构合同及相应的验收报告，提前确认收入

为优化 IPO 阶段的财务数据和财务指标，A 公司 2010 年通过虚构 4 份合同和相应的验收报告，虚增营业收入 1 426 万元；2011 年上半年通过虚构 6 份合同和相应的验收报告，虚增营业收入 1 335 万元。

三、推迟确认外包成本

A 公司是在实际收到提供商结算清单时确认外包成本，而不是在相应收入进行确认时按服务完成情况暂估成本，即推迟确认外包成本，这是不符合《企业会计准则》规定的。A 公司通过外包成本的推迟确认，使 2010 年营业成本虚增 930.56 万元，而使 2011 年营业成本虚减 117.97 万元，进而达到调节当年营业利润的目的。

资料来源：摘自《中国证监会行政处罚决定书〔2014〕94 号》.

A 公司通过虚构收回应收账款、虚构销售合同及相应的验收报告、推迟确认外包成本等手段虚减应收账款、虚增营业收入和利润，欺骗财务报表使用者，给利益相关者带来了巨大损失。通过这个案例我们也可发现，企业往往在销售与收款循环中利用一些不正当的手段进行舞弊，因此，注册会计师应运用恰当的审计程序来实现审计目标、减少审计风险。

第一节 销售与收款循环的主要活动及其关键控制

销售与收款循环主要是指公司接受客户订单，向客户销售货物并收取货款的过程。销售与收款循环的审计往往独立于其他业务环节的审计，但审计的重要性概念要求注册会计师在最终判断被审计单位的财务报表是否公允时，须综合考虑审计发现的各个业务循环环节的错报对财务报表的影响。所以，注册会计师在执行销售与收款循环审计时应将与其他业务循环环节的审计结合考虑。

本节主要包括三部分的内容：一是销售与收款循环所涉及的主要业务内容；二是销售与收款循环所涉及的主要凭证和记录；三是销售与收款循环的关键控制。

一、销售与收款循环所涉及的主要业务内容

了解被审计单位的典型业务活动，对开展该业务循环的审计有着不可替代的作用，以下就介绍销售与收款循环所涉及的主要业务内容。

（一）接受客户订单

客户向企业提出订货要求是整个销售与收款循环的起点。客户的订购单只有在获得管理层的授权批准时才可以被接受。一般而言，企业的管理层都列出了已批准销售的客户名单，销售管理部门在决定是否接受客户订单时要追查已获批准的客户订购单，看其是否包含在内。如果没有在相应的名单之内，则需要由销售管理部门的主管来决定是否同意销售。在批准了客户的订单之后，很多企业会编制一式多联的销售单。销售单往往

是某笔销售交易轨迹的起点之一,也是审计销售交易的"发生"认定的证据之一,如图 6-1 所示。

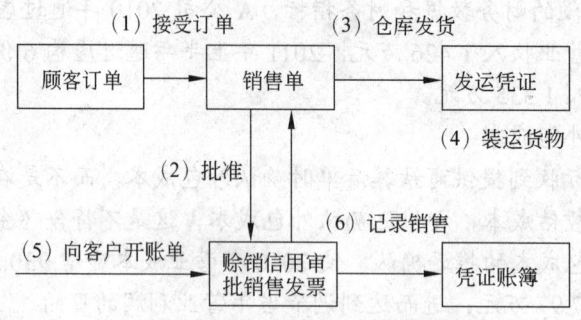

图 6-1　销售与收款循环和各交易循环

(二) 批准赊销信用

批准赊销信用是指信用管理部门根据管理层的赊销政策在每个客户的授权信用额度内进行的。信用部门的职员在接受销售部门的销售单之后,应将销售单与该客户的已被授权的赊销信用额度以及至今尚欠的账款余额加以比较,以决定是否继续给予销售。在执行人工赊销信用检查时要合理分工,权责分明,以避免销售人员为提高销售业绩而使企业承受不当的信用风险。

企业的信用管理部门应当对每一个新客户建立信用档案。无论是否批准赊销,信用管理部门都要在销售单上签署意见,然后再将签署意见后的销售单送回销售管理部门。批准赊销信用的目的是降低坏账风险,这与应收账款账面余额的"计价与分摊"认定有关。

(三) 按销售单编制发运凭证并发货

企业管理层通常要求仓库管理部门只有在收到经过批准的销售单时才能编制发运凭证并供货,该项控制主要是为了防止仓库部门在未经授权的情况下擅自发货。该环节的关键凭证是发运凭证,客户需要在收到商品时在发运凭证上签字并返还给销售方,用作确认收入的依据。

(四) 按销售单装运货物

装运部门的职员在装运之前必须检查从仓库提取的商品是否都附有经批准的销售单,提取的商品是否与销售单一致。装运部门应编制一式多联、连续编号的提货单。装运凭证是证实销售交易"存在或发生"认定的另一形式的证据。而定期对每一张装运凭证后是否附有相应的销售发票进行检查,有助于保证销售交易的"完整性"认定。

(五) 向客户开具账单

开具账单包括编制和向客户寄送事先编好的销售发票。这一环节主要用于:保证只对实际转运的货物开账单,避免重复开具账单或虚构交易;保证对所有转运货物开具账单避免遗漏;保证已经按授权批准的商品价目表所列价格计价开具账单。为降低在开具账单的过程中出现重复、遗漏、错误计价等差错的风险,企业应设立以下控制程序。

(1)在开具销售发票之前,独立检查装运凭证和销售单是否齐全,是否经恰当授权。
(2)依据已授权批准的商品价目表编制销售发票。
(3)独立检查销售发票计价和计算的正确性。
(4)将装运凭证上的商品总数与相对应的销售发票上的商品总数进行比较。

(六)记录销售

为了确保销售记录的正确性,企业须设计并执行下列记录销售的控制测试程序。

(1)只依据附有有效装运凭证和销售单的销售发票记录销售。这些装运凭证和销售单应能证明销售交易的发生及发生日期。
(2)控制所有事先连续编号的销售发票。
(3)独立检查已处理销售发票上的销售金额与会计记录金额的一致性。
(4)记录销售的职责与处理销售交易的其他功能相分离。
(5)限制对记录过程所涉及的有关记录的接触,以减少未经授权批准的记录发生。
(6)定期独立检查应收账款明细账与其总账的一致性。
(7)定期向客户寄送对账单,并要求客户将任何例外情况直接向所指定的未涉及执行或记录销售交易循环的会计主管报告。

(七)办理和记录现金、银行存款收入

货款的收回涉及现金、银行存款的增加、应收账款的减少。而在货款收回的过程中,最易出现问题的是货币资金的失窃问题。货币资金失窃主要发生在货币资金收入登记入账之前或登记入账之后,因此货币资金如实、及时地登记入库存现金、银行存款日记账或应收账款明细账是关键,在这一过程中汇款通知单起着至关重要的作用。

(八)办理和记录销售退回、销售折扣与折让

销售与收款循环中有时会出现销售退回、销售折扣和销售折让,这时必须经过授权批准并要确保与办理此事有关的部门和职员各司其职,分别控制实物流和会计处理,严格使用贷项通知单。

(九)核销坏账

无论赊销部门如何运作,客户因经营不善、宣告破产、死亡等原因而不支付贷款的情况仍会发生。销货企业若认为某项货款确实再也无法收回,就必须注销该笔货款。对于这些坏账,正确的处理方法应该是获取货款无法收回的确凿证据,经适当批准后及时做会计处理。

(十)提取坏账准备

企业应定期对应收账款的可收回性进行评估,且坏账准备的提取数额必须能够抵补

企业无法收回的销货款。

二、主要凭证和记录

（一）客户订购单

客户订购单即客户提出的书面购货请求。企业可以通过销售人员、电话、信函以及向现有及潜在客户发送订货单等方式接受订货，取得客户订货单。

（二）销售单

销售单是列明客户所订商品的名称、规格、数量以及其他与客户订购单有关信息的凭证，作为销售方内部处理客户订货单的依据。

（三）发运凭证

发运凭证是在发运货物时编制的，用以反映发出商品的名称、规格、数量和其他内容的凭据。发运凭证的一联寄给客户，其余联由企业保留。这种凭证可以作为向客户开具收款的依据。

（四）销售发票

销售发票是一种用来表明已销售商品的名称、规格、数量、销售金额、销售税费以及销售日期等有关销售交易事项的凭证。销售发票一式多联，分别由企业和客户保留。销售发票也是企业在会计账簿中登记销售业务的基本凭证。

（五）商品价目表

商品价目表是一种销售清单，它列明了已经授权批准的、可供销售的各种商品的价格清单。

（六）贷项通知单

贷项通知单是一种用来表示由于销售退回、销售折让而引起的应收账款减少的凭证。这种凭证的格式通常与销售发票的格式一致，不过它代表的是应收账款的减少而不是增加。

（七）应收账款明细表

应收账款的明细表是用来记录每个客户的各项赊销、销售退回、还款及折让的明细表。应收账款明细账的余额合计数应与应收账款总账的余额相等。

（八）主营业务收入明细表

主营业务收入明细表是一种用来记录销货业务的明细账。它通常用来记录不同类别商品或服务的营业收入的明细发生情况和总额。

（九）折扣与折让明细表

折扣与折让明细表是一种用来核算销售货物时，按照销售合同的规定为了鼓励客户及早归还欠款而给予客户的销货折扣，以及因商品品种、质量等原因而给予客户的销货折让情况的明细表。

（十）汇款通知书

汇款通知书是一种注明客户姓名、销售发票号码、销货单位开户银行以及金额等内容的随同销售发票一起寄给客户，再由客户在付款时寄回给销货单位的凭证。如果客户没有寄回汇款通知书，则一般由收受邮件的人员在拆邮件时代编一份汇款通知书。采用汇款通知书能使现金立即存入银行，可以提高对资产保管的控制。

（十一）库存现金日记账和银行存款日记账

库存现金日记账和银行存款日记账是一种用来记录现销收入、应收账款收回以及其他各种现金、银行存款收入和支出的日记账。

（十二）坏账审批表

坏账审批表是一种用来批准将某些应收账款项注销为坏账的、仅在企业内部使用的凭证。

（十三）客户月末对账单

客户月末对账单是一种用于购销双方定期核对账目的凭证。客户月末对账单须按月寄给客户，应注明应收账款的期初余额、本月各项销售交易的金额、本月已收到的货款、各贷款通知单的数额以及月末余额等内容。

（十四）转账凭证

转账凭证是指记录转账业务的记账凭证。它是根据有关转账业务的原始凭证编制的。

（十五）收款凭证

收款凭证是指用来记录现金和银行存款收入业务的记账凭证。

三、销售与收款循环的关键控制

（一）适当的职责分离

适当的职责分离有利于防止各种有意或无意的错报。销售与收款循环涉及的业务活动中，需要注意恰当的职责分离如下。

（1）销售人员不得接触现金。

（2）企业在签订销售合同时，谈判人员至少要在 2 人以上，并与订立合同的人员相分离。

(3) 销售单的编制人员与销售发票的开具人员应分离。

(4) 应收票据的取得和贴现须经保管票据以外的主管人员批准。

(5) 主营业务收入账与应收账款的登记须由不同的人员独立登记，并由另一位不负责账簿记录的人员定期调节总账和明细账。

(6) 负责营业收入和应收账款的人员不得经手现金。

（二）恰当的授权审批

注册会计师主要关注以下三个关键点的授权。

(1) 赊销必须在销售以前进行适当的授权。

(2) 货物只有在适当授权之后才能装运。

(3) 基础的付款条件、运费和折扣等价格条件也必须得到适当授权。

前两项控制的目的主要在于防止企业因向虚构的或无力支付货款的顾客发货而蒙受损失。价格授权则是为了确保销货业务是按照企业的定价政策规定的价格来开单的。授权应针对每一笔交易进行，或者针对每一类具体的交易给予授权。

（三）充分的凭证与记录

有了充分的凭证与记录，才可能实现各项控制目标。比如：企业在收到客户订单时就编制了预先编号的一式多联的销售单，分别用于批准赊销、授权装运、记录发货数量和向客户开具销售发票。在这样的流程下，只要定期清点销售单和销售发票，就不会出现未向客户开发票的情况。反之，若企业只在发货以后才开账单，又没有其他有效的措施，这种情况下漏开账单的情况就很可能会出现。

（四）凭证的预先编号

凭证的预先编号主要是为了防止漏开发票、漏记销售、重开发票或重复记账。当然，为了有效地利用这一控制，企业在每次销售开具账单后，开票员要把所有的发运凭证按编号顺序归档，再由另一位职员定期清点所有编号并调查凭证丢失的原因。

（五）按月对账

按月寄送对账单是一项有用的控制，由不经手现金的出纳和应收账款记账的人员按月向客户寄发对账单，以避免有意不寄送对账单。为了使该项控制发挥最大的作用，应指定一位既不掌管现金又不记录应收账款和营业收入账目的主管人员处理发现的核对不符的账项。

（六）内部检查程序

企业应安排内部审计人员或其他独立人员检查销售交易的处理和记录，以实现与交易相关的审计目标。这类程序的例子如下。

(1) 检查销售发票的连续性及是否附有相关的原始凭证。

(2) 了解客户的信用,看其是否符合企业的赊销政策。
(3) 检查发运凭证的连续性并与营业收入明细账核对。
(4) 检查并复核会计记录的正确性。
(5) 比较核对登记入账的销售交易的原始凭证与会计科目表。
(6) 检查开票人员所保管的未开票发运凭证,确定是否包括所有应开票的发运凭证在内。

第二节 销售与收款循环的控制测试

对每一个关键控制来说,必须设计一个或多个控制测试来验证其效果。在大多数的企业审计中,根据控制的性质来确定控制测试的性质相对比较容易。表 6-1 则比较详细地说明了销售交易的内部控制目标、关键内部控制和控制测试的关系,同时也指出了在销售与收款循环中有哪些具体的控制测试。

表 6-1 销售交易的内部控制目标、关键内部控制和控制测试

内部控制目标	关键内部控制	控制测试
登记入账的销售交易确系已经发货给真实的客户(发生)	销售交易是以经过审核的发运凭证及经批准的客户订单为依据登记入账的。 发货前,客户的赊购已经被授权审批。 每月向客户寄送对账单	检查销售发票副联是否附有发运凭证及销售单。 检查客户的赊购是否经授权批准。 询问是否有寄发对账单,并检查客户回函档案
所有销售交易均已登记入账(完整性)	发运凭证均经事先编号并登记入账。 销售发票均经事先编号并登记入账	检查发运凭证连续编号的完整性。 检查销售发票连续编号的完整性
登记入账的销售数量确系已发货的数量,已正确开具账单并登记入账(计价和分摊)	销售记录以经批准的装运凭证和客户订购单为依据。 核对发出的各批数量总额与入账的数额。 使用经批准的价目表源文件来确定单价	检查销售发票有无支持凭证。 检查比对留下的证据。 检查价格清单的准确性及其是否适当授权
销售交易的分类恰当(分类)	采用适当的会计科目表。 内部复核和核查	检查会计科目表是否恰当。 检查有关凭证上内部复核和核查的标记
销售交易的记录及时(截止)	采用尽量能在销售发生时开具收款账单和登记入账的控制方法。 每月末由独立人员对销售部门的销售记录、发运部门的发运记录和财务部门的销售交易入账情况做内部核查	检查尚未开具收款账单的发货和尚未登记入账的销售交易。 检查有关凭证上内部核查的标记
销售交易已经正确地计入明细账,并经正确汇总(准确性、计价和分摊)	每月定期给客户寄送对账单。 由独立人员对应收账款明细账做内部核查。 将应收账款明细账余额合计数与其总账余额进行比较	观察对账单是否已经寄出。 检查内部核查标记。 检查将应收账款明细账余额合计数与其总账余额进行比较的标记

第三节 营业收入的审计

营业收入项目核算的是企业为完成其经营目标所从事的经常性活动所产生的收入,以及企业为实现其经营目标所确认的除主营业务活动以外的其他经营活动所实现的收入,包括出租固定资产、出租无形资产、出租包装物和商品、销售材料等实现的收入。

一、营业收入的审计目标

(1)确定利润表中记录的营业收入是否已发生,且与被审计单位有关。
(2)确定所有应当记录的营业收入是否均已记录。
(3)确定与营业收入有关的金额及其他数据是否已恰当记录,包括对销售退回、销售折扣与销售折让的处理是否适当。
(4)确定营业收入是否已记录于正确的会计期间。
(5)确定营业收入是否已按照企业会计准则的规定在财务报表中做恰当列报。

二、主营业务收入的实质性程序

(一)获取或编制主营业务收入明细表

(1)复核加计是否正确。
(2)与总账数和明细账合计数核对是否相符,结合其他业务收入科目与报表数核对是否相符。
(3)检查以非记账本位币结算的主营业务收入的折算汇率及折算是否正确。

(二)检查主营业务收入的确认原则、方法

按照企业会计准则的要求,企业商品销售收入应在下列条件均能满足时予以确认:企业已将商品所有权上的主要风险和报酬转移给购货方;企业既没有保留通常与所有权相联系的继续管理权,也没有对已售出的商品实施有效控制;收入的金额能够可靠地计量;相关的经济利益很可能流入企业;相关的已发生或将发生的成本能够可靠地计量。因此,对主营业务收入的实质性程序,应在了解被审计单位确认产品销售收入的会计政策的基础上,重点测试被审计单位是否依据上述五个条件确认产品销售收入。具体来说,被审计单位采取的销售方式不同,确认销售的时点也是不同的。

(1)采用交款提货销售方式,在货款已收到或取得收取货款的权利,同时已将发票账单和提货单交给购货单位时确认收入的实现。对此,注册会计师应着重检查被审计单位是否收到货款或取得收取货款的权利,发票账单和提货单是否已交付购货单位。应注意有无扣压结算凭证,将当期收入转入下期入账的现象,或虚记收入、开具假发票、虚列购货单位,将当期未实现的收入虚转为收入记账,在下期予以冲销的现象。

(2)采用预收账款销售方式,一般在商品已经发出时,确认收入的实现。对此,注册会计师应重点检查被审计单位是否收到了货款,商品是否已经发出。应注意是否存在

对已收货款并已将商品发出的交易不入账、转为下期收入，或开具虚假出库凭证、虚增收入等现象。

（3）采用托收承付结算方式，一般在商品已经发出，劳务已经提供，并已将发票账单提交银行，办妥收款手续时确认收入的实现。对此，注册会计师应重点检查被审计单位是否发货，托收手续是否办妥，货物发运凭证是否真实，托收承付结算回单是否正确。

（4）销售合同或协议明确销售价款分期收取，符合收入确认条件的应在发货时确认收入。注册会计师应重点检查如果交易实质上具有融资性质，那么他是否按照应收的合同或协议价款的公允价值确定销售商品收入金额。应收的合同或协议价款与其公允价值之间的差额，通常应当在合同或协议期间内采用实际利率法进行摊销，计入当期损益，还应检查有无违规按合同约定收款日确认收入。

（5）长期工程合同收入，如果合同的结果能够可靠估计，应当根据完工百分比法确认合同收入。注册会计师应重点检查收入的计算、确认方法是否符合规定，并核对应计收入与实际收入是否一致，注意查明有无随意确认收入、虚增或虚减本期收入的情况。

案例 6-1

A 注册会计师接受委托对长江公司 2015 年度的会计报表进行审计，在审查其"主营业务收入"明细账时，发现了下列问题。

（1）长江公司于 2015 年 12 月 30 日预收甲产品货款 300 000 元，会计人员根据一张 300 000 元的信汇收款通知单做如下会计处理：

借：银行存款　　　　　　　　　　　　　　　　300 000
　　贷：主营业务收入　　　　　　　　　　　　　　　300 000

（2）在凭证抽查时发现，长江公司于 11 月 1 日销售一批新产品给乙公司。公司为增值税一般纳税人，税率为 17%，已开增值税专用发票，不含税销售金额为 500 000 元，该批产品成本为 350 000 元，货款已收到。但检查其销售合同时发现，双方约定，如果乙公司不满意，可在 3 个月内退货，但退货概率无法估计。长江公司的会计处理如下：

借：银行存款　　　　　　　　　　　　　　　　585 000
　　贷：主营业务收入　　　　　　　　　　　　　　　500 000
　　　　应交税费——应交增值税（销项税额）　　　　85 000
借：主营业务成本　　　　　　　　　　　　　　350 000
　　贷：库存商品　　　　　　　　　　　　　　　　　350 000

如果你是该注册会计师，请你分析上述业务的会计处理是否恰当。若不正确，该做怎样的调整？

分析点拨

（1）长江公司违反了会计制度中关于预收账款销售方式下收入入账时间的规定，使 2015 年的主营业务收入虚增，影响了会计报表的真实性。注册会计师应建议长江公司做如下调整：

借：主营业务收入　　　　　　　　　　　　　　300 000
　　贷：预收账款　　　　　　　　　　　　　　　　　300 000

（2）根据《企业会计制度》有关规定，在附有销售退回条件时，如果不能合理估计退货的可能性，则应在退货期满或买方正式接受该商品时确认收入，其成本转入"发出商品"科目。故长江公司的会计处理不恰当，注册会计师应提请长江公司做如下调整：

借：银行存款　　　　　　　　　　　　　　　　　585 000
　　贷：预收账款　　　　　　　　　　　　　　　　585 000
借：发出商品　　　　　　　　　　　　　　　　　350 000
　　贷：库存商品　　　　　　　　　　　　　　　　350 000

审计调整分录为

借：主营业务收入　　　　　　　　　　　　　　　500 000
　　应交税费——应交增值税（销项税额）　　　　 85 000
　　贷：预收账款　　　　　　　　　　　　　　　　585 000
借：发出商品　　　　　　　　　　　　　　　　　350 000
　　贷：主营业务成本　　　　　　　　　　　　　　350 000

（三）实施分析程序

注册会计师应实施分析程序，通过数据的计算、分析、比较，检查主营业务收入是否有异常变动，进而在总体上对主营业务收入的真实性做初步判断。注册会计师应主要比较以下几个方面。

（1）针对已识别需要运用分析程序的有关项目，基于对被审计单位及其环境的了解，通过进行以下比较，同时考虑有关数据间关系的影响，以建立有关数据的期望值：①将本期的主营业务收入与上期的主营业务收入、销售预算或预测数等进行比较，分析主营业务收入及其构成的变动是否异常，并分析异常变动的原因；②计算本期重要产品的毛利率，与上期预算或预测数据比较，检查是否存在异常，各期之间是否存在重大波动，查明原因；③比较本期各月各类主营业务收入的波动情况，分析其变动趋势是否正常，是否符合被审计单位季节性、周期性的经营规律，查明异常现象和重大波动的原因；④将本期重要产品的毛利率与同行业企业进行对比分析，检查是否存在异常；⑤根据增值税发票申报表或普通发票，估算全年收入，与实际收入金额比较。

案例 6-2

表 6-2 为 W 公司 2015 年度销售收入分析。

表6-2　W公司2015年度销售收入分析

月份	本年金额				上年金额			
	销售收入/元	销售成本/元	销售收入比重/%	毛利率/%	销售收入/元	销售成本/元	销售收入比重/%	毛利率/%
1	40 339 053	28 084 914	11	30	35 412 683	24 611 335	9	31
2	20 962 567	14 454 800	6	31	36 619 069	24 952 484	9	32
3	35 160 926	25 276 416	10	28	41 601 848	29 154 893	10	30

续表

月份	本年金额				上年金额			
	销售收入/元	销售成本/元	销售收入比重/%	毛利率/%	销售收入/元	销售成本/元	销售收入比重/%	毛利率/%
4	32 703 677	22 425 350	9	31	35 805 636	23 392 253	9	35
5	27 622 394	18 927 528	8	31	31 602 621	20 683 436	8	35
6	31 504 155	23 599 759	9	25	35 709 326	25 660 987	9	28
7	34 377 808	23 193 163	9	33	34 575 355	22 710 614	9	34
8	31 183 837	22 193 307	9	29	33 762 094	22 668 151	8	33
9	33 811 747	23 640 136	9	30	35 801 393	23 888 803	9	33
10	27 112 024	18 804 114	7	31	29 338 969	19 169 971	7	35
11	25 725 442	20 502 414	7	20	28 674 402	20 444 143	7	29
12	24 931 758	19 297 765	7	23	27 660 923	20 380 649	7	26
合计	365 435 387	260 399 665	100	29	406 564 319	277 717 720	100	32

请你结合案例，分析注册会计师采用了什么样的测试方法，能从中发现什么问题？

分析点拨

注册会计师采用了实质性分析程序，通过分析 W 公司的 2015 年度各月销售收入明细表，发现 2015 年 1 月、2 月的销售收入比重较上年销售收入比重有较大变化，2015 年 11 月、12 月的销售毛利率较上年同期变化较大，注册会计师可以怀疑其销售收入的真实性，进而做进一步的详细审查。

（2）确定可接受的差异额。

（3）将实际的情况与期望值相比较，识别需要进一步调查的差异。

（4）如果其差额超过可接受的差异额，调查并获取充分的解释和恰当的佐证性质的审计证据(如通过检查相关的凭证等)。

（5）评估分析程序的测试结果。

（四）审查售价是否符合价格政策

注册会计师应当获取产品价格目录，抽查售价是否符合价格政策，并注意销售给关联方或关系密切的重要客户的产品价格是否合理，有无以低价或高价结算转移利润的现象。

（五）审查营业收入的会计处理是否恰当

抽取本期一定数量的发运凭证，审查存货出库日期、品名、数量等是否与销售发票、销售合同、记账凭证等一致。抽取本期一定数量的记账凭证，审查入账日期、品名、数量、单价、金额等是否与销售发票、发运凭证、销售合同等一致。

（六）实施应收账款函证程序

注册会计师应当对应收账款实施函证程序，以证实应收账款账户余额的真实性、正确性，防止或发现被审计单位及其有关人员在销售交易中发生的错误或舞弊行为。

（七）出口销售的实质性测试

对于出口销售，应当将销售记录与出口报关单、货运提单、销售发票等出口销售单据进行核对，必要时向海关函证。

（八）实施销售的截止测试

对营业收入实施截止测试，主要在于确定被审计单位的主营业务收入是否计入恰当的会计期间。具体的内容应如下。

（1）选取资产负债表日前后若干天一定金额以上的发运凭证，将应收账款和收入明细账进行核对；同时从应收账款和收入明细账选取在资产负债表日前后若干天一定金额以上的凭证，与发运凭证核对，以确定销售是否存在跨期现象。

（2）复核资产负债表日前后销售和发货水平，确定业务活动水平是否异常，并考虑是否有必要追加实施截止测试。

（3）取得资产负债表日后所有的销售退回记录，检查是否存在提前确认收入的情况。

（4）结合对资产负债表日应收账款的函证程序，检查有无未取得对方认可的大额销售，若有，则应做好记录并提请被审计单位做相应调整。

（5）调整重大跨期销售。

在审计实务中，注册会计师可以从三条审计线路实施主营业务收入的截止测试。

（1）以销售发票为起点，从报表日前后若干天的发票存根查至发货凭证与账簿记录。检查已确认开具发票的货物是否已经发货，并于同一会计期间确认收入，防止低估收入。它的优点是比较全面、连贯，比较容易发现漏记收入的情形。缺点是比较费时、费力，尤其是难以查找相应的发货及账簿记录，不容易发现多记收入。

（2）以发运凭证为起点，从报表日前后若干天的发运凭证查至发票开具情况与账簿记录。确认收入是否已计入恰当的会计期间，防止低估收入。它的优点是比较全面、连贯，容易发现漏记；缺点是比较费时、费力，尤其是难以查找相应的发货及账簿记录，不容易发现多记收入。

（3）以账簿记录为起点，从报表日前后若干天的账簿记录追查至记账凭证，检查发票存根与发货凭证。证实已入账是否在同一期间已开具发票，有无多记收入，防止高估主营业务收入。它的优点是比较直观，容易追查相关凭证记录；缺点是缺乏全面性和连贯性，只可查多记，无法查少记。

（九）检查销售退回、销售折扣与折让

当存在销售退回、折扣与折让时，应检查相关手续是否符合规定，并结合相关原始

凭证检查其会计处理是否正确，结合存货项目审计关注其真实性。

（十）检查有无特殊的销售行为

对于特殊的销售行为，如附有销售退回条件的商品销售、委托代销、非货币性交易购进、以旧换新、商品须安装和检查的销售、售后租回等，要制定恰当的审计程序进行审核。

案例 6-3

A 注册会计师 2015 年 9 月 13 日在审查 Q 公司的业务时发现如下情况。

（1）检查库存商品明细账，发现 5 月份委托加工收回的甲产品的商品成本为 28.47 万元，入库量为 800 台。进一步检查发现，加工协议约定的加工量为 1 000 台，实际已按 1 000 台发出委托加工的材料。因此，加工收回存货有问题。

（2）针对上述疑点，注册会计师进一步做了如下调查。

① 检查"委托加工物资"账户，并抽查、核对、分析有关凭证，核实发出领用该委托加工商品的材料成本为 20 万元，支付的加工费为 6 万元，辅助材料费为 2 万元，往返费（已扣进项税）4 700 元，合计 28.47 万元。

② 检查运货、验收情况，实际运回验收的甲商品为 1 000 台，填制的验收单为 2 份，一份为 800 台，一份 200 台，200 台甲商品的单据被压单未入账。

③ 经注册会计师询问得知，公司拟将该 200 台甲商品隐匿账外，等销售后建立账外资金。

根据上述检查的结果，注册会计师认定 Q 公司为了私设小金库，有意将委托加工收回的商品截留一部分转作账外物资，通过隐匿该截留的商品的销售收入，实现转移资金的目的。如果你是该注册会计师，应做怎样的分析？应出具怎样的审计结论和审计意见？

分析点拨

注册会计师根据上述资料应做的分析如下。

（1）Q 公司对委托加工收回的部分商品不入账，该部分商品成本由已入账的商品分担，抬高了已入账商品的单位成本。已入账商品销售后，所有的委托加工商品成本实际被全部计入当期损益。

（2）被截留转移为账外的那部分商品，在其寻机销售后隐瞒收入不入账，该公司就可将该收入款项私存建立账外资金。

鉴于以上分析，注册会计师提出：该公司应将账外的 200 台商品补记入账，调整入账后的单位成本（因不涉及账面金额调整，不需要编制调整分录）。

（十一）确定主营业务收入在利润表上列报是否恰当

注册会计师应审查主营业务收入在利润表上所列的金额与审定数是否一致，主营业务收入确认所采用的会计政策是否已在财务报表附注中披露。

三、其他业务收入实质性测试程序

（1）获取或编制其他业务收入明细表，复核加计是否正确，并与总账数和明细账合计数核对是否相符，结合主营业务收入科目与营业收入报表数核对是否相符。

（2）计算本期其他业务收入与其他业务成本的比率，并与上期该比率比较，检查是否有重大波动，如有，应查明原因。

（3）检查其他业务收入内容是否真实、合法，收入确认原则及会计处理是否符合规定，抽查原始凭证予以核实。

（4）对异常项目，应追查入账依据及有关法律文件是否充分。

（5）抽查资产负债表日前后一定数量的记账凭证，实施截止测试，追踪销售发票、收据等，确定入账时间是否正确，对于重大跨期事项做必要的调整建议。

（6）确定其他业务收入在财务报表中的列报是否恰当。

第四节 应收账款的审计

应收账款是指企业因销售商品、提供劳务而形成的债权，即由于企业销售商品、提供劳务等原因，应向购货客户或接受劳务的客户收取的款项或代垫的运杂费，是企业的债权性资产。企业的应收账款是在销售交易或提供劳务过程中产生的。因此，应收账款的审计应结合销售交易来进行。

一、应收账款的审计目标

应收账款的审计目标一般包括以下方面。

（1）确定资产负债表中记录的应收账款是否存在。

（2）确定所有应当记录的应收账款是否均已记录。

（3）确定记录的应收账款是否由被审计单位拥有或控制。

（4）确定应收账款是否可收回，坏账准备的计提方法和比例是否恰当，计提是否充分。

（5）确定应收账款及其坏账准备期末余额是否正确。

（6）确定应收账款及其坏账准备是否已按照企业会计准则的规定在财务报表中做出恰当列报。

二、应收账款的实质性程序

（一）取得或编制应收账款明细表

（1）注册会计师应取得或编制应收账款明细表，复核加计是否正确，并与总账数和明细账合计数核对是否相符；结合坏账准备科目与报表数核对是否相符。

（2）检查非记账本位币应收账款的折算汇率及折算是否正确。

（3）分析有贷方余额的项目，查明原因，必要时建议做重分类调整。

(4)结合其他应收款、预收款项等往来项目的明细余额,调查有无同一客户多处挂账、异常余额或与销售无关的其他款项(如代销账户、关联方账户或员工账户)。如有,应做出记录,必要时提出调整建议。

(二)检查涉及应收账款的相关财务指标

(1)复核应收账款借方累计发生额与主营业务收入关系是否合理,并将当期应收账款借方发生额占销售收入净额的百分比与管理层考核指标和被审计单位相关赊销政策比较,如存在异常应查明原因。

(2)计算应收账款周转率、应收账款周转天数等指标,并与被审计单位相关赊销政策、被审计单位以前年度指标、同行业同期相关指标对比分析,检查是否存在重大异常。

(三)检查应收账款账龄分析是否正确

(1)获取或编制应收账款账龄分析表。注册会计师可以通过获取或编制应收账款账龄分析表来分析应收账款的账龄,以便了解应收账款的可收回性。应收账款账龄分析表参考格式如表6-3所示。

表6-3 应收账款账龄分析表

客户名称	期末余额	账龄			
		1年以内	1~2年	2~3年	3年以上
合计					

应收账款的账龄,通常是指资产负债表中的应收账款从销售实现、产生应收账款之日起,至资产负债表日止所经历的时间。编制应收账款账龄分析表时,可以考虑选择重要的客户及其余额列示,而将不重要的或余额较小的汇总列示。应收账款账龄分析表的合计数减去已计提的相应坏账准备后的净额,应该等于资产负债表中的应收账款项目余额。

(2)测试应收账款账龄分析表计算的准确性,并将应收账款账龄分析表中的合计数与应收账款总分类账余额相比较,并调查重大调节项目。

(3)检查原始凭证,如销售发票、运输记录等,测试账龄划分的准确性。

案例6-4

A注册会计师接受委托审计上市公司甲公司2015年度的会计报表。该公司2015年度未发生并购、分立和债务重组行为,供产销形势与上年相当。该公司提供的未经审核的2015年度合并财务报表附注的部分内容如下(单位:万元)。

① 应收账款计提坏账的会计政策:坏账准备按期末应收账款余额的5%计提。

② 应收账款和坏账准备项目附注:应收账款/坏账准备 2015 年年末余额 16553/527.70 万元。

表6-4为应收账款账龄分析表。

表 6-4　应收账款账龄分析表　　　　　　　　万元

账龄	年初数	年末数
1 年以内	8 392	10 915
1～2 年	1 186	1 399
2～3 年	1 161	1 365
3 年以上	1 421	2 874
合计	12 160	16 553

A 注册会计师经过分析发现甲公司的财务报表附注内容可能存在许多不合理之处。如果你是该注册会计师，请问你是怎样看出来的？

分析点拨

（1）坏账准备年末余额 527.70 万元应收账款年末余额 16553=3.2%，与会计政策规定的 5%的坏账准备计提比例不符。

（2）在应收账款账龄分析表中，"2～3 年"和"3 年以上"这两部分的年初数和仅 2 582 万元，而"3 年以上"的年末数却为 2 874 万元；"1～2 年"的年初数为 1 186 万元，"2～3 年"的年末数 1 365 万元，在甲公司 2015 年度未发生并购、分立和债务重组行为的前提下是不可能的。

（3）在应收账款账龄分析表中，1 年以内的应收账款年末数较年初数上升 30%，在甲公司 2015 年供产销形势与上年相当的情况下，该情形是不合理。

（四）向债务人函证应收账款

应收账款函证就是直接发函给被审计单位的债务人，要求其核对被审计单位应收账款的记录是否正确的一种方法。应收账款函证是为了证实应收账款账户余额的真实性、正确性，防止或发现被审计单位及其有关人员在销售交易中发生的错误或舞弊行为。通过函证应收账款，可以比较有效地证明债务人的存在和被审计单位记录的可靠性。注册会计师应综合性考虑被审计单位的经营环境、内部控制的有效性、应收账款账户的性质、被询证者处理询证函的习惯做法及回函的可能性等，以确定应收账款函证的范围、对象、方式和时间。

（1）确定函证的范围和对象。除非有充分证据表明应收账款对被审计单位财务报表而言是不重要的，或者函证很可能是无效的，否则，注册会计师应当对应收账款进行函证。在抽样审计的情况下，函证数量的多少、范围的大小是由诸多因素决定的，主要如下。

① 应收账款在全部资产中的重要性。若应收账款在全部资产中所占的比重较大，则其审计的范围应相应大一些；反之，则审计范围可适当缩小。

② 被审计单位内部控制的强弱。若内部控制制度较健全，则可以相应减少函证；反之，则应相应扩大函证范围。

③ 以前期间的函证结果。若以前期间函证中发现过重大差异，或欠款纠纷较多，审

计范围应相应扩大一些。

在一般情况下，注册会计师应选择以下项目作为函证对象：①大额或账龄较长的项目；②与债务人发生纠纷的项目；③重大关联方项目；④主要客户(包括关系密切的客户)项目；⑤交易频繁但期末余额较小甚至余额为零的项目；⑥可能产生重大错报或舞弊的非正常的项目。

（2）选择函证方式。注册会计师可以采用的函证方式有积极式函证方式和消极式函证方式两种，可以单独使用也可以将二者结合使用。参考格式见表 6-5 和 6-6。

表 6-5 积极式询证函

_____（公司）

本公司聘请的 ABC 会计师事务所正在对本公司××年度财务报表进行审计，按照《中国注册会计师审计准则》的要求，应当询证本公司与贵公司的往来账项等事项。下列信息出自本公司账簿记录，如与贵公司记录相符，请在本函下端"信息正明无误"处签章证明；如有不符，请在"信息不符"处列明不符项目。如存在与本公司有关的未列入本函的其他项目，请在"信息不符"处列出这些项目的金额及详细资料。回函请直接寄给 ABC 会计师事务所业务××部×××注册会计师。

通信地址：　　　　　　　　　传真：
邮编：　　　　　　　　　　　电话：
(本函仅为复核账目之用，并非催款结算)

截止日期	贵公司欠	欠贵公司	本公司科目	备注

若款项在上述日期之后已经付款，仍请及时函复为盼。

　　　　　　　　　　　　　　　　　　　　　　　　　　　××公司
　　　　　　　　　　　　　　　　　　　　　　　　　　××年××月××日

信息证明无误	信息不符及须加证明事项（详细附后）
公司签章：	公司签章：
日期：	日期：
经办人：	经办人：

表 6-6　消极式询证函

_____（公司）

　　本公司聘请的 ABC 会计师事务所正在对本公司××年度财务报表进行审计，按照《中国注册会计师审计准则》的要求，应当询证本公司与贵公司的往来账项等事项，下列数据出自本公司账簿记录，如与贵公司记录相符，则无须回复；如有不符，请直接通知会计师事务所，并请在空白处列明贵公司认为是正确的信息。回函请直接寄 ABC 会计师事务所业务××部×××注册会计师。

　　通信地址：　　　　　　　　　　传真：
　　邮编：　　　　　　　　　　　　电话：
　　（本函仅为复核账目之用，并非催款结算）

截止日期	贵公司欠	欠贵公司	本公司科目	备注

　　若款项在上述日期之后已经付款，仍请及时函复为盼。

公司签章
年　月　日

　　ABC 会计师事务所：上面信息不正确，差异如下：

公司签章
年　月　日
经办人

　　注册会计师具体采用哪种函证方式，可以根据以下情形做出选择。

　　当债务人符合个别账户的欠款金额较大，有理由相信欠款可能存在争议、差错或问题时宜选用积极式函证。

　　当债务人符合相关的内部控制是有效的，预计差错率较低，欠款余额小的债务人数量很多，注册会计师有理由相信大多数被函证者都能认真对待询证函，并对不正确的情况做出反馈时宜选用消极式函证。

　　（3）选择函证时间。注册会计师通常以资产负债表日为截止日，在资产负债表日后适当时间内实施函证。如果重大错报风险评估为低水平，注册会计师可选择资产负债表日前适当日期为截止日实施函证，并对所函证项目自该截止日起至资产负债表日止发生的变动实施其他实质性程序。

　　（4）控制函证过程。注册会计师通常利用被审计单位提供的应收账款明细账户名称及通信地址等资料据以编制询证函，但注册会计师应当对确定需要确认或填列的信息、选择适当的被询证者、设计询证函，以及发出和跟进(包括收回)询证函等整个过程保持控制。

　　（5）对不符事项的处理。对应收账款而言，登记入账的时间不同而产生的不符事项主要表现如下。

　　① 询证函发出时，债务人已经付款，而被审计单位尚未收到货款。

② 询证函发出时，被审计单位的货物已经发出并已做销售记录，但货物仍在途中，债务人尚未收到货物。

③ 债务人由于某种原因将货物退回，而被审计单位尚未收到。

④ 债务人对收到的货物的数量、质量及价格等方面有异议而全部或部分拒付货款等。如果不符事项构成错报，注册会计师应当评价该错报是否表明存在舞弊，并重新考虑所实施审计程序的性质、时间安排和范围。

（6）对函证结果的总结和评价。注册会计师对函证结果可进行如下评价。

① 重新考虑对内部控制的原有评价是否适当；控制测试的结果是否适当；分析性复核的结果是否适当；相关的风险评价是否适当等。

② 如果函证结果表明没有审计差异，则可以合理地推论，全部应收账款总体是正确的。

③ 如果函证结果表明存在审计差异，则应当估算应收账款总额中可能出现的累计差错是多少，估算未被选中进行函证的应收账款的累计差错是多少。为取得对应收账款累计差错更加准确的估计，也可以进一步扩大函证范围。

（五）对未函证应收账款实施替代审计程序

通常，注册会计师不可能收到函证的所有回函和不可能对所有应收账款进行函证，因此，对于函证未回函及未函证应收账款，注册会计师应抽查有关原始凭据，如销售合同、销售订购单、销售发票副本、发运凭证及期后收款的回款单据等，以验证与其相关的应收账款的真实性。

（六）确定已收回的应收账款金额

请被审计单位协助，在应收账款账龄分析表中标出至审计时已收回的应收账款金额，对已收回金额较大的款项进行常规检查，如核对收款凭证、银行对账单、销货发票等，并注意凭证发生日期的合理性，分析收款时间是否与合同相关要素一致。

（七）检查坏账的确认和处理

首先，注册会计师应检查有无债务人破产或者死亡的，以及破产或以遗产清偿后仍无法收回的，或债务人长期未履行清偿义务的应收账款；其次，检查被审计单位坏账的处理是否经授权批准，有关会计处理是否正确。

（八）抽查有无不属于结算业务的债权

不属于结算业务的债权，不应在应收账款中进行核算。因此，注册会计师应抽查应收账款明细账，并追查有关原始凭证，查证被审计单位有无不属于结算业务的债权，如有，应建议被审计单位做适当调整。

（九）检查应收账款的贴现、质押或出售

检查银行存款和银行借款等询证函的回函、会议纪要、借款协议和其他文件，确定

应收账款是否已被贴现、质押或出售,其会计处理是否恰当。

(十)对应收账款实施关联方及其交易审计程序

标明应收关联方(包括持股 5%及以上股东)的款项,实施关联方及其交易审计程序,并注明合并财务报表时应予抵销的金额;对关联企业、有密切关系的主要客户的交易事项做专门核查:①了解交易事项目的、价格和条件,做比较分析;②检查销售合同、销售发票、发运凭证等相关文件资料;③检查收款凭证等货款结算单据;④向关联方或有密切关系的主要客户函询,以确认交易的真实性、合理性。

(十一)确定应收账款的列报是否恰当

如果被审计单位为上市公司,则其财务报表附注通常应披露期初、期末余额的账龄分析,期末欠款金额较大的单位账款,以及持有 5%及其以上股份的股东单位账款等。

三、坏账准备的实质性程序

企业会计准则规定,企业应当在期末对应收款项进行检查,并合理预计可能产生的坏账损失。应收款项包括应收票据、应收账款、预付款项、其他应收款和长期应收款等,以下以应收账款相关的坏账准备为例,阐述坏账准备审计常用的实质性程序。

(1)取得或编制坏账准备明细表,复核加计是否正确,与坏账准备总账数、明细账合计数核对是否相符。

(2)将应收账款坏账准备本期计提数与资产减值损失相应明细项目的发生额核对是否相符。

(3)检查应收账款坏账准备计提和核销的批准程序,取得书面报告等证明文件评价计提坏账准备所依据的资料、假设及方法。

(4)实际发生坏账损失的,检查转销依据是否符合有关规定,会计处理是否正确。

(5)已经确认并转销的坏账重新收回的,检查其会计处理是否正确。

(6)检查函证结果。对债务人回函中反映的例外事项及存在争议的余额,注册会计师应查明原因并做记录。必要时,应建议被审计单位做相应的调整。

(7)实施分析程序。通过比较前期坏账准备计提数和实际发生数,以及检查期后事项,评价应收账款坏账准备计提的合理性。

(8)确定应收账款坏账准备的披露是否恰当。

案例 6-5

A 注册会计师在审查 W 公司的 2015 年年末的应收账款项目时,得知该公司是按余额百分比法计提坏账准备,其计提比例是 10%。经核查,该公司的应收账款年末余额为 260 万元,其他应收账款年末余额 160 万元,坏账准备年末余额 56 万元。注册会计师经分析后发现其坏账准备计提不正确,故做了进一步的审查,发现:应收账款明细账中有贷方余额 34 万元,应收票据——甲公司账户余额为 15 万元已超期未收回款项;年初坏账准备余额为 15.2 万元,本年度已核销坏账的坏账损失为 10 万元,抽查该公司 12 月 30 日的相关凭证,获知其计提的坏账准备金额为 50.8 万元,分录为

  借:资产减值损失   513 000
    贷:坏账准备   513 000

至此,A 注册会计师认定该公司存在多计提坏账准备调节利润行为。你知道他是如何发现的吗?该注册会计师应怎样处理该事件?

分析点拨

根据上述审查结果,按照会计准则的规定,W 公司本年度末坏账准备账户的余额应为:(260+160+34+15)×10%=46.9(万元),但该公司账上的坏账准备余额为 56 万元,多计提了 9.1 万元,即本年度实际应提的坏账准备金额为 46.9−15.2+10=41.7(万元),多计提了 50.8−41.7=9.1(万元)。

由此可看出,该公司存在多计提坏账准备、虚减利润的行为,违背了会计准则的规定。另外,到期未收到款项的应收票据应转为应收账款,而该公司未转。鉴于此,A 注册会计师应提请被审计单位将多计提的 9.1 万元冲回,并调整当期利润。同时调整应收票据的贷方余额。调整分录为

  借:资产减值损失   91 000
    贷:坏账准备   91 000
  借:所得税费用   22 750
    贷:应交税费——应交所得税   22 750
  借:应收账款——甲公司   150 000
    贷:应收票据——甲公司   150 000

若审计是在年终结账后进行的,则调整分录为

  借:坏账准备   91 000
    贷:以前年度损益调整   91 000
  借:以前年度损益调整   22 750
    贷:应交税费——应交所得税   22 750
  借:应收账款——甲公司   150 000
    贷:应收票据——甲公司   150 000

第五节 其他相关账户的审计

一、应收票据的审计

应收票据是核算企业因销售商品、产品、提供劳务等而收到的商业汇票,包括银行承兑汇票和商业承兑汇票。注册会计师对应收票据实施的实质性测试程序主要如下:

(1)获取或编制应收票据明细表。注册会计师应获取或编制应收票据明细表,复核加计是否正确,并与总账数和明细账合计数核对是否相符;结合坏账准备科目与报表数核对是否相符。还应检查非记账本位币应收票据的折算汇率及折算是否正确,检查逾期

票据是否已转为应收账款。

(2) 监盘库存票据。注册会计师监盘库存票据时，应注意票据的种类、号数、票面金额、合同交易号、付款人、承兑人、背书人姓名或单位名称、利率、贴现率、签收的日期、到期日、收款日期、收回金额等是否与应收票据登记簿的记录相符，是否存在已做抵押的票据和银行退回的票据。

(3) 函证应收票据。必要时抽取部分票据向出票人函证，以证实应收票据的存在性和可收回性，并编制函证结果汇总表。

(4) 审查应收票据的利息收入。注册会计师应计算应收票据的应计利息收入并与账面金额比较，如果不符，应加以分析，特别要对"财务费用——利息收入"账户中那些与应收票据账户中所列任何票据均不相关的贷方金额加以注意，因为这些贷方金额可能代表以收取利息的票据未曾入账。

(5) 审查已贴现的应收票据。对于已贴现的应收票据，注册会计师应审查其贴现额与贴现息的计算是否正确，会计处理是否恰当。

(6) 审查应收票据在财务报表中的披露是否恰当。注册会计师应检查被审计单位资产负债表中应收票据项目的数据是否与审定数相符，是否减除了已贴现的票据，在财务报表中披露的内容是否充分。

案例 6-6

A 注册会计师在 2016 年 1 月审查丙股份有限公司的票据时，发现 2015 年 12 月 20 日贴现一张票面面额为 600 000 元，利率为 8%，90 天到期的带息应收票据，该公司已持有 60 天，按 10% 的贴现率进行贴现，该公司账户资料记载所得的贴现款为 596 900 元，无银行出具的有关凭证，会计处理如下。

借：银行存款　　　　　　　　　　　　　　　596 900
　　财务费用　　　　　　　　　　　　　　　　3 100
　　贷：应收票据　　　　　　　　　　　　　　　　　600 000

假如你是 A 注册会计师，你该做怎样的审计处理？

分析点拨

根据丙公司的应收票据的信息，可以计算丙公司的应收票据的贴现款：

利息：600 000×8%×90/360=12 000（元）

到期值：600 000+12 000=612 000（元）

贴现息：612 000×10%×30/360=5 100（元）

贴现额：612 000-5 100=606 900（元）

由此可以看出，该公司的应收票据贴现款实际是 606 900 元，而不是账面上记载的 596 900 元，而且该公司没有银行出具的有关凭证，从而少记 10 000 元。这少记的 10 000 元很可能是经手人贪污利息，注册会计师应进一步搜集证据，查明原因，看其是否还存在其他关联错报。

该公司 2015 年度正确的会计分录应为

借：银行存款　　　　　　　　　　　　　　　606 900

贷：应收票据　　　　　　　　　　　　　　　　　　　　600 000
　　　　财务费用　　　　　　　　　　　　　　　　　　　　　6 900
　　由此可知，该公司的财务费用多记了 10 000 元，应要求被审计单位在 2016 年 1 月做审计调整，并向经手人追回。丙公司应做如下调整：
　　借：其他应收款　　　　　　　　　　　　　　　　　　 10 000
　　　贷：以前年度损益调整　　　　　　　　　　　　　　　 10 000
　　借：以前年度损益调整　　　　　　　　　　　　　　　　 2 500
　　　贷：应交税费——应交所得税　　　　　　　　　　　　 2 500
　　同时调整有关科目如"盈余公积"等账户的金额，调整会计报表有关项目的数据。

二、预收账款的审计

　　预收账款是在企业销售业务成立前，预先收取的部分货款。注册会计师应结合企业销售业务对预收账款进行审计。注册会计师对预收账款的实质性测试程序主要如下。

　　（1）获取或编制预收账款明细表，复核其加计数量是否正确，并与明细账合计数和总账的余额核对，看其是否相符。

　　（2）选择异常、重大预收账款项目进行函证，并分析回函结果。

　　（3）检查预收账款是否存在借方余额，决定是否将其重分类。

　　（4）检查预收账款长期挂账的原因，并做记录调整。

　　（5）检查其他应付款是否已在资产负债表上做充分披露。

三、销售费用的审计

　　销售费用是指企业在销售商品的过程中发生的费用。注册会计师对销售费用的实质性测试程序主要如下。

　　（1）获取或编制销售费用明细表，复核加计是否正确，并与明细账合计数和总账数核对，看其是否相符。

　　（2）检查销售费用的明细项目的设置和相关费用标准是否符合有关规定，查明其项目是否划分了销售费用与其他费用的界限。

　　（3）将本期销售费用与上期销售费用做比较，将本年的销售费用的各月具体数额在月与月之间比较，查明是否有异常波动，并做进一步审计处理。

　　（4）选择重大、异常销售费用，抽查其原始凭证，看其原始凭证及所附单据是否合法合理，处理是否恰当。

　　（5）对销售费用实施截止测试，检查有无重大跨期入账的现象，对于重大跨期项目应建议做必要调整。

　　（6）检查销售费用的结转是否正确、合规，查明有无多转、少转或不转销售费用以及人为调整利润的情况。

　　（7）检查销售费用是否已在利润表中恰当列报。

思 考 题

1. 销售与收款循环过程中可能存在的重大错报风险的情形有哪些?
2. 注册会计师在执行应收账款程序时,如何确定函证的范围、方式和对象?
3. 如何对主营业务实施截止测试?

业 务 题

1. 甲股份有限公司主要从事建材的生产、销售以及建筑安装工程,并常年聘请 Y 会计师事务所对其年报进行审计。A 注册会计师负责审计甲公司 2016 年度财务报表,拟于 2017 年 4 月 20 日出具审计报告。财务报表的整体重要性为 25 万元。A 注册会计师在审计工作底稿中记录了甲公司销售与收款循环的内部控制,部分内容摘录如下:

序号	风 险	控 制
(1)	已记账的收入未发生或不准确	财务人员将经批准的销售订单、客户签字确认的发运凭单及发票所载信息相互核对无误后,编制记账凭证(附上上述单据),经财务部经理审核后入账
(2)	应收账款记录不准确	每季度末财务部向客户寄送对账单。如果客户未及时回复,销售人员需要跟进;如客户回复表明差异超过该客户欠款金额的 5%,则进行调查
(3)	向客户提供长期信用期而增加坏账损失风险	客户的信用期由信用管理部审核批准,如长期客户临时申请延长信用期,由销售部经理批准

要求

针对上述所给资料分析甲公司的内部控制设计是否存在缺陷。如果存在缺陷,请简要说明理由。

答案及解析

(1) 不存在缺陷。

(2) 存在缺陷。理由:注册会计师应调查所有差异,即使差异未超过甲公司对该客户应收账款余额的 5%,也应当调查。

(3) 存在缺陷。理由:未实现职责分离目标,长期客户临时申请延长信用期,应经信用管理部审核。

2. M 注册会计师审计了甲股份有限公司 2015 年的财务报表,出具了无保留意见的审计报告。2017 年年初,M 注册会计师对甲公司 2016 年年报进行审计时发现:甲公司 2016 年度的经营形势、管理及组织架构与 2015 年度比较未发生重大变化,且未发生重大重组行为。其他相关资料如下。

资料一:甲公司正在建设施工的一个预算投资为 1 500 万元的仓储中心,M 注册会计师了解到该项目未正常获得当地国土资源部门批准,当地政府部门要求甲公司在 2017

年 1 月前拆除。

资料二：甲公司 2016 年度利润表和 2015 年度利润表的部分项目如下。

万元

项　　目	2016 年度（未审数）	2015 年度（已审数）
一、营业收入	87 000	61 500
减：营业成本	60 000	49 500
税金及附加	1 500	1 350
销售费用	6 000	4 800
管理费用	（7 500）	3 000
财务费用	1 500	1 350
资产减值损失	0	0
加：公允价值变动损益	0	0
投资收益	7 500	3 000
二、营业利润	33 000	4 500
加：营业外收入	1 500	2 250
减：营业外支出	3 000	3 000
三、利润总额	31 500	3 750
减：所得税费用（税率25%）	8 625	1 012.5
四、净利润	22 875	2 737.5

资料三：甲公司 2016 年度及 2015 年度销售费用明细如下。

万元

项　　目	2016 年度（未审数）	2015 年度（审定数）
广告费用	2 100	1 800
产品质量保证	750	—
运输费用	1 650	1 500
工资	1 500	1 500
合计	6 000	4 800

要求

（1）对于资料一，结合资料二中的利润表，分析资产减值损失项目是否正常。如果不正常，请分析会涉及资产减值损失的哪项认定的重大错报风险，同时请 M 注册会计师提出审计调整意见。

（2）为确定重点审计领域，M 注册会计师拟实施实质性分析程序。请对资料一和资料二进行分析，指出利润表中的异常波动项目；对资料三进行分析后，指出需要重点审计的销售费用明细项目。

（3）M 注册会计师拟对营业收入实施实质性分析程序，请列出对营业收入进行实质性分析程序的内容。

答案及解析

（1）资产减值损失 2016 年度数额不正常，因为预算投资的 1 500 万元仓储中心属于政府部门要求拆除的违建项目，资产负债表项目在建工程必然发生减值损失，该事项直接与资产减值损失项目的"完整性"认定相关，注册会计师应当提请甲公司估计并补提资产减值损失。

（2）利润表的异常波动项目有营业收入、营业成本、销售费用、管理费用、资产减值损失、投资收益、所得税费用。需要重点审计的销售费用明细项目为产品质量保证。

（3）M 注册会计师应实施以下营业收入的实质性分析程序。

① 将本期的主营业务收入与上期的主营业务收入、销售预算或预测数等进行比较，分析主营业务收入及其构成的变动是否异常，并分析异常变动的原因。

② 计算本期重要产品的毛利率，与上期预算或预测数据比较，检查是否存在异常，各期之间是否存在重大波动，查明原因。

③ 比较本期各月各类主营业务收入的波动情况，分析其变动趋势是否正常，是否符合被审计单位季节性、周期性的经营规律，查明异常现象和重大波动的原因。

④ 将本期重要产品的毛利率与同行业企业进行对比分析，检查是否存在异常。

第七章

采购与付款循环审计

HTF公司审计案

HTF公司成立于2007年11月,是一家从事建筑节能新材料、新型墙体及屋面材料、集成房屋产品及体系的研发、生产的国家高新技术企业。证监会对HTF公司报送虚假发行申请文件行为进行了立案调查,发现:

其一,HTF公司在2010—2012年,通过虚增销售收入、虚增固定资产、虚列付款等多种手段虚增利润且存在关联交易披露不完整等行为,导致报送的IPO申报文件(含《招股说明书》、相关财务报表等)及《HTF公司关于报告期财务报告专项检查的说明》(以下简称《HTF公司检查说明》)存在虚假记载。

一、虚增销售收入

2010—2012年,HTF公司通过虚构客户、虚构销售业务等手段虚增销售收入,3年共计92 560 597.15元,其中:2010年虚增11 302 460.63元,2011年虚增36 642 518.14元,2012年虚增44 615 618.38元,分别占当年账面销售收入的10.22%、17.54%、16.43%。具体包括:虚构安徽CY公司等74家公司客户及其销售业务,虚增销售收入58 232 201.59元;虚构与广东HY公司等14家公司客户的销售业务,虚增销售收入18 797 508.79元;虚构与HHN公司等7家公司客户的销售业务,虚增销售收入8 361 386.46元;虚构与湖北TF公司等2家公司客户的销售业务,虚增销售收入2 327 418.09元;虚构李某等6个自然人客户的销售业务,虚增销售收入4 842 082.22元。

二、虚增固定资产

HTF公司通过虚构固定资产采购和贷款利息支出资本化,2010—2011年,累计虚增固定资产和在建工程10 316 140.12元,占2011年年末公司资产总额的3.08%;2010—2012年,共计虚增固定资产和在建工程27 923 990.26元,占公司2012年年末资产总额的5.83%。具体包括:虚构向中国台湾HD机械公司和意大利OMS进口设备采购交易虚增固定资产与在建工程25 812 879.11元,其中2011年虚增固定资产9 595 120.94元,2012年虚增固定资产8 738 985.04元,2012年虚增在建工程7 478 773.13元;通过国家开发银行H省分行贷款利息支出资本化虚增在建工程2 111 111.15元,其中2011年721 019.18元,2012年1 390 091.97元。

三、虚增利润

2010—2012年,HTF公司虚增利润共计34 390 224.35元,其中:2010年,虚增利

润 4 088 464.23 元，占当年利润总额的 14.11%；2011 年，虚增利润 14 044 687.34 元，占当年利润总额的 23.46%；2012 年，虚增利润 16 257 072.78 元，占当年利润总额的 22.94%。

四、虚列付款

HTF 公司 2010—2012 年虚列向开封市 SHL 公司、上海市 SY 公司、新乡市 TFJN 公司等 13 家供应商付款共计 29 441 438.62 元。其中：2011 年，虚列付款 2 047 337.40 元，2012 年，虚列付款 27 394 101.22 元。

五、关联交易披露不完整

2010—2012 年，HTF 公司通过以下三种方式隐瞒关联交易，导致在《招股说明书》中关联交易披露不完整：HTF 公司将关联交易资金往来在财务记账时直接篡改为与非关联第三方往来，3 年共计 3 622 411.02 元，其中 2011 年为 747 953.25 元，2012 年为 2 874 457.77 元。HTF 公司与 HTFTZ 公司、HGJG 公司、天丰 JS 银行账户间存在大额资金拆借，未计入财务账，3 年合计 544 211 105.30 元。其中，2010 年 97 630 000 元、2011 年 437 581 105.30 元、2012 年 9 000 000 元。

六、账银不符，伪造银行对账单

HTF 公司《招股说明书》存在"母公司资产负债表中 2011 年 12 月 31 日货币资金余额为 65 499 487.33 元"的虚假记载，实际货币资金余额应为 35 499 487.33 元。

HTF 公司明细账显示 JS 银行新乡牧野支行 410015577100502××××账户，2011 年 12 月 31 日的财务账面余额为 30 380 019.96 元，JS 银行对账单显示，2011 年 12 月 31 日该银行账户余额为 380 019.96 元。

为了掩盖上述差异，HTF 公司伪造了 JS 新乡牧野支行××××账户 2011 年度银行对账单。此外，为了配合前述财务造假行为，TF 公司还伪造了新乡市区农村信用联合社 321062325××××账户等账户自 2010 至 2012 年的全套对账单。

其二，HTF 公司财务不独立，在独立性方面有严重缺陷，《招股说明书》中相关内容存在虚假记载。

证监会经调查核实后对 HTF 公司给予警告，并处以 60 万元罚款，对相关责任人也给予警告罚款。

资料来源：中国证监会行政处罚决定书〔2014〕19 号文.

在这个案例中我们可以发现 TF 公司主要是在采购与付款环节进行了舞弊，通过"固定资产""在建工程""应付账款"等科目隐藏真实的交易金额，虚增资产和利润。该案例提醒注册会计师在审计时应了解被审计单位的生产经营环境、业务生产经营流程，获取充分适当的审计证据，保持职业怀疑态度。

第一节 采购与付款循环的主要活动及其关键控制

采购与付款循环包括购买商品与劳务，以及企业在生产经营活动中为获取收入而发生的各项支出，采购与付款循环主要影响资产负债表中的应付账款、固定资产、在建工程、固定资产清理等账户。

本节主要包括三个部分的内容：一是采购与付款循环所涉及的主要业务内容；二是采购与付款循环所涉及的主要凭证和记录；三是采购与付款循环的关键控制。

一、采购与付款循环所涉及的主要业务内容

这部分主要介绍采购与付款循环所涉及的主要业务内容，如图 7-1 所示。

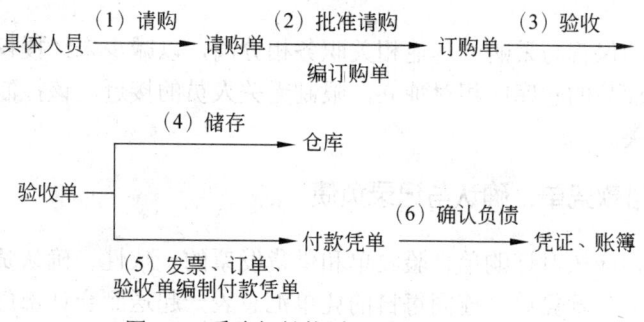

图 7-1 采购与付款循环和各交易循环

（一）填写请购单

仓库员负责对需要购买的已列入清单的项目填写请购单，其他部门也可以对所需要购买的未列入存货清单的项目编制请购单。很多企业对正常经营所需物资的购买均做一般授权，比如，仓库库存达到再订购时就可以直接提出采购申请，其他部门也可以为正常的维修工作或类似工作直接申请相关商品的采购。但对于资本支出和租赁合同，企业通常只允许特定人员申请采购并须作特别授权。请购单即可用手工编制也可用计算机编制，由于填写请购单的部门比较多，所以请购单的填写不必连续编号，但每张请购单必须经过对这类支出预算负责的主管人员签字批准。请购单是采购与付款循环的起点，也是证明有关采购交易的"发生"认定的证据之一。

（二）编制订购单

采购部门在收到请购单后，只能对经过批准的请购单发出订购单。采购部门应为每张订购单确定最佳供货来源。对于一些大额、重要的采购应采取竞价的方式来确定供应商，以保证供货的质量、及时性和成本的低廉。订购单应填明采购商品的名称、数量、规格、价格、厂商名称和地址等。订购单须经预先编号并经被授权的采购人员签名，正联寄给供应商，副联则送至企业内部的验收部门、应付凭单部门和编制请购单的部门。随后，应独立检查订购单的处理，以确定是否确实收到商品并正确入账。编制顺序编号的订购单与采购交易的"完整性"认定有关。

（三）验收商品

验收部门收到商品时需要逐一核对订购单上的要求，如商品的名称、规格、数量、厂商等信息，并盘点验收商品是否完整无瑕。验收商品后，验收商品部门须对已收货的每张订购单编制一式多联、预先编号的验收单，作为验收商品和检查商品的依据。验收

人员将商品交送仓库或其他请购部门时,要取得经过签字的收据,或要求其在验收单的副联上签收,以确立他们对其采购商品应负的保管责任。验收人员还应将其中的一联验收单送交应付凭单部门。验收单与资产或费用以及与采购有关的负债的"存在或发生"认定有关,顺序编号的验收单也与采购交易的"完整性"认定相关。

(四)储存已验收的商品

将验收商品的保管与采购的其他相关职务相分离,以减少未经授权的采购和盗用商品的风险。存放商品的仓库应相对独立,限制无关人员的接近。该控制与商品的"存在与发生"认定有关。

(五)编制付款凭单,确认与记录负债

货物验收后,应核对订购单、验收单和供货发票的一致性,确认负债,编制付款凭单,并将经审核的付款凭单,连同每日的凭单汇总表一起送到会计部门,以编制有关记账凭证与登记有关明细账和总账账簿。

(六)支付款项

企业应在应付账款到期之前付款,企业有多种款项结算方式,但以支票结算方式为主。在签发支票的同时要登记现金日记账和支票簿,以便登记每一笔付款。已签发的支票要连同有关发票、合同凭证移送给相关负责人审核签字,并将支票寄给供应商。

(七)记录现金、银行存款支出

会计部门应根据已签发的支票编制付款记账凭证,并登记银行存款日记账和其他相关账户。

二、主要凭证和记录

(一)请购单

请购单是由资产使用、产品制造等部门的相关人员填写,移交采购部门,申请购买商品、劳务或其他资产的书面凭证。

(二)订购单

订购单由采购部门预先编号填写,是向另一企业购买商品、劳务或其他资产的书面证明凭证。

(三)验收单

验收单是收到商品、资产时所编制的凭证,列示从供应商处收到商品的种类、数量等相关内容。

(四) 卖方发票

卖方发票是由供应商开具的,交给买方的用以载明发运货物或提供劳务、应付金额和应付条件等事项的证明。

(五) 付款凭单

付款凭单是由采购方企业的应付凭单部门编制的,载明已收到的商品或接受劳务的厂商、应付款金额和付款日期的凭证。付款凭单是采购方企业内部记录和支付负债的授权证明文件。

(六) 转账凭证

转账凭证是指记录转账业务的记账凭证,它是根据有关转账业务的原始凭证编制的。

(七) 付款凭证

付款凭证包括现金付款凭证和银行存款付款凭证,是指用来记录现金和银行存款支出业务的记账凭证。

(八) 应付账款明细账

各应付账款明细账的余额合计数应与应付账款总账的余额相等。

(九) 现金日记账和银行存款日记账

现金日记账和银行存款日记账是用来记录应付账款的偿还以及其他各种现金、银行存款收入和支出的日记账。

(十) 卖方对账单

卖方对账单是指由供应商按月编制,标明期初余额、本期购买、本期支付给卖方的款项和期末余额的凭证。卖方对账单是供应商对交易的陈述,如果不考虑买卖双方在收发货物上的时间差等因素,其期末余额通常应与采购方相应的应付账款期末余额一致。

三、采购与付款循环的关键控制

(一) 适当的职责分离

适当的职责分离有利于防止各种有意或无意的错报。在采购与付款循环涉及的业务活动中,需要注意恰当的职责分离的是:①请购与审批;②询价与确定供应商;③采购合同的订立与审批;④采购与验收;⑤采购、验收与会计记录;⑥付款审批与付款执行。

(二) 正确的授权审批

注册会计师主要关注三个关键点的授权:①采购的预算批准,采购清单须经过采购预算人员的审批；②采购价格授权，企业须通过竞价的方式来确定供应商，经主管领导签字后采购人员才能办理采购业务；③付款授权，被授权人员须在付款凭单上签字，以示批准照此凭单要求付款。

（三）单证控制

存货的收入、发出、结存业务频繁、核算复杂，所以需要加强对请购单、订购单、入库单、付款凭证等单据的管理，尤其是保管部门要关注这些单据的动向。与此同时，企业要将所有存货都按品种、规格、型号等建立仓库明细卡，并妥善保管。

（四）内部检查程序

企业应当建立对采购与付款循环的内部监督检查制度。其主要内容包括：①人员及相关岗位的设置，重点检查是否存在采购与付款交易不相容职务混岗情况；②授权审批制度的执行情况，重点检查大宗采购与付款交易的授权审批手续是否健全，是否有越位审批行为；③应付账款与预付账款的管理，重点检查其支付的正确性、时效性和合法性；④相关单据、凭证和文件的使用保管情况，重点检查凭证的登记、领用、传递、保管、注销手续是否健全，使用和保管制度是否存在漏洞。

第二节 采购与付款循环的控制测试

表 7-1 比较详细地说明了销售交易的内部控制目标、关键内部控制和控制测试的关系。通过表 7-1 可以看出，采购与付款循环有哪些具体的控制测试。

表 7-1 采购交易的内部控制目标、关键内部控制和控制测试

内部控制目标	关键内部控制	控制测试
所记录的采购交易都确已收到商品或已接受劳务（发生）	请购单、订购单、验收单和卖方发票齐全，并附在付款凭单之后。采购经恰当的授权批准。注销凭单以防止重复使用。对卖方发票、验收单、订购单和请购单做内部核查	检查付款凭单后是否附有完整的相关单据。检查批准采购的标记。检查注销凭证的标记。检查内部核查的标记
已发生的采购交易均已记录（完整性）	订购单均事先连续编号并将已完成的采购登记入账。验收单均经事先连续编号并已记入账。应付凭单均经事先连续编号并登记入账	检查订购单连续编号的完整性。检查验收单连续编号的完整性。检查应付凭单连续编号的完整性
记录的采购交易估价正确（准确性、计价和分摊）	对计算的准确性进行内部核查。采购价格和折扣的批准	检查内部核查的标记。检查批准采购价格和折扣的标记
采购交易的分类的正确（分类）	采用适当的会计科目表。分类的内部核查	检查工作手册和会计科目表。检查有关凭证上内部核查的标记

续表

内部控制目标	关键内部控制	控制测试
采购交易按正确的日期记录（截止）	要求收到商品或接受劳务后及时记录采购交易。 内部核查	检查工作手册并观察有无未记录的卖方发票存在。 检查内部核查的标记
采购交易被正确计入应付账款和存货等明细账中，并正确汇总（准确性、计价和分摊）	应付账款明细账内容的内部核查	检查内部核查的标记

第三节 应付账款审计

应付账款是企业在正常经营过程中，因购买材料、商品和接受劳务供应等而付给供应商的款项。应付账款是随着企业的赊购交易而形成的，所以注册会计师应结合赊购交易进行审计。

一、应付账款的审计目标

应付账款的审计目标一般包括以下方面。

（1）确定资产负债表中记录的应付账款是否存在。

（2）确定所有应当记录的应付账款是否均已记录。

（3）确定资产负债表中记录的应付账款是否为被审计单位应当履行的现时义务。

（4）确定应付账款是否以恰当的金额包括在财务报表中，与之相关的计价调整是否已恰当记录。

（5）确定应付账款是否已按照企业会计准则的规定在财务报表中做恰当的列报。

二、应付账款的实质性程序

（一）获取或编制应付账款明细表

注册会计师应获取或编制应付账款明细表，复核加计是否正确，与明细账合计数、总账数核对看其是否相符。

（二）执行实质性分析程序

（1）比较应付账款的期初余额与期末余额，分析其波动原因。

（2）分析长期挂账的应付账款，要求被审计单位做出解释，判断被审计单位是否缺乏偿债能力或利用应付账款隐瞒利润，特别关注账龄超过3年的大额应付账款在资产负债表日后是否偿付，检查偿付记录、单据及披露情况。

（3）计算应付账款与存货的比率，应付账款与流动负债的比率，并与以前年度相关比率对比分析，评价应付账款整体的合理性。

(4)计算分析存货和营业成本等项目的增减变动,判断应付账款增减变动的合理性。

(三)函证应付账款

在通常情况下,应付账款并非必须函证,因为函证并不能保证查出未记录的应付账款,注册会计师可以通过采购发票等外部凭证来证实应付账款的余额的真实性。在控制风险较高,某应付账款明细账户金额较大时,应考虑对应付账款进行函证且最好采用积极函证方式,并具体说明应付金额。如果存在未回函的重大项目,注册会计师应采用替代审计程序,比如,可以检查该笔债务的合同、发票、验收单等相关凭证资料,核实应付账款的真实性。

案例 7-1

A 注册会计师接受委托对上市公司甲 2015 年度的财务报表进行审计。在对甲公司的应付账款项目进行审计时,注册会计师应对哪位供应商进行函证(见表7-2)。

表 7-2　甲公司应付账款供应商的明细资料　　　　　　　　　　万元

供应商	应付账款年末余额	本年度进货总额
A 公司	38 000	424 600
B 公司	13 000	15 000
C 公司	—	396 000
D 公司	4 530	9 920

分析点拨

注册会计师应选择 A 公司和 C 公司进行应付账款余额的函证。因为应付账款的函证,应选择那些可能存在较大余额而并非在会计决算日有较大余额的债权人,应付账款函证的目的在于查实有无未入账的负债,而不在于验证具有较大年末余额的债务。甲公司向 A 公司和 C 公司采购了大量商品,而应付账款年末余额较少,存在漏记负债业务的可能性比较大。

(四)查验应付账款计入的会计期间是否正确,是否存在未入账的应付账款

为了检查应付账款的入账时间是否正确,以及是否存在未入账的应付账款,注册会计师应执行以下的具体任务:对本期发生的应付账款的增减变动,检查其相关的支持性文件,确认其会计处理是否正确;检查资产负债表日后应付账款明细账贷方发生额的相应凭证,关注其购货发票的日期,确认其入账时间是否合理;获取并检查被审计单位与其供应商之间的对账单以及被审计单位编制的差异调节表,确定应付账款金额的准确性;针对资产负债表日后的付款项目,检查银行对账单及有关付款凭证(如银行汇款通知、供应商收据等),询问被审计单位内部或外部的知情人员,查找有无未及时入账的应付账款;结合存货监盘程序,检查被审计单位在资产负债表日前后的存货入库资料(验收报告或入库单),检查相关负债是否计入了正确的会计期间。

(五)检查已偿付的应付账款

注册会计师应追查银行对账单、银行付款单据和其他原始凭证,检查其是否在资产负债表日前真实偿付。

(六)检查重大或异常交易及重大调整事项

注册会计师应检查相关原始凭证和会计记录,分析其交易的真实性、合理性。

(七)检查债务重组的会计处理

被审计单位与债权人进行债务重组的,应检查不同债务重组方式下的会计处理是否恰当。

(八)检查应付关联方交易的款项

针对应付关联方(包括 5%及其以上表决权股份的股东)的款项,执行关联方及其交易审计程序,并注明合并报表应予抵销的金额。

(九)检查是否在财务报表中做恰当列报

一般来说,"应付账款"项目应根据"应付账款"和"预付账款"科目所属明细科目的期末贷方余额的合计数填列。如果被审计单位为上市公司,则通常在其财务报表附注中应说明有无欠持有 5%及其以上表决权股份的股东账款;说明账龄超过 3 年的大额应付账款未偿还的原因,并在期后事项中反映资产负债表日后是否偿还。

案例 7-2

注册会计师 W 和 Z 接受委托对甲股份有限公司 2015 年度会计报表进行审计。在审计"应付账款"项目时,发现 2015 年年末应付账款余额中有应付 A 公司 60 万元、应付 B 公司 75 万元的借方余额。如果你是注册会计师,你该对被审计单位提出怎样的建议?

分析点拨

应付 A、B 公司的借方账户余额,均是正常经济业务往来款项。根据《企业会计准则》的规定,应做重分类调整。因此,注册会计师应建议被审计单位做如下调整:

借:预付账款——A 公司	600 000
——B 公司	750 000
贷:应付账款——A 公司	600 000
——B 公司	750 000

第四节 固定资产审计

企业的固定资产使用周期长、价值大、更新慢,较存货而言,其数量上的增减变化没有那么频繁,发生数量上的差错也比较少。故而注册会计师在制订总体审计计划时，通常对固定资产审计安排的时间比较少，审计程序也比较简单。但又由于固定资产的单位价值高，且其价值总额在资产总额中一般都占比较大的比重，固定资产的完整与安全关系着企业的整个生产经营活动，所以注册会计师又要高度重视固定资产的审计。

一、固定资产的审计目标

固定资产的审计目标一般包括以下方面。
（1）确定资产负债表中记录的固定资产是否存在。
（2）确定所有应记录的固定资产是否均已记录。
（3）确定记录的固定资产是否由被审计单位拥有或控制。
（4）确定固定资产以恰当的金额包括在财务报表中，与之相关的计价或分摊已恰当记录。
（5）确定固定资产原价、累计折旧和固定资产减值准备是否已按照企业会计准则的规定在财务报表中做恰当列报。

二、固定资产的实质性测试程序

（一）索取或编制固定资产及累计折旧分类汇总表

注册会计师应检查固定资产的分类是否正确，并与明细账合计数、总账核对是否相符，结合固定资产累计折旧、固定资产减值准备科目与报表数核对是否相符。固定资产和累计折旧分类汇总表是审计固定资产和累计折旧的工作底稿，其格式如表 7-3 所示。

表7-3　固定资产和累计折旧分类汇总表

年　月　日

被审计单位：　　　　编制人：　　　日期：
　　　　　　　　　　复核人：　　　日期：　　　　　　　　　单位：

账户编号	固定资产类别	固定资产				累计折旧					
		期初余额	增加	减少	期末余额	折旧方法	折旧率	期初余额	增加	减少	期末余额
合计						合计					

固定资产和累计折旧分类汇总表包括固定资产和累计折旧两个部分。在填列这个表时，关键要注意期初余额栏的填列，注册会计师对其填列要分三种情况：一是如果被审计单位在首次接受审计的情况下，注册会计师应对期初余额进行全面审计，即全面审计被审计单位设立以来"固定资产"和"累计折旧"账户中的所有重要的借贷记录。二是在连续审计的情况下，应注意与上期审计工作底稿中的固定资产和累计折旧的期末余额

审定数核对相符。三是在变更会计师事务所时，后任注册会计师应查阅前任注册会计师有关工作底稿。

（二）实施实质性分析程序

固定资产的实质性分析程序主要包括以下方面。

(1) 在对被审计单位及其环境了解的情况下，通过：①分类计算本期计提折旧与固定资产原值的比率，将此比率与上期比较，旨在发现本期折旧额计算上的错误；②比较本期各月之间、本期与以前各期之间的修理及维护费用，旨在发现资本性支出和收益性支出区分上可能存在的错误，进行比较，并考虑有关数据间关系的影响，建立有关数据的期望值。

(2) 确定可接受的差异额。

(3) 将实际情况与期望值相比较，识别需要进一步调查的差异。

(4) 如果差异额超过了可接受的差异额，调查并获取充分的解释和恰当的审计证据。

(5) 评估实质性分析程序的测试结果。

（三）实地检查固定资产

实地检查固定资产，确定其是否存在，关注是否存在已报废但仍未核销的固定资产。

实施实地检查审计程序时，一是以固定资产明细分类账为起点，进行实地追查，以证明会计记录中所列固定资产确实存在，并了解其目前的使用状况；二是以实地为起点，追查至固定资产明细分类账，以获取实际存在的固定资产均已入账的证据。注册会计师实地检查的重点是本期新增加的重要固定资产，但观察范围的确定需要依据被审计单位内部控制的强弱、固定资产的重要性和注册会计师的经验来判断。如为首次接受审计，则应适当扩大检查范围。

（四）检查固定资产的所有权和控制权

对各类固定资产，注册会计师应获取、收集不同的证据以确定其是否真的归被审计单位所有。对外购的机器设备等固定资产，通常经审核采购发票、采购合同等予以确定；对于房地产类固定资产，须查阅有关的合同、产权证明、财产税单、抵押借款的还款凭据、保险单等书面文件；对融资租赁的固定资产，应验证有关融资租赁合同，证实其并非经营租赁；对汽车等运输设备，应验证有关运营证件等；对受留置权限制的固定资产，通常还应审核被审计单位的有关负债项目等予以证实。

（五）审查固定资产的增加

固定资产的增加是固定资产实质性程序的重要内容。固定资产增加的多种方式，包括购入、自制自建、投资者投入、更新改造增加、债务人抵债增加等多种来源渠道。注册会计师应询问管理层当年固定资产的增加情况，并与获取或编制的固定资产明细表进行核对；检查本年度增加的固定资产的计价是否正确，手续是否齐备，会计处理是否正确；检查固定资产是否存在弃置费用，如果存在弃置费用，检查弃置费用的估计方法和弃置费用现值的计算是否合理,会计处理是否正确。

案例 7-3

注册会计师审查乙公司固定资产账簿时发现,2015 年该公司有一项固定资产增加,系 2015 年 11 月 1 日购入的一台机器设备。抽查相关凭证时发现,机器设备的价值为 200 000 元,增值税税额为 34 000 元,发生运杂费 10 000 元,安装费 56 000 元,运杂费以银行存款付讫,设备款和安装费均未付讫,该设备当月安装完成并交付使用,乙公司的会计处理如下:

借:固定资产	234 000
管理费用	66 000
贷:应付账款	290 000
银行存款	10 000

如果你是该注册会计师,请你分析乙公司的会计处理是否恰当,如果不恰当请做审计调整。

分析点拨

外购固定资产的运杂费、安装费应计入固定资产成本,而不计入管理费用,生产用机器设备购进时发生的增值税进项税额可以抵扣。审计调整分录如下:

借:应交税费——应交增值税	34 000
贷:固定资产	34 000
借:固定资产	66 000
贷:管理费用	66 000

(六)审查固定资产的减少

固定资产的减少主要包括出售、投资转出、抵债转出、报废、毁损、盘亏等。为了保护固定资产的安全和完整,必须对固定资产的减少进行严格的审查,从而确定资产减少的合法性、真实性。固定资产减少的审计要点包括:审查减少固定资产的批准文件;审查减少固定资产是否进行技术检验或评估;审查减少固定资产的会计处理是否正确,累计折旧是否冲销;审查减少固定资产的净损益,验证其正确性与合法性,并与银行存款、营业外收支、投资收益等有关账户进行核对。

(七)审查固定资产的租赁

企业在生产经营过程中,有时可能有闲置的固定资产供其他单位租用;有时由于生产经营的需要,又须租用固定资产。租赁一般分为经营租赁和融资租赁两种。对经营租赁和融资租赁要分别查明租赁合同是否合法、合规,手续是否完备;租入固定资产是否属于企业必需;出租是否确系企业多余、闲置;有关会计处理是否恰当。

(八)审查暂时闲置的固定资产

获取暂时闲置固定资产的相关证明文件,并观察其实际状况,检查是否已按规定计提折旧，相关的会计处理是否正确。

（九）审查固定资产的抵押、担保情况

结合对银行借款的检查，了解固定资产是否存在重大的抵押、担保情况。如存在，应取证、记录并提请被审计单位做恰当的调整。

（十）审查固定资产是否在资产负债表中得到恰当的列报

财务报表附注通常应说明固定资产的标准、分类、计价方法和折旧方法；固定资产的预计使用寿命和预计净残值；按类别分项列示固定资产期初余额、本期增加额、本期减少额及期末余额情况；用作抵押、担保固定资产等情况。

三、累计折旧的实质性测试程序

固定资产在生产经营的不断使用过程中，其价值将随着固定资产的使用而逐渐转移到生产的产品之中，或构成经营成本或费用。这部分在固定资产使用寿命内，按照一定的方法对应计折旧额进行的系统分摊就是固定资产的累计折旧。固定资产累计折旧的实质性程序主要如下。

（1）获取或编制累计折旧分类汇总表，复核加计是否正确，并与总账数和明细账合计数核对是否相符。

（2）检查被审计单位制定的折旧政策和方法是否符合相关会计准则的规定，确定其所采用的折旧方法能否在固定资产预计使用寿命内合理分摊其成本，前后期是否一致，预计使用寿命和预计净残值是否合理。

（3）复核本期折旧费用的计提和分配。主要包括以下方面。

①审查折旧政策是否符合规定、计提折旧的范围是否正确、预计净残值和折旧方法是否合理、采用的加速折旧法是否缺少批准文件；②审查被审计单位折旧政策的前后期是否一致；③复核本期折旧费用的计提是否合理，主要包括：已计提部分减值准备的固定资产，计提的折旧是否正确；已全额计提减值准备的固定资产，是否已停止计提折旧；因更新改造而停止使用的固定资产是否已停止计提折旧，因大修理而停止使用的固定资产是否照提折旧；对融资租赁固定资产发生的、按规定可予以资本化的固定资产装修费用，是否在两次装修期间、剩余租赁期与固定资产尚可使用年限三者中较短的期间内，采用合理的方法单独计提折旧；对采用经营租赁方式租赁的固定资产发生的改良支出，是否在剩余租赁期与租赁资产尚可使用年限两者中较短的期间内，采用合理的方法单独计提折旧；持有待售的固定资产折旧处理是否符合规定；未使用、不需用和暂时闲置的固定资产是否按规定计提折旧；对按规定予以资本化的固定资产装修费用是否在两次装修期间与固定资产尚可使用年限两者中较短的期间内，采用合理的方法单独计提折旧，并在下次装修时将该项固定资产装修余额一次全部计入当期营业外支出；④检查折旧费用的分配方法是否合理，是否与上期一致，分配计入各项目的金额占本期全部折旧计提额的比例与上期比较是否有重大差异；⑤注意固定资产增减变动时，有关折旧的会计处理是否符合规定，查明通过更新改造、接受捐赠或融资租赁而增加的固定资产的折旧费

用计算是否正确。

（4）检查"累计折旧"账户贷方的本期计提折旧额与相应的成本费用中的折旧费用明细账户的借方相比较，以查明所计提折旧金额是否已全部摊入本期产品成本或费用。若存在差异，应追查原因，并考虑是否应做适当调整。

（5）检查累计折旧的减少是否合理，会计处理是否正确。

（6）确定累计折旧的披露是否恰当。

如果被审计单位是上市公司，通常应在其财务报表附注中按固定资产类别分项列示累计折旧期初余额、本期计提额、本期减少额及期末余额。

四、固定资产减值准备的实质性测试

固定资产的可收回金额低于其账面价值称为固定资产减值。这里的可收回金额应当根据固定资产的公允价值减去处置费用后的净额与资产预计未来现金流量的现值两者之间的较高者确定。这里的处置费用包括与固定资产处置有关的法律费用、相关税费、搬运费以及为使固定资产达到可销售状态所发生的直接费用等。固定资产减值准备的实质性测试主要包括以下方面。

（1）获取或编制固定资产减值准备明细表，复核加计是否正确，并与总账数和明细账合计数核对是否相符。

（2）检查固定资产减值准备计提的依据是否充分，会计处理是否正确。

（3）获取闲置固定资产的清单，并观察其实际状况，识别是否存在减值迹象。

（4）检查资产组的认定是否恰当，其减值准备计提的依据是否充分，会计处理是否正确。

（5）计算本期末固定资产减值准备占期末固定资产原值的比率，并与期初比率比较，分析固定资产的质量状况。

（6）检查被审计单位处置固定资产时原计提的减值准备是否同时结转，会计处理是否正确。

（7）检查是否存在转回固定资产减值准备的情况，按照《企业会计准则》的规定，固定资产减值损失一经确认，在以后会计期间不得转回。

（8）确定固定资产减值准备的披露是否恰当。根据《企业会计准则》的规定，企业应当在财务报表附注中披露：①当期确认的固定资产减值损失金额；②企业计提的固定资产减值准备累计金额。如果发生重大固定资产减值损失，还应当说明导致重大固定资产减值损失的原因，固定资产可收回金额的确定方法，以及当期确认的重大固定资产减值损失的金额。如果被审计单位是上市公司，其财务报表附注中通常还应分项列示计提的固定资产减值准备金额、增减变动情况以及计提的原因。

案例 7-4

注册会计师 W 接受委托审计 M 股份有限公司 2015 年度的会计报表。在审计"固定资产""累计折旧"和"固定资产减值准备"项目时发现下列情况。

（1）对已提足折旧继续使用的 A 机器设备，仍计提折旧。

（2）"未使用固定资产"中有固定资产——B设备，该公司未计提折旧。

（3）7月初购入的C设备3台，价值890万元，当月即投入使用并开始提取折旧。

（4）该公司采用年限平均法计提折旧，但在10月份改为加速折旧法计提折旧，这一改变经过了董事会的批准，未在财务报表附注中予以说明。

（5）有一D设备，其账面原值为25万元，累计折旧为零，减值准备为零，该设备因长期未使用，在可预见的未来不会再使用，经认定其转让价值为19 800元。M股份有限公司全额计提了减值准备。

如果你是该注册会计师，请你分析M股份有限公司的上述事项的处理是否恰当，如果不恰当请提出改进建议。

分析点拨

（1）根据《企业会计准则》的规定，已提足折旧继续使用的固定资产，不再计提折旧。该公司对其继续计提折旧，造成多计折旧、多记费用、少记利润，应提请M公司将多计提的折旧冲回。

（2）根据《企业会计准则》的规定，未使用的固定资产也应照提折旧，M公司须对B设备补提折旧。

（3）根据《企业会计准则》的规定，当月增加的固定资产当月不提折旧，从下一个月开始计提折旧。M公司的C设备应从8月开始计提折旧，而不是7月。

（4）根据《企业会计准则》的规定，固定资产的折旧方法一经确定，不得随意变更，如需变更，须经董事会批准，并在财务报表附注中予以披露。M公司变更折旧方法后，未按规定程序披露，应加以改正。

（5）根据《企业会计准则》的规定，只有当企业的固定资产由于长期闲置不用，在可预见的未来不会再使用，且无转让价值的情况下，方可计提全额准备，M公司的D设备虽然由于闲置已无使用价值，但仍有转让价值19 800元，不符合全额计提减值准备的条件。M公司的全额计提减值准备的做法将会使公司的费用多计、利润少计、固定资产的价值虚减，应冲回所计提的减值准备。调整分录如下：

借：固定资产减值准备　　　　　　　　　　　　　　19 800
　　贷：营业外支出　　　　　　　　　　　　　　　　　　19 800

同时考虑该项调整对当期利润及所得税的影响。

第五节　其他相关账户的审计

一、预付账款的审计

预付账款是指企业按购货合同的规定，预先支付给供货单位的货款。预付账款的实质性测试程序主要包括以下方面。

（1）审查预付账款明细账。获取或编制预付账款明细账，复核加计是否正确，并与明细账合计数、总账数和报表数核对是否相符；同时请被审计单位协助，在预付账款明细表上标出截至审计日已收到货物并冲销预付账款的项目。

（2）审查异常的预付账款。选择重大或异常的预付账款项目，进行函证看其是否相符。如果不相符，查明原因，做记录并适当调整，对未回函的可以再次复函或实施替代程序，检查该笔预付账款的相关凭证资料，或抽查报表日后预付账款明细表及存货明细账，核实货物是否已收到并转销，并根据替代程序检查结果判断其债权的真实性或出现坏账的可能性，对未发函的预付账款应抽查相关原始凭证。

（3）审查入库记录。抽查入库记录，检查有无重复付款或将一笔已付清的账款在预付账款和应付账款这两个账户同时挂账的情况。

（4）分析预付账款明细账余额，对于出现贷方余额的项目，应查明原因，必要时建议做重分类调整。

（5）审查预付账款是否已在资产负债表上恰当披露。如果被审计单位是上市公司，则通常应在资产负债表附注中披露预付账款账龄分析、预付款金额较大的名称、期末余额、预付时间、预付款原因，以及持有5%及其以上股份的股东单位账款等情况。

案例 7-5

注册会计师 Z 在实施对 G 公司的"预付账款"项目明细账核对程序时发现：

（1）"预付账款"账户中有 3 年前预付给 S 公司购材料款 1 100 万元和 T 公司购工具款 560 万元。注册会计师在向 G 公司索取有关供货合同及相关资料时，其均未能提供，要求其函证时也无法发函和回函。

（2）"预付账款"科目中有支付给 Q 公司的在建工程——技术改造款项 450 万元的明细账。经注册会计师抽查凭证，了解到 Q 公司已开具证实工程施工发票。

如果你是该注册会计师，请结合所给资料分析，G 公司的账务处理是否合适，如果不合适，应提出怎样的审计意见？

分析点拨

（1）通常情况下，经供需双方签订合同确定供货数量、时间、预付账款比例等条款后，购货方才能付出款项。而且在一定的供货期内，可以把预付账款大部分扣回。上述（1）的情况已属非正常情况，且数额较大，需要注册会计师根据各方情况综合分析判断，以确定其性质，履行必要的审计程序。注册会计师 Z 应追加以下审计程序：①追溯查验汇出款项的原始凭证、授权等有关资料；②要求被审计单位提供书面材料说明此款项的用途和未能清算的原因；③由审计人员第二次发出询证函，获取肯定或否定的证明。

（2）根据《企业会计准则》的规定，注册会计师应建议 G 公司将应计入"在建工程"或"预付工程款"科目中核算的在建工程款项，从"预付账款"科目中转出，并进行相应的账务调整：

借：在建工程（预付工程款）——技术改造　　　4 500 000
　　贷：预付账款——Q 公司　　　　　　　　　　　　4 500 000

二、应付票据的审计

应付票据是企业为购买材料、商品和接受劳务供应等而开出的商业汇票，包括银行承兑汇票和商业承兑汇票。应付票据的实质性测试程序主要如下。

（1）获取或编制应付票据明细表，并与明细账合计数、总账和报表数核对是否相符。一般来说，应付票据明细表应列明票据类别及编号、出票日期、面额、到期日、收款人名称、利息率、付息条件、抵押品名称、数量、金额等。在核对时，注册会计师应注意被审计单位有无漏报或错报的票据，有无漏列作为抵押的资产，有无属于应付账款的票据，有无漏计、多计或少计应付利息费用等情况。

（2）函证应付票据。进行函证时，注册会计师可分票据种类进行。对于应付银行的重要票据，应结合银行存款余额一起函证。凡是当年度与客户单位有往来的银行均应成为函证的对象，因为可能某一银行的存款已结清，但开给客户的应付票据仍未销案。询证函也要求银行列示借款抵押券，如用有价证券、应收账款及其他资产做担保时，应在函证中详细列明这些项目。应付其他债权人的重要票据，应以客户单位名义，由注册会计师直接向债权人发函。函证时，询证函应包括出票日、到期日、票面金额、未付金额、已付息期间、利息率以及票据的抵押担保品等项内容。

（3）检查逾期未付票据。注册会计师应审查有关会计记录和原始凭证，检查被审计单位有关到期仍未偿付的应付票据。如有逾期未付票据，应查明原因，如系有抵押的票据，应做记录，并提请被审计单位进行必要的披露。

三、在建工程的审计

在建工程是企业进行基础建设、安装工程、技术改造工程、大修理工程等发生的实际支出。在建工程的实质性测试程序主要如下。

（1）获取或编制在建工程明细表，对有关数字进行复核，并与明细账合计数、总账数和报表数核对是否相符，如果不相符，应查明原因，做记录，必要时做审计调整。

（2）审查在建工程的增减数额是否正确，如对于借款费用、工程管理费用资本化问题，应检查资本化的起止日的界定、计算方法、计算过程、会计处理等是否合理与正确；对于完工转销的在建工程，应检查转销额的计算是否正确，是否存在将已交付使用的固定资产仍挂在在建工程账上的问题等。

（3）审查在建工程项目期末余额的构成内容，并实地观察工程现场，确定在建工程是否存在，了解工程项目的实际完工进度，对在建工程累计发生额进行技术测定，并将其与账内数进行核对，检查其是否差距较大，判断其有无多计、少计或漏计工程费用的问题。

（4）审查在建工程减值准备的计提，应查明被审计单位的计提方法是否符合企业会计准则的规定，计提的数额是否正确，相关的会计处理是否恰当，已计提减值准备的在建工程价值得以回复时，是否又做相应转回。

（5）确定在建工程在资产负债表上的披露是否恰当。上市公司的资产负债表附注通常应披露主要在建工程的增减变动、期末余额的组成及相应的资金来源与工程进度等内容。

思 考 题

1. 采购与付款循环的控制测试有哪些？
2. 注册会计师应对应付账款可实施哪些实质性程序？
3. 固定资产的实质性程序有哪些？

业 务 题

1. 注册会计师 Z 负责审计甲公司 2016 年度财务报表，确定财务报表整体重要的重要性为 240 万元。

资料一：注册会计师 Z 在审计工作底稿中记录了甲公司的情况和环境，部分内容如下：甲公司原租用的办公楼月租金为 50 万元。自 2016 年 10 月 1 日起，甲公司租用新办公楼，租期为一年，月租金为 80 万元，免租期 3 个月。

资料二：注册会计师 Z 在审计工作底稿中记录了有关财务数据，部分内容摘录如下：

万元

项 目	2016 年（未审数）	2015 年（已审数）
管理费用——污水处理	150	100
管理费用——研发费	0	200
管理费用——租赁费	450	600

要求：针对所给资料，假定不考虑其他因素，指出资料一所列事项是否存在重大错报风险，如果存在重大错报风险，请简要说明理由。并说明该风险主要与哪些财务报表项目的哪些认定相关（不考虑实务影响）。

答案及解析

根据甲公司房屋租赁借款合同，甲公司 2016 年应入账办公楼租金管理费用为 $50\times9+[80\times(12-3)/12]\times3=630$（万元），但甲公司确认的 2016 年管理费用——租赁费为 450 万元，存在矛盾。因此，存在少计管理费用和负债的错报风险。该错报风险与管理费用的完整性认定、其他应付款的完整性认定相关。

2. 甲股份有限公司（以下简称甲公司）主要经营中小型机电类产品的生产和销售，日常交易采用自动化信息系统（以下简称系统）和手工控制相结合的方式进行。A 注册会计师负责审计甲公司 2016 年度财务报表，于 2016 年 12 月 1 日至 12 月 15 日对甲公司的采购与付款循环的内部控制进行了解、测试与评价。

资料一：A 注册会计师在审计工作底稿中记录了所了解的甲公司情况及其环境，部分内容摘录如下：

（1）除了于 2015 年 12 月借入的 2 年期、年利率 6%的银行借款 5 000 万元外，甲公司没有其他借款。上述长期借款专门用于扩建现有的一条生产线，以满足 D 产品的生产需要。该生产线总投资 6 500 万元，于 2015 年 12 月开工，2015 年 7 月完工投入使用（假设不考虑利息收入）。

（2）为加快新产品研发进度以应对激烈的市场竞争，甲公司于 2016 年 6 月支付 500 万元购入一项非专利技术的永久使用权，并将其确认为使用寿命不确定的无形资产。最新行业分析报告显示，甲公司竞争对手乙公司已于 2016 年年初推出类似新产品，市场销售良好。同时，乙公司宣布将于 2017 年 12 月推出更新一代的换代产品。

（3）甲公司于 2016 年 7 月完工投入使用的一个仓库被有关部门认定为违章建筑，被要求在 2017 年 6 月底前拆除。

资料二：A 注册会计师在审计工作底稿中记录了所获取的甲公司财务数据，部分内容摘录如下。

（1） 万元

项目	2016 年（未审数）	2015 年（已审数）
无形资产		
非专利技术	500	0
利息支出	300	25
减：利息资本化	250	25
净利息支出	50	0

（2） 万元

项目	2016 年年初数（已审数）	本年增加（未审数）	本年减少（未审数）	2015 年年末数（未审数）
固定资产原价				
其中：房屋建筑物	4 461	150	0	4 611
减：累计折旧				
其中：房屋建筑物	2 031	140	0	2 171
减：固定资产减值准备	0	0	0	0

资料三：A 注册会计师在审计工作底稿中记录了所了解的有关采购与付款循环部分内容摘录如下。

（1）采购原材料须由请购部门编制请购单，采购部门审核请购单后发出预先连续编号的采购订单。采购的原材料经采购人员验收后入库，仓库人员收到原材料后编制预先连续编号的入库单，并交采购人员签字确认。

（2）应付凭单部门核对供应商发票、入库单和采购订单，并编制预先连续编号的付款凭单。会计部门在接到经应付凭单部门审核的上述单证和付款凭单后，登记原材料和应付账款明细账。月末，在与仓库核对连续编号的入库单和采购订单后，应付凭单部门对相关原材料入库数量和采购成本进行汇总。应付凭单部门对已经验收入库但尚未收到供应商发票的原材料编制清单，会计部门据此将相关原材料暂估入账。

要求

（1）针对资料一（1）至（3）项，结合资料二，假定不考虑其他条件，请逐项指出资料一所列事项是否可能表明存在重大错报风险。如果认为存在,请简要说明理由,并分别说明该风险是属于财务报表层次还是认定层次。如果认为属于认定层次,请指出相关事项与财务报表项目的何种认定相关。

(2)针对资料三第(1)至第(2)项,假定不考虑其他条件,请逐项判断甲公司上述控制程序在设计上是否存在缺陷。如果存在缺陷,请分别予以指出,并简要说明理由,提出改进建议。

(3)针对资料三第(1)至第(2)项,请指出哪一项与"已发生的采购业务均已记录"这一控制目标相关,并确定针对该控制目标的测试程序。

答案及解析

针对要求(1):

事项序号	是否表明存在重大错报风险(是/否)	理 由	重大错报风险属于财务报表层次还是认定层次	财务报表项目和认定
(1)	是	工程7月完工,但资本化了10个月的利息支出,可能高估了固定资产成本、低估了2016年的财务费用	认定层次	固定资产/存在 财务费用/完整性
(2)	是	竞争对手已推出新产品,并预计在1年后推出更新一代产品,购入的非专利技术可能存在因少计减值准备而高估账面价值的风险(考虑到非专利技术能为甲公司带来经济利益的期限可能有限,应考虑是否将其认定为使用寿命有限的无形资产,并进行摊销,因此可能存在高估无形资产账面价值的风险)	认定层次	无形资产/计价和分摊
(3)	是	使用不久的仓库将被拆除,但没有计提固定资产减值准备,可能存在高估固定资产和低估固定资产减值损失的风险	认定层次	固定资产/计价和分摊 资产减值损失/完整性

针对要求(2):

第(1)项:有缺陷。

采购的原材料经采购人员验收后入库。

理由:采购与验收是不相容的岗位。

建议:采购与验收应该由不同岗位的人员来实施。

第(2)项:没有缺陷。

针对要求(3):

资料三第(2)项是与"已发生的采购业务均已记录"这一内控目标相关的。

控制测试程序:

① 检查采购订单连续编号的完整性。

② 检查验收入库单的完整性。

第八章

生产与费用循环审计

"银广夏"伪造产品生产造假案

银广夏利润造假过程可以用"简单"二字形容。在被指控造假的 1999 年和 2000 年两年间,先任天津广夏财务总监后升任董事长的××自称受银广夏董事、财务总监、总会计师兼董事会秘书×××指示操作了财务造假。

1999 年的财务造假从购入原材料开始。××虚构了北京瑞杰商贸有限公司、北京市京通商贸有限公司、北京市东风实用技术研究所等单位,让这几家单位作为天津广夏的原材料提供方,虚假购入萃取产品原材料蛋黄粉、姜、桂皮、产品包装桶等物,并到黑市上购买发票、汇款单、银行进账单等票据,从而伪造了这几家单位的销售发票和天津广夏发往这几家单位的银行汇款单。有了原材料的购入,也便有了产品的售出,××伪造了总价值 5 610 万马克的货物出口报关单四份、德国捷高公司北京办事处支付的金额 5 400 万元出口产品货款银行进账单三份。为完善造假过程,××又指使时任天津广夏萃取有限公司总经理的×××伪造萃取产品生产记录,于是,×××便指使天津广夏的职工伪造了萃取产品虚假原材料入库单、班组生产记录、产品出库单等。最后,××虚构天津广夏萃取产品出口收入 23 898.6 万元。后该虚假的年度财务报表经某事务所审计后,并入"银广夏"公司 1999 年报,当年,"银广夏"公司向社会发布的虚假净利润高达 17 778.66 万元。

对"银广夏事件",中国证监会经过一个月的稽查,于 2001 年 9 月 6 日公布了稽查结果:银广夏公司通过伪造购销合同、伪造出口报关单、虚开增值税专用发票、伪造免税文件和伪造金融票据等手段,虚构主营业务收入,虚构巨额利润 7.45 亿元,其中,1999 年为 1.78 亿元,2000 年为 5.67 亿元。同时,某会计师事务所及其签字注册会计师违反有关法律法规,为"银广夏"出具了严重失实的审计报告。对上述涉嫌犯罪的有关人员,中国证监会已将其移送公安机关追究其刑事责任。

"银广夏"股票从 2001 年 9 月 10 日开始复牌,但连续三个交易日达跌幅限制价位。9 月 13 日,深圳证券交易的发布公告:"鉴于中国证监会已查明银广夏公司通过各种造假手段,虚构巨额利润 7.45 亿元,根据《股票上市规则》第 7.5.3 条和第 8.4 条,本所决定对银广夏的股票实施停牌。"

10 月 8 日,银广夏收盘价为 6.35 元(而 8 月造假丑闻败露前的市价为 30.79 元),连续 15 个交易日跌停,创出了中国股市 1994 年恢复涨跌幅限制以后的新纪录。

2001 年 9 月 8 日,银广夏接到宁夏回族自治区公安厅正式通知,原董事局副主席、总裁×××，原董事局秘书、财务总监、总会计师×××，天津广夏（集团）有限公司原董事长××、原总经理×××涉嫌提供虚假财务报告罪，被刑事拘留。

宁夏高级法院、北京市第二中级人民法院、银川市中级人民法院分别依法做出诉前保全的《民事裁定书》，查封、冻结本公司持有银川广夏昊都酒业有限公司等8家公司股权12 314股，广夏（银川）天然物产有限公司的土地使用权、水利工程设施、固沙工程设施等，天津广夏（集团）有限公司的部分财产（限额9 900万元），以及宁都创业投资有限公司1 000万元资本金。

资料来源：摘自《上海证券报》2014年10月27日.

第一节　生产与费用循环主要活动及其关键控制

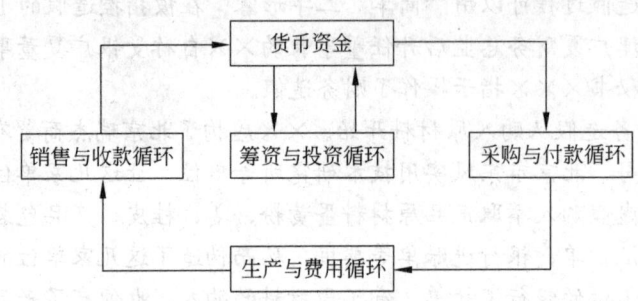

图8-1　生产与费用循环和各交易循环

生产与费用循环同其他业务循环的联系非常密切，因而十分独特。原材料经过采购与付款循环进入生产与费用循环，生产与费用循环又随销售与收款循环中产成品商品的销售环节而结束。生产与费用循环涉及的内容主要是存货的管理及费用的归集和生产成本的计算等。该循环所涉及的资产负债表项目主要有存货、应付职工薪酬、待摊费用等；所涉及的利润表项目主要有营业成本、管理费用等。本节主要介绍生产与费用循环中的主要业务活动、循环中所涉及的主要凭证和会计记录及该循环内部控制中的关键控制等。

一、主要凭证和会计记录

生产与费用循环由将原材料转化为产成品的有关活动组成。该循环包括制订生产计划，控制、保持存货水平以及与制造过程有关的交易和事项，设计领料、生产加工、销售产成品等主要环节。生产与费用循环涉及的凭证和记录主要包括以下内容。

1. 生产指令

生产指令又称"生产任务通知单"，是企业下达制造产品等生产任务的书面文件，用以通知供应部门组织材料发放，生产车间组织产品制造，会计部门组织成本计算。广义的生产指令也包括用于指导产品加工的工艺规程，如机械加工企业的"路线图"等。

2. 领发料凭证

领发料凭证是企业为控制材料发出所采用的各种凭证，如材料发出汇总表、领料单、限额领料单、领料登记簿、退料单等。

3. 产量和工时记录

产量和工时记录是登记工人或生产班组出勤内完成产品数量、质量和生产这些产品所耗费工时数量的原始记录。产量与工时记录的内容与格式是多种多样的，在不同的生产企业中，甚至在同一企业的不同生产车间中，因生产类型不同而采用不同格式的产量与工时记录。常见的产量和工时记录主要有工资通知单、工序进程单、工作班产量报告、产量通知单、产量明细表、废品通知单等。

4. 工资汇总表和工资费用分配表

工资汇总表是为了反映企业全部工薪的结算情况，并据以进行工薪结算总分类核算和汇总整个企业工薪费用而编制的，它是企业进行工薪费用分配的依据。工薪费用分配表反映了各生产车间各产品应负担的生产工人工薪及福利费。

5. 材料费用分配表

材料费用分配表是用来汇总反映各生产车间各产品所耗费的材料费用的原始记录。

6. 制造费用分配表

制造费用分配表是用来汇总反映各生产车间各产品所应负担的制造费用的原始记录。

7. 成本费用计算单

成本费用计算单是用来归集某一成本计算对象所应承担的生产费用，计算该成本计算对象的总成本和单位成本的记录。

8. 存货明细账

存货明细账是用来反映各种存货增减变动情况和期末库存数量及相关成本信息的会计记录。

二、主要业务活动及关键控制

生产与费用循环所涉及的主要业务活动包括以下方面。

（一）计划和安排生产

生产计划部门根据顾客订单或者对销售预测和存货需求的分析来决定生产授权。如果决定授权生产，即签发预先编号的生产通知单。同时生产计划部门通常应将发出的所有生产通知单编号并进行记录。此外，还须编制一份材料需求报告，列示所需要的材料和零件及其库存情况。

（二）发出原材料

仓库部门根据从生产部门收到的预先编号并经过批准的领料单发出原材料。领料单可以一单一料，也可以一单多料，但必须列示所需要的材料数量、种类及生产通知单号码和领料部门的名称。领料单通常一式三联，一联连同材料交还给领料部门，一联留在仓库部门登记材料明细账，另一联送会计部门进行材料收发核算和成本核算。

（三）生产产品

生产部门在收到生产通知单及领取原材料后，便将生产任务分解到每一个生产工人，并将所领取的原材料交给生产工人,据以执行生产任务。生产工人在完成生产任务后,将完成的产品交给生产部门查点,然后转交检验员验收并办理入库手续,或是将所完成的产品移交下一个生产部门,以做进一步加工。

(四)费用归集和产品成本核算

产品成本的核算主要由企业的会计部门执行。为了正确地核算产品成本,对在产品进行有效控制,必须建立健全成本会计制度,将生产控制和成本核算有机结合在一起。一方面,生产过程中的各种记录、生产通知单、领料单、计工单、入库单等文件资料都要汇集到会计部门,由会计部门对其进行检查和核对,了解和控制生产过程中的实物流转。另一方面,会计部门要设置相应的会计账户,同有关部门对生产过程中的成本进行核算和控制。成本会计制度可以很简单,只是在期末记录存货余额;也可以是完善的标准成本制度,它持续地记录所有材料处理、在产品和产成品,并产生对成本差异的分析报告。完善的成本会计制度应该提供原材料转为在产品,在产品转为产成品,以及按成本中心、分批生产任务通知单或生产周期所消耗的材料、人工和间接费用的分配与归集的详细资料。主要资料有工资汇总表、人工费用分配表、材料费用分配表、制造费用分配汇总表、成本计算单、存货明细账等。

(五)存储产成品

产成品入库,须由仓库部门先行点验和检查,然后签收。签收后填制产成品入库单。产成品入库单至少一式三联,一联交生产部门,一联交会计部门,一联由仓库部门留存。据此,仓库部门确立了本身应承担的责任,并对验收部门的工作进行验证。除此之外,仓库部门还应根据产成品的品质特征分类存放,填制产成品标签,并定期进行盘点核对。

(六)发出产成品

产成品的发出,须由独立的发运部门进行。装运产成品时必须持有经有关部门核准的发运通知单,并据此编制出库单。产成品出库单至少一式四联,一联交仓库部门,一联发运部门留存,一联送交顾客,一联作为给顾客开发票的依据。

表 8-1 列示了生产与费用循环主要会计凭证、业务活动及关键控制。

表 8-1　生产与费用循环主要会计凭证、业务活动及关键控制

主要业务活动	对应的凭证及记录	部门	关 键 控 制
计划和安排生产	生产通知单(连续编号)	生产计划部门(授权生产)	生产指令的授权审批
发出原材料	领料单(连续编号,三联)	仓库部门	原材料领料单的授权批准
生产产品	产量和工时记录	生产部门	物化劳动和所有耗费经过正确计量,生产活动经过正确记录,已完工产品经过本工序合适人员审批后转移

续表

主要业务活动	对应的凭证及记录	部门	关 键 控 制
费用归集和成本计算（核算产品成本）	工资汇总表及人工费用分配表、材料费用分配表、制造费用分配汇总表、成本计算单	会计部门 人事部门	成本的核算是以经过审核的生产通知单、领发料凭证、产量和工时记录、工薪费用分配表、材料费用分配表、制造费用分配表为依据的，成本的归集准确完整
存储产成品	入库单（连续编号）、存货明细账	仓库部门	存货管理独立有效，存货入库履行验收手续，及时、准确记录存货，建立永续盘存制度并严格执行，存货管理有相关保护性制度，存货保管人员与记录人员职务相分离
发出产成品	发运通知单、出库单（四联）	独立的发运部门	经批准的领料单发货 存货出门验证制度

第二节 生产与费用循环控制测试

一、生产与费用循环的内部控制

（一）生产循环的内部控制

生产循环的内部控制主要有两个方面：一是生产过程中的实物流转记录；二是对产品成本进行记录的成本会计核算。

（1）实物流转记录。生产过程中的各种记录、生产通知单、领料单、计工单、入库单等文件资料都要汇集到会计部门，由会计部门对其进行检查和核对，了解和控制生产过程中存货的实物流转。根据实物流转程序控制的要求，各个生产环节的相关部门必须制定严格的责任制度，由监控人员对从生产领料开始到产品完工入库为止的全过程进行有效的控制，以避免生产脱节、在产品积压、交接班岗位责任不清、违章操作造成的残次品、材料物资的丢失毁损等。

（2）成本会计核算。会计部门要设置相应的会计账户，同有关部门对生产过程中的成本进行核算和控制；定期进行成本分析，查明企业成本变动的趋势和原因。

（二）费用循环的内部控制

费用作为财务报表重要的构成要素之一，是企业经营活动的现金流出，涉及企业经营管理的各个环节，关系着企业产品成本的高低与企业盈利能力的大小。因此，费用的内部控制必须得到重视。

费用循环的内部控制一般包括以下方面。

（1）有明确的费用开支范围和开支标准。

（2）有健全有效的费用预算控制制度。

（3）有健全的费用核准制度，严格费用开支的审批，特别是预算外开支批准程序。

（4）对费用进行合理的分类，并分别开设明细账，及时进行核算。
（5）定期检查费用预算的执行情况。

二、生产与费用循环的控制测试

风险评估和风险应对是整个审计过程的核心，因此，注册会计师通常以识别的重大错报风险为起点，选取拟测试的控制并实施控制测试。由于各类企业的生产经营内容不同，因而生产与费用控制测试的内容也有所不同。表 8-2 列示了生产与费用循环控制测试的一般内容，审计人员可视被审计单位的具体情况、专业性判断来增加或减少相应控制测试的内容。

表 8-2　生产与费用循环的风险、存在的控制及控制测试

可能发生错报的环节	相关财务报表项目及认定	存在的内部控制（自动）	存在的内部控制（人工）	内部控制测试程序
1. 发出原材料				
（1）原材料的发出可能未经授权	存货—生产成本：存在		所有领料单由生产主管签字批准，仓库管理员凭经批准的领料单发出原材料	选取领料单，检查是否有生产主管的签字授权
（2）发出的原材料可能未正确计入相应产品的生产成本中	存货—生产成本：计价和分摊	领料单信息输入系统时须输入对应的生产任务单编号和所生产的产品代码，每月末系统自动归集生成材料成本明细表	生产主管每月末将其生产任务单及相关领料单存根联与材料成本明细表进行核对，调查差异并处理	检查生产主管核对材料成本明细表的记录，并询问其核对过程及结果
2. 记录人工成本				
生产工人的人工成本可能未得到准确反映	存货—生产成本：计价和分摊	所有员工有专属员工代码和部门代码，员工的考勤记录记入相应员工代码	人事部每月编制工薪费用分配表，按员工所属部门将工薪费用分配至生产成本、制造费用、管理费用和销售费用，经财务经理复核后入账	检查系统中员工的部门代码设置是否与其实际职责相符。询问并检查财务经理复核工资费用分配表的过程和记录
3. 记录制造费用				
发生的制造费用可能没有得到完整归集	存货—制造费用：完整性	系统根据输入的成本和费用代码自动识别制造费用并进行归集	成本会计每月复核系统生成的制造费用明细表并调查异常波动。必要时由财务经理批准进行调整	检查系统的自动归集设置是否符合有关成本和费用的性质，是否合理。询问并检查成本会计复核制造费用明细表的过程和记录，检查财务经理对调整制造费用的分录的批准记录

续表

可能发生错报的环节	相关财务报表项目及认定	存在的内部控制（自动）	存在的内部控制（人工）	内部控制测试程序
4. 计算产品成本				
生产成本和制造费用在不同产品之间、在产品和产成品之间的分配可能不正确	存货：计价和分摊 营业成本：准确性		成本会计执行产品成本核算日常成本核算，财务经理每月末审核产品成本计算表及相关资料（原材料成本核算表、工薪费用分配表、制造费用分配表等），并调查异常项目	询问财务经理如何执行复核及调查。选取产品成本计算表及相关资料，检查财务经理的复核记录
5. 产成品入库				
已完工产品的生产成本可能没有转移到产成品中	存货：计价和分摊	系统根据当月输入的产成品入库单和出库单信息自动生成产成品收（入库）发（出库）存（余额）报表	成本会计将产成品收发存报表中的产品入库数量与当月成本计算表中结转的产成品成本对应的数量进行核对	询问和检查成本会计将产成品收发存报表与成本计算表进行核对的过程和记录
6. 发出产成品				
销售发出的产成品的成本可能没有准确转入营业成本	存货：计价和分摊 营业成本：准确性	系统根据确认的营业收入所对应的售出产品自动结转营业成本	财务经理和总经理每月对毛利率进行比较分析，对异常波动进行调查和处理	检查系统设置的自动结转功能是否正常运行，成本结转方式是否符合公司成本核算政策。 询问和检查财务经理和总经理进行毛利率分析的过程和记录，并对异常波动的调查和处理结果进行核实
7. 盘点存货				
存货可能被盗或因材料领用/产品销售未入账而出现账实不符	存货：存在		仓库保管员每月末盘点存货并与仓库台账核对并调节一致；成本会计监督其盘点与核对，并抽查部分存货进行复盘。 每年末盘点所有存货，并根据盘点结果分析盘盈盘亏并进行账面调整	
8. 计提存货跌价准备				

续表

可能发生错报的环节	相关财务报表项目及认定	存在的内部控制（自动）	存在的内部控制（人工）	内部控制测试程序
可能存在残冷背次的存货，影响存货的价值	存货：计价和分摊 资产减值损失：完整性	系统根据存货入库日期自动统计货龄，每月末生成存货货龄分析表	财务部根据系统生成的存货货龄分析表，结合生产和仓储部门上报的存货损毁情况及存货盘点中对存货状况的检查结果，计提存货减值准备，报总经理审核批准后入账	询问财务经理识别减值风险并确定减值准备的过程，检查总经理的复核批准记录

三、评估生产与费用循环的重大错报风险

在评估生产与费用循环的重大错报风险时，注册会计师应当充分了解生产与费用循环中的控制活动，了解被审计单位生产与费用循环和相关账户余额的内部控制的设计、执行情况，以便实施更有效的审计程序。影响生产与费用循环和相关账户余额存在的重大错报风险可能包括以下方面。

（1）管理层错报生产成本的偏好，其中包括为了完成经营目标，满足业绩考核要求，保证从外部获得资金，或影响公司股价，往往会在财务报表中错报生产成本，达到调节当期利润的目的，如混淆生产成本与资本化支出、混淆不同产品之间的生产成本、混淆不同会计期间的生产成本。

（2）成本计算的复杂性。

（3）存货项目的可变现净值难以确定。

（4）存货存放地点很多。

（5）产品的多元化风险。在企业的同一会计期间，可能生产的多种产品都会使用相同的原材料和生产员工，使原材料和人工等费用在不同产品之间进行分配就变得十分烦琐，从而增加生产成本不真实的风险。

（6）发生各种错误的可能性。在生产与费用循环的过程中，程序复杂，环节很多，很容易发生各种各样的差错。任何差错的发生，都会导致生产成本的错报。

案例 8-1

"Z公司"任意改变存货核算方法

一、Z公司的光辉历史

Z公司原来是一个单纯的百货文化用品批发站（成立于1986年）。1988年12月，在全国同行业率先进行股份制改造，发行社会公众优先股2万股（1992年12月增发法人股3 175.8万股，公众股4 649万股，1996年4月作为历史遗留问题股上市），成为全国商业批发行业的龙头；1996年4月，在上海证交所上市，上市申请文件称：1986—1996

年，销售收入增长 45 倍，利润增长 36 倍；1996 年，销售收入 41 亿，名列全国同行业第一；1997 年，主营规模和资产收益率在所有商业上市公司中排名第一。

二、神话的破灭

1996 年，每股收益为 0.37，净资产收益率 15.88%。

1997 年，Z 公司每股收益 0.448，净资产收益 19.97%。

1998 年，每股收益-2.54 元。

1998 年 8 月中报每股收益 0.075 元，净资产收益率-1148.46%，股票交易实行特别处理。某会计师事务所出具了无法表示意见的审计报告。

1999 年，亏损 9.8 亿元，两创沪深股市之最。(1999 年 8 月中报每股收益-2.7 元，每股净资产-2.98 元)，公司截至 1999 年 9 月的贷款本金及应付利息共计 19.36 亿元，由中国建行转给中国信达资产管理公司。

2000 年 4 月，其公告称"本公司 1999 年年底总资产 14 亿元，总负债 22.28 亿元，每股收益-4.84 元，每股净资产-6.58 元（某会计师事务所出具了无法表示意见的审计报告），资产负债率高达 159.14%"。2000 年 8 月，公司公告停牌重组。如今其有效资产不足 6 亿元，而亏损超过 15 亿元。

2001 年 3 月 5 日停牌，上证所公告称 Z 公司 12 个月的宽限期从 3 月 27 日始，2001 年必须盈利，否则将被终止上市。

三、Z 公司内控失败分析

(一) 控制环境失败

1. 法人治理结构极不完善

Z 公司第一大股东 Z 市国资局持股 14.64%，前 10 大股东持股仅 26%，第一大股东将股权划归于 Z 公司经管（放弃监督权）。上市募集的资金 2 亿多元拆借，挪用资金至今未还，1998 年用配股的 1 亿元投资建设营销网络。对此，监事会、股东会没有一点异议。

2. 管理理念混乱

1998 年公司年报也承认：重经营，轻管理；重商品销售，轻战略经营；重资本经营，轻金融风险防范；重网络硬件建设，轻网络软件完善；重人才引进，轻人员监管和培训。

3. 经营方针失误

Z 公司拖欠的银行债务 90% 以上是在家电公司。1998 年家电分公司销售由上年的 65.71 亿元下降到 24.43 亿元。公司管理层曾四处批发其"大转盘"理论：由 H 省建行出面承兑，向 S 公司出具银行承兑汇票（1997 年，建行承兑总额突破 50 亿元），Z 公司买断 S 公司的电视产品，并向下游批发商赊销。Z 公司认为，商业银行的信誉、生产商的信誉和销售商的信誉加在一起就是中国市场经济的基本框架，大生产、大市场、大流通，这种工、贸、银的结合模式，是"一石三鸟"。完全没有考虑风险，直至信用关系解体，公司陷入困境。

4. 决策随意

1992 年以 680 万元参股 Z 鞋业公司，但始终未生产。后又不经可行性论证，投巨资设 40 多个分公司。1998 年，在财务紧张的情况下，又以配股资金 600 万元兼并与主业无关的 Z 化工原料厂，仅三家公司合并就产生未确认的投资损失 286.97 万元。

5. 人事管理不当

为刺激职工，以销售为指标，将完成指标者封为副总，可以自配小车。结果各网点不惜购销价倒挂，商品大量高进低出，留下 4 亿多元未收账款至今未收回。但任职几年的分公司经理，却开上了宝马，住上了豪宅。

（二）风险意识薄弱

1. 盲目扩张

Z 公司在上市时资产负债率已达 68.9%，1997 年上升至 87.97%，1998 年仍用配股的资金在全国建立了 12 家配售中心，支出达 2.7 亿元。收入反而自 1997 年的 70.4 亿元下降到 1998 年的 33.5 亿元，1999 年资产负债率达到 134.18%，2000 年为 159.14%。此外，Z 公司配股所募资金主要用于：①收购 Z 灯泡厂；②兼并 Z 市化工厂；③组建电光源公司；④组建 Y 市 Z 有限公司；⑤组建风扇制作公司。

2. 信用销售

Z 公司高速发展的动力及最后陷入困境都是与 S 公司、建行的三角信用关系。在此关系下，厂商将销售风险转给 Z 公司。1998 年春节过后，建行 Z 分行发现 Z 公司的承兑汇款已形成巨额债权收回有一定难度，于是开始停止发放新的汇票。1998 年，S 公司降价及放弃单纯依靠批发商经销，最终造成购销价倒挂。1998 年，Z 公司罚息达 1.3 亿元。1999 年 6 月 30 日，公司应收账款为 76 264. 万元，其他应收账款为 26 973.59 万元。

（三）信息系统失真

1. 会计处理不规范

1998 年按 0.3%计提坏账准备，1999 年 6 月按 1 年内 10%，1～2 年 60%，2～3 年 80%，3 年以上 100%计提。1999 年 CPA 审计报告称："贵公司家电分公司缺乏我们信赖的内部控制制度，会计核算方法具有较大的随意性，而家电分公司的资产及业务量在贵公司占较大比重……"。

2. 账目混乱

1998 年、1999 年连续两年被 CPA 拒绝为其出具审计意见。

3. 造假账

2001 年，中国证监会查明，Z 公司上市前采取虚提返利、少计费用、费用跨期入账等手段，虚增利润 1 908 万元，并据此制作了虚假上市申报材料。

上市后三年采用虚提返利、费用挂账、无依据冲减成本及费用、费用跨期入账等手法，累计虚增利润 14 390 万元。

此外，Z 公司还存在股金不实、上市公告书重大遗漏、年报信息披露有虚假记载误导性陈述或重大遗漏。同时还发现某会计师事务所为 Z 公司出具了严重失实的审计报告。2001 年 9 月 27 日，证监会决定对 Z 公司予以警告并罚款 200 万元，对该公司董事长×××、总经理×××及×××等 10 名董事分别做出了罚款 30 万元、20 万元、10 万元的行政处罚，对为该公司出具审计报告的注册会计师×××、×××做出罚款 30 万元、20 万元并暂停证券从业资格等行政处罚。2002 年 8 月，我国首例独立董事×××告证监会案因过法定起诉期限而被驳回（起诉日为 4 月 22 日，有效日为 20 天）。

（四）内控监督虚无

在经营过程中一直没有内审的声音。Z 公司的盛衰史为上市公司敲响了警钟，公司上市并不意味着万事大吉，若公司内部没有形成行之有效的内部控制制度，上市后迟早会出现问题。Z 公司于 1995 年就开始设立独立董事。

（五）PTZ 公司后继情况

PTZ 公司，2002 年 4 月 30 日发布重大事项公告称，接到上证所通知，上证所决定延长 PTZ 公司暂停上市宽限期 9 个月，宽限期自 2002 年 4 月 29 日起计算。PTZ 公司撤回 2002 年 4 月 2 日向上证所提出的股票恢复上市申请。

PTZ 公司重组再次取得突破性进展，2002 年 6 月 25 日，中国证券登记结算有限责任公司已办理了 Z 公司股份过户手续，将 67 610 个股东持有的 83 938 776 股 Z 公司股份，过户至"S 集团 Z 公司重组专用账户"。这标志着历时两年多的 PTZ 公司重组方案，在突破了种种障碍之后终于全部完成，最终取得成功。

PTZ 公司发布重大事项公告称，公司大股东 S 集团公司已于 6 月 28 日豁免对公司 14.47 亿元的债权。豁免后该部分债权形成公司资本公积，股东权益将因此增加相应数额，每股净资产增加 7.325 元。

PTZ 公司 8 月 16 日公布 2002 年半年度报告，每股收益为 0.058 9 元，实现扭亏为盈。PTZ 公司的 2002 年半年度报告已经审计，由某会计师事务所出具了无保留意见的审计报告。半年度报告显示，2002 年上半年 PTZ 公司取得净利润 1 164.51 万元，扣除非经常性收益后的净利润为 1 194.52 万元，每股经营活动产生的现金流量净额为 0.123 元，净资产收益率为 5.745%，截至 2002 年 6 月 30 日，每股净资产为 1.026 元。

资料来源：摘自《上海证券报》2007 年 12 月 5 日.

第三节 存 货 审 计

一、存货的审计目标

存货是企业日常活动中持有以备出售的产成品或商品、处在生产过程中的在产品、在生产过程或提供劳务过程中耗用的材料和物料等。通常，存货是企业资产中主要的项目，同时，存货的重大错报对于流动资产、营运资本、总资产、销售成本、毛利以及净利润都会产生直接影响，对于纳税情况也具有间接影响。存货审计往往成为审计中最普遍、重要和复杂的问题。

存货涉及企业的供产销各环节，是企业的基础物料，存货的流转对企业财务信息有重大影响，它不仅占用的资金大而且品种繁多。与其他类型的资产相比，存货的下列特点造成了存货审计的复杂性、高风险性：存货通常是资产负债表中的主要项目，通常是构成营运资本的最大项目；存货存放于不同的地点，对它的实物控制和盘点都很困难；存货的项目多样；存货的品质及成本分配使存货估价困难；允许使用的存货计价方法多样性。

存货审计即对存货的实物形态、数量和计价结果发表审计意见。存货的重要性、复杂性导致了存货审计的高风险性，这就要求审计人员对存货项目的审计应予以特别的关注，自身不仅要具有丰富的实务经验，还要具有敏锐的专业判断和对异常现象的综合分析能力及风险评估与控制能力。由于存货审计在整个财务报表审计中占有十分重要的地位，因此存货审计的根本目标就是验证资产负债表上存货项目余额的真实性和正确性。

表 8-3 列示了存货的审计目标及对应的财务报表认定。

表 8-3　存货的审计目标及对应的财务报表认定

序号	审计目标	财务报表认定
1	资产负债表中记录的存货是存在的	存在
2	所有应当记录的存货均已记录	完整性
3	记录的存货由被审计单位拥有或控制	权利和义务
4	存货以恰当的金额包括在财务报表中，与之相关的计价调整已恰当记录	计价和分摊
5	存货已按照企业会计准则的规定在财务报表中做出恰当列报	列报与披露

二、存货的实质性测试

（一）取得或编制存货明细表，进行账表核对

审计人员首先应获取或编制存货及存货跌价准备明细表，复核加计是否正确，并与报表数、总账余额和明细账余额合计数核对相符。如不相符，应查明原因，并做记录和相应的调整。

（二）实施分析性复核

审计人员在存货审计过程中往往需要大量运用分析性复核来获取审计证据，并协助形成恰当的审计结论。在存货审计中，常用的分析性复核方法主要是简单比较法和比率分析法。

（三）存货监盘的作用

存货监盘，是指审计人员现场观察被审计单位存货的盘点，并对已盘点的存货进行适当检查。相应地，存货监盘有两层含义：一是审计人员现场监督被审计单位存货的盘点；二是审计人员根据需要对被审计单位已盘点的存货进行适当检查。

1. 对存货实施的审计程序要求

如果存货对财务报表是重要的，注册会计师应当实施下列审计程序，对存货的存在和状况获取充分、适当的审计证据。

（1）在存货盘点现场实施监盘；

（2）对期末存货记录实施审计程序，以确定其是否准确反映实际的存货盘点结果。

具体来说，存货监盘涉及的内容包括：检查存货以确定其是否存在，评价存货状况，并对存货盘点结果进行测试；观察管理层指令的遵守情况，以及用于记录和控制存货盘

点结果的程序的实施情况；获取有关管理层存货盘点程序可靠性的审计证据。

这些程序是用作控制测试还是实质性程序，取决于注册会计师的风险评估结果、审计方案和实施的特定程序。实施存货监盘，获取有关期末存货数量和状况的充分、适当的审计证据是注册会计师的责任，但这并不能取代被审计单位管理层定期盘点存货、合理确定存货数量和状况的责任。被审计单位管理层每年至少对存货进行一次实物盘点，以作为编制财务报表的基础，并用以确定被审计单位永续盘存制的可靠性。

2. 存货监盘与相关的认定

存货监盘针对的主要是存货的存在认定、完整性认定以及权利和义务认定。

注册会计师监盘存货的目的在于获取有关存货数量和状况的审计证据，以确认被审计单位记录的所有存货确实存在，已经反映了被审计单位拥有的全部存货，并属于被审计单位的合法财产。存货监盘作为存货审计的一项核心审计程序，通常可同时实现上述多项审计目标。

（四）存货监盘的计划

1. 制订存货监盘计划的基本要求

注册会计师应当根据被审计单位存货的特点、盘存制度和存货内部控制的有效性等情况，在评价被审计单位管理层制定的存货盘点程序的基础上，编制存货监盘计划，对存货监盘做出合理安排。

2. 制订存货监盘计划应考虑的相关事项

在制订存货监盘计划时，注册会计师需要考虑的相关事项包括以下方面。

（1）与存货相关的重大错报风险。

①具有漫长制造过程的存货。制造过程漫长的企业（如飞机制造和酒类产品酿造企业）的审计重点包括递延成本、预期发生成本以及未来市场波动可能对当期损益的影响等事项。

② 具有固定价格合约的存货。预期发生成本的不确定性是其重大审计问题。

③ 与时装相关的服装行业。由于服装产品的消费者对服装风格或颜色的偏好容易发生变化，因此，存货是否过时是重要的审计事项。

④ 鲜活、易腐商品存货。因为物质特性和保质期短暂，此类存货变质的风险很高。

⑤ 具有高科技含量的存货。由于技术进步，此类存货易过时。

⑥ 单位价值高昂、容易被盗窃的存货。例如，珠宝存货的错报风险通常高于铁制纽扣之类存货的错报风险。

（2）与存货相关的内部控制的性质。在制订存货监盘计划时，注册会计师应当了解被审计单位与存货相关的内部控制，并根据内部控制的完善程度确定进一步审计程序的性质、时间安排和范围。与存货相关的内部控制涉及被审计单位供、产、销各个环节，包括采购、验收、仓储、领用、加工、装运出库等方面。被审计单位与存货实地盘点相关的充分内部控制通常包括：制订合理的存货盘点计划，确定合理的存货盘点程序，配备相应的监督人员，对存货进行独立的内部验证，将盘点结果与永续盘存记录进行独立的调节，对盘点表和盘点标签进行充分控制。

(3) 对存货盘点是否制定了适当的程序，并下达了正确的指令。注册会计师一般需要复核或与管理层讨论其存货盘点程序。在复核或与管理层讨论其存货盘点程序时，注册会计师应当考虑下列主要因素，以评价其能否合理地确定存货的数量和状况：盘点的时间安排；存货盘点范围和场所的确定；盘点人员的分工及胜任能力；盘点前的会议及任务布置；存货的整理和排列，对毁损、陈旧、过时、残次及所有权不属于被审计单位的存货的区分；存货的计量工具和计量方法；在产品完工程度的确定方法；存放在外单位的存货的盘点安排；存货收发截止的控制；盘点期间存货移动的控制；盘点表单的设计、使用与控制；盘点结果的汇总以及盘盈或盘亏的分析、调查与处理。

(4) 存货盘点的时间安排。如果存货盘点在财务报表日以外的其他日期进行，注册会计师除实施存货监盘相关审计程序外，还应当实施其他审计程序，以获取审计证据，确定存货盘点日与财务报表日之间的存货变动是否已得到恰当的记录。

(5) 被审计单位是否一贯采用永续盘存制。存货数量的盘存制度一般分为实地盘存制和永续盘存制。存货盘存制度不同，注册会计师需要做出的存货监盘安排也不同。如果被审计单位通过实地盘存制确定存货数量，则注册会计师要参加此种盘点。如果被审计单位采用永续盘存制，注册会计师在年度中一次或多次参加盘点。

(6) 存货的存放地点(包括不同存放地点的存货的重要性和重大错报风险)，以确定适当的监盘地点。注册会计师通常应当重点考虑被审计单位的重要存货存放地点，特别是金额较大或可能存在重大错报风险（如存货性质特殊）的存货地点，将这些存货地点列入监盘地点。对其他无法在存货盘点现场实施存货监盘的存货存放地点，注册会计师应当实施替代审计程序，以获取有关存货的存在和状况的充分、适当的审计证据。如果被审计单位的存货存放在多个地点，注册会计师可以要求被审计单位提供一份完整的存货存放地点清单（包括期末库存量为零的仓库、租赁的仓库，以及第三方代被审计单位保管存货的仓库等），并考虑其完整性。

(7) 是否需要专家协助。在某些情况下，对于特定类型的存货（如矿藏、贵金属、煤堆），被审计单位可能会聘请外部专业机构协助进行存货盘点。注册会计师可以考虑实施检查外部专业机构的盘点程序表、对其盘点程序和相关控制进行观察、抽盘存货、抽样对其结果执行重新计算，以及对盘点日至财务报表日之间发生的交易执行测试等程序。

（五）存货监盘计划的主要内容

1. 存货监盘的目标、范围及时间安排

存货监盘的主要目标包括获取被审计单位资产负债表日有关存货数量和状况，以及有关管理层存货盘点程序可靠性的审计证据，检查存货的数量是否真实完整，是否归属被审计单位，存货有无毁损、陈旧、过时、残次和短缺等状况。

存货监盘范围的大小取决于存货的内容、性质，以及与存货相关的内部控制的完善程度和重大错报风险的评估结果。对存放于外单位的存货，应当考虑实施适当的替代程序，以获取充分、适当的审计证据。

存货监盘的时间，包括实地察看盘点现场的时间、观察存货盘点的时间和对已盘点

存货实施检查的时间等，应当与被审计单位实施存货盘点的时间相协调。

2. 存货监盘的要点及关注事项

存货监盘的要点主要包括注册会计师实施存货监盘程序的方法、步骤，各个环节应注意的问题以及所要解决的问题。注册会计师需要重点关注的事项包括盘点期间的存货移动、存货的状况、存货的截止确认、存货的各个存放地点及金额等。

3. 参加存货监盘人员的分工

注册会计师应当根据被审计单位参加存货盘点人员分工、分组情况、存货监盘工作量的大小和人员素质情况，确定参加存货监盘的人员组成，以及各组成人员的职责和具体的分工情况，并加强督导。

4. 检查存货的范围

注册会计师应当根据对被审计单位存货盘点和对被审计单位内部控制的评价结果确定检查存货的范围。在实施观察程序后，如果认为被审计单位内部控制设计良好且得到有效实施，存货盘点组织良好，可以相应缩小实施检查程序的范围。

（六）存货监盘的程序

1. 评价管理层用以记录和控制存货盘点结果的指令和程序

（1）适当控制活动的运用，例如，收集已使用的存货盘点记录，清点未使用的存货盘点表单，实施盘点和复盘程序。

（2）准确认定在产品的完工程度，流动缓慢(呆滞)、过时或毁损的存货项目，以及第三方拥有的存货(如寄存货物)。

（3）在适用的情况下用于估计存货数量的方法，如可能需要估计煤堆的重量。

（4）对存货在不同存放地点之间的移动以及截止日前后出入库的控制。

2. 观察管理层制定的盘点程序(如对盘点时及其前后的存货移动的控制程序)的执行情况

（1）存货移动。尽管盘点存货时最好能保持存货不发生移动，但在某些情况下存货的移动是难以避免的。如果在盘点过程中被审计单位的生产经营仍将持续进行，注册会计师应通过实施必要的检查程序，确定被审计单位是否已经对此设置了相应的控制程序，确保在适当的期间内对存货做出了准确记录。

（2）存货截止。注册会计师可以获取有关截止性信息(如存货移动的具体情况)的复印件，这有助于盘点日后对存货移动的会计处理实施审计程序。具体来说，注册会计师一般应当获取盘点日前后存货收发及移动的凭证，检查库存记录与会计记录期末截止是否正确。存货截止的关键在于存货实物纳入盘点范围的时间是否与存货引起的借贷双方会计科目的入账时间都处于同一会计期间；检查在途存货和被审计单应直接向顾客发运的存货是否已得到了适当的会计处理。注册会计师通常可以观察存货的验收入库地点和装运出库地点以执行截止测试。在存货入库和装运过程中采用连续编号的凭证时，注册会计师应当关注截止日期前的最后编号。

3. 检查存货

在存货监盘过程中检查存货，虽然不一定能确定存货的所有权，但有助于确定存货的存在，以及识别过时、毁损或陈旧的存货。注册会计师应当把所有过时、毁损或陈旧存货的详细情况记录下来，这既便于进一步追查这些存货的处置情况，也能为测试被审计单位存货跌价准备计提的准确性提供证据。

4. 执行抽盘

在对存货盘点结果进行测试时(双向测试)：注册会计师可以从存货盘点记录中选取项目追查至存货实物，以获取有关盘点记录准确性审计证据。从存货实物中选取项目追查至盘点记录，以获取有关盘点记录完整性的审计证据。

（七）需要特别关注的情况

1. 存货盘点范围

在被审计单位盘点存货前，注册会计师应当观察盘点现场，确定应纳入盘点范围的存货是否已经整理和排列适当，并附有盘点标识，防止遗漏或重复盘点。对未纳入盘点范围的存货，注册会计师应当查明未纳入的原因。对所有权不属于被审计单位的存货，注册会计师应当取得其规格、数量等有关资料，确定是否已单独存放、标明，且未被纳入盘点范围。在存货监盘过程中，注册会计师应当根据取得的所有权不属于被审计单位的存货的有关资料，观察这些存货的实际存放情况，确保其未被纳入盘点范围。即使在被审计单位声明不存在受托代存存货的情形下，注册会计师在存货监盘时也应当关注是否存在某些存货不属于被审计单位的现象，以避免盘点范围不当。

2. 对特殊类型存货的监盘

对某些特殊类型的存货，被审计单位通常使用的盘点方法和控制程序并不完全适用。这些存货通常没有盘点标签或者质量难以确定，注册会计师需要运用职业判断，根据存货的实际情况，设计恰当的审计程序，对存货的数量和状况获取审计证据。

（八）存货监盘结束时的工作

再次观察盘点现场，以确定所有应纳入盘点范围的存货是否均已盘点；取得并检查已填用、作废及未使用盘点表单的号码记录，确定其是否连续编号，查明已发放的表单是否均已收回，并与存货盘点的汇总记录进行核对。注册会计师应当根据自己在存货监盘过程中获取的信息对被审计单位最终的存货盘点结果汇总记录进行复核，并评估其是否正确地反映了实际盘点结果。

（九）特殊情况的处理

1. 在存货盘点现场实施存货监盘不可行

在某些情况下，实施存货监盘可能是不可行的。这可能是由存货性质和存放地点等因素造成的。例如，存货存放在对注册会计师的安全有威胁的地点。然而，对注册会计师带来不便的一般因素不足以支持注册会计师做出实施存货监盘不可行的决定。审计中的困难、时间或成本等事项本身，不能作为注册会计师省略不可替代的审计程序或满足于说服力不足的审计证据的正当理由。如果在存货盘点现场实施存货监盘不可行，注册会计师应当实施替代审计程序(如检查盘点日后出售、盘点日前取得或购买的特定存货的文件记录),以获取有关存货的存在和状况的充分、适当的审计证据。

2. 因不可预见的情况导致无法在存货盘点现场实施监盘

由于不可预见的情况而可能导致无法在预定日期实施存货监盘,注册会计师应当另择日期实施监盘,并对间隔期内发生的交易实施审计程序。两种比较典型的情况包括:一是注册会计师无法亲临现场,即由于不可抗力导致其无法到达存货存放地实施存货监盘;二是气候因素,即由于恶劣的天气导致注册会计师无法实施存货监盘程序,或由于恶劣的天气无法观察存货,如木材被积雪覆盖。

3. 由第三方保管或控制的存货

如果由第三方保管或控制的存货对财务报表是重要的,注册会计师应当实施下列一项或两项审计程序,以获取有关该存货存在和状况的充分、适当的审计证据。

(1)向持有被审计单位存货的第三方函证存货的数量和状况。

(2)实施检查或其他适合具体情况的审计程序。根据具体情况(如获取的信息使注册会计师对第三方的诚信和客观性产生疑虑),注册会计师可能认为实施其他审计程序是适当的。其他审计程序既可以作为函证的替代程序,也可以作为追加的审计程序。

其他审计程序的示例包括:实施或安排其他注册会计师实施对第三方的存货监盘(如可行);获取其他注册会计师或服务机构注册会计师针对用以保证存货得到恰当盘点和保管的内部控制的适当性而出具的报告;检查与第三方持有的存货相关的文件记录,如仓储单。

三、存货计价测试和截止测试

(一)存货计价测试的一般要求

监盘程序只能对存货的结存数量予以确认。为了验证财务报表上存货余额的真实性,还必须对存货的计价进行审计,即确定存货实物数量和永续盘存记录中的数量是否经过正确的计价和汇总。存货的计价测试主要是针对被审计单位所使用的存货单位成本是否正确所做的测试。广义上讲,存货成本的审计也可以被视为存货计价测试的一项内容。

1. 样本的选择

计价审计的样本,应从存货数量已经盘点、单价和总金额已经计入存货汇总表的结存存货中选择。选择样本时应着重选择结存余额较大且价格变化比较频繁的项目,同时考虑所选样本的代表性。抽样方法一般采用分层抽样法,抽样规模应足以推断总体的情况。

2. 计价方法的确认

存货的计价方法有多种,被审计单位应结合企业会计准则的基本要求选择符合自身特点的存货计价方法。注册会计师除应了解掌握被审计单位的存货计价方法外,还应对这种计价方法的合理性与一贯性予以关注,没有足够理由,计价方法在同一会计年度内不得变动。

3. 计价测试

进行计价测试时，注册会计师首先应对存货价格的组成内容予以审核，然后按照所了解的计价方法对所选择的存货样本进行计价测试。测试时，应尽量排除被审计单位已有计算程序和结果的影响，进行独立测试。测试结果出来后，应与被审计单位账面记录对比，编制对比分析表，分析形成差异的原因。如果差异过大，应扩大测试范围，并根据审计结果考虑是否应提出审计调整建议。

在存货计价审计中，由于被审计单位对期末存货采用成本与可变现净值孰低的方法计价，所以注册会计师应充分关注其对存货可变现净值的确定及存货跌价准备的计提。

（二）存货成本的计价测试

存货成本的计价测试主要包括直接材料成本、直接人工成本与制造费用三方面。

1. 直接材料成本

直接材料成本的测试一般从审阅原材料与生产成本明细账入手，抽查有关费用凭证，验证产品直接耗用材料的数量、计价和材料费用分配是否真实、合理。其主要审计程序通常包括以下几个方面。

（1）将统一产品前后各年度的直接材料成本进行比较分析，如有重大波动应查明原因。

（2）抽查产品成本计算单，检查直接材料成本的计算是否正确，材料费用的分配标准与分配方法是否合理、适当，是否与材料费用分配汇总表中该产品分摊的直接材料费用相符。

（3）检查直接材料耗用数量的真实性，有无将非生产用材料计入直接材料费用。

（4）检查材料发出及领用的原始凭证，检查领料单的签发是否经过授权，发料凭证汇总表是否经过适当的人员审核，材料单位成本计价方法是否正确，会计处理是否正确。

（5）对采用标准成本的被审计单位，应检查材料成本差异的计算、分配与会计处理是否正确，并查明直接材料的标准成本在本年度内有无重大变更。

2. 直接人工成本

直接人工成本的主要审计程序通常包括以下几个方面。

（1）分析比较本年度与前期直接人工成本，以及本年度各个月份的人工费用发生额，如有异常波动应查明原因。

（2）抽查产品成本计算单，检查直接人工成本的计算是否正确，人工费用的分配标准与分配方法是否合理、适当，是否与人工费用分配汇总表中该产品分摊的直接人工费用相符。

（3）结合应付职工薪酬的检查，抽查人工费用的计算及会计处理是否正确。

（4）对采用标准成本的被审计单位，应检查人工成本差异的计算、分配与会计处理是否正确，并查明直接人工的标准成本在本年度内有无重大变更。

3. 制造费用

制造费用是企业生产车间为生产产品和提供劳务而发生的各项间接费用。制造费用的主要审计程序通常包括以下几个方面。

（1）获取或编制制造费用汇总表，复核加计正确，并与明细账、总账核对相符。同时将制造费用中发生频繁、金额重大及变动异常项目列为抽查重点。

（2）审阅制造费用明细账，检查其核算内容及范围是否正确，重点查明被审计单位有无将不应列入成本费用的支出（如投资支出、被没收的财务、支付的罚款、违约金等）计入制造费用。

（3）必要时，对制造费用实施截止测试，即检查资产负债表日前后若干天的制造费用明细账及其凭证，确定有无跨期入账的情况。

（4）检查制造费用的分配是否合理。重点查明制造费用的分配依据是否符合被审计单位的实际情况，是否体现收益原则，分配方法在前后期间是否保持稳定，有无随意变更的情况；分配率和分配额的计算是否正确，有无以人为估计数代替分配数的情况。

（5）对采用标准成本的被审计单位，应抽查标准制造费用的确定是否合理，计入产品成本计算单的数额是否正确，制造费用的计算、分配与会计处理是否正确，并查明标准制造费用在本年度内有无重大变更。

（三）存货的截止测试

所谓存货截止测试，就是检查截至12月31号，所购入并已包括在12月31日存货盘点范围内的存货。存货正确截止的关键在于存货实物纳入盘点范围的时间与存货引起的借贷双方会计科目的入账时间都处于同一会计期间。查阅资产负债表日前后若干天的存货增减变动的有关账簿记录和购货、销货的原始凭证，检查是否正确，是否经授权批准，前后期是否一致。

案例 8-2

F 公 司 审 计 案

在形形色色的利润操纵手法中，资产造假占据了主要地位。造假的公司一般使用五种手段来非法提高资产价值和虚增盈利，即虚构收入，虚假的时间差异，隐瞒负债和费用，虚假披露以及资产计价舞弊。其中资产计价舞弊是资产造假的惯用手法。而存货项目因其种类繁多并且具有流动性强、计价方法多样的特点，又导致存货高估构成资产计价舞弊的主要部分。对其分析是本文的重点所在。

美国F公司的老板×××自获得第一家药店开始，×××就梦想着把他的小店发展成一个庞大的药品帝国。其所实施的策略就是他所谓的"强力购买"，即通过提供大比例折扣来销售商品。×××首先做的就是把实际上并不盈利且未经审计的药店报表拿来，用自己的笔为其加上并不存在的存货和利润，然后凭着自己空谈的天分及一套夸大了的报表，在一年之内骗得了足够的投资用以收购了8家药店，奠定了他的小型药品帝国的基础。这个帝国后来发展到了拥有300家连锁店的规模。一时间，×××成为金融领域的风云人物，他的公司则在阳土敦市赢得了令人崇拜的地位。在一次偶然的机会导致这个精心设计的、至少引起5亿美元损失的财务舞弊事件浮出水面之时，×××和他的公司炮制虚假利润已长达十年之久。这实在并非一件容易的事。当时F公司的财务总监认为因公司以低于成本出售商品而导致了严重的损失，但是×××认为通过"强力购买"，公司完全可以发展得足够大以使它能顺利地坚持它的销售方式。最终在×××的强大压力下，这位财务总监卷入了这起舞弊案件。在随后的数年之中，他和他的几位下属保持了两套账簿，一套用以应付注册会计师的审计，一套反映糟糕的现实。他们先将所有的损失归入一个所谓的"水桶账户"，然后再将该账产的金额通过虚增存货的方式重新分布到公司的数百家成员药店中。他们仿造购货发票、制造增加存货并减少销售成本的虚假记账凭证、确认购货却不同时确认负债、多计或加倍计算存货的数量。财务部门之所以可以隐瞒存货短缺是因为注册会计师只对300家药店中的4家进行存货监盘，而且他们会提前数月通知F公司他们将检查哪些药店。管理人员随之将那4家药店堆满实物存货，而把那些虚增的部分分配到其余的296家药店。如果不考虑其会计造假，F公司实际已濒临破产。在最近一次审计中，其现金已紧缺到供应商因其未能及时支付购货款而威胁取消向其供货的地步。

注册会计师们一直未能发现这起舞弊，他们为此付出了昂贵的代价。这项审计失败使会计师事务所在民事诉讼中损失了3亿美元。那位财务总监被判33个月的监禁，×××本人则被判入狱5年。

为何注册会计师们一直未能发现F公司舞弊的迹象呢？或许，他们可能太信任他们的客户了，他们从报纸上阅读了关于它的文章，从电视中看到关于×××努力奋斗的报道，从而为这种欺骗性的宣传付出了代价；他们也可能是在错误的假设下执行审计，即认为他们的客户没有进行会计报表舞弊的动机，因为它正在大把大把地赚钱。回顾整个事件，只要任何人问一个基本的问题，即"一个以低于成本价出售商品的公司怎能赚钱？"，注册会计师们或许就能够发现这起舞弊事件。

此案件给我们敲响了警钟，存货审计是如此的重要，也是如此的复杂，存货舞弊并非仅凭简单的监盘程序就可查出。不过，如果注册会计师能够弄清这些欺骗性操纵是如何进行的，对于发现这些舞弊将会大有帮助，这就意味着注册会计师必须掌握识别存货舞弊的技术。

资料来源：摘自"经济·管理案例库"。

第四节 应付职工薪酬审计

一、应付职工薪酬审计的目标

职工薪酬是指企业为获得职工提供的服务或解除劳动关系而给予的各种形式的报酬或补偿。一般在企业中，应付职工薪酬在成本费用中占有较大的比重，职工薪酬可以采用现金的形式支付，因而相对于其他业务更容易发生错误或舞弊行为。所以，注册会计师应重视对职工薪酬业务的审计。应付职工薪酬的审计目标一般包括以下方面。

(1) 确定资产负债表中记录的应付职工薪酬是否存在；
(2) 确定所有应当记录的应付职工薪酬是否均已记录；
(3) 确定记录的应付职工薪酬是否为被审计单位应当履行的现时义务；
(4) 确定应付职工薪酬是否以恰当的金额包括在财务报表中，与之相关的计价调整是否已恰当记录；

(5) 确定应付职工薪酬是否已按照企业会计准则的规定在财务报表中做出恰当的列报。

二、应付职工薪酬的实质性程序

应付职工薪酬的实质性审计程序通常包括以下内容。

1. 获取或编制应付职工薪酬明细表

获取或编制应付职工薪酬明细表，复核加计是否正确，并与报表数、总账数和明细账合计数核对是否相符。

2. 实施实质性分析程序

(1) 比较被审计单位员工人数的变动情况，检查被审计单位各部门各月工薪费用的发生额是否有异常波动，若有，则查明波动原因是否合理。

(2) 比较本期与上期工薪费用总额，要求被审计单位解释其增减变动原因，或取得公司管理层关于员工工薪标准的决议。

(3) 结合员工社保缴纳情况，明确被审计单位员工范围，检查是否与关联公司员工工薪混淆列支。

(4) 核对下列相互独立部门的相关数据：工薪部门记录的工薪支出与出纳记录的工薪支付数，工薪部门记录的工时与生产部门记录的工时。

(5) 比较本期应付职工薪酬余额与上期应付职工薪酬余额，是否有异常变动。

3. 检查工薪、奖金、津贴和补贴

(1) 计提是否正确，依据是否充分。

(2) 检查分配方法与上年是否一致。

(3) 检查发放金额是否正确，代扣的款项及其金额是否正确。

(4) 检查是否存在属于拖欠性质的职工薪酬，并了解拖欠的原因。

4. 检查社会保险费

包括医疗、养老、失业、工伤、生育保险费、住房公积金、工会经费和职工教育经费等计提（分配）和支付（使用）的会计处理是否正确，依据是否充分。

5. 检查非货币性福利

(1) 检查以自产产品发放给职工的非货币性福利，是否根据受益对象，按该产品的公允价值，计入相关资产成本或当期损益，并确认应付职工薪酬。

(2) 检查无偿向职工提供自有住房或租赁房的非货币性福利，是否根据受益对象，将该住房每期应计提的折旧或每期应付的租金计入相关资产成本或当期损益，同时确认应付职工薪酬。

6. 检查辞退福利的会计处理是否符合有关规定

(1) 对于职工没有选择权的辞退计划，检查按辞退职工数量、辞退补偿标准计提辞退福利负债金额是否正确。

(2) 对于自愿接受裁减的建议，检查按接受裁减建议的预计职工数量、辞退补偿标准（确定的标准）等计提辞退福利负债金额是否正确。

(3) 检查实质性辞退工作在一年内完成,但付款时间超过一年的辞退福利,是否按折现后的金额计量、折现率的选择是否合理。

(4) 检查计提辞退福利负债的会计处理是否正确,是否将计提金额计入当期管理费用。

(5) 检查辞退福利支付凭证是否真实正确。

7. 检查离职后福利的会计处理是否符合有关规定
8. 检查以现金与职工结算的股份支付
9. 检查应付职工的期后付款情况

检查应付职工的期后付款情况,并关注在资产负债表至财务报表批准报出日之间,是否有确凿证据表明需要调整资产负债表日原确认的应付职工薪酬事项。

10. 检查应付职工薪酬是否已按照《企业会计准则》的规定在财务报表中做出恰当的列报

案例 8-3

审计人员审查某企业"应付职工薪酬"明细账,发现 10 月份计提的福利费 11.2 万元,当月职工工资总额为 40 万元。该企业的福利费计提比例高达 28%,审计人员怀疑其中存在超规计提现象。审计人员调阅 10 月份工资结算单,发现在职工工资总额为 40 万元,离退休人员工资总额为 40 万元,共计 80 万元。又调阅 10 月份计提福利费的 96# 凭证,其福利费为 80×14%=11.2 万元,会计分录如下:

  借:管理费用   112 000
    贷:应付职工薪酬   112 000

要求

指出上述会计处理存在的问题,并做出账务调整。

解答分析

按规定,离退休人员工资不得计提福利费。被审计单位将其与在职职工工资一起计提福利费,目的是多提福利费,虚增费用,从而逃避税款。多提的福利费应转出,并补交所得税。应补交所得税=56 000×33%=18 480(元)

调整分录:
  借:应付职工薪酬   56 000
    贷:管理费用   56 000
  借:所得税费用   18 480
    贷:应交税费——应交所得税   18 480

第五节 其他相关账户审计

在生产与费用循环审计中,存货是最主要的项目。但是在具体的存货核算中,又表现为各种具体存货相关账户,如材料采购、原材料、材料成本差异、低值易耗品、库存商品、受托代销商品、委托代销商品等。

一、存货相关账户的审计

（一）材料采购审计

注册会计师在审计材料采购账户时，首先，应获取或编制材料采购明细表，复核加计正确，与总账数、明细账合计数核对相符。其次，检查期末材料采购，核对有关凭证。对大额材料采购，追查至相关的购货合同及购货发票，复核采购成本的正确性，并抽查期后入库的情况。必要时发函询证；同时，查阅资产负债表日前后若干天的材料采购增减变动的有关账簿记录和收料报告单等资料，检查有无跨期现象，如有，则应做出记录，必要时提出调整意见；对于采用计划成本核算的企业，审计材料采购项目有关材料成本差异发生额的计算与处理是否正确；注册会计师还应审核被审计单位有无长期挂账的材料采购，如有，应查明原因，必要时可提出调整建议。最后，还应确定材料采购的披露是否恰当。

（二）原材料审计

注册会计师在审核原材料账户时，应先获取或编制原材料明细表，复核加计正确，并与总账数、明细账合计数核对相符；同时抽查明细账与仓库台账、卡片记录，检查是否核对相符，并执行以下的实质性分析程序。

（1）对期末原材料余额与上期的期末余额进行比较，分析其波动原因，对异常项目进行调查并予以记录。

（2）执行存货监盘程序。

（3）检查原材料的入账基础与计价方法是否正确，前后期是否一致。

（4）对于通过非货币性资产交换、债务重组、企业合并以及接受捐赠等取得的原材料，检查其入账的有关依据是否真实、完备，入账价值与会计处理是否符合相关规定。

（5）检查投资者投入的原材料是否按照投资合同或协议约定价值入账，并检查约定的价值是否公允，交接手续是否齐全。

（6）检查与关联方的购销业务是否正常，关注交易价格、交易金额的真实性及合理性。

（7）了解被审计单位原材料发出的计价方法，前后期是否一致，并抽取主要材料复核其计算是否正确；对于不能替代使用的原材料，以及为特定项目专门购入或制造的原材料，检查是否采用个别计价法确定发出成本；若原材料以计划成本计价，还应检查材料成本差异的发生和结转的金额是否正确。

（8）编制本期发出材料汇总表，与相关科目勾稽核对，并抽查复核月度发出材料汇总表的正确性。

（9）查阅资产负债表日前后若干天的原材料增减变动记录和原始凭证，检查有无跨期现象；如有，则应做出记录，必要时应提出调整建议。

（10）结合原材料的盘点，检查期末有无料单未到情况；如有，应查明是否已暂估入账，其暂估价是否合理。

（11）确定原材料的披露是否恰当。

（三）材料成本差异审计

注册会计师在审核材料成本差异账户时，首先，应获取或编制材料成本差异明细表，复核加计正确，并与总账数、明细账合计数核对相符；其次，对本期内各月的材料成本差异率实施实质性分析程序，并与上期进行比较，检查是否存在异常波动，计算方法是否前后各期一致，是否存在调节成本现象；同时，结合以计划成本计价的原材料、包装物等的入账基础测试，检查材料成本差异的发生额是否正确；注册会计师还应抽查若干月发出的材料汇总表，检查材料成本差异是否按月分摊，使用的差异率是否为当月实际差异率，差异的分配是否正确，分配方法前后期是否一致；此外，还应确定材料成本差异的披露是否恰当。

（四）低值易耗品审计

注册会计师在审核低值易耗品账户时，应先获取或编制低值易耗品明细表，复核加计正确，并与总账数、明细账合计数核对相符；其次，检查低值易耗品与固定资产的划分是否符合规定；同时，检查低值易耗品的入库和领单的手续是否齐全，会计处理是否正确；并检查低值易耗品摊销方法是否正确，前后期是否一致；注册会计师还应审核本审计单位有无长期挂账低值易耗品事项，如有，查明原因，必要时还应做出相应调整；以及确定低值易耗品的披露是否恰当。

（五）库存商品

注册会计师在审核库存商品账户时，应先获取或编制库存商品明细表，复核加计正确，并与总账数、明细账合计数核对相符；同时，与仓库台账、卡片抽查核对相符，并实施以下实质性测试程序。

（1）现场观察本身即单位库存商品盘点情况，取得库存商品盘点资料和盘盈、盘亏报告表，做重点抽查，并注意查明账实不符的原因，有关审批手续是否完备，账务处理是否正确；对冷背、残次、呆滞的库存商品，关注其计价是否合理。

（2）查核库存商品的计价方法，检查前后期是否一致；对自制商品产品等，在实际成本计价条件下，应以样本的单位成本与库存商品明细账及成本计算单核对；在计划成本计价条件下，应以样本的单位成本与库存商品明细账及成本差异明细账及成本计算单核对。对库存外购商品，在实际成本计价条件下，应以样本的单位成本与库存商品明细账及购货发票核对；在计划成本计价条件下，应以样本的单位成本与库存商品明细账、商品成本差异明细账及购货发票核对。

（3）抽查库存商品入库单，核对库存商品的品种、数量与入账记录是否一致，并检查入库库存商品的实际成本是否与"生产成本"科目的结转额相符。

（4）抽查库存商品的发出凭证，核对转出库存商品的品种、数量和实际成本是否与"主营业务成本"相符。

（5）审阅库存商品明细账，检查有无长期挂账库存商品事项，如有，查明原因，必要时可对其做出调整。

（6）确定库存商品的披露是否恰当。

二、存货跌价准备审计

存货跌价准备是指在中期、期末或年度终了，如由于存货遭受毁损、全部或部分陈旧过时或销售价格低于成本等原因，使存货成本不可以收回的部分，应按单个存货项目的成本高于其可变现净值的差额提取，并计入存货跌价损失。简单地说，就是由于存货的可变现净值低于原成本，而对降低部分所做的一种稳健处理。注册会计师审计存货跌价准备账户时，需要实现的审计目标包括：确定存货跌价准备的发生是否真实，转销是否合理；确定存货跌价准备发生和转销的记录是否完整；确定存货跌价准备的期末余额是否正确；确定存货跌价准备的披露是否恰当。为了实现以上目标，注册会计师应对存货跌价准备实施以下实质性测试程序。

（1）获取或编制存货跌价准备明细表，复核加计正确，并与报表数、总账数和明细账合计数核对是否相符。

（2）检查存货跌价准备的计提和转销是否按照规定的审批程序进行。

（3）检查存货跌价准备的计提是否充分考虑了持有存货的目的和资产负债表日后事项的影响因素，计提依据和计提方法是否合理。

（4）比较本期实际损失发生数和前期存货跌价准备的余额，评价上期存货跌价准备计提是否合理。

（5）对于转回的跌价准备和出售存货核销的跌价准备，检查其会计处理是否正确。

（6）检查被审计单位是否在期末对存货进行了检查分析，存货跌价准备的计算和会计处理是否正确。

（7）确定存货跌价准备在会计报表上的披露是否正确。

三、管理费用审计

管理费用是指企业行政管理部门为组织和管理生产经营活动而发生的各项费用。企业管理费用的核算内容很多，包括管理人员工资和福利费、公司一级折旧费、修理费、技术转让费、无形资产和递延资产摊销费及其他管理费用等。因此，对企业管理费用的审计就显得很重要。

注册会计师在审计管理费用账户时，需要实现的审计目标包括：确定利润表中记录的管理费用是否已发生，且与被审计单位有关；确定所有应当记录的管理费用是否均已记录；确定与管理费用有关的金额及其他数据是否已恰当记录；确定管理费用是否已记录于正确的会计期间；确定管理费用是否已记录于恰当的账户；确定管理费用是否已按照企业会计准则的规定在财务报表中做出恰当的列报。为了实现以上目标，注册会计师应对管理费用实施以下实质性测试程序。

（1）获取或编制管理费用明细表、复核加计正确，与报表数、总账数及明细账合计数核对是否相符。

（2）检查管理费用的项目的核算内容与范围是否符合相关规定。

（3）对管理费用进行分析：计算分析各个月份管理费用中各项目发生额占费用总额

的比率，将本期、上期管理费用各主要明晰项目做比较分析，判断其变动的合理性；将管理费用金额与预算金额进行比较；比较本期各月份管理费用，对有重大波动和异常情况的项目应查明原因，必要时做适当处理。

（4）将管理费用中列支的职工薪酬、研究费用、折旧费以及无形资产、长期待摊费用、其他长期资产的摊销额等项目与相关科目进行交叉勾稽，并做出相应记录。

（5）选择管理费用中数额较大，以及本期与上期相比变化异常的项目追查至原始凭证，主要有：检查董事会费（包括董事会成员津贴、会议费和差旅费等），检查相关董事会及股东会决议，是否在合规范围内开支费用；检查聘请中介机构、咨询费（含顾问费），是否按合同规定支付费用，有无涉及诉讼及赔偿款项支出；检查诉讼费用并结合或有事项审计，检查涉及的相关重大诉讼事项是否已在附注中披露，还需要进一步关注诉讼状态，判断有无或有负债，或是否存在损失已发生而未入账的事项；检查业务招待费的支出是否合理，如超过规定限额，应在计算应纳税所得额时调整；复核本期发生的矿产资源补偿费、房产税、土地使用税、印花税等税费是否正确；结合相关资产检查，核对筹建期间发生的开办费（包括人员工资、办公费、培训费、差旅费、印刷费、注册登记费以及不计入固定资产成本的借款费用）是否直接计入管理费用；针对特殊行业，检查排污费等环保费用是否合理计提；选择重要或异常的管理费用，检查费用的开支标准是否符合有关规定，计算是否正确，原始凭证是否合法，会计处理是否正确。

（6）抽取资产负债表前后一定数量的凭证，实施截止测试，若存在异常迹象，应考虑是否有必要追加审计程序，对于重大跨期项目应做必要调整。

（7）检查管理费用是否已按照企业会计准则的规定在财务报表中做出恰当列报。

思 考 题

1. 生产与费用循环的主要业务活动有哪些？其关键控制点是什么？
2. 生产与费用循环中的控制测试包括哪些？分别包括哪些内容？
3. 生产与费用循环过程中可能存在的重大错报风险的情形有哪些？
4. 存货审计的目标是什么？简述存货审计的程序及关键点。
5. 注册会计师在对存货实施监盘时，特殊情况有哪些？应该怎么处理？
6. 如何对存货进行截止测试？
7. 简述应付职工薪酬审计的实质性测试。
8. 存货的其他账户审计一般包括哪些？

业 务 题

1. ABC 会计师事务所的 A 注册会计师负责审计甲公司等多家被审计单位 2016 年度财务报表，与存货审计相关事项如下。

（1）在对甲公司存货实施监盘时，A 注册会计师在存货盘点现场评价了管理层用以记录和控制存货盘点结果的程序，认为其设计有效，A 注册会计师在检查存货并执行抽盘后结束了现场工作。

（2）因乙公司存货品种和数量均较少，A注册会计师仅将监盘程序用作实质性程序。

（3）丙公司2016年年末已入库未收到发票而暂估的存货金额占存货总额的30%，A注册会计师对存货实施了监盘，测试了采购和销售交易的截止，均未发现差错，据此认为暂估的存货记录准确。

（4）丁公司管理层未将以前年度已全额计提跌价准备的存货纳入本年末盘点范围，A注册会计师检查了以前年度审计工作底稿，认可了管理层的做法。

（5）戊公司管理层规定，由生产部门人员对全部存货进行判断，再由财务部门人员抽取50%进行复盘，A注册会计师对复盘项目执行抽盘，未发现差异，据此认可了管理层的盘点结果。

要求

针对上述（1）至（5）项，逐项指出A注册会计师做法是否恰当。如不恰当，简要说明理由。

答案及解析

（1）不恰当。在实施存货监盘程序时，注册会计师需要观察管理层制定的盘点程序的执行情况。

（2）恰当。

（3）不恰当。应该检查采购合同核查金额，以确定存货金额记录的正确。

（4）不恰当。已经全额计提坏账准备的存货应该纳入盘点范围。

（5）不恰当。注册会计师应对全部已盘点存货进行抽盘，并应尽可能避免让被审计单位了解将抽盘的项目。

2. 甲公司主要从事家电产品的生产和销售。ABC会计师事务所负责审计甲公司2016年度财务报表。审计项目组在审计工作底稿中记录了与存货监盘相关的情况，部分内容摘录如下。

（1）审计项目组拟不信赖与存货相关的内部控制运行的有效性，故在监盘时不再观察管理层制定的盘点程序的执行情况。

（2）审计项目组获取了盘点日前后存货收发及移动的凭证，以确定甲公司是否将盘点日前入库的存货、盘点日后出库的存货以及已确认为销售但尚未出库的存货包括在盘点范围内。

（3）由于甲公司人手不足，审计项目组受管理层委托，于2016年12月31日代为盘点甲公司异地专卖店的存货，并将盘点记录作为甲公司的盘点记录和审计项目组的监盘工作底稿。

（4）审计项目组按存货项目定义抽样单元，选取a产品为抽盘样本项目之一。a产品分布在5个仓库中，考虑到监盘人员安排困难，审计项目组对其中3个仓库的a产品执行抽盘，未发现差异，对该样本项目的抽盘结果满意。

（5）在甲公司存货盘点结束前，审计项目组取得并检查了已填用、作废及未使用盘点表单的号码记录，确定其是否连续编号以及已发放的表单是否均已收回，并与存货盘点汇总表中记录的盘点表单使用情况核对一致。

（6）甲公司部分产成品存放在第三方仓库，其年末余额占资产总额的 10%。

要求

（1）针对上述（1）至（5）项，逐项指出审计项目组的做法是否恰当。如不恰当，简要说明理由。

（2）针对上述第(6)项，列举三项审计项目组可以实施的审计程序。

答案及解析

（1）第（1）项不恰当。无论是否信赖内部控制，注册会计师在监盘中均应当观察管理层制定的盘点程序的执行情况。

第（2）项不恰当。已确认为销售但尚未出库的存货不应包括在盘点范围内。

第（3）项不恰当。审计项目组代管理层执行盘点工作，将会影响其独立性。盘点存货是甲公司管理层的责任。

第（4）项不恰当。当 a 产品被选为样本项目时，应当对所有 a 产品执行抽盘。

第（5）项恰当。

（2）审计项目组可以实施的审计程序如下。

① 向保管存货的第三方函证存货的数量和状况。

② 实施检查程序／检查与第三方保管的存货相关的文件记录。

③ 对第三方保管的存货实施监盘。

④ 安排其他注册会计师对第三方保管的存货实施监盘。

⑤ 获取其他注册会计师或提供仓储服务的第三方的注册会计师针对第三方用以保证存货得到恰当盘点和保管的内部控制的适当性而出具的报告。

第九章

筹资与投资循环审计

Q公司审计案

1988年7月,Q公司在H市注册成立。1992年9月,Q公司在全国证券交易自动报价(STAQ)系统中募集法人股3 000万股,实收股本3 000万元。自1996年7月1日起,Q公司的股价以4.45元起步,在短短几个月内股价已蹿升至20元,翻了数倍。在被某些无形之手悉心操纵之后,Q公司成了创造1996年中国股市神话中的一匹"大黑马"。在1997年2月28日罕见的、巨大的成交量之后,证交所突然宣布:Q公司于3月1日起停牌。1997年3月22日,Q公司率先公布1996年年报。年报赫然显示:Q公司1996年每股收益0.87万元,净利润比1995年同比增长1 290.68倍(见表9-1)。

表9-1 Q公司1995年与1996年业绩对比

	利润总额	净利润	每股收益	资本公积
1995年	67万元	38万元	0.000 9万元	44 617万元
1996年	57 093万元	48 529万元	0.87万元	110 351万元
增长倍数	848.41倍	1 290.68倍	962.33倍	2.47倍

(1)巨额利润令人疑惑。Q公司1996年利润总额和净利润分别较1995年增长848.41倍和1 290.68倍。实际情况是,在1996年利润总额57 093万元中有54 000万元是虚构出来的,是Q公司在未取得土地使用权的情况下,通过与关联企业及其他公司签订的未经国家有关部门批准的合作建房、权益转让等无效合同编造的。

(2)巨额资本公积令人疑惑。公司新增加的65 734万元的资本公积是从何而来的呢?在东窗事发后,有关部门经过调查发现,增加的资本公积是Q公司在未取得土地使用权,未经国家有关部门批准立项和确认的情况下,对四个投资项目的资产进行评估而产生的。这65 734万元资本公积显然是虚增的。

(3)操纵市场。据中国证监会调查,Q公司的控股股东M公司曾与S财务公司联手,于Q公司公布1996年中期报告"利好消息"之前,大量买进Q股票,1997年3月前大量抛售,获取暴利。

尽管Q公司的有关人员在这一案件中难逃责任,而作为对Q公司2006年年报出具无保留意见的会计师事务所和出具资产评估报告的会计师事务所同样负有不可推卸的责任。面对Q公司1996年年报中利润和资本公积如此大幅度的增加,具有审计专业知识的注册会计师自然应该多加注意，保持应有的职业谨慎。但是注册会计师不但没有这样做，相反，在众多投资者对资本公积、盈余公积、未分配利润等项目提出疑问的情况下，会计师事务所还站出来为 Q 公司辩护，声称"报表的真实性不容置疑"。因此，Q 公司会造成如此严重的后果，在很大程度上与注册会计师的失职及某种意义上的推波助澜有关。

资料来源：摘自"经济·管理案例库"。

第一节 筹资与投资循环主要活动及其关键控制

筹资与投资循环由筹资活动和投资活动的交易事项构成。筹资活动是指企业为了满足生存和发展的需要，通过改变企业资本及债务规模和构成而筹集资金的活动，主要由借款交易和股东权益交易组成。投资活动是指企业为通过分配来增加财富，或为谋取其他利益，将资产让渡给其他单位而获得另一项资产的活动，主要由权益性交易和债券性投资交易组成。与其他循环相比，企业每年的投资与筹资循环涉及的交易数量较少，而每笔交易的金额通常较大，这决定了对该循环的审计显得更加重要。

筹资与投资循环与各交易循环如图 9-1 所示。

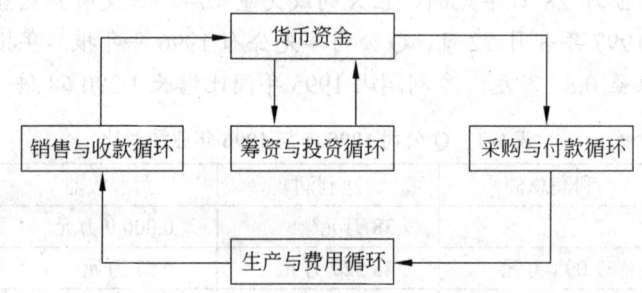

图 9-1 筹资与投资循环与各交易循环图

一、筹资与投资循环的主要凭证与会计记录

（一）筹资活动的主要凭证与会计记录

（1）债券，是指公司依据法定程序发行、约定在一定期限内还本付息的有价证券。

（2）股票，是指公司签发的证明股东所持股份的凭证。

（3）债券契约，是指载明债券持有人与发行企业双方所拥有的权利与义务的法律性文件，内容包括：债券发行的标准；债券的明确表述；利息或利息率；受托管理人证书；登记和背书；如系抵押债券，其所担保的财产；债券发生拖欠情况如何处理，以及对偿债基金、利息支付、本金返还等的处理。

（4）股东名册，是指发行记名股票的公司记载股东的凭证，内容包括：股东的姓名或者名称及住所；股东所持股份数；股东所持股票的编号；股东取得其股份的日期。发行无记名股票的，公司应当记载其股票数量、编号及发行日期。

（5）公司债券存根簿，是指发行记名公司债券时记载债券持有人的凭证，内容包括：债券持有人的名称及住所；债券持有人取得债券的日期及债券的编号；债券总额、债的票面金额、债券的利率、债券还本付息的期限和方式；债券的发行日期。发行无记名债券的应当在公司的债券存根簿上记载债券总额、利率、偿还期限和方式、发行日期和债券编号。

（6）承销或包销协议，是指公司向社会公开发行股票或债券时，应当由依法设立的证券经营机构承销或包销，公司应与其签订承销或包销协议。

（7）借款合同或协议，是指公司向银行或其他金融机构借入款项时与其签订的合同或协议。

（8）有关的记账凭证。

（9）有关会计科目的会计账簿。包括明细账和总账。筹资活动涉及的会计科目主要有银行存款、短期借款、长期借款、应付债券、长期应付款、股本等。

（二）投资活动的主要凭证与会计记录

（1）股票或债券。

（2）经纪人通知书，当投资是通过经纪人代理进行时，对经纪人通知单的审查可证实企业投资业务的合理性。

（3）债券契约。

（4）被投资企业的章程及有关投资协议。

（5）股票或债券登记簿，是指接受投资单位所记载的有关投资者或债权人的各项情况。通过查阅股票或债券登记簿或向投资者函证，可证明企业投资的真实性。

（6）有关的记账凭证和会计账簿。包括交易性金融资产、可供出售金融资产、持有至到期投资、长期股权投资、投资性房地产、应收利息、交易性金融负债等科目相关的记账凭证、明细账和总账。

二、筹资与投资循环的主要业务活动

（一）筹资活动的主要业务活动

（1）筹资的审批授权，企业通过借款筹集资金须经管理当局的审批，其中债券的发行每次均要由董事会授权，企业发行股票必须依据国家有关法规或企业章程的规定，报经企业最高权力机构（如股东大会）及国家有关部门批准。

（2）签订合同或协议，向银行或其他金融机构融资须签订借款合同，发行债券须签订债券合同和债券承销或包销合同。

（3）取得资金，是指企业实际取得银行或金融机构划入的款项或债券、股票的融入资金。

（4）计算利息或股利，企业应按有关合同或协议的约定，及时计算利息或股利。

（5）偿还本息或发放股利，银行借款或发行债券应按有关合同或协议的规定偿还本息，融入的股本根据股东大会的决定发放股利。

（二）投资活动的主要业务活动

（1）投资的审批授权，投资业务一般须由企业董事会进行审批，重大的投资业务须经股东会或股东大会批准。

(2) 取得证券或其他投资，企业可以通过购买股票或债券进行投资，也可以通过与其他单位联合形成投资。

(3) 取得投资收益，企业可以取得股权投资的股利收入、债券投资的利息收入和其他投资收益。

(4) 转让证券或收回其他投资，企业可以通过转让证券实现投资的收回，其投资一经投出，除联营合同期满或由于其他特殊原因联营企业解散外，一般不得收回投资。

三、筹资与投资循环的主要业务活动的关键控制

（一）筹资活动的关键控制

(1) 所有筹资交易应经管理层批准。
(2) 借款变动情况的记录与借款合同相一致并经复核，以确保输入准确。
(3) 借款合同或协议由专人保管，同账务记录核对一致，如发现差异应及时调查和处理。
(4) 管理层定期复核借款记录并确保其及时更新。
(5) 管理层复核财务费用的计算。

（二）投资活动的关键控制

(1) 管理层制定政策并确保投资交易符合规定。
(2) 管理层复核投资交易记录，如有差异应及时调查和处理。
(3) 及时取得被投资单位报表并确认投资收益。

第二节　筹资与投资循环控制测试

一、筹资活动的控制测试

表 9-2 列出了筹资活动的控制目标、内部控制和测试。

表 9-2　筹资活动的控制目标、内部控制和测试

内部控制目标	关键内部控制程序	内部控制测试	交易实质性测试
借款和所有者权益账面余额在资产负债表日确定存在，借款利息费用和已支付的股利是由被审计期间真实事项引起的（存在或发生）	借款或发行股票经过授权审批；签订借款合同或协议、债券契约、承销或包销协议等相关法律性文件	索取借款或发行股票的授权批准文件,检查权限恰当与否,手续齐全与否;索取借款合同或协议、债券契约、承销或包销协议	获取或编制借款和股本明细表，复核加计正确，并与报表数、总账数和明细账合计数核对相符；检查与借款或股票发行有关的原始凭证，确认其真实性，并与会计记录核对；检查利息计算的依据，复核应计利息的正确性，并确认全部利息计入相关账户

续表

内部控制目标	关键内部控制程序	内部控制测试	交易实质性测试
借款和所有者权益的增减变动及其利息和股利已登记入账（完整性）	筹资业务的会计记录、授权和执行等方面明确职责分工；借款合同或协议由专人保管；如保存债券持有人的明细资料，应同总分类账核对相符；如由外部机构保存，须定期同外部机构核对	观察并描述其职责分工；了解债券持有人明细资料的保管制度，检查被审计单位是否将其与总账或外部机构核对	检查年度内借款和所有者权益增减变动原始凭证，核实变动的真实性、合规性，检查授权批准手续是否完备、入账是否及时准确
借款均为被审计单位承担的债务，所有者权益代表所有者的法定求偿权（权利与义务）			向银行或其他金融机构、债券包销人函证，并与账面余额核对；检查股东是否已按合同、协议、章程约定时间缴付出资额，其出资是否经注册会计师审验
借款和所有者权益的期末余额正确（计价和分摊）	建立严密完善的账簿体系和记录制度；核算方法符合会计准则和会计制度的规定	抽查筹资业务的会计记录，从明细账抽取部分会计记录，按原始凭证到明细账、总账顺序核对有关数据和情况，判断其会计处理过程是否合规完整	
借款和所有者权益在资产负债表上披露正确（列报）	筹资业务明细账与总账的登记职务分离；筹资披露符合会计准则和会计制度的要求	观察职务是否分离	确定借款和所有者权益的披露是否恰当，注意一年内到期的借款是否列入流动负债

注：本表以获得初始借款交易为例，不包括偿还的利息和本息交易。

（一）筹资活动的内部控制

筹资活动主要由借款交易和股东权益交易组成。股东权益增减变动的业务较少而金额较大，注册会计师在审计中一般直接执行实质性程序。企业的借款交易涉及短期借款、长期借款和应付债券，这些内部控制基本类似。筹资活动的内部控制系统的控制要点一般包括下列内容。

1. 筹资活动的职务分离控制

（1）筹资计划编制人与审批人适当分离，重大筹资必须由独立于审批人之外的人员审核并提出审计意见，必要时可聘请财务顾问，以利于审批人独立地评价筹资计划的优劣。

（2）经办人员不能接触会计记录，通常由独立的机构代理发行债券和股票。

（3）会计人员与负责收付款的人员分离，有条件的应聘请独立的机构负责支付业务。

（4）证券保管人员与会计记录人员分离。

2. 筹资的授权审批控制

一般董事会都事先授权财务经理编制筹资计划，由董事会审批。适当授权及审批可明显地提高筹资活动效率，降低筹资风险，防止因缺乏授权、审批而出现的一系列舞弊现象。

3. 筹资收入款项

筹资金额大，企业最好委托独立的代理机构筹资。因为代理机构本身所负有的法律责任、客观立场，即从外部协助了企业内部控制的有效执行，同时，也从客观、公正的角度证实了会计记录的可信性，防止以筹资业务为名进行不正当活动或者伪造会计记录来掩盖不正当活动的事项发生。

4. 还本付息、支付股利等付出款项的控制

无论何种筹资形式都面临利息的支出或股利的发放等支付款项的问题。由于企业债券受息人社会化的特征，企业可开出单张支票，委托有关代理机构代发，从而减少支票签发次数，降低舞弊的可能。另外，还应定期核对利息支付清单和开出支票总额，股利发放要以股东会或股东大会有关发放股利的决议文件为依据。对于无法递交的支付利息或股利的支票，要及时注销或加盖"作废标记"。

5. 实物保管的控制

债券和股票都应设立相应的筹资登记簿，详细登记已核准发行的债券和股票有关事项，如签发日期、到期日期、支付方式、支付利率、当时市场利率、金额等。

6. 会计记录的控制

筹资业务的会计处理较复杂，因此会计记录的控制尤为重要。企业应及时按正确的金额，采用合理的方法，在适当的账户和合理的会计期间对筹资业务予以正确的记录。

（二）筹资活动的控制测试

注册会计师在对筹资活动的内部控制进行控制测试时，如果企业的筹资交易业务不多，可根据成本效益原则决定直接进行实质性测试；如果企业的筹资交易繁多，注册会计师则必须对筹资交易的内部控制进行符合性测试。

（1）注册会计师应通过查阅被审计单位的各种规章制度、管理办法，或询问有关人员了解被审计单位对筹资循环设立了哪些内部控制，以便进行进一步的测试。

（2）筹资活动是否经过授权批准、是否履行了适当的审批程序、是否符合法律的规定。索取借款或发行股票的授权批准文件，检查权限是否恰当，手续是否齐全。

（3）筹资活动的授权、执行。记录和实物保管等方面是否明确职责分工。观察并描述筹资业务的职责分工，了解债券持有人明细资料的保管制度，检查被审计单位是否与总账或外部机构核对。

（4）筹资活动是否建立严格完善的账簿体系和记录制度，核算方法是否符合会计准则和会计制度的规定。抽查筹资业务的会计记录，从明细账抽取部分会计记录，按原始凭证到明细账、总账的顺序核对有关数据和情况，判断会计处理过程是否合规、完整。

(5) 评价筹资活动的内部控制。注册会计师在完成上述程序后，应对企业的内部控制进行分析、评价，以确定企业内部控制的强弱点和可依赖程度，进而确定进行实质性测试的程序和重点。

（三）评估筹资活动的重大错报风险

注册会计师应当在了解被审计单位的基础上考虑影响筹资交易的重大错报风险，并对被审计单位可能发生的特定风险保持警惕。考虑到严格的监管环境和董事会针对筹资活动设计的严格控制，除非注册会计师对管理层的诚信产生疑虑，否则重大错报风险一般应当评估为低水平。值得注意的一点是，企业会计准则以及监管法规对借款和权益的披露要求，可能引起完整性、计价和分摊、列报认定的潜在重大错报风险。经过账户余额发生错报的可能性不大，但还是存在权利和义务被忽略或发生错报的可能，如一个集团公司用资产为另一个集团公司做抵押或担保的情况。

二、投资活动的控制测试

表 9-3 列出了投资活动的控制目标、内部控制和测试。

表 9-3 投资活动的控制目标、内部控制和测试

内部控制目标	关键内部控制程序	内部控制测试	交易实质性测试
投资账面余额为资产负债表日确实存在的投资，投资收益（损失）是由被审期间实际事项引起的（存在与发生）	投资业务经过授权审批；与被投资单位签订合同、协议，并获取被投资单位出具的投资证明	索取投资的授权批文，检查权限恰当与否，手续齐全与否；索取投资合同或协议，检查是否合理有效；索取被投资单位的投资证明，检查其是否合理有效	获取或编制投资明细表，复核加计正确，并与报表数、总账数和明细账合计数核对相符；向被投资单位函证投资金额、持股比例及发放股利情况
投资增减变动及其收益损失均已登记入账（完整性）	投资业务的会计记录与授权、执行和保管等方面明确职责分工；健全证券投资资产的保管制度，或者委托专门机构保管，或者在内部建立至少两名人员以上的联合控制制度，证券的存取均须详细记录和签名	观察并描述业务的职责分工；了解证券资产的保管制度，检查被审计单位自行保管时，存取证券是否进行详细的记录并由所有经手人员签字	检查年度内增减变动的原始凭证，对于增加项目要核实其入账基础符合有关规定与否、会计处理正确与否；对于减少的项目要核实其变动原因及授权批准手续
投资均为被审计单位所有（权利与义务）	内部审计人员或其他不参与投资业务的人员定期盘点证券投资资产，检查是否为企业实际拥有	了解企业是否定期进行证券投资资产的盘点/审阅盘核报告；检查盘点方法是否恰当、盘点结果与会计记录核对情况以及出现差异的处理是否合规	盘点证券投资资产；向委托的专门保管机构函证，以证实投资证券的真实存在

续表

内部控制目标	关键内部控制程序	内部控制测试	交易实质性测试
投资的计价方法正确，期末余额正确（计价和分摊）	建立详尽的会计核算制度，按每一种证券分别设立明细账，详细记录相关资料；核算方法符合准则的规定；期末成本与市价孰低，并正确记录投资跌价准备	抽查投资业务的会计记录，从明细账抽取部分会计记录，按顺查顺序核对有关数据和情况，判断其会计处理过程是否合规完整	检查投资的入账价值是否符合投资合同、协议的规定，会计处理是否正确；重大投资项目，应查阅董事会有关决议，并取证；检查长期股权投资的核算是否符合会计准则的规定；检查长期债券投资的溢价或折价，是否按有关规定摊销
投资在资产负债上的披露正确（列报）	投资明细账与总账的登记职务分离；投资披露符合会计准则的要求	观察职务是否分离	验明投资的披露是否恰当，注意一年内到期的长期投资是否列入流动资产

注：本表以获得初始投资交易为例，不包括收到的投资收益、收回或变现投资、期末对投资计价进行调整等交易。

（一）投资活动的内部控制

企业投资活动相关的内部控制主要包括以下几个方面。

（1）职责分工制度。企业合法的对外投资业务，应在业务的授权、执行、会计记录以及投资资产的保管等方面都有明确的分工，不得由一人同时负责上述任何两项工作。比如，投资业务在企业高层管理机构核准后，可由高层负责人员授权签批，由财务经理办理具体的股票或债券的买卖业务，由会计部门负责进行会计记录和财务处理，并由专人保管股票或债券。这种合理的分工所形成的相互牵制机制有利于避免或减少投资业务中发生错误或舞弊的可能性。

（2）健全的资产保管制度。企业对投资资产（指股票和债券资产）一般有两种保管方式：一种方式是由独立的专门机构保管，如在企业拥有较大的投资资产的情况下，可以委托银行、证券公司、信托投资公司等机构进行保管；另一种方式是由企业自行保管，在这种方式下，必须建立严格的联合控制制度，即至少要由两名以上人员共同控制，不得由一人单独接触证券，对于证券的存入或取出，都要将债券名称、数量、价值及存取的日期、数量等详细记录于证券登记簿内，并由所有在场的经手人员签名。

（3）详尽的会计核算制度。企业的投资资产无论是自行保管还是委托他人保管，都要进行完整的会计记录，并对其增减变动及投资收益进行相关会计核算。具体而言，应对每一种股票或债券分别设立明细分类账，并详细记录其名称、面值、证书编号、数量、取得日期、经纪人（证券商）名称、购入成本、收取的股利和利息等。对于联营投资类的其他投资，也应设置明细分类账，核算其他投资的投出及其投资收益和投资收回等业务，并对投资的形式（如流动资产、固定资产、无形资产等）、投向（接受投资单位）、投资的计价以及投资收益等做出详细的记录。

（4）记名登记制度。除无记名证券外，企业在购入股票和债券时应在购入的当日及时登记于企业名下，切忌登记于经办人员名下，防止冒名转移或借其他名义牟取私利的舞弊行为发生。

（5）定期盘点制度。企业对所拥有的投资资产，应由内部注册会计师和不参与投资业务的其他人员进行定期盘点，检查是否确为企业所有，并将盘点记录与账面记录相互核对，以查明账实是否相符。若有价证券发生丢失、被盗、记账不及时、账实不相符等情况，应立即报告并及时查明原因，明确责任，以便采取可行的补救措施。

（二）投资活动的控制测试

对投资活动的内部控制进行控制测试的目的在于检查投资活动内部控制系统的设计和执行情况，测试其有效性，从而最终对投资活动的内部控制做出评价，据以确定实质性测试的重点。投资活动的内部控制测试，一般包括以下内容。

（1）了解投资业务的内部控制。通过询问被审计单位有关人员或查阅被审计单位的相关资料，了解被审计单位的内部控制的制定情况，并及时记录，以便测试被审计单位的内部控制。

（2）投资项目是否经过授权。对投资计划的审批授权控制，主要通过查阅有关计划资料、文件或直接向管理层询问进行审查。

（3）投资项目的授权、执行、记录和保管是否有严格分工。注册会计师实地观察投资业务的处理情况，确定不相容的职务是否进行了恰当的分离。

（4）有无健全的有价证券的保管制度。注册会计师可以通过审阅被审计单位自行保管有价证券时产生的有关记录，查明有价证券是否由专人保管，存取手续是否完善。

（5）投资活动是否建立详尽的会计核算制度。注册会计师可以从各类投资业务的明细账中抽取部分会计记录，按原始凭证到记账凭证再到明细账、总账的顺序核对有关数据和情况，判断其会计处理过程是否合规、完整。

（6）分析企业投资业务的管理报告。注册会计师应对照有关投资方面的文件和凭证，认真分析企业的投资业务管理报告，从而判断企业长期投资业务的管理情况。

（7）评价投资活动的内部控制。

注册会计师完成上述的工作后，取得了有关内部控制是否健全、有效的证据，并在工作底稿中标明了内部控制的强弱点，对投资业务的内部控制进行分析、评价，以确定企业内部控制的强弱点和可依赖程度，进而确定进行实质性测试的程序和重点。

案例 9-1

××会计师事务所的注册会计师甲和乙于 2015 年 12 月 1—7 日对 A 公司筹资与投资循环的内部控制进行了解和测试，并在相关审计工作底稿中记录了了解和测试的事项，摘录如下。

A 公司股东大会批准董事会的投资权限为 1 亿元以下。董事会决定由总经理负责实施。总经理决定由证券部负责人负责总额在 1 亿元以下的股票买卖。A 公司规定：公司划入营业部的款项由证券部申请，由会计部审核，总经理批准后划入公司在营业部开立的资金账户。经总经理批准，证券部直接从营业部资金账户支取款项。证券买卖、资金存取的会计记录由会计部处理。注册会计师甲和乙了解和测试投资的内部控制系统后发现：证券部在某营业部开户的有关协议及补充协议未经会计部和其他部门审核。根据总经理的批准，会计部已将 6 000 万元汇入该账户。证券部处理证券买卖的会计记录，月底将证券买卖清单交给会计部，会计部据以汇总登记。

要求

根据以上摘录，请代注册会计师甲和乙指出筹资与投资循环内部控制的缺陷，并提出改进建议。

解答与分析

A 公司筹资与投资循环内部控制的缺陷如下：

（1）由证券部直接支取款项，授权与执行职务未得到分离，不易保证款项安全。建议支取款项时，由会计部门负责审核与记录，证券部办理。

（2）与证券投资有关的活动要由两个部门控制。有关协议未经独立部门审查，会使有关条款未在协议中载明，可能存在协议外的约定。建议 A 公司与营业部的协议经会计部或法律部审查。

（3）证券部自己处理证券买卖的会计处理，业务的执行与记录的不相容职务未分离，并且未得到适当的授权和批准。

（4）月末会计部汇总登记证券投资记录，未及时按每一种证券分别设立明细账，详细核算。建议 A 公司由会计部负责对投资进行核算，及时分品种设立明细账详细核算。

（三）评估投资活动的重大错报风险

注册会计师应当考虑重大错报风险对投资交易的影响，并对被审计单位可能发生的特定风险保持警惕。投资交易和余额存在的固有风险可能包括以下方面。

（1）管理层错误表述投资业务的偏见和动机。包括为了满足预算、提高绩效奖金、影响财务报表上的报告收益、吸引潜在投资购买者或影响股价以误导投资者。

（2）所取得资产的性质和复杂程度可能导致确认和计量的错误。

（3）所持有投资的公允价值可能难以衡量。

（4）管理层凌驾于控制之上，可能导致投资交易未经授权。

（5）如果对有价证券的控制不充分，权益性有价证券的舞弊和盗窃风险可能很高，从而影响投资的存在性。

（6）关于资产的所有权以及相关权利和义务的审计证据可能难以获得。

（7）如果每年发生的交易数量有限，并且会计人员不能确定在相关的购置或处置业务以及损益的调整中的分配时，固定资产交易的记录可能会发生错误。

（8）如果负责记录投资处置业务的人员没有意识到某项投资已经卖出，则对投资的处置业务可能未做记录。

第三节 借款审计

借款审计是企业应承担的一项现时经济义务,是企业的负债项目。在借款的审计中,注册会计师主要应防止被审计单位低估或漏列负债,而不是高估或多列负债,因为被审计单位一般不会高估负债,这样于自身不利,且难以与债权人的会计记录相互印证。低估负债常伴随低估成本费用,从而高估利润。因此,低估负债不仅会影响被审计单位财务状况的反映,而且还会影响企业经营成果的反映。所以,注册会计师在借款筹资业务审计中,应将被审计单位是否低估负债作为审计重点。

一、借款审计的目标

企业的借款筹资涉及的资产负债表项目主要有短期借款、长期借款、应付债券和财务费用等。借款审计的目标一般包括:确定被审计单位所记录的借款在特定期间是否确实存在,是否为被审计单位所承担;确定被审计单位在特定期间内发生的借款业务是否记录完整;确定被审计单位所有借款的发生、偿还及计息和付息的会计处理是否正确;确定被审计单位各项借款的发生是否符合有关法律法规的规定,被审计单位是否履行了有关债务契约的规定;确定被审计单位借款余额在财务报表上的列示和披露是否恰当。

二、短期借款的审计

(一)短期借款审计的目标

短期借款审计是对企业借入的期限在 1 年以内的各种借款进行的审查。短期借款的审计目标一般包括:确定期末短期借款是否存在;确定期末短期借款是否为被审计单位应履行的偿还义务;确定短期借款的借入、偿还及计息的记录是否完整;确定短期借款的期末余额是否正确;确定短期借款的披露是否恰当。

(二)短期借款的实质性程序

对短期借款的实质性测试,注册会计师应根据被审计单位年末短期借款余额的大小、占负债总额的比重、以前年度发现问题的多少,以及相关内部控制制度的强弱,确定短期借款审计的实质性测试的审计程序与方法。一般而言,主要包括以下内容。

(1)获取或编制短期借款明细表。注册会计师应首先获取或编制短期借款明细表,复核其加计数是否正确,并与明细账和总账核对相符。

(2)函证短期借款。注册会计师应在期末短期借款余额较大或认为必要时向银行或其他债权人函证,以证实借款的存在性和条件,以及有无抵押等情况。函证结果应与账面记录相一致,如有差异,应进一步调查其原因。

(3)审查短期借款的增减变动。对年度内增加的短期借款,应检查借款合同和授权批准情况,了解借款数额、借款条件、借款日期、还款日期、借款利率,并与相关原始凭证和会计记录进行核对。注册会计师主要查明被审计单位借款的目的是否正当、借款理由是否充分、借款是否为生产经营所必须、是否有科学合理的借款计划、是否签订借款合同并出具借款物资保证书、有关借款手续是否齐备、入账是否及时；对年度内减少的短期借款，注册会计师可根据短期借款有关明细账记录的还款时间与借款计划和银行规定的还款时间进行核对，核实被审计单位能否在规定的偿还期限及时偿还短期借款，偿还的本金和利息计算是否真实正确。

（4）检查有无到期未偿还的短期借款。注册会计师应审查相关记录和原始凭证，检查被审计单位年末有无到期未偿还的短期借款，如果有，应查明原因，同时了解逾期借款是否已向银行提出申请并经同意后办理了延期手续，并做适当记录。

（5）复核短期借款利息。资产负债表日，注册会计师应根据短期借款的利率和期限，验算被审计单位短期借款的利息，检查会计处理是否正确，有无多计或少计，从而调节当期利润的情况，如有，应做出记录，必要时提请被审计单位进行调整。

（6）检查非记账本位币折合记账本位币采用的折算汇率，折算差额是否按规定进行会计处理。

（7）检查短期借款在资产负债表上的反映是否恰当。

三、长期借款的审计

（一）长期借款的审计目标

长期借款是指企业向金融机构和其他单位借人的偿还期限在一年或超过一年的一个营业周期以上的债务。长期借款的审计目标一般包括：确定期末长期借款是否存在；确定期末长期借款是否为被审计单位应履行的偿还义务；确定长期借款的借入、偿还利息的记录是否完整；确定长期借款的期末余额是否正确；确定长期借款的披露是否恰当。

（二）长期借款的实质性程序

长期借款与短期借款一样都是企业向银行或其他金融机构借入的款项，因此其实质性测试的审计程序也很类似。一般而言，包括以下几个方面。

（1）获取或编制长期借款明细表。注册会计师应首先获取或编制长期借款明细表，复核其加计数是否正确，并与明细账和总账核对相符。

（2）长期借款条件的审查。注册会计师应了解金融机构对被审计单位的授信情况和对被审计单位的信用等级评估情况，以及被审计单位获得长期借款的抵押和担保情况，评估被审计单位的信誉和融资能力。

（3）审查年度内增加的长期借款。对年度内增加的长期借款，应检查借款合同和授权批准，了解借款数额、借款条件、借款日期、还款期限、借款利率，并与相关会计记录进行核对。

（4）审查长期借款的使用。注册会计师应查明被审计单位长期借款的使用是否符合借款合同的规定，是否为扩大生产经营规模所必须，是否真正用于构建固定资产或无形资产等，有无其他不合理使用长期借款的情况。

（5）向银行或其他债权人函证重大的长期借款。

（6）审查年度内减少的长期借款。对年度内减少的长期借款，注册会计师应检查相关记录和原始凭证，核实还款数额。

（7）检查年末有无到期未偿还的借款，逾期借款是否办理了延期手续，分析计算逾期贷款的金额、比率和期限，判断被审计单位的资信能力和偿债能力。

（8）检查一年内到期的长期借款是否已转列为流动负债。

（9）计算短期借款、长期借款的各个月份的平均余额，选取适用的利率匡算利息支出总额，并与财务费用的相关记录核对，判断被审计单位是否高估或低估利息支出，必要时进行适当调整。

（10）审查长期借款的抵押和担保。审查企业抵押业期借款的抵押资产的所有权是否属于企业，其价值和现实状况是否与抵押契约中的规定相一致。

（11）检查借款费用的会计处理是否正确，特别注意借款费用资本化是否符合会计制度的要求。

（12）确定长期借款是否已在资产负债表上充分披露。企业的长期借款在资产负债表上列示于长期负债类下，该项目应根据"长期借款"科目的期末贷方余额扣除将于一年内到期的长期借款后的数额填列。该项扣除数应当列示在流动资产负债表下的"一年内到期的长期负债"项目内。注册会计师应根据审计结果，确定被审计单位长期借款在资产负债表上的列示是否充分，应注意长期借款的抵押和担保是否已在会计报表附注中予以充分的说明。

案例 9-2

注册会计师在审查 A 股份有限公司 2016 年度财务报表时，发现该公司在年度内向中国工商银行举借一笔长期借款，长期借款合同规定：①长期借款以公司的商品为担保；②该公司债务与所有者权益之比应经常保持低于 5∶3 的比例；③分发股利须经银行同意；④自 2017 年 1 月 1 日起分期归还借款。

要求

如果不考虑相关的内部控制系统，注册会计师审查长期借款项目时，应审查哪些内容？

解答与分析

注册会计师针对该公司的长期借款，应审查下列内容。

（1）审查该公司长期借款是否经公司董事会批准，有无会议记录。

（2）查明长期借款合同中的所有限制条件。

（3）验明长期借款利息费用和应计利息的计算是否正确，复核相关的会计记录是否健全、完整。

（4）计算债务和所有者权益之比，核实是否低于 5∶3 的比例。

（5）查明有无一年内到期的长期借款，并检查在资产负债表中的列示是否恰当。

（6）抽查商品明细记录中有无"充作担保"的记录。

四、应付债券的审计

(一) 应付债券的审计目标

应付债券是指对企业依照法定程序发行、约定在一定期限内还本利息的具有一定价值的证券。企业的应付债券业务通常不多，但每一笔业务的金额一般都比较大，对会计报表的公允反映产生重要影响，因此，注册会计师应重视应付债券的审计。应付债券的审计目标一般包括：确定期末应付债券是否存在；确定期末应付债券是否为被审计单位应履行的偿还义务；确定应付债券的发行、偿还及计息的记录是否完整；确定应付债券的期末余额是否正确；确定应付债券的披露是否恰当。

(二) 应付债券的实质性程序

一般而言，对应付债券的审计，包括以下实质性程序。

(1) 获取或编制应付债券明细表，复核加计正确，并与总账、明细账合计数核对相符。应付债券明细表主要包括债券名称、承销机构、发行日、到期日、债券面值总额、实收金额、折价或溢价及其摊销、应付利息、担保等内容。

(2) 检查债券交易的有关原始凭证，确定应付债券金额及其合法性。

(3) 检查其利息、折溢价摊销的会计处理。注册会计师可通过符合应付债券溢价或折价的摊销表，来确定溢价或折价摊销是否正确，或者重新计算利息费用，以确定被审计单位利息的正确性。

(4) 函证应付债券期末余额。为了验证报告日应付债券余额真实性，注册会计师如果认为必要，可以直接向债权人及债券的承销人或包销人进行函证，以发现有无漏列的负债项目。

(5) 检查到期债券的偿还。注册会计师应检查相关的会计处理是否正确。

(6) 检查借款费用的会计处理。

(7) 检查应付债券在资产负债表上披露是否恰当。应付债券在资产负债表中列示于长期负债类下，该项目根据应付债券科目的期末余额扣除将于一年内到期的应付债券后的数额填列，该扣除数应当填列在流动负债类下的"一年内到期的长期负债"项目单独反映，注册会计师应根据审计结果，确定被审计单位应付债券在会计报表上的反映是否充分，并注意有关应付债券的类别是否已在会计报表附注中做了充分说明。

案例 9-3

注册会计师在审查 A 股份有限公司 2016 年 12 月 31 日的资产负债表中的"应付债券"项目时，收集了以下资料：①本年度该公司发行为期 5 年的公司债券，债券合同规定，凡违反合同内任何条款，所有公司债券立即自动到期；②公司应保持不低于 1∶1 的速动比率，如果低于该比率，该年度中高级管理人员的工资应低于 50 万元；③该公司应将公司债券担保的财产，按其实际价值向保险公司投保；④该公司提供担保的财产，应按规定及时纳税。

要求

针对上述情况,注册会计师除评价应付债券的内部控制系统外,还应审查哪些内容?

解答与分析

(1)针对 A 股份有限公司的具体情况,注册会计师应审查以下内容。

(2)审查债券合同中的各种条款,查明该公司有无违反债券合同条款。

(3)核实 2016 年年末资产负债表中的速动比率,一旦低于 1:1 时,应立即审查高级管理人员的工资是否低于 50 万元。

(4)查明该公司为债券担保财产的种类、数量、价值和投保金额,并向保险公司和有关单位进行函证。

(5)向税务机关函证,查明对债券合同规定的资产纳税情况,审查实际纳税额与账簿记录是否一致。

五、财务费用的审计

(一)财务费用的审计目标

财务费用是指企业在生产经营过程中发生的,包括利息支出、减利息收入、汇兑损失减汇兑收益以及金融机构手续费等。财务费用的审计目标一般包括:利润表中记录的财务费用已发生,且与被审计单位有关;所有应当记录的财务费用均已记录;与财务费用有关的金额及其他数据已恰当记录;财务费用已记录于正确的会计期间;财务费用已记录于恰当的账户;财务费用已按照《企业会计准则》的规定在财务报表中做出恰当的列报。

(二)财务费用的实质性程序

一般对财务费用的审查,应通过审阅财务费用总账和明细账的账面记录以及有关的原始凭证与记账凭证,查明财务费用发生的合理合法性和真实性以及账务处理的正确性。注册会计师对财务费用的实质性测试一般包括以下内容。

(1)获取或编制财务费用明细表,复核加计正确,检查其明细项目的设置是否符合规定的核算内容与范围,并与明细账和总账核对相符。

(2)将本年度财务费用与上年度财务费用及各月份的财务费用进行比较,如有重大波动和异常情况应查明原因。

(3)选择重要或异常的财务费用项目,检查其原始凭证是否合法,会计处理是否正确,必要时,对财务费用实施截止日测试,检查有无跨期入账的现象。

(4)检查利息支出明细账,确认利息收支的真实性及正确性。检查各项借款期末应计利息有无预计入账。

(5)检查财务费用的披露是否恰当。

案例 9-4

渝钛白公司的"否定意见"审计报告

在 1997 年度上市公司的年报中,注册会计师对渝钛白亮出了新中国证券史上的首份否定意见的审计报告。否定意见即提出否定会计报表公允地反映被审计单位财务状况、经营成果和资金变动情况的审计意见。一般说来，注册会计师与被审单位一样都不希望出具否定意见。在注册会计师认为被审单位会计报表存在问题时，总是先提出调整意见。只有在涉及的问题的重要程度超出一定范围，以至于财务报表无法接受，并且被审单位拒绝进行调整时，注册会计师才会出具否定意见的审计报告。由此可见，渝钛白与注册会计师之间在重大问题上存在分歧。

致使注册会计师出具否定意见的原因是渝钛白公司在借款利息的处理方法上与我国会计制度的相关规定不相符合。

在渝钛白的1997年年报中，一笔高达8 064万元的借款利息及应付债券利息被资本化计入工程成本。其董事会的解释是公司钛白粉工程还处于试生产阶段，属在建工程，其依据是重庆市计委关于确认钛白粉工程至1997年年底为在建工程的一份批复文件。面对其审计的注册会计师则认为这笔利息应该费用化计入财务费用，因固定资产已交付使用且钛白粉项目已试生产两年以上，1997年产量在1 600吨以上。针对"渝钛白"的年报事件，《中国证券报》进行了连续的报道，各大证券报也纷纷发表文章谈论这笔借款费用资本化是否合理，以及注册会计师与"渝钛白"孰是孰非的问题。下面有几点看法。

（一）借款费用资本化不符合稳健性原则

这场渝钛白借款费用是否可以资本化的讨论，本身也反映出资本化处理受政策因素影响，主观性较强，资本化时间不易确定的问题。在这种情况下，资本化处理容易被作为利润的"调节器"，较普遍的是夸大当期利润，这是不符合稳健原则的。上述渝钛白的一笔借款费用8 064万元占其1997年净资产的比例为66.7%，如果将这笔利息费用化的话，"渝钛白"将增加亏损8 064万元，实亏11 200万元。渝钛白的财务状况已相当严峻，在这种情况下，长期试产，将借款费用资本化，难逃调节利润之嫌。

（二）借款费用资本化处理易误导信息使用者

对于渝钛白的这笔借款费用资本化或费用化谁更符合政策法规，有必要清醒地认识到这笔借款费用的会计处理对报表使用者的影响，特别是对投资者、债权人的影响。显然，巨额的利息资本化夸大了当期利润，虚增了固定资产价值，增加了以后会计期间的折旧压力，对投资者或债权人起了一个误导的作用。事实上，"渝钛白"的这套钛白粉工程造价8.2亿元，包含了资本化利息3.3亿元，为造价的40%以上。

（三）借款费用资本化处理缺乏可比性支持

假设渝钛白的钛白粉工程是通过权益筹措而非举债筹措完成的，则作为权益报酬支付给所有者的金额是不作为资本化费用的。可以推算在权益筹措完成的前提下，钛白粉的工程应是4.9亿元左右。这与在举债筹措完成的前提下将借款费用资本化处理的8.2亿元的造价相比，相差何其大也！可见，在借款费用资本化处理方式下，带息负债筹措资产与权益筹措资产的入账成本是缺乏可比性支持的。

资料来源：根据《中国证券报》改编。

第四节 所有者权益审计

所有者权益,是指所有者在企业资产中享有的经济利益,其金额为资产减去负债后的余额,所有者权益包括实收资本(或股本)、资本公积、盈余公积和未分配利润等。所有者权益审计是指对企业投资者所拥有的企业净资产要求权的审计,包括对企业实收资本、资本公积、盈余公积、未分配利润所进行的审计。根据"资产=负债+所有者权益"这一等式,可以知道,如果注册会计师能够对企业的资产和负债进行充分的审计。那么从侧面即对所有者权益进行了充分的审计。由于所有者权益增减变动的业务较少、金额较大的特点,注册会计师在审计了企业的资产和负债之后,往往只需用相对较少的时间对所有者权益进行审计即可。尽管如此,在审计过程中,对所有者权益进行单独审计仍然十分必要。

一、所有者权益的审计目标

(1)确定被审计单位有关所有者权益内部控制是否存在、有效且一贯遵守,包括对投资的有关协议、合同和企业章程条款,利润分配的决议、分配方案,会计处理程序等方面的检查,并为被审计单位改善内部控制提供建议。

(2)确定投入资本、资本公积的形成、增减及其他有关经济业务会计记录的合法性与真实性,为投资者及其他有关方面研究企业的财务结构、进行投资决策提供依据。

(3)确定盈余公积和未分配利润的形成和增减变动的合法性、真实性,为投资者及其他有关方面了解企业的增值、积累情况等提供资料。

(4)确定会计报表上所有权益的反映是否恰当。

二、实收资本(股本)的审计

(一)实收资本审计的目标

实收资本是指投资者按照企业章程,或合同、协议的约定,实际投入企业的资本。实收资本是指投资者作为资本投入企业的各种财产,是企业注册登记的法定资本总额的来源,它表明所有者对企业的基本产权关系。实收资本的构成比例是企业向投资者进行利润或股利分配的主要依据。除股份有限公司的投入资本在"股本"科目中核算外,其他组织形式的企业,其投入资本集中在"实收资本"科目核算。实收资本的审计目标一般包括:确定实收资本(股本)的增减变动是否符合法律、法规、合同、章程的规定,记录是否完整;确定实收资本(股本)年末余额是否正确;确定实收资本(股本)在财务报表上的披露是否恰当。

(二)实收资本的实质性程序

实收资本的实质性测试程序与股本的实质性测试程序基本相同。对于实收资本的实质性测试,一般包括以下内容。

(1) 获取或编制实收资本（股本）明细表，复核加计是否正确，并与报表数、总账数和明细账合计数核对是否相符；以非记账本位币出资的，检查其折算汇率是否符合规定，折算差额的会计处理是否正确。

(2) 审阅公司章程、股东大会、董事会会议记录中有关实收资本（股本）的规定。收集与实收资本（股本）变动有关的董事会会议纪要、股东大会决议、合同、协议、公司章程及营业执照，公司设立批文、验资报告等法律性文件，并更新永久性档案。

(3) 检查投入资本是否真实存在，审阅和核对与投入资本有关的原始凭证、会计记录，必要时向投资者函证实缴资本额，对有关财产和实物价值进行鉴定，以确定投入资本的真实性。对于发行在外的股票，应检查股票的发行活动。检查的内容包括已发行股票的登记簿、募股清单、银行对账单、会计账面记录等。必要时，可向证券交易所和金融机构函证股票发行的数量；对于发行在外的股票，还应检查股票发行费用的会计处理是否符合有关规定。

(4) 检查出资期限和出资方式、出资额，检查投资者是否按合同、协议、章程约定的时间和方式缴付出资额，是否已经注册会计师验证。若已验资，应审阅验资报告。出资期限是投资缴足其认缴资本的时间界限。出资期限包括合同期限和法律期限。出资方式是指各投资者认缴资本所采用的方式。出资方式包括货币资金方式、实物方式和无形资产方式。投入资本的出资方式除国家规定外，应在企业成立时经批准的企业合同、章程中有详细规定。投资者的出资方式必须严格遵守国家规定和企业合同、章程，不得擅自改变出资方式，否则将构成违反合同、章程的行为。

(5) 检查实收资本（股本）增减变动的原因，查阅其是否与董事会纪要、补充合同、协议及其他有关法律性文件的规定一致，逐笔追查至原始凭证，检查其会计处理是否正确。注意有无抽资或变相抽资的情况，如有，应取证核实，做恰当处理。一般而言，企业的实收资本，如有必要增减变动，必须具备一定条件。如企业减资，须满足三个条件：第一，应事先通知所有债权人，债权人无异议；第二，经股东大会决议同意，并修改公司章程；第三，减资后的注册资本不得低于法定注册资本的最低限额。

(6) 检查实收资本是否已在资产负债表上恰当披露。企业的实收资本应在资产负债表上单独列示，同时还应在会计报表附注中说明实收资本期初至期末间的重要变化，如所有者的变更、注册资本的增加或减少、各所有者出资额的变动等。

三、资本公积的审计

（一）资本公积审计的目标

资本公积是指非经营性因素形成的不能计入实收资本的所有者权益，主要包括投资者实际缴付的出资额超过其资本份额的差额，如股本溢价、资本溢价和其他资本公积等。资本公积审计的目标一般包括：确定资本公积是否存在；确定资本公积的增减变动是否符合法律、法规和合同、章程的规定，记录是否完整；确定资本公积期末余额是否正确；确定资本公积的披露是否恰当。

（二）资本公积的实质性程序

对于资本公积的实质性测试，一般包括以下内容。

1. 检查资本公积形成的合法性

注册会计师应首先检查资本公积形成的内容及其依据，并查阅相关的会计记录和原始凭证，确认资本公积形成的合法性和正确性。资本公积形成的审计包括审查资本溢价或股本溢价、审查法定财产重估增值的原因、审查外币资本折算差额、审查接受捐赠资产、审查其他资本公积。

（1）审查资本溢价或股本溢价。对资本溢价应检查是否在企业吸收新的投资者时形成的，资本溢价的确定是否按实际出资额扣除其投资比例所占的资本额计算，其投资是否经企业董事会决定，并已报原审批机关批准；对股票溢价应检查发行价格是否合法，是否经有关部门批准，股票发行价格与其面值的差额是否全部计入资本公积，是否已扣除委托证券商代理发行股票而支付的手续费及佣金。

（2）审查法定财产重估增值的原因。对法定财产重估增值应检查资产价值重估的原因是什么，是否经有关部门批准，估价方法是否符合资产评估的有关法规，有无高估或低估价值人为调节资本公积数额，评估机构是否具有国家确认的评估资格。

（3）审查外币资本折算差额。对资本汇率折算差额应检查资本账户折合汇率是否经企业董事会决定，并由各投资方认可，资产账户折算所采用的汇率是否按照收到出资当日的国家外汇牌价或者当月1日的国家外汇牌价折合。

（4）审查接受捐赠资产。应审查接受捐赠资产是否按经济法律规定办理了移交手续，是否经过验收。资产计价是否取得有关报价单或经评估确认，接受的固定资产是否应计算折旧，有无对捐赠资产不入账，有关账务处理是否符合国家有关规定。

（5）审查可供金融资产形成的资本公积，结合有关金融资产审计，检查金额和相关会计处理是否正确。

2. 审查资本公积运用的合法性

主要应检查企业的资本公积是否按规定用作转增资本，转增资本是否经董事会决定并报工商行政管理机关依法办理增资手续，有无将资本公积擅自挪作他用的违法现象。

3. 确定资本公积是否在资产负债表和所有者权益变动表中恰当反映

注册会计师应审查资本公积是否在资产负债表中单独列示，同时还应将资本公积明细账与所有者权益变动表中列示的资本公积的期末余额及期初余额对比相符。

案例 9-5

注册会计师在审查 A 股份有限公司 2016 年 12 月份"营业外收入"明细账时，发现其中一笔业务摘要为"接受捐赠 100 000 元"，记账凭证为 216#。调阅了 216#记账凭证，其会计分录为：

借：银行存款　　　　　　　　　　　　　100 000
　　贷：营业外收入　　　　　　　　　　　　　100 000

所附原始凭证，一为捐赠协议，一为银行回执，证明确为捐赠。

要求

判断上述会计处理是否正确,并提出调整建议。

解答与分析

该公司会计人员把资本公积的捐赠未列入"资本公积"账户,使利润虚增。对此,注册会计师应建议被审计单位冲销原会计分录,并做如下账务处理:

借:银行存款　　　　　　　　　　　　　　　　100 000
　　贷:资本公积　　　　　　　　　　　　　　　　　100 000

四、盈余公积的审计

(一)盈余公积的审计目标

盈余公积是企业按照国家有关规定,从税后利润中提取的积累资金。盈余公积属于指定用途的资金,主要用于弥补亏损和转增资本,也可以按规定用于分配股利。盈余公积包括法定盈余公积和任意盈余公积。盈余公积审计的目的包括:确定期末盈余公积是否存在;确定盈余公积的增减变动是否符合法律、法规和合同、章程的规定,记录是否完整;确定盈余公积期末余额是否正确;确定盈余公积的披露是否恰当。

(二)盈余公积的实质性程序

对于盈余公积的审计,一般包括以下内容。

(1)获取编制盈余公积明细表,分别列示法定盈余公积、任意盈余公积,复核加计正确,并与明细账和总账的余额核对相符;同时对盈余公积各明细项目的发生额,逐项审查其原始凭证。

(2)检查盈余公积的提取。对盈余公积的提取,注册会计师应主要检查盈余公积的提取是否符合规定并经批准,提取手续是否完备,提取依据是否真实、正确,提取比例是否合法,有无出现多提或少提。

(3)检查盈余公积的使用。对盈余公积的使用,注册会计师应主要检查盈余公积的使用是否符合规定用途并经过批准。盈余公积的使用按规定必须经过一定的授权批准手续,盈余公积可用于弥补亏损、转增股本,但必须符合国家规定的条件;转增股本还必须经股东会或股东大会批准,依法办理增资手续,取得合法的增资文件;弥补亏损也必须按批准数额转账。

(4)检查盈余公积是否已在资产负债表和所有者权益变动表中恰当披露。企业的盈余公积应在资产负债表中列示,同时还应在所有者权益变动表中反映各项盈余公积的期末余额及期初至期末间的重要变化。

五、未分配利润的审计

(一)未分配利润的审计目标

未分配利润是未分配给投资者,也未指定用途的利润。未分配利润是企业当年税后利润在弥补以前年度亏损、提取公积金以后加年初未分配利润,再扣除向所有者分配利润后的结余额,它是企业历年积存的利润分配后的余额。企业的未分配利润通过"利润分配——未分配利润"明细科目进行核算。未分配利润的审计目标包括:确定未分配利润期末余额是否正确;确定未分配利润的披露是否恰当。

(二)未分配利润的实质性程序

对于未分配利润的实质性测试程序,一般包括以下内容。

(1)检查利润分配比例是否符合合同、协议、章程以及股东会或股东大会纪要的规定,利润分配数额及年末分配数额是否正确。

(2)根据审计结果调整本年损益数,直接增加或减少未分配利润,确定调整后的未分配利润数。

(3)检查未分配利润是否已在资产负债表和所有者权益变动表中恰当披露。

案例 9-6

D 公司虚假陈述案

1996 年,B 石油化工总厂联合另外两家发起人共同发起,以定向募集方式筹建股份制上市公司——D 股份有限公司,其中 B 占股份公司 73%以上的股份。1997 年 4 月,D 作为"历史遗留问题股"拿到了上市指标,公开募股上市。为了规避《中华人民共和国公司法》(以下简称《公司法》)及相关法律对上市公司所规定的具备 3 年开业时间和连续 3 年盈利记录的法定要求,达到发行上市的目的,B 采取了一系列手段伪造开业时间、虚构利润。1997 年 4 月 26 日,B 以 D 的名义发布《招股说明书》。该说明书载明申银万国证券股份有限公司(以下简称申银证券)是 D 股票的上市推荐人和主承销商。1997 年 5 月 23 日,代码为 XXXXXX 的 D 股票在上海证券交易所上市。1998 年 3 月 23 日,B 又以 D 的名义发布 1997 年年报。1999 年 4 月 21 日,根据有关部门要求,D 在《中国证券报》上发布董事会公告,称该公司的 1997 年年报因涉嫌利润虚假、募集资金使用虚假等违法、违规行为,正在接受有关部门调查。2000 年 3 月 31 日,中国证监会做出《关于 D 违反证券法规行为的处罚决定》和《关于申银证券公司违反证券法规行为的处罚决定》。在处罚决定中,认定 D 有欺诈上市、1997 年年报内容虚假的行为;申银证券在为 D 编制申报材料时,有将重大虚假信息编入申报材料的违规行为。上述处罚决定均在 2000 年 4 月 27 日的《中国证券报》上公布。

从 1997 年 5 月 23 日起,原告×××等 23 人陆续购买了 D 股票;至 2000 年 4 月 27 日前后,这些股票分别被×××等 23 人卖出或持有。×××等 23 名投资人认为 D 及申银证券的虚假陈述行为给其投资股票造成了损失,侵犯其民事权益,向 H 省 H 市中级人民法院提起诉讼,请求判令 D 向原告赔偿经济损失 960 063.15 元,申银证券对此承担连带赔偿责任。H 市中级人民法院一审判决被告 D 赔偿原告×××等 23 人实际损失 425 388.30 元;被告申银证券对上述实际损失中的 242 349.00 元承担连带赔偿责任。一审判决后,D 和申银证券公司不服,分别向黑龙江省高级人民法院提出上诉。黑龙江省高级人民法院二审判决：驳回上诉，维持原判。

据调查 D 石化有限公司在 1997 年发行上市前所编制的 1994 年、1995 年、1996 年会计记录虚增人民币 16 176 万元，并将大庆市国税局一张 400 余万元的缓交税款批准书涂改为 4400 余万元。上述虚构利润、虚假文件内容载入了 D 公司 1997 年 4 月 26 日公布的招股说明书和随后公布的上市公告书中。D 招股时虚报利润 1.6 亿多元。当初发行 5000 万股。5000 万股与 6 亿元的虚增利润进行对比，可以看出业绩非常好，利润非常高。这就给股民造成错觉：投资 D 会获得丰厚的回报。这就诱使股民做出错误的投资判断。该股开盘价每股将近 10 元左右，一路攀升最高时到 34 元左右，随后又一路下跌致使股民遭受到了严重损失。1997 年上市后又虚增利润 2 800 余万元。此外，D 的募集资金未按招股说明书披露的投向使用。4.3 亿元募集资金未按招投说明书中的承诺——用于某油田等四个建设项目的投向使用而是注入证券公司用于炒股和申购新股导致公司的发展计划失败。同时 D 还以 28 个虚拟大户的名义，从 500 万股职工股中买下 200 万股，按照"股票对外发放明细表"将这些股票送给上市中给予过帮助和今后对企业发展有用的单位和个人。总计送出 94.15 万股。76 个单位、79 人接受了好处，股票溢价款达 1 094 万元。在这个过程中，公司高层贪污侵占额高达 200 余万元。

由于 D 欺诈上市、违规挪用资金以及虚假发布财务报告信息加之涉嫌违反党纪法纪。这是一起相当严重的股市案件。为了尽快制止 D 的违法行为，中国证券监督委员会对 D 的造假违法行为进行了严肃查处。据报道由于以×××为首的公司有关领导和经办人存在严重的贪污、侵占、挪用等违法犯罪行为，最后均受到了法律的制裁。中央、国家机关和 H 省有关部门个别党员干部也因违反规定购买股票、接受股票溢价款受到党纪政纪处分。2000 年 3 月 31 日，中国证监会对 D 处以警告。截止到 2003 年 8 月 25 日，被誉为中国股市索赔第一案的 D 案如期在 H 市中级人民法院开庭审理。

资料来源：摘自《上海证券报》，2013-3-15.

第五节 其他相关账户审计

以上介绍的主要是财务报表项目的审计，除了以上项目外，还有其他应收款、无形资产、其他应付款、应付股利、长期应付款、营业外收入、营业外支出和所得税等。

一、其他应收款审计

其他应收款是核算企业除应收票据、应收账款、预付款项等以外的其他各种应收、暂付的款项，包括应收的各种赔款、罚款，备用金，应向职工收取的各种垫付款项等。其他应收款的审计目标包括：确定其他应收款是否存在；确定其他应收款是否归被审计单位所有；确定其他应收款增减变动的记录是否完整；确定其他应收款是否可收回；确定其他应收款余额是否正确；确定其他应收款在会计报表上的披露是否恰当。基于以上目标，对于其他应收款的实质性测试一般包括以下内容。

（1）获取或编制其他应收款明细表，复核加计正确并与总账数、报表数及明细账合计数，核对是否相符。

(2) 查验其他应收款账龄分析是否正确。

(3) 对其他应收款余额作分析性复核，若有重大波动应查明原因并做出记录。

(4) 选择金额较大和异常的项目，检查原始凭证并发函询证（包括重分类转入的项目），对大额频繁往来客户发函询证时请公司提供对账的流水记录，对发出询证函未能收回的，采用替代程序确认其入账依据是否充分。替代程序中可以请客户协助，在其他应收款明细表上标明截止审计日已收回或转销的项目，并检查有关凭证。

(5) 对于长期未能收回的项目，应查明原因，确定是否可能发生坏账损失。

(6) 审查转作坏账损失的项目，是否符合规定并办妥审批手续。

(7) 涉及债务重组、资产置换的事项，审查有关协议等法律文件及手续是否齐备，账务处理是否正确。

(8) 对异常项目及关联方欠款即使回函相符，仍应取证并审核相关交易合同以判断交易的合法性、真实性。

(9) 对于用非记账本位币结算的其他应收款，应检查其采用的汇率及折算方法是否正确。

(10) 验明其他应收款的披露是否恰当。

二、无形资产审计

无形资产是指企业为生产商品或者提供劳务、出租给其他单位，或为管理目的而持有的，没有实物形态的非货币性资产，包括专利权、非专利技术、商标权、著作权、土地使用权、购入的能够单独计价的计算机软件和支付的土地出让金等。无形资产审计的目标包括：确定无形资产是否存在；确定无形资产是否归被审计单位所有；确定无形资产的增减变动及其摊销的记录是否完整；确定无形资产的摊销政策是否恰当；确定无形资产减值准备的计提是否正确；确定无形资产的余额是否正确；确定无形资产的披露是否恰当。基于以上目标，无形资产的实质性测试一般包括以下内容。

(1) 获取或编制无形资产明细表，复核加计正确并核对与总账数、报表数和明细账合计数是否相符。

(2) 获取有关协议和董事会纪要等文件、资料，检查无形资产的性质、构成内容、计价依据，其所有权是否归被审计单位所有；检查无形资产各项目的摊销政策是否符合有关规定，是否与上期一致，若改变摊销政策，检查其依据是否充分。

(3) 检查无形资产的增加。对股东投入的无形资产，检查是否符合有关规定，并经过适当的检查审批，无形资产的价值是否与验资报告及资产评估结果确认书或合同协议等证明文件一致，会计处理是否正确；对自行取得或购入的无形资产，检查其原始凭证，确认计价是否正确，法律程序是否完备，会计处理是否正确。

(4) 检查无形资产转让的会计处理是否正确，注意转让的是所有权还是使用权。

(5) 检查无形资产摊销方法，复核计算无形资产的摊销及其会计处理是否正确。

(6) 检查无形资产减值准备的计提是否正确，是否符合《企业会计制度》的规定。

(7) 检查无形资产的披露是否恰当。

三、应付股利审计

企业的应付股利是指按协议规定应该支付给投资者的利润,是指企业经董事会或股东大会,或类似机构决议确定分配的现金股利或利润。应付股利的审计目标包括:确定期末应付股利是否存在;确定期末应付股利是否为被审计单位应履行的义务;确定应付股利的发生及偿还记录是否完整;确定应付股利的期末余额是否正确;确定应付股利的披露是否恰当。注册会计师对应付股利的实质性测试,一般包括以下内容。

(1)获取或编制应付股利明细表,复核加计正确,并与报表数、总账数和明细账合计数核对是否相符。

(2)审阅公司章程、股东大会和董事会会议纪要中有关股利的规定,了解股利分配标准和发放方式是否符合有关规定并经法定程序批准。

(3)检查应付股利的发生额,是否根据股东大会或类似机构审议批准的利润分配方案,从税后可供分配利润中计算确定,并复核应付股利计算和会计处理的正确性。

(4)检查股利支付的原始凭证的内容和金额是否正确;现金股利是否按公告规定的时间、金额予以发放结算;零股股利有否采用适当方法结算;对无法结算及委托发放而长期未结的股利是否做出适当处理;股利宣布、结算、转账的会计处理是否正确、适当。

(5)检查应付股利的披露是否恰当。

四、其他应付款审计

其他应付款是指企业在商品交易业务以外发生的应付和暂收款项,是指企业除应付票据、应付账款、应付工资、应付利润等以外的应付、暂收其他单位或个人的款项。其审计目标包括:确定其他应付款是否存在;确定期末应交税费是否为被审计单位应履行的义务;确定其他应付款的发生及偿还记录是否完整;确定其他应付款的期末余额是否正确;确定其他应付款的披露是否恰当。注册会计师对其他应付款的实质性测试,一般包括以下内容。

(1)获取或编制其他应付款明细表,复核加计正确,并与报表数、总账数和明细账合计数核对相符;分析有借方余额的项目,查明原因;必要时做重分类调整;结合应付账款、其他应付款明细余额,查明是否有双方同时挂账的项目,核算内容是否重复,必要时做重分类调整;标出应付关联方(包括持股 5%以上的股东)的款项,并注明合并报表时应抵销的金额。

(2)请被审计单位协助,在其他应付款明细表上标出截至审计日已支付的其他应付款项,抽查付款凭证、银行对账单等,并注意这些凭证发生日期的合理性。

(3)判断选择一定金额以上和异常的明细余额,检查其原始凭证,并考虑发函询证。

(4)对非记账本位币结算的其他应付款,检查其折算汇率是否正确。

(5)检查获得税费减免或返还时的会计处理是否正确;依据是否充分、合法和有效。

(6)审核资产负债表日后的付款事项,确定有无未及时入账的其他应付款。

(7)检查长期未结的其他应付款,并作妥善处理。

(8)检查其他应付款中关联方的余额是否正常,如数额较大或有其他异常现象,应查明原因，追查至原始凭证并做适当披露。

（9）检查其他应付款的披露是否恰当。

五、长期应付款审计

长期应付款的审计目标有：确定长期应付款的发生、偿还及计息的记录是否完整；确定长期应付款的年初余额是否正确；确定长期应付款的年末余额是否正确；注册会计师对长期应付款的实质性测试，一般包括以下内容。

（1）获取或编制长期应付款明细表，复核加计正确，并与报表数、总账数和明细账合计数核对是否相符。

（2）审阅融资租赁的授权批准手续是否齐全，并做出必要记录。

（3）向债权人函证重大的长期应付款。

（4）检查融资租赁应计利息的计算是否准确，会计处理是否正确。

（5）检查与长期应付款有关的汇兑损益是否按规定进行了会计处理。

（6）检查一年内到期的长期应付款是否转列流动负债。

（7）验明长期应付款是否已在资产负债表上充分披露。

六、营业外收入审计

营业外收入的审计目标有：确定营业外收入的记录是否完整；确定营业外收入的计算是否正确；确定营业外收入的披露是否恰当。注册会计师对营业外收入的实质性测试程序主要如下。

（1）获取或编制营业外收入明细表，复核加计正确，并与报表数、总账数和明细账合计数核对相符。

（2）检查营业外收入明细项目的设置是否符合规定的核算内容与范围，是否划清营业外收入与其他收入的界限。

（3）抽查营业外收入中金额较大或性质特殊的项目，审核其内容的真实性和依据的充分性。

（4）对营业外收入中各项目，包括非流动资产处理利得、非货币性资产交换利得、债务重组利得、政府补助、盘盈利得、接受捐赠利得等相关账户记录核对相符，并追查至相关原始凭证。

（5）检查营业外收入的披露是否恰当。

七、营业外支出审计

营业外支出的审计目标有：确定营业外支出的记录是否完整；确定营业外支出的计算是否正确；确定营业外支出的披露是否恰当。注册会计师对营业外支出的实质性测试程序主要如下：

（1）获取或编制营业外支出明细表，复核加计正确，与报表数、总账数及明细账合计数核对是否相符。

(2) 检查营业外支出内容是否符合会计准则的规定。

(3) 抽查大额营业外支出，检查内容是否真实、正确，原始凭证是否齐全，依据是否充分，会计处理是否正确。

(4) 检查是否有纳税所得额调整的项目。

(5) 对营业外支出的各项目，与固定资产、无形资产等相关账户记录核对相符，追查至相关原始凭证。

(6) 对非常损失应详细检查有关资料、被审计单位实际损失和保险理赔情况及审批文件，检查有关会计处理是否正确。

(7) 检查营业外支出的披露是否恰当。

八、所得税费用审计

所得税费用的审计目标有：确定记录的所得税费用是否已发生，且与被审计单位有关；确定所得税费用记录是否完整；确定与所得税费用有关的金额及其他数据是否已恰当记录；确定所得税费用的内容是否正确，是否已记录于正确的会计期间；确定所得税费用的披露是否恰当。注册会计师对所得税费用的实质性测试程序主要如下。

(1) 获取或编制所得税费用明细表、递延所得税资产明细表、递延所得税负债明细表，核对与明细账合计数、总账及报表数是否相符。

(2) 根据审计结果和税法规定，核实当期的纳税调整事项，确定应纳税所得额，计算当期所得税费用。

(3) 根据期末资产及负债的账面价值与其计税基础之间的差异，以及期末作为资产和负债确认的项目的账面价值与按照税法的规定确定的计税基础的差异，计算递延所得税资产、递延所得税负债期末应有余额，并根据递延所得税资产、递延所得税负债期初余额，倒轧出递延所得税费用（收益）。

(4) 将当期所得税费用与递延所得税费用之和与利润表上的"所得税"项目金额相核对。

(5) 确定所得税费用、递延所得税资产、递延所得税负债是否已在财务报表中恰当列报。

思 考 题

1. 简述筹资循环与投资循环的主要活动有哪些。它们分别涉及哪些会计凭证？
2. 筹资与投资循环的控制测试分别有哪些？
3. 筹资与投资循环审计过程中可能存在的重大错报风险的情形有哪些？
4. 借款审计包括哪些具体的业务？
5. 注册会计师在对借款进行审计时，审计的重点在哪里？
6. 所有者权益审计包括哪些具体的业务内容？
7. 审计人员在查验实收资本时，如何审查实收资本的真实存在？
8. 请对筹资与投资循环的其他账户审计简要概述。

业 务 题

1. ABC 股份有限公司是一家上市公司，从事投资、设备制造等方面的业务。某会计师事务所 2017 年 2 月份接受了 ABC 公司 2016 年度会计报表的审计业务，并指派注册会计师于 2016 年 12 月份对 ABC 公司 2016 年度投资业务的相关内部控制进行了解和控制测试，同时对部分财务资料进行了预审。在预审过程中，了解到以下情况：

（1）ABC 公司的股票、债券的买卖业务须由董事会批准、经董事长签字后，由财务经理具体办理股票、债券的买卖业务，但在具体办理的过程中，遇到股票价格大幅波动等的异常情况时，财务经理可自行决定买进或卖出，并在度过紧急情况后及时向董事长汇报并备案。由指定专职财务人员 A 负责进行会计记录和财务处理，专人 B、D 负责股票及债券的保管。每月末，由内部审计人员 C 组织财务经理，财务人员 A、专人 B 和其他人员共同参与股票、债券的定期盘点以及与账面记录的核对，以确定股票、债券的真实性、完整性、所有权、正确性。

（2）由于 ABC 公司生产 W 产品的原料需要从国外进口，2016 年发生了一笔外币短期借款业务：10 月 20 日，ABC 公司以 1 美元兑换 6.3 人民币的市场汇率从某工商银行借入 100 万美元，做出"借记：银行存款 630 万元、贷记：短期借款 630 万元"的会计记录(ABC 公司没有发生其他短期借款业务)。年末，美元对人民币的市场汇率上升为 1：6.5，ABC 公司编制会计报表时，短期借款项目的金额仍为 630 万元。经查，ABC 公司为简化处理，减少差错的发生，财务部门发生外币短期借款业务及期末编制会计报表时均按发生当时的市场汇率折算，折算差额计入财务费用。

要求：

（1）针对情况（1），指出 ABC 公司股票、债券交易的相关内部控制是否存在缺陷，并说明原因。

（2）针对情况（2），指出 ABC 公司工程的相关会计处理是否符合会计准则和制度的规定，在需要调整的情况下，列出调整分录(不考虑调整对相关税费的影响)。

答案及解析

（1）股票、债券买卖业务的内部控制中存有两处缺陷：一是在紧急情况下由财务经理自行决定并实施，这实际上使财务经理失去制约，董事会的批准流于形式，无法保证股票、债券的安全完整；二是每月末由内部审计人员 C 组织财务经理、财务人员 A、专人 B 参与股票、债券的盘点违反了不相容职务分离的基本要求。股票、债券的盘点工作应由不参与股票、债券业务的独立人员进行，股票、债券的经办人员、记录人员 A 及保管人员不应参与。

（2）按照会计制度和准则的规定，ABC 公司在发生外币短期借款业务时按当时的市场汇率折算是恰当的，但在编制会计报表时应按期末市场汇率 1：6.5 折算。企业在期末仍然按发生当时的市场汇率 1：6.3 进行折算，违反了财务制度的规定。应建议 ABC 公司做以下调整：

借：财务费用　　20
　贷：短期借款　　　　20

2. 注册会计师审计 ABC 有限公司 2016 年度的财务报表时，注意到"长期借款"项目附注披露如下：长期借款 2014 年年末余额为 14 780 万元，具体如下。

贷款单位	金额/万元	借款期限	年利率/%	借款条件
A 银行第二营业部	1 200	2014 年 7 月-2018 年 6 月	8.45	担保借款
B 银行第一营业部	12 800	2013 年 8 月-2017 年 7 月	8.65	抵押借款
C 银行第二营业部	780	2016 年 7 月-2018 年 1 月	5.85	担保借款
合计				

要求

根据上述情况，注册会计师应实施哪些主要的审计程序。

答案及解析

注册会计师实施的主要审计程序如下。

（1）索取所有借款合同的复印件，并对合同所载明的借款单位、借款金额、借款利率、借款期限、借入日期及借款条件，分别进行审阅后，计入审计工作底稿。

（2）对"长期借款"项目所计入的利息按照合同规定的利率和实际借入的日期、天数，计算确认其正确性。

（3）检查一年内到期的长期借款是否已转列为流动负债，确认 ABC 有限公司向 B 银行第一营业部的借款 12 800 万元是否已转列到"一年内到期的非流动负债"项目。

（4）审查长期借款的抵押资产所有权是否属于 ABC 有限公司，其价值和现实状况是否与抵押契约中的规定一致，确认 ABC 有限公司向 B 银行第一营业部的借款 1 2800 万元的抵押物品，ABC 有限公司应履行公开披露的义务。

第十章

货币资金的审计

审计发现问题，揪出"国门巨贪"

××机场，是亚洲最繁忙的机场，由于独特的地理位置和重要的门户作用，被人们称为"国门"。2007年1月，审计署在对××机场的审计中发现，××机场不仅存在重大的资金违规问题，还有巨大的资金亏空。有关部门迅速介入调查，由此，××机场集团公司原董事长李某涉嫌违法犯罪的线索终于浮出水面。

在侦查开始阶段，李某面对检察官的讯问，一直沉默不语，企图负隅顽抗。审计机关在对××机场的审计当中发现，××机场有6亿元的巨额资金，被转到外面去炒股理财，而这6亿元已经亏损了3亿8 000万元，只剩下了2亿多元。

A省人民检察院反贪局检察官说："当时打印机都打坏了几台，因为要打出资金的流动情况进行比对，计算到底亏损了多少钱。"一项又一项，一笔又一笔。办案检察官以不放过一丝可疑线索的严谨和细致，查对了一个又一个账户和数不清的买进卖出记录。终于，在一连串枯燥的数字背后，他们发现了一个惊人的秘密。××机场资金中有8 250万元，主要分三笔款，让人私自转走了。

检察官发现，××机场委托给理财顾问的资金总共有6亿元，其中有3亿8 000万元已经亏损，然而事实上，在这3亿8 000万元的亏损当中，有8 250万元并不是真正的亏损，而是被人转走了。那么，到底是谁转走了这笔钱呢？机关人员在调查中了解到，李某居然赌博。检察机关经过层层调查取证，掌握了李某到澳门赌博的大量细节。在大量事实面前，李某终于低下了头，他交代了自己的犯罪事实。李某说，自己私自转走3 500万元公款，不为别的，就为了偿还欠下的赌债。2009年2月10日，A省人民法院对此案做出判决：以贪污和受贿罪判处李某死刑。

资料来源：摘自中华人民共和国审计署网.

第一节 货币资金涉及的主要活动及凭证

一、货币资金审计概述

货币资金是企业所有资产中流动性最强的，也是企业各项生产经营及管理活动不能缺少的部分。货币资金主要来源于企业的资本投入和经营的营业收入，用于企业各项活动的收支。因此,货币资金的流动几乎贯穿在整个企业的运转中。拥有一个良好的现金流,企业才能得到顺利的发展。

因货币资金对企业的运营至关重要,所以,货币资金审计是对企业资产负债表审计的一个重要部分,是对企业库存现金、银行存款和其他货币资金的审计,对于保护货币资金的安全完整、揭示违法犯罪行为、维护财经法纪,以及如实反映被审计单位的即期偿债能力等,都具有十分重要的意义。

二、货币资金审计与交易循环审计

货币资金与企业各个交易循环有着密切的联系,所有的交易循环都包含着货币资金的运转。一些无法通过单一的货币资金审计发现的舞弊,可以结合对各交易循环相关凭证的检查发现线索。例如:企业按照比实际的销售款少的金额给顾客开具发票,在货币资金审计中,只能审查到有一笔一定金额的货款收入,只有结合销售与收款循环的相关原始凭证,才能够发现问题。

货币资金与各交易循环的关系如图10-1所示。

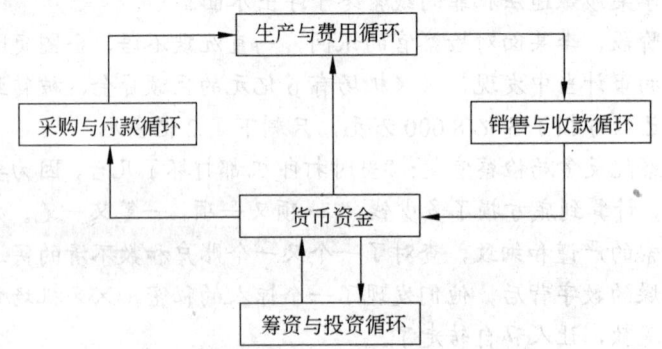

图 10-1 货币资金与各交易循环的关系

三、货币资金审计涉及的主要凭证

货币资金审计主要涉及的凭证和会计记录如下。
(1) 库存现金盘点表。
(2) 银行存款余额调节表。
(3) 银行对账单。
(4) 其他相关科目记账凭证。
(5) 其他相关会计账簿。

第二节 货币资金的控制测试

一、货币资金内部控制的内容

因为货币资金的流动性最强且对企业的运营十分重要,所以,为了保证货币资金的安全性和完整性，确保企业能够较好地运作，建立一个符合企业业务特点的完善的货币资金内部控制是十分必要的。一般而言，货币资金内部控制应当包括以下内容。

（一）财务分工及授权制度

（1）货币资金收支应由出纳人员和会计人员分工负责、分别办理，职责分明、职权分离。应设置专职出纳员，负责货币资金的收支和保管、收支原始凭证的保管和签发、日记账的登记。会计不得兼任出纳；出纳不得兼任稽核、会计档案保管，不得兼管收入、费用、债券债务账目的登记工作。

（2）所有货币资金的经济活动必须按权限进行调查批准。单位各级工作人员，必须经过授权和批准，才能对有关的经济业务进行处理，未经授权和批准，不允许接触这些业务。审批人应当在授权范围内进行审批，不得超越审批权限。

（3）按照规定的程序办理货币资金付款业务，如支付申请、支付审批、支付复核、办理支付。对于巨额货币资金的支付，应当实行集体决策和审批，不可由个人决定，严防货币资金的贪污、侵占、挪用等情况。

（4）货币资金收入应当及时登记入账，严禁收款不入账的违法行为。不得私设"小金库"，不得存在账外账的情况。经办销售业务的会计人员不得同时办理收款业务。

（二）货币资金的管理制度

（1）为了确保资金的安全性，须对外支付的款项超过现金结算起点，应通过转账方式支付；对于支付给个人超过现金结算起点的款项，则通过网上银行划入个人的账户。

（2）企业应当加强现金库存限额的管理，企业的现金收入应当及时存入银行，不得用于直接支付企业自身的支出。因特殊情况需要坐支现金的，应事先报经开户银行审查批准。超过库存限额的现金应及时存入银行。

（3）出纳人员根据现金收支业务登记现金日记账，每日结账时必须将库存现金与日记账余额核对，月终时与总账核对，做到日清月结，确保账实一致。银行存款的清查采用账目核对法。主要清查企业在开户银行及其他金融机构各种存款账面余额与银行及其他金融机构中该企业的账面余额是否相符。银行存款采用每月末核对一次的方法进行。

（4）现金盘点采取每周盘点和每月盘点两种方式。每周盘点的时间为每周五下班之前，每月盘点时间为每月最后一个工作日下班之前。如遇节假日或有特殊事项导致在规定的盘点日无法盘点的，可以报请领导批准后调整盘点日。在盘点结束后，应根据盘点结果编制库存现金盘点表，并由盘点人员和出纳人员签名或盖章确认。

（5）对于银行存款的清查，应根据银行存款的对账单、存款种类和货币种类逐一查对、核实。对于已经开出的银行账户应全部纳入企业的会计软件，对于已经不使用的银行账户应采取并账或销户的政策。

（6）企业银行账户的开立实施账户集中管理，银行账户的开立必须根据实际业务需要，并得到严格控制，以确保账户设置的合理性。企业新开设任何银行账户（本、外币）须经企业内部相关管理部门审批，不准违规开立和使用账户，不准出借、出租银行账户。

(三)票据及有关印章的管理制度

(1)企业的各类空白现金支票、转账支票等结算凭证,均由出纳在保险柜中保管,避免无关人员接触。在一般情况下,资产财务部严禁签发不填收款单位和金额的支票,借用空白支票必须经财务总监批准,由出纳在《空白支票借用登记簿》上登记支票号码、用途和收款单位等项目,并对空白支票进行最高限额,由经办人签名后方可办理,经办人必须于业务结算后三日内到资产财务部办理有关手续核销。企业不准签发空头支票和远期支票。

(2)对于票据的盘点包括剩余空白支票的盘点、收到的应付票据、银行承兑汇票及商业承兑汇票。在盘点后应形成盘点表,其中包括期初数、本期增加数、本期减少数以及期末结存数,由盘点人、监盘人以及会计主管签字或盖章确认。

(3)企业及其下属各企业应当加强银行预留印鉴的管理,严禁一人保管支付款项所需的全部印章。

(四)监督检查制度

(1)企业应当建立对于货币资金的监督检查制度,定期或不定期地进行检查。

(2)货币资金监督检查的内容一般包括:货币资金业务相关岗位及人员的设置情况。重点检查是否存在货币资金业务不相容职务混岗的现象;货币资金授权批准制度的执行情况。重点检查货币资金支出的授权批准手续是否健全,是否存在越权审批行为;支付款项印章的保管情况。重点检查是否存在办理付款业务所需的全部印章交由一人保管的现象;检查票据的购买、领用、保管手续是否健全,票据保管是否存在漏洞;企业及其下属各企业应当定期检查、清理银行账户的开立及使用情况,发现问题,及时处理。

(3)各企业对监督检查过程中发现的货币资金内部控制中的薄弱环节,应当及时采取措施,加以纠正和完善。

案例 10-1

JK公司货币资金内部控制案例

JK公司的前身是一家国有企业,始建于1978年。1998年转制为JK公司,经过数十年的发展积累了相当丰富的工艺技术和一定的管理经验,有许多公司管理制度。公司经过多年的不间断改造、完善,提高了产品的生产能力和产品市场竞争能力,并引进了先进的生产设备。公司具有较强的新产品开发能力,主要生产5大系列28个品种120多种规格的低压和高压、低速和高速、异步和同步电动机。公司具有完整的质量保障体系,2002年通过ISO9000系列质量管理体系认证。公司年创产值2 800万元,实现利润360万元。企业现有员工600多人,30%以上具有初、中级技术资格,配备管理人员118人,专职检验人员86人,建立了技术含量较高的员工队伍。随着公司的发展壮大,在经营过程中出现了一些问题,已经影响了公司的发展。

该公司出纳员李某,给人的印象是兢兢业业、勤勤恳恳、待人热情、工作中积极肯干,不论分内分外的事,她都主动去做,因而受到领导的器重、同事的信任。而事实上,李某在其工作的一年半期间,先后利用22张现金支票编造各种理由提取现金98.96万元,均未记入现金日记账,构成贪污罪。

其具体手段如下。

(1)隐匿3笔结汇收入和7笔会计开好的收汇转账单(记账联),共计10笔销售收入98.96万元,将其提现的金额与其隐匿的收入相抵,使32笔收支业务均未在银行存款日记账和银行余额调节表中反映。

(2)由于公司财务印鉴和行政印鉴合并,统一由行政人员保管,李某利用行政人员疏于监督开具现金支票。

(3)伪造银行对账单,将提现的整数金额改成带尾数的金额,并将提现的银行代码"11"改成托收的代码"88"。JK公司在清理逾期未收汇时曾经发现有3笔结汇收入未在银行日记账和余额调节表中反映,但当时由于人手较少未能对此进行专项清查。

李某之所以能在一年半的时间内作案22次,贪污巨款98.96万元,主要原因在于公司缺乏一套相互牵制的有效的约束机制和监督机制,从而使其截留收入贪污得心应手,猖狂作案。

从本案例中可知,JK公司内部控制疲软、内控监督机制失灵是李某走上犯罪道路的重要原因。JK公司存在以下几个管理上的漏洞。

(1)出纳兼任银行对账,提供了在编制余额调节表时擅自报销32笔支付现金业务的机会。

(2)印鉴管理失控。财务印鉴与行政印鉴合并使用并由行政人员掌管,出纳在加盖印鉴时未能得到有力的监控。

(3)未建立支票购入、使用、注销的登记制度。

(4)对账单由出纳从银行取得,提供了伪造对账单的可能。

(5)凭证保管不善,会计已开好的7笔收汇转账单(记账联)被李某隐匿,造成此收入无法计入银行存款日记账中。

(6)发现问题追查不及时。在清理逾期未收汇时发现了3笔结汇收入未在银行日记账和余额调节表中反映,但由于人手较少未能对此进行专项清查。

JK公司在内控监督方面的补救措施如下。

(1)复核银行存款余额调节表的编制是否正确,有无遗漏或收支抵销等情况。

(2)督促有关人员及时、全面、正确地进行账务处理,使收支业务尽早入账,不得压单。

(3)记账与出纳业务的职责相分离,对现金的账实情况进行日常监督和专项监督,查看库存的现金有无超出限额,有无挪用、贪污情况,保管措施如何。

(4)出纳与获取对账单职责相分离。

(5)监督出纳移交工作的整个过程,查看移交清单是否完整,对于遗留问题应限期查明,不留后遗症。

这个案例说明,内部控制的有效执行是企业财产安全的保障,而内部控制监督检查则是内部控制得以有效执行的保障。企业应该充分认识内部控制监督机制的重要性。

资料来源:摘自中国会计网

二、货币资金控制测试步骤

1. 了解货币资金内部控制情况

对企业初次进行审计时,应当通过询问、观察等方式了解被审计单位的货币资金内部控制的内容和执行情况,收集必要的资料。审计人员可以结合资料绘制被审计单位现金内部控制流程图。编制现金内控流程图是现金控制测试的重要步骤。如有以前年度绘制的被审计单位货币资金内部控制评价材料和现金内部控制流程图,审计人员可以结合调查资料对其进行完善、修改,以供本次审计工作使用。

在对被审计单位进行调查时,审计人员应着重了解以下内容。

(1)是否存在不符合规定程序和权限办理的货币资金收支的情况。
(2)是否存在货币资金收支款项与被审计单位经营无关的情况。
(3)是否存在出纳与会计职责未完全分离的情况。
(4)是否定期盘点库存现金、定期编制银行存款余额调节表、核对现金日记账和银行存款日记账,等等。

2. 检查货币资金收支凭证

按照一定样本量,抽取货币资金收款凭证进行检查。核对现金日记账和银行存款日记账的收入金额是否正确,与应收账款有关的收款凭证记录是否与应收账款明细账相符,检查与销售有关的收款凭证和销售发票的内容是否相符。

按照一定样本量,抽取货币资金付款凭证进行检查。核对现金日记账和银行存款日记账的支出金额是否正确,与应付账款有关的付款凭证记录是否与应付账款明细账相符,检查与购货有关的付款凭证和获得的发票的内容是否相符。

3. 抽查现金、银行存款日记账与总账核对

抽取一段时间的现金日记账、银行存款日记账与总账进行核对,检查库存现金日记账与总账的记录是否一致,银行存款日记账与总账的记录是否一致,如有不一致的地方,应要求被审计单位做出解释,必要时要求其进行更正;检查总账是否存在加总错误。

4. 抽查银行余额调节表进行检查

为证实被审计单位资产负债表中所披露的银行存款数额的真实性,审计人员应当在一定期间内抽取银行余额调节表进行审查,与同时期的银行存款对账单、银行存款日记账以及总账进行核对,查证其是否按照规定、正确地按月编制银行余额调节表。

5. 检查银行存款外币折算是否恰当

检查被审计单位货币资金外币折算为本位币是否恰当,采用汇率方式前后期是否一致,银行存款外币业务会计处理是否正确。

6. 评价货币资金总体内部控制

在上述程序结束后,审计人员应找出本审计单位现金内部控制的缺陷和薄弱环节,确定其可信赖程度,完成对现金总体内部控制的评价。根据控制测试结果,审计人员可适当调整后续审计计划,相应地增加或减少审计程序,减少审计风险,提高审计效率。

第三节 库存现金审计

一、库存现金审计的目标

现金是企业流动性最强的资产,由于其收支频繁、不易保管和监控,也是最易出错的资产。库存现金不仅包括企业的人民币现金,还包括外币现金。虽然现金在企业资产中所占比例较小,但它与企业的很多经营活动相关,且企业发生的大多数舞弊都与现金有关。所以,应当格外注意对库存现金的审计。

库存现金的审计目标大致分为五项,具体目标及对应的财务报表认定如表 10-1 所示。

表 10-1 库存现金审计目标及对应的财务报表认定

序号	审 计 目 标	财务报表认定
1	企业财务报表列报的库存现金是否在资产负债表日确实存在	存在
2	企业是否将所有的现金收支业务记录完整	完整性
3	企业财务报表列报的库存现金是否完全归该企业拥有和控制	权利和义务
4	企业财务报表列报的库存现金金额是否恰当包含在货币资金项目中,相关的计价调整是否恰当记录	计价和分摊
5	企业是否按照《企业会计准则》对库存现金进行披露	列报

二、库存现金的实质性程序

由于现金固有的流动性强、安全性较低等特点,审计人员应当重视和加强对现金的实质性程序。一般地,现金的实质性程序包括以下六个部分。

1. 检查现金日记账与总账余额是否一致

这是审计人员进行库存现金审计的起点,若发现不一致,应当查明原因,如计算错误、记录错误或其他原因。同时应当建议被审计单位进行调整。

2. 对库存现金进行监盘

监盘库存现金是一项重要的审计程序,旨在查证资产负债表中所记录的库存现金是否存在。监盘的范围一般指被审计单位各部门管理的库存现金,包括备用金、已收到未存入银行的现金等。对库存现金最好实行突击检查,在盘点库存现金的过程中,除被审计单位的出纳员实施盘点外,还应由审计人员和被审计单位会计主管共同监盘。

库存现金盘点的主要步骤和方法如下。

(1)制订库存现金监盘计划,确定监盘时间。审计人员可在被审计单位上午上班前或下午下班后进行突击检查,不可事先告知被审计单位,以防其提前准备。盘点范围一般包括所有部门管理的现金。盘点前,应由被审计单位出纳人员将所有现金放入保险柜中,必要时可用封条封存,同时,出纳人员应将办妥收付手续的凭证登入现金日记账。如有两处或两处以上的部门存放现金,应同时进行监盘,以防被审计单位转移款项。

(2)审阅库存现金日记账并同时与现金收付原始凭证相核对。检查原始凭证与现金日记账的内容是否相符,记录的金额是否相等,同时,检查原始凭证日期与现金日记账的登记日期是否相同或接近。

(3)由盘点的出纳员根据库存现金日记账加计累计数额,结出当日现金结余额。

(4)盘点保险柜内的现金实存数,同时由审计人员编制"库存现金监盘表",按币种、面值分别进行记录。

(5)将盘点金额与现金日记账余额进行核对,如有差异,应要求被审计单位查明原因,如有需要,提请被审计单位做出适当调整;如无法查明差异原因时,应要求被审计单位按管理权限批准后做出调整。

(6)如果有白条抵库、未提现支票、未报销原始凭证等情况,审计人员应在"库存现金监盘表"中注明,必要时应提请被审计单位做出调整。

(7)对库存现金追溯调整。如果审计人员不是在资产负债表日对库存现金进行的监盘,则应将监盘日的金额追溯调整至资产负债表日的金额。

案例 10-2

库存现金盘点

ABC 事务所接受××公司的委托,对其 2013 年的财务报表进行审计。注册会计师陈某、周某,在对××公司进行库存现金内部控制测试时了解到,××公司在总部和门市部均设有出纳部门。

注册会计师陈某、周某将库存现金盘点时间确定为 2014 年 2 月 2 日下午 5 点××公司下班后。2 月 2 日下午,注册会计师到达现场,通知出纳人员将公司现金封存入保险柜中。出纳人员根据库存现金日记账加计累计数额,结出现金余额:××公司 2014 年 2 月 1 日的账面库存现金余额为 6 832 元,2 月 2 日发生的现金收支全部未登记入账,其中收入金额为 5 580 元,支出金额为 2 000 元。注册会计师陈某、周某在对××公司库存现金进行监盘时,发现如下事项。

(1)保险柜里现金盘点实有数为 5 108.70 元(50 张 100 元,2 张 50 元,8 张 1 元,1 张 5 角,1 张 2 角),另有单独包封的未领工资 1 480 元(10 张 100 元,8 张 50 元,8 张 10 元)没有包括在盘点实有数内。

(2)下列凭证已付款但尚未制证入账:

职工朱某 1 月 25 日借差旅费 643.3 元,已经领导批准;

职工王某 1 月 10 日借款 600 元,未经批准,也未说明用途。

(3)××公司下属门市部送来当天零售货款 2 580 元(25 张 100 元,8 张 10 元),附发票副本 16 张,既未送存银行,未包括在盘点实有数内,也没有入账,放在出纳的办公桌抽屉里。

(4)银行核定库存现金限额 5 000 元。

××公司 2011 年 1 月 1 日至 2 月 1 日的现金收入总额为 165 200 元,现金支出总额为 165 500 元。

根据被审计单位出纳人员的盘点结果,编制"库存现金监盘表",并根据 2014 年

1月1日至2月1日的库存现金收付总额对实有库存现金盘点数进行追溯调整,如表10-2所示。

表10-2 库存现金监盘表　　　　　　　　　　　　　　　　　　元

项目		项次	检查盘点记录			实有库存现金盘点记录					
			人民币	美元	某外币	面额	人民币		美元		某外币	
							张数	金额	张数	金额	张数	金额
上一日账面库存余额		①	6 832									
盘点日未记账传票收入金额		②	5 580			1 000 元						
盘点日未记账传票支出金额		③	2 000			500 元						
盘点日账面应有金额		④=①+②-③	104 120			100 元	85	8 500				
盘点日实有库存现金数额		⑤	9 168.7			50 元	10	500				
盘点日应有与实有差异		⑥=④-⑤	1 243.3			10 元	16	160				
差异原因分析	白条抵库(张)		1 243.3			5 元						
						2 元						
						1 元	8	8				
						5 角	1	0.5				
						2 角	1	0.2				
						1 角						
						合计		9168.7				
追溯调整	报表日至审计日库存现金付出金额		16 750									
	报表日至审计日库存现金收入金额		17 078									
	报表日库存现金应有余额		7 132									
	报表日汇率											
	报表日余额折合本位币金额											
	本位币合计											

出纳员:周某　　会计主管:沈某　　注册会计师:陈某、周某　　检查日期:2014.2.2

审计说明:2014年2月2日下午5时由注册会计师陈某、周某,出纳员周某,会计主管沈某共同参与盘点,发现××公司库存现金管理存在严重缺陷。

在本案例中，××公司的库存现金管理存在以下诸多问题。

（1）职工朱某1月25日借差旅费643.3元，未及时编制凭证登记入账；职工王某1月10日借款600元，未经批准，也未说明用途。

（2）2月2日当天××公司下属门市部送来的当天零售货款2580元，未及时登记入账，未及时送存银行，也未包括在盘点实有数内，放在出纳的办公桌抽屉里，说明库存现金的安全性存在问题。

（3）另有单独包封的未领工资1480元、门市部送来的当天零售货款2580元，没有包括在盘点实有数内。

（4）盘点日账面应有库存现金为104 120元，盘点日实有库存现金数额为9 168.7元，存在库存现金短缺1 243.3元，××公司的库存现金账实不符。

（5）银行核定库存现金限额5 000元，盘点日实有库存现金数额为9 168.7元，超出银行核定限额4 168.7元。

根据以上问题，注册会计师应当要求被审计单位人员按管理权限批准后，做出以下相应的调整。

（1）针对职工朱某借差旅费，应要求被审计单位及时入账，并履行核准报销程序；针对职工王某的未经批准也未说明用途的借款，应要求被审计单位及时向王某索回交库。

（2）门市部上交的零售货款，应要求被审计单位及时入账，并将这笔放在出纳员办公桌抽屉的货款及时存放入现金保险柜，或直接存放至银行。

（3）被审计单位在进行盘点时，应当将门市部上交的零售款、总部单独包封的未领工资纳入库存现金盘点范围中。

（4）针对存在的现金短缺，被审计单位应查明短缺原因，本案例中的现金短缺原因是白条抵库，应当及时制单登记入账或向有关人员索回交库。如若无法查明库存现金短缺原因，则应当让被审计单位出纳自行填补短缺金额。

（5）注册会计师应当提醒被审计单位，严格遵守银行核定库存现金限额，将超出限额的4168.7元及时送存银行。

资料来源：改编自《审计案例与实训》。

3. 检查库存现金余额

检查被审计单位日常库存现金余额是否合理，是否存在大额未缴存的现金。

4. 抽查大额现金收支款项

检查大额现金收支原始凭证是否齐全，内容是否真实、完整，有无相关领导授权批准。检查财务人员是否正确编制记账凭证，是否准确登记入账，是否记录在正确的时间期间内。

5. 实施进行截止测试

资产负债表上的库存现金金额应当以结账日的实有数为准。审计人员抽查资产负债表日前后若干天的原始凭证验证其截止日期，查询是否存在跨期事项，如果存在，应提出相关调整建议。

6. 检查外币现金折算是否正确

检查外币现金是否按照恰当的折算汇率记录入账，外币结算业务的处理是否符合规定。

7. 确定库存现金是否在资产负债表上恰当列报

库存现金应当在资产负债表中货币资金项目下进行列报。审计人员实施审计程序后，确定库存现金账户期末余额是否准确，检查被审计单位是否在资产负债表中真实地反映其库存现金数额。

第四节 银行存款审计

一、银行存款审计目标

银行存款是指企业存放在银行的货币资金。按照国家现金管理和结算制度的规定，每个企业都要在银行开立账户，称为结算户存款，用来办理存款、取款和转账结算。在审计业务中，审计人员主要关注被审计单位银行存款及其收付业务的真实性、正确性和合法性，以及其是否正确管理银行存款，如超过结算起点的收付业务应通过银行存款账户进行结算，等等。

银行存款的审计目标大致分为五项，具体目标及对应的财务报表认定如表10-3所示。

表10-3 银行存款审计目标及对应的财务报表认定

序号	审计目标	财务报表认定
1	企业财务报表列报的银行存款是否在资产负债表日确实存在	存在
2	企业是否将所有的银行存款收支业务记录完整	完整性
3	企业财务报表列报的银行存款是否完全归该企业拥有和控制	权利和义务
4	企业财务报表列报的银行存款数额是否恰当包含在货币资金项目中，相关的计价调整是否恰当记录	计价和分摊
5	企业是否按照《企业会计准则》对银行存款进行披露	列报

二、银行存款的实质性程序

一般地，银行存款实质性程序包括以下方面。

1. 核对银行存款日记账余额与总账余额是否一致

审计人员从被审计单位获取银行存款日记账，复核加计是否正确，且核对其余额是否与总账记录相符。如果不相符，应当要求被审计单位查明原因，做出相应调整，并以此作为后续银行存款的审计基础。

2. 实质性分析程序

结合上一年度被审计单位银行存款的差异变动，对其本期的银行存款实际数和预算数进行对比分析，对异常差异和显著波动进行进一步的分析调查，确定审计重点。计算银行存款应收利息收入，分析比对被审计单位银行存款应收利息收入与实际利息收入的差异是否恰当合理。检查被审计单位是否存在高息资金拆借，确认其银行存款余额是否存在，利息收入是否已记录完整。

3. 检查银行存款对账单和余额调节表

通常，被审计单位应根据不同的银行账户及货币种类分别编制银行存款余额调节表。审计人员取得并检查银行存款余额对账单和银行存款余额调节表，它们是证实资产负债表中所列银行存款是否存在的重要程序。

取得银行对账单后，将获取的银行对账单余额与银行日记账余额进行核对，如存在差异，获取银行存款余额调节表；将被审计单位资产负债表日的银行对账单与银行询证函回函核对，确认是否一致。

取得银行存款余额调节表后，检查调节表中加计数是否正确，调节后银行存款日记账余额与银行对账单余额是否一致。对于企业已收付、银行尚未入账的事项，检查相关收付款凭证，并取得期后银行对账单，确认未达账项是否存在，银行是否已于期后入账。对于银行已收付、企业尚未入账的事项，检查期后企业入账的收付款凭证，确认未达账项是否存在，必要时，提请被审计单位进行调整。关注长期未达账项，查看是否存在挪用资金等事项。特别关注银付企未付、企付银未付中支付异常的领款事项，包括没有载明收款人、签字不全等支付事项，确认是否存在舞弊。

4. 函证银行存款余额

审计人员在执行审计程序的过程中，应当以被审计单位的名义，向被审计单位本期存入款项的银行发函，验证被审计单位银行存款的真实性、完整性、合法性。如存在被审计单位账面余额与函证结果不符的情况，应当要求被审计单位做出适当处理。

函证银行存款是查证银行存款是否真实存在的一个重要程序，不仅如此，向银行函证还可以了解被审计单位现有的借款额，有助于发现被审计单位是否存在未进行披露的银行借款和或有负债的情况。函证银行存款余额的程序和注意事项与应收账款的函证相同。审计人员应当向被审计单位在资产负债表当年存入款项的所有银行发函，其中包括企业存款账户已结清的银行，因为有可能存在存款账户已结清，但仍存在银行借款或其他负债的情况。

5. 实施截止测试

为验证被审计单位银行存款的真实性、完整性，审计人员应当抽取一定金额以上的资产负债表日前后期的银行存款收支凭证若干张进行截止测试，检查是否存在跨期收支事项，如果存在，应要求被审计单位进行调整。

6. 抽查大额银行存款交易凭证

审计人员应当针对大额银行存款收支凭证，审查其内容记录是否完整，原始凭证是否齐全，是否经过授权审批，有无相对应的账户进账记录等。确定其是否存在与被审计单位经营无关的收支项，如果存在，应当要求被审计单位查明原因并做出相应的调整。

7. 检查银行存款外币折算是否正确

检查外币银行存款的收支和余额是否按照恰当的折算汇率折算为记账本位币，外币结算业务的处理是否符合规定。

8. 确定银行存款是否在资产负债表上恰当列报

银行存款应当在资产负债表中货币资金项目下进行列报。审计人员实施审计程序后，确定银行存款账户期末余额是否准确，检查被审计单位是否在资产负债表中真实地反映其银行存款数额。

案例 10-3

查处一起"小金库"的案例分析

2008 年在审计 C 单位 2007 年度预算执行中，A 省审计厅的审计人员运用盘存现金、内查外调等审计方法，以一个被隐瞒的银行账号、一张白条收据为线索，追查出该单位隐藏 4 年之久、金额达 380 多万元的"小金库"。

C 单位属于一级预算单位，设有三个会计主体，即计划财务处、办公室财务、服务中心财务。除服务中心的会计由办公室的会计兼任外，其余会计主体均配备相应的财会人员。在会计主管、部门负责人和出纳的配合下，审计人员兵分三路，同时对上述三个会计主体的库存现金进行突击盘点。

笔者负责监盘服务中心的库存现金，其中的一份存折引起了大家的注意。存折的户名是办公室会计张某，金额为 15.7 万元。张某解释说存折是自己的，其中有他个人存款 5 万多元，其余的都是公款，但具体数字记不清了。从存折收支记录来看，存储业务比较频繁，最近都有支取记录。就在笔者监盘记录时，监盘办公室库存现金的审计人员急忙来求援。原来他们在检查办公室的保险柜时，出纳马某打开保险柜后只拿出存放现金的小抽屉，拒绝提供其他资料。审计人员发现保险柜中有账本和装订成册的会计凭证，要求马某拿出来配合检查，但马某说这是私人物品，然后锁上保险柜急急忙忙地走了。面对这种情况，审计组要求该单位立即找回马某，并重申了被审计单位应配合审计的义务，同时指出即使是私人物品，也不应该存放在单位的保险柜中。为防止保险柜中的账本被转移或调包，审计组将保险柜所在的办公室设立为临时审计现场。在等待马某未果后，审计组请示主管领导同意并查封了保险柜。第二天上午，马某终于回来了，但保险柜上的封条被挪动了位置。此时再打开保险柜也只能唱"空城计"了，除几十元现金外，账本不翼而飞。

审计组对上述情况认真进行了分析，并明确了下一步的审计思路。一是将办公室和服务中心财务作为重点审计对象。办公室和服务中心的会计由张某一人兼任，现在办公室出纳又拒绝提供资料，说明神秘的账本与办公室财务和服务中心财务有很大关系。下一步审计应重点关注这两个部门转出资金的去向，从中找出线索。二是从检查收入的完整性入手，检查有无转移或隐瞒收入的问题。三是查清那份蹊跷的存折中属于公款部分的来源。特别是张某主动承认公款私存的行为，这说明除公款私存外，还有其他更严重的问题；他主动暴露明显的问题，有可能是在转移审计人员的视线。

明确了审计内容和重点后，审计组就公款私存的问题进一步向张某查证。张某仍然坚持自己的说法，并出具书面材料，证明存折中有其 5 万多元的个人存款。他还解释说服务中心的出纳是招聘人员，中心平时提取的现金就存入这个存折，只留下500元的现金供出纳周转。

在审查计财处的账目时，审计人员又发现了一个意外的线索——一个隐藏的银行账户。审计人员利用AO，从计财处凭证库中检索出C单位2007年度所有拨出经费或拨出专项资金的记录。其中有一条记录引起了审计人员的注意：其摘要为"拨付某某林场绿化经费"，金额为16.6万元。调阅该会计凭证，审计人员发现了一个户名为"某某林场"的银行账户，计划财务处于2007年3月21日，向该账户拨付了"绿化经费"。在林场出具的白条收款收据上，盖有"某某林场"的财务专用章。但C单位已承诺并提供的《银行开户情况审计调查表》中并无该账户，所提供的下属单位名单中也无"某某林场"。从银行账户、财务印鉴等情况分析，"某某林场"是一个已经存在的会计主体；计划财务处向其拨付经费，说明该林场就是C单位的一个下属单位。但为何该单位未提供"某某林场"的银行账户和财务资料？

为了避免被审计单位再次设置障碍干扰审计工作，审计组决定对"某某林场"收取绿化费所用的白条收据存根暂且不追查，而是立即开出协查通知书，要求开户行协助查询该账户开立时间、户名及资金收支等情况。

C单位存在典型的"围墙经济"现象，将临街的很多房屋作为商业铺面对外出租，其租赁收入由服务中心财务核算。由于承租户多数是个人，中心收取的租金有的开具的是税务发票，有的是自购收据。为核查租赁收入的完整性，审计人员要求提供近3年来的所有发票和自购收据的存根。在一本自购收据中，审计人员发现了一张2006年6月金额为4.5万元的收款收据，收款事由为租赁费，并有"现金收讫"印章，收款人是马某而非服务中心的出纳。经查对服务中心的收入明细账，并无此项收款记录。当问及马某时，她以"时间太长，记不清楚"为由企图搪塞过去。

开户银行协查的结果证明，前述的银行账户是C单位原基建办公室所开立的，但基建项目已于2004年结束。C单位未按规定注销银行账户，而由其"某某林场"使用至今。截至审计之日，该账户结余资金14.2万元。审计人员根据银行提供的证据，要求C单位提供与该账户相关的会计资料，同时提供4.5万元租赁收入的去向。在事实面前，C单位终于交出了"某某林场"的账本、会计凭证及其他资料。经仔细核对后发现，自2004年至审计之日，C单位隐瞒部分房租收入（包括上述4.5万元的租赁收入），并将计处处、办公室拨出的绿化费等资金382.6万元未纳入办公室财务或服务中心财务统一核算，而以"某某林场"的名义，由张某和马某分别兼任会计、出纳单独设账核算，形成"小金库"，主要用于发放C单位职工奖金补助以及支付招待费等支出。同时，审计还查明张某个人存折中并无其私人款项，其中13.1万元属服务中心资金，其余2.6万元属"小金库"资金。张某以公款私存的解释，隐瞒存折真相的谎言被彻底揭穿。审计组在重重疑点之中，终于凭借敏感的职业触觉，查处了隐藏四年之久的"小金库"。

资料来源：摘自中国审计报（京）2009年第812期 第8页。

第五节　其他货币资金审计

一、其他货币资金审计的目标

其他货币资金是指企业除现金和银行存款以外的其他各种货币资金，即存放地点和用途均与现金和银行存款不同的货币资金，包括外埠存款、银行汇票存款、银行本票存款、信用卡存款、信用证保证金存款和存出投资款等。

其他货币资金的审计目标大致分为五项，具体目标及对应的财务报表认定如表10-4所示。

表10-4　其他货币资金审计目标及对应的财务报表认定

序号	审计目标	财务报表认定
1	企业财务报表列报的其他货币资金是否在资产负债表日确实存在	存在
2	企业是否将所有的其他货币资金收支业务记录完整	完整性
3	企业财务报表列报的其他货币资金是否完全归该企业拥有和控制	权利和义务
4	企业财务报表列报的其他货币资金数额是否恰当包含在货币资金项目中，相关的计价调整是否恰当记录	计价和分摊
5	企业是否按照《企业会计准则》对其他货币资金进行披露	列报

二、其他货币资金的控制测试

其他货币资金的内部控制主要有以下几个方面。

1. 外埠存款

外埠存款只能用于采购商品或材料支付款项，该账户除可提取少量现金用于差旅费外，一律通过银行转账，外埠采购账户只付不存，并不计利息。

2. 银行汇票存款

银行汇票存款是指申请人将款项交存当地银行，由银行签发给汇款人持往外地办理转账结算或支取现金的票据，属尚未办理结算之前的票据存款。银行汇票付款期为一个月。遗失可提现的银行汇票，可挂失，如果遗失了填明收款单位或个体户名称的汇票，银行不予挂失。过期汇票及遗失汇票在一个内未被冒领，可办理退款手续。

收款单位收受银行汇票时，应审查收款人或被背书人是否为本人，汇票是否在付款期内，日期、金额等是否填写正确无误，印章是否清晰，有无压数机压印金额，银行汇票和解讫通知是否齐全等。

3. 银行本票存款

银行本票存款，是指申请人将款项交存银行，由银行签发给其在同城凭此办理转账结算或者支取现金的票据，属办理结算之前形成的存款。银行本票的金额起点分为两种：一种是非定额本票；另一种是定额本票。逾期本票银行不受理，可向银行申请办理退款手续。

受理本票，应查明收款人或被背书人是否为本收款人，印章以及不定额压数机金额是否清晰等。

其他货币资金的控制测试与银行存款控制测试相同,在本章节不再做详细的介绍。

三、其他货币资金的实质性程序

一般地,其他货币资金的实质性程序包括以下六个部分。

(1)检查其他货币资金各类明细账的期末余额与总账是否一致。

(2)函证其他货币资金,检查其期末余额是否正确。

(3)对大额收支的其他货币资金进行截止测试,审查资产负债表日前后的收支情况,检查是否存在高估或低估其他货币资金的情况。

(4)抽取一定量的原始凭证,检查其经济内容是否完整,是否经过审批,是否正确登记入账。

(5)检查非记账本位币的其他货币资金汇率折算是否正确。

(6)检查其他货币资金在资产负债表上的披露是否正确完整。

针对不同的审计内容,其实质性程序也不同。

(一)针对定期存款

如果被审计单位有定期存款,注册会计师可以考虑实施以下审计程序。

(1)向管理层询问定期存款存在的商业理由并评估其合理性。

(2)获取定期存款明细表,检查是否与账面记录金额一致,存款人是否为被审计单位,定期存款是否被质押或限制使用。

(3)在监盘库存现金的同时,监盘定期存款凭据。如果被审计单位在资产负债表日有大额定期存款,基于对风险的判断考虑选择在资产负债表日实施监盘。

(4)对未质押的定期存款,检查开户证书原件,以防止被审计单位提供的复印件是未质押(或未提现)前原件的复印件。在检查时,还要认真核对相关信息,包括存款人、金额、期限等,如有异常,须实施进一步审计程序。

(5)对已质押的定期存款,检查定期存单复印件,并与相应的质押合同核对。对于质押借款的定期存单,关注定期存单对应的质押借款有无入账,对于超过借款期限但仍处于质押状态的定期存款,还应关注相关借款的偿还情况,了解相关质权是否已被行使;对于为他人担保的定期存单,关注担保是否逾期及相关质权是否已被行使。

(6)函证定期存款相关信息。

(7)结合财务费用审计测算利息收入的合理性,判断是否存在体外资金循环的情形。

(8)在资产负债表日后已提取的定期存款,核对相应的兑付凭证等。

(9)关注被审计单位是否在财务报表附注中对定期存款给予充分披露。

(二)针对其他货币资金

除定期存款外,注册会计师对其他货币资金实施审计程序时,通常可能特别关注以下事项。

(1)保证金存款的检查,检查开立银行承兑汇票的协议或银行授信审批文件。可以将保证金账户对账单与相应的交易进行核对，根据被审计单位应付票据的规模合理推断保证金数额，检查保证金与相关债务的比例和合同约定是否一致，特别关注是否存在有保证金发生而被审计单位无对应保证事项的情形。

（2）对于存出投资款，跟踪资金流向，并获取董事会决议等批准文件、开户资料、授权操作资料等。如果投资于证券交易业务，通常结合相应金融资产项目审计，核对证券账户名称是否与被审计单位相符，获取证券公司交易结算资金账户的交易流水，抽查大额的资金收支，关注资金收支的财务账面记录与资金流水是否相符。

案例 10-4

中国证监会对 YH 会计师事务所的处罚决定书

经查明，YH 会计师事务所在对甲公司 2002 年度、2003 年度财务报告审计过程中，未能勤勉尽责，对财务报表主要项目的审计未能严格按照中国注册会计师独立审计准则的要求进行，相关审计程序未履行或履行不到位，对财务报告的真实性、合法性、完整性所发表的审计意见违背了客观、公正、公允的基本原则，为甲公司 2002 年度、2003 年度含有虚假内容的财务报告出具了无保留意见的审计报告。

一、缺少必要审计程序，未能发现 8 947 万元虚假存货

在 2002 年度、2003 年度存货审计过程中，虽然执行了相关审计程序，但未能按照《独立审计具体准则第 26 号——存货监盘》《独立审计具体准则第 5 号——审计证据》第五条的规定，对公司存货管理中存在的内控缺陷，对盘点中出现的较大数量的盘盈、盘亏未能追加相应的审计程序，查明差异根源，取得充分、适当的审计证据，而是简单地以公司的说明作为确认依据，未能发现存货大量亏空的事实。

二、未能揭示大额定期存单质押担保情况

在对 2002 年度、2003 年度货币资金项目审计过程中，未能按照《中国注册会计师职业道德基本准则》第十一条、《中国注册会计师质量控制基本准则》第十三条的规定，相关审计人员专业胜任能力不足，缺乏专业敏感性，未能保持应有的职业谨慎。按照中国人民银行《单位定期存单质押贷款管理规定》（1999 年 9 月 3 日）的规定，单位定期存单只能为质押贷款的目的而开立和使用。对中信实业银行广州分行西湖路支行 5 000 万元存款、兴业银行广州天河北支行 19 500 万元存款虽然进行了函证，但对其转为定期存单对外质押情况未予以关注，未进一步采取必要的审计程序，未能揭示甲公司大额定期存单质押担保的重大事项，未能发现资金真实来源及去向。

三、未严格履行必要的审计程序，未能揭示大额银行虚假存款

在对 2002 年度、2003 年度货币资金的审计过程中，未能按照《独立审计具体准则第 5 号——审计证据》第五条"注册会计师执行审计业务，应当取得充分、适当的审计证据后，形成审计意见，出具审计报告"、《独立审计具体准则第 27 号——函证》第十八条"注册会计师应当采取以下措施对函证实施过程进行控制"、第十九条"如果被询证者以传真、电子邮件等方式回函，注册会计师应当直接接收，并要求被询证者寄回询证函原件"的规定，实施充分必要的审计程序。

（1）在2002年年报审计时，未能按照审计的必要程序获取充分、适当的审计证据，导致未能发现甲公司在A银行的5 000万元虚假存款。

（2）在2003年年报审计时，对存放于B银行的19 500万元货币资金，在已经得知该笔资金转户的情况下，未取得与该笔大宗资金相关的活期账户流水单原件，对审计证据获取不足，导致未能发现该笔资金已经被转出的事实。

（3）在2003年年报审计时，对甲公司存放于A银行的5 000万元、C银行的5 000万元货币资金进行审计的过程中，未能按照审计函证准则有关要求，严格控制函证程序，取得银行函证及对账单的原件，导致未能发现货币资金账实不符的情况。

资料来源：摘自中国证监会行政处罚决定书〔2008〕37号

思 考 题

1. 简述货币资金内部控制的主要内容。
2. 简述库存现金审计的目标和银行存款审计的目标。
3. 简述库存现金实质性程序的主要内容。
4. 简述银行存款实质性程序的主要内容。

业 务 题

1. 甲公司在总部和营业分部均设置了出纳部门，在对2016年甲公司财务报表进行审计时，注册会计师张某负责对库存现金进行监盘。具体审计过程如下。

（1）为了保证库存现金监盘的顺利进行，注册会计师张某在实施监盘的前一天通知甲公司做好库存现金监盘的准备。

（2）注册会计师为了能在总部和营业分部进行监盘而不影响甲公司的正常营业，将对总部和营业分部库存现金监盘时间分别确定为上午9点上班前和下午5点下班后。

（3）在对库存现金进行盘点时，注册会计师张某和总部、营业分部出纳共同进行监盘。

（4）监盘时，出纳把现金放入保险柜，并将已办妥收付手续的交易登入现金日记账，结出现金日记账余额，注册会计师张某当场盘点出纳负责的库存现金。在核对现金日记账后填写"库存现金监盘表"，由出纳和注册会计师张某签字后形成审计工作底稿。

（5）在核对现金日记账时，注册会计师张某发现有未提现的支票，出纳解释说等支票款项实际从银行划转后会及时记账，目前无法处理。注册会计师张某认为情况合理，无须再做进一步核查和记录。

要求

针对上述（1）至（5）项，逐项指出注册会计师张某在对库存现金进行监盘时的做法是否恰当。如不恰当，请简要说明原因。

答案及解析

（1）不恰当。对库存现金的监盘最好实施突击性检查，不应当提前告知被审计公司。

(2) 不恰当。甲公司在总部和营业分部多部门存放现金时,应当同时对这多部门进行库存现金监盘。如果不能同时进行监盘,则应当对后监盘的库存现金实施封存。

(3) 不恰当。除了注册会计师和出纳,甲公司的会计主管也应当参与监盘。

(4) 不恰当。盘点工作应当由被审计单位出纳进行盘点,注册会计师和被审计单位会计主管进行监盘且三人都应当在"库存现金监盘表"上签字。

(5) 不恰当。注册会计师应当将未提现支票在"库存现金监盘表"中注明,必要时提请被审计单位进行调整。

2. ABC会计师事务所负责审计甲公司2016年度财务报表。审计项目组在审计工作底稿中记录了函证银行存款的相关情况,部分内容摘录如下。

(1) 注册会计师负责填写询证函信息,甲公司业务员负责填写询证函信封。审计项目组取得加盖公章的询证函及业务员填写的信封后,直接至邮局将询证函寄出。

(2) H银行的回函并非询证函原件,甲公司财务人员解释,在催收回函时,由于H银行相关人员表示未收到询证函,因此其将留存的询证函复印件寄送给了H银行,并要求H银行相关人员将回函直接寄回ABC会计师事务所。审计项目组认为该解释合理,无须实施进一步审计程序。

(3) 甲公司管理层拒绝向J银行发函,甲公司管理层解释J银行已经在2016年9月30日注销了,注册会计师认为解释合理,遂未发函询证。

(4) 注册会计师跟随甲公司出纳到K银行实施函证。由于出纳经常与K银行来往,较为熟悉,为使函证过程顺利,注册会计师在等候区等候,由出纳到柜台贵宾区办理函证事宜。

(5) 甲公司银行存款日记账余额显示L银行年末余额250万元,回函金额230万元,注册会计师据此提出了审计调整建议。

要求

针对上述(1)至(5)项,逐项指出注册会计师的做法是否恰当。如果不恰当,简要说明理由。

答案及解析

(1) 不恰当。注册会计师没有将被询证者的名称、地址与被审计单位有关记录进行核对。

(2) 不恰当。注册会计师未对询证函的发出保持控制。

(3) 不恰当。在本期内注销的账户也应当进行函证。

(4) 不恰当。注册会计师应当观察函证的处理过程。

(5) 不恰当。注册会计师应当调查不符事项,以确定是否存在错报。

第十一章

审计工作完成与审计报告出具

"W公司"连续三年被出具非标准意见审计报告

　　W公司股份有限公司（以下简称W公司）坐落于H省C市，W公司前身是成立于20×3年的H省T县X有限责任公司。经过六年的发展于20×9年10月7日，公司整体变更为现在的W公司H省农业开发股份有限公司，并于20×9年10月28日在工商行政管理局登记注册，注册资本5 000万元，法定代表人G某。G某和妻子Y各自持有公司29.99%的股份。20×1年9月15日，公司在深圳证券交易所首次公开发行1 700万股，每股面值1.00元，发行价格为人民币25.00元并于当年9月27日在深交所创业板挂牌上市。20×1年10月17日，C市工商行政管理局为公司换发企业法人营业执照，公司注册资本由原来的人民币5 000万元增加到人民币6 700万元。

　　自成立以来，W公司一直从事稻米精深加工系列产品的研发、生产和销售，即以稻谷、碎米作为主要原料，通过自主设计的工艺体系和与之配套的设备系统，运用先进的物理、化学和生物工程技术，对稻米资源进行综合开发，生产大米淀粉糖、大米蛋白粉、米糠油和食用米等系列产品。通过近八年的发展，W公司逐步实现了工艺技术、产品结构、管理水平的动态升级，已发展成为我国南方最大的以大米淀粉糖、大米蛋白为核心产品的稻米精深加工及副产物高效综合利用的循环经济型企业，并有力地促进了农民增收，推动了农业产业化进程。

　　然而，20×2年，顶着"×××第一股"光环的W公司承认财务造假，成为创业板造假第一股。W公司因涉嫌财务造假而被紧急叫停，W公司事件产生了极其恶劣影响，它严重影响了股民对证券股票市场的态度和信心。进过调查发现：W公司20×8年至20×1年累计虚增收入7.4亿元左右，虚增营业利润1.8亿元左右，虚增净利润1.6亿元左右。据W公司招股说明书及20×2年年报显示，20×8—20×1年，公司净利润分别是2 565.82万元、3 956.39万元、5 555.4万元和6 026.86万元，四年内净利润总数为1.81亿元。但其中有1.6亿元是虚构的，实际4年合计净利润数只有2 000万元左右，90%为造假所得。之后，W公司及公司全体董事、监事和高级管理人员受到深交所强烈公开谴责。

　　最终，证监会对W公司此次财务造假行为做出如下处决：责令W公司改正违法行为，罚款30万元。对W公司董事长兼总经理G给予警告，罚款30万元，同时对G某和财务总监 Q 某采取终身市场禁入措施，并移送公安机关追究刑事责任。P 证券作为保荐机构没能勤勉尽责，出具的发行保荐书存在虚假记载，被罚以 7 665 万元的罚金、暂停 3 个月保荐机构资格并设立 3 亿元专项基金赔偿投资者损失。与此同时，P 证券高管 X 某等也遭到连带处罚。撤销 H 某、W 某保荐代表人资格，撤销证券从业资格，终身证券市场禁入。与此同时，对保荐业务的相关负责人给予警告并分别处以 30 万元罚款，撤销其证券从业资格。为 W 公司提供审计服务的 Z 会计师事务所，被证监会没收全部审计收入，罚款 276 万元，撤销证券从业许可资格。为"W 公司"签字的会计师被处于 13 万元罚款且终身市场禁入。

财务造假被曝光后，20×3 年开始 W 公司的募投项目也被停止。20×4 年 9 月，W 公司发布暂时停产公告。对麦芽糖浆、饲料级大米蛋白粉、精米、米糠油等产品生产线实施暂时性停产，普米加工业务及稻谷收储业务继续进行。

20×3—20×5 年，W 公司连续三年被出具了非标准审计意见的审计报告，注册会计师发表非标准审计报告，通常意味着财务报告可靠性的降低，因此，投资者十分关注非标准审计报告背后的信息。

审计人员完成与各个业务循环相联系的财务报表列报项目的审计工作之后，在完成审计工作、出具审计报告之前还需要对一些特殊的项目进行审计，据此，对审计结果进行评价，与被审计单位的管理层及治理层进行沟通，最后确定审计意见的类型，编制审计报告，最终完成审计工作。

资料来源：根据巨潮资讯网年报改编.

第一节　期初余额审计

《独立审计具体准则第 1 号——会计报表审计》第十七条规定："首次接受委托涉及会计报表余额，或在需要发表审计意见的当期会计报表中使用了前期会计报表的数据，注册会计师应进行适当的审计。"

一、期初余额的含义

期初余额是指在注册会计师首次接受委托时期初已经存在的余额。期初余额以上期期末余额为基础，反映了以前期间的交易和事项以及上期采用的会计政策的结果。虽然审计人员一般不须专门对期初余额发表审计意见，但期初余额是被审期间会计数据的重要基础，审计人员必须对其进行验证和确认，并充分考虑期初余额审计形成的相关结论对所审会计报表的影响，以决定发表审计意见的类型。正确理解期初余额的含义，需要掌握以下内容。

（1）期初余额是期初已存在的账户余额。期初已存在的账户余额是由上期结转至本期的金额，或是上期期末余额调整后的金额。

（2）期初余额反映了以前期间的交易和事项以及上期采用的会计政策的结果。

（3）期初余额与注册会计师首次审计业务相联系。

二、期初余额的审计目标

在执行首次审计业务时,注册会计师针对期初余额的目标是获取充分、适当的审计证据,以确定以下内容。

(1)期初余额是否含有对本期财务报表产生重大影响的错报。

(2)期初余额反映的恰当的会计政策是否在本期财务报表中得到一贯运用,或会计政策的变更是否已按照适用的财务报告编制基础做出恰当的会计处理和充分的列报与披露。

三、期初余额的审计程序

为实现期初余额的审计目标,注册会计师在对期初余额进行审计时,所采用的审计程序通常包括以下方面。

(1)分析被审计单位所选用的会计政策是否恰当,是否一贯运用。如有变更,是否已做适当处理和充分披露。如果被审计单位上期适用的会计政策不恰当或与本期不一致,注册会计师在执行期初余额审计时,应提请被审计单位进行调整或予以披露。

(2)了解上期财务报表是否经过其他会计师事务所审计。如果上期财务报表已经审计,查阅前任注册会计师的审计工作底稿;考虑前任注册会计师的独立性和专业胜任能力;与前任注册会计师沟通时要考虑已有的有关期初余额的审计证据。如果上期财务报表未经审计,注册会计师可以实施如下审计程序:对于流动资产和流动负债,注册会计师可以通过本期实施的审计程序获取有关期初余额的部分审计证据。例如,本期应收账款的收回(或应付账款的支付)为其在期初的存在、权利和义务、完整性和计价提供了部分审计证据。然而,就存货而言,本期对存货的期末余额实施的审计程序,几乎无法提供有关期初持有存货的审计证据。因此,注册会计师有必要实施追加的审计程序。下列一项或多项审计程序可能提供有关期初存货余额的充分、适当的审计证据:①监盘当前的存货数量并调节至期初存货数量;②对期初存货项目的计价实施审计程序;③对毛利和存货截止实施审计程序。对于非流动资产和非流动负债,如长期股权投资、固定资产和长期借款,注册会计师可以通过检查形成期初余额的会计记录和其他信息获取审计证据。在某些情况下,注册会计师还可以通过向第三方函证获取有关期初余额(如长期借款和长期股权投资的期初余额)的部分审计证据。在另外一些情况下,注册会计师可能需要实施追加的审计程序。

(3)关注前任注册会计师是否出具了带说明段的审计报告。若是,应特别注意其中与本期财务报表有关的部分。

(4)如实施上述审计程序仍不能获取充分、适当的审计证据,注册会计师应当根据期初余额有关账户的不同性质,实施相应的审计程序。

四、期初余额对审计报告的影响

(1)无法获取有关期初余额充分、适当的审计证据。如果实施相关审计程序后无法获取有关期初余额的充分、适当的审计证据,注册会计师应当出具保留意见或无法表示意见的审计报告。

（2）期初余额存在对本期财务报表产生重大影响的错报。如果期初余额存在对本期财务报表产生重大影响的错报，注册会计师应当告知管理层；如果上期财务报表由前任注册会计师审计，注册会计师还应当考虑提请管理层告知前任注册会计师。如果错报的影响未能得到正确的会计处理和恰当的列报，注册会计师应当出具保留意见或否定意见的审计报告。

（3）会计政策变更对审计报告的影响。如果与期初余额相关的会计政策在本期未能得到一贯运用，并且会计政策的变更未能得到正确的会计处理和恰当的列报，注册会计师应当出具保留意见或否定意见的审计报告。

（4）前任注册会计师对上期财务报表出具了非标准审计报告。如果前任注册会计师对上期财务报表出具了非标准审计报告，注册会计师应当考虑该审计报告对本期财务报表的影响。如果导致出具非标准审计报告的事项对本期财务报表仍然相关和重大，注册会计师应当对本期财务报表出具非标准审计报告。

第二节　期后事项审计

审计人员审计的年度财务报表，以每年资产负债表日（12月31日）为截止日，但企业是持续经营的，审计人员作为独立的第三者，要对报表的合法性、公允性发表审计意见，要降低审计风险，就必须在审计某一会计年度的会计报表时，瞻前顾后，除了对所审会计年度内发生的交易和事项实施必要的审计程序外，还必须对在会计期末之后发生的但又对所审会计报表产生重大影响的期后事项进行审计。

一、期后事项的含义及种类

期后事项是指资产负债表日至审计报告日之间发生的事项以及注册会计师在审计报告日后知悉的事项。审计报告日是指注册会计师对财务报表出具的审计报告签署的日期；财务报表公布日，是指审计报告和已审财务报表提供给第三方的日期。

期后事项有两类：一类是在资产负债表日后获得新的或进一步的证据，有助于对资产负债表日已存在状况的有关金额做出重新估计的事项，这类期后事项必须调整会计报表，即调整事项；另一类是指在资产负债表日并不存在，是在此之后出现的情况（见表11-1）。这类事项不影响资产负债表日存在状况，但如果不加以说明，就会影响财务报告使用者做出正确估计和决策，故应当在会计报表附注中予以披露，这类事项即非调整事项。

二、期后事项的审计目标

资产负债表日后事项的审计目标包括以下方面。
（1）确定期后事项的存在性
（2）确定期后事项的类型和重要性
（3）确定期后事项处理的恰当性

表 11-1　期后事项种类

资产负债表日后调整事项	资产负债表日后非调整事项
(1) 资产负债表日后发现财务报表舞弊或差错 (2) 资产负债表日后诉讼案件结案 (3) 资产负债表日后已证实资产发生了减少或者损失 (4) 资产负债表日后销售退回 (5) 资产负债表日被审计单位会计人员认为可以收回的大额应收款项，因资产负债表日后债务人突然破产而无法收回	(1) 资产负债表日后发生巨额亏损 (2) 资产负债表日后资本公积转增资本 (3) 资产负债表日发生重大诉讼、仲裁、承诺 (4) 资产负债表日后偶然性的大笔损失 (5) 资产负债表日后发生企业合并 (6) 资产负债表日发行股票或者债券、应付债券提前收回或发行新的债券 (7) 资产负债表日需要为新的养老保险金计划在近期支付大笔现金 (8) 资产负债表日由于政府禁止继续销售某种产品所造成的存货市价下跌 (9) 资产负债表日外汇汇率、税收政策发生重大变化

三、期后事项的审计程序

为实现期后事项的审计目标，必须实施适当的审计程序，获取充分、适当的审计证据。注册会计师对期后事项的审计不同于一般财务报表审计，对期后事项的审计可分为两类：一是结合会计报表年末余额实施实质性测试程序；二是专为发现所审计会计期间必须弄清的事项另行实施的审计程序。

（一）结合会计报表年末余额实施实质性测试程序

注册会计师在对会计报表项目实施实质性测试程序时，通常通过对各项目的截止日期和估价测试等来确定被审计单位管理当局对其编制的会计报表项目的年末余额认定是否正确。例如：复核期后的现金收入，以测试应收账款的可回收性。将后期的存货销售价格与前期的存货成本相比较，以确定前期期末存货估价是否适当等。尽管这些审计程序是针对年末余额实施的，本质上是会计报表年末余额实质性测试的一部分，但从实际效果上看，仍然不失为期后事项审计的一种有效程序。

（二）专为发现审计会计期间必须弄清的事项另行实施的审计程序

这类审计程序主要有以下几种。

1. 向被审计单位管理当局及有关人员询问

由于被审计单位的业务性质、经营规模等情况不同，注册会计师询问的内容也不相同。注册会计师审计期后事项，通常应当询问以下内容。

(1) 已依据初步数据进行会计处理的项目的现状。
(2) 是否已进行或即将进行异常的会计调整。
(3) 是否已发生或可能发生影响会计政策适当性的事项。
(4) 资产是否被政府征用或因不可抗力而遭受损失。
(5) 资产是否已出售或计划出售。

(6) 是否发生新的担保、贷款或承诺。
(7) 是否已发行或计划发行新的股票或债券。
(8) 是否已签订或计划签订合并或清算的协议。
(9) 其他相关内容。

这里所说的"初步数据"是指被审计单位在编制会计报表时所做的各种估计或预计。这些估计或预计，从本质上讲是暂时的、非结论性的。它们的确切金额要等到期后的某一时间预计事项发生时才能最终确定。如果该事项估计或预计金额与实际发生金额不符，仍须进行调整。

2. 复查被审计单位资产负债表日后编制的内部报表及其他相关管理报告

复查的重点应放在被审计年度生产经营业务中与同期结果有关的变化上，特别是应放在被审计单位经营业务和经营环境的主要变化上。与被审计单位管理当局讨论报表，以确定它们的编制基础与本年度会计报表是否一致，并调查经营结果的重大变化。

3. 复查资产负债表日后编制的会计记录

注册会计师应复核被审计单位期后编制的日记账和分类账，尤其应检查其中大额的或异常项目，从而确定所有与本年度相关的业务的存在和内容，以及期后发生的但需要披露的事项。

4. 检查被审计单位资产负债表日后发布的董事会和股东大会的会议记录

被审计单位的重大事项，尤其是涉及证券管理机构规定的需要向外发布的重大经营事项，被审计单位都要以一定的形式向外发布，对这些发布的事项，在其有关的会议记录中应有详细的记录。注册会计师对这些记录应重点检查其中影响审计年度会计报表表述的重大期后事项。

5. 获取被审计单位管理当局和其律师的声明书

由被审计单位向注册会计师递交的管理当局和其律师的声明书，是他们对审计中各种不同事项的说明，其中包括对审计现场工作结束前的有关期后事项的陈述。

四、期后事项对审计报告的影响

(一) 资产负债表日至审计报告日发生的期后事项的处理

对已发现的对会计报表产生重大影响的期后事项，注册会计师应当根据其类型分别做以下处理。①对能为资产负债表日已存在情况提供补充证据的事项，提请被审计单位调整会计报表；②对虽不影响会计报表金额，但可能影响对会计报表正确理解的事项，提请被审计单位披露。如被审计单位不接受调整或披露建议，注册会计师应当发现保留意见或否定意见。注册会计师如在审计报告日至会计报表公布日获知可能影响会计报表的期后事项，应当及时与被审计单位管理当局讨论。必要时，还应追加适当的审计程序，以确定期后事项的类型及其对会计报表和审计报告的影响程度。

(二) 审计报告日至财务报表公布日发生的期后事项的处理

如果对审计报告日至会计报表公布日获知的期后事项实施了追加审计程序，并已做适当处理，注册会计师可选用以下方式确定审计报告日期：①签署双重报告日期，即保留原定审计报告日，并就该期后事项注明新的审计报告日；②更改审计报告日期，即将原定审计报告日推迟至完成追加审计程序时的审计报告日。

如决定更改审计报告日期，注册会计师应当实施必要的审计程序，以发现原定审计报告日至更改后的审计报告日发生的可能严重影响会计报表的其他期后事项；如在会计报表公布日后获知审计报告日已经存在但尚未发现的期后事项，注册会计师应当与被审计单位讨论如何处理，并考虑是否需要修改已审计会计报表；如被审计单位拒绝采取适当措施，注册会计师应当考虑是否修改审计报告。

注册会计师一般无须专门对期后事项发表审计意见，只有当被审计单位不接受对已发现的对会计报表产生重大影响的期后事项的调整建议或披露建议时，注册会计师应当根据其重要程度，发表保留意见或否定意见。

外勤工作结束到发出审计报告日之间一般都需要一段时间，根据独立审计具体准则的规定，注册会计师没有责任在这段时间内执行任何询问或其他审计程序，以发现任何重要的期后事项。但如果注册会计师已经注意到了这种事项，就必须及时与客户管理当局讨论。必要时，还应追加适当的审计程序，以确定期后事项的类型及其对会计报表和审计报告的影响程度。如果需要调整，并且管理当局也做了适当的调整，那么注册会计师可签发标准审计报告。如果需要披露且管理当局已做了必要的披露，注册会计师可签发重署日期为期后事项日期的标准审计报告。当然，在这种情况下，注册会计师也可不重署报告日期，而在报告上采用双重日期，即在审计报告上保留原先的日期，另外再说明期后事项的日期。

（三）财务报表公布日后发生的期后事项的处理

如果在会计报表公布日后获知审计报告日已存在但尚未发现的期后事项，注册会计师应与客户讨论如何处理，并考虑是否需要修改已审会计报表。如果客户拒绝调整，注册会计师应当考虑是否修改审计报告。

案例 11-1

期后事项审计例题

S 市 ABC 会计师事务所的 A 注册会计师和 B 注册会计师对 XYZ 股份有限公司 20×6 年度的会计报表进行审计，确定的会计报表层次重要性水平为 30 万元。审计外勤工作结束日是 20×7 年 3 月 15 日，并于 20×7 年 3 月 25 日递交审计报告。XYZ 股份有限公司 20×6 年审计前会计报表反映的资产总额为 8 000 万元，股东权益总额为 2 400 万元，利润总额为 300 万元。A 注册会计师和 B 注册会计师经审计发现该公司存在以下两个期后事项：

（1）20×6 年 10 月 31 日，公司清查盘点成品仓库，发现 y 产品短缺 40 万元，做了借记"待处理财产损溢"科目 40 万元、贷记"产成品"科目 40 万元的会计处理。20×7 年 1 月，查清短缺原因，其中属于一般经营损失部分为 35 万元，属于非常损失部分为

5万元，由于结账时间在前，公司未在20×6年度会计报表中包含这一经济业务相应的会计处理。

（2）20×7年1月10日，公司原材料仓库因火灾造成z原材料损失250万元，公司于当月未按规定进行会计处理。审计发现的上述第（1）个事项，根据《企业会计准则——资产负债表日后事项》的规定，这类"已证实资产发生了减损"的事项属于"调整事项"。该事项影响利润总额40万元（35万元+5万元），应建议公司做出调整。

答案

审计调整分录为：

借：管理费用　　　　　　　　　　　　　　　　350 000
　　营业外支出——非常支出　　　　　　　　　 50 000
　　贷：待处理财产损溢　　　　　　　　　　　　　　400 000

审计发现的上述第（2）个事项，根据《企业会计准则——资产负债表日后事项》的规定，这类"自然灾害导致的资产损失"事项属于"非调整事项"，应建议公司在会计报表附注中披露，若被审计单位不接受建议进行披露，按照《企业会计准则——资产负债表日后事项》的规定，将会使被审单位20×6年12月31日资产负债表的资产虚增40万元，20×6年度利润及利润分配表的利润虚增40万元。投资者债权人也不能了解其真实的资产状况（材料的毁损没有恰当披露），注册会计师应结合审计中发现的其他错报和漏报，考虑综合错报漏报的重要性水平以及审计意见类型。

第三节　或有事项审计

一、或有事项的概念

或有事项，是指由过去的交易或者事项形成的，其结果须由某些未来事件的发生或不发生才能决定的不确定事项。常见的或有事项主要包括未决诉讼或仲裁、债务担保、产品质量保证（含产品安全保证）、亏损合同、承诺、重组义务、环境污染整治等。

或有事项具有如下特征。

（1）或有事项是因过去的交易或者事项形成的。即或有事项的现存状况是过去交易或事项引起的客观存在。

（2）或有事项的结果具有不确定性。即或有事项的结果是否发生具有不确定性，或者或有事项的结果预计将会发生，但发生的具体时间或金额具有不确定性。

（3）或有事项的结果须由未来事项决定。即或有事项的结果只能由未来不确定事项的发生或不发生才能决定。

二、或有事项的审计目标与审计特征

（一）或有事项的审计目标

或有事项具有如下审计目标。

(1) 或有事项是否存在和完整，尤其是完整性。
(2) 或有事项的确认和计量是否符合规定。
(3) 或有事项的列报是否恰当。

（二）或有事项的审计特征

或有事项审计与其他审计事项相比，具有如下特征。

(1) 或有事项审计的主要目标在于确定或有事项的存在。其他审计项目的审计主要是核实已记录的资料的正确性，而或有事项的审计主要是发现未记录或未披露的或有事项。了解了或有事项是否存在及其重要性，就可以确定被审计单位对或有事项的处理是否符合会计准则。

(2) 或有事项的审计通常附属于其他项目审计。往往作为其他项目审计的一个组成部分，在审计其他项目时，附带对或有事项进行审计，而不作为一个单独的项目来审计。例如，应收票据贴现可在应收票据审计中查明，产品保修费用可在销售收入审计中查验。

三、或有事项应实施的审计程序

(1) 向管理当局询问。询问或有事项的存在及其会计处理情况。尽管询问不能发现被审计单位的有意舞弊，但可以发现被审计单位忽略的或有事项。

(2) 查阅会议记录。查阅管理当局、董事会和股东大会会议记录，可以了解为他人债务担保、未决诉讼和未决索赔等情况。

(3) 获取声明书。向被审计单位管理当局获取书面声明，保证其已按会计准则对或有事项进行了正确处理；向被审计单位律师获取书面声明或函证，以了解被审计单位已经存在的未决诉讼等或有事项。

(4) 向银行函证。向与被审计单位有业务往来的银行函证，了解贷款担保、应收票据贴现等或有事项情况。

(5) 查验会计资料。如可根据被审单位的应收账款验证其坏账准备，了解其预计的坏账损失是否合理；根据销售收入验证保修费用的计提是否充分等。

针对或有事项完整性的审计程序通常包括：①了解被审计单位与识别或有事项有关的内部控制。②审阅截至审计工作完成日被审计单位历次董事会纪要和股东大会会议记录。③向往来银行函证，或检查借款协议和往来函件，以查找有关票据贴现、背书、应收账款抵借、票据背书和担保。④检查与税务征管机构之间的往来函件和税收结算报告，以确定是否存在税务争议。⑤向被审计单位的法律顾问和律师进行函证，分析在审计期间发生的法律费用，以确定是否存在未决诉讼、索赔等事项。⑥获取管理层书面声明，声明其已按照规定，对全部或有事项做了恰当反映。

四、或有事项审计对审计报告的影响

或有事项的会计处理情况是注册会计师签发审计意见要考虑的一个重要因素。对于截止到审计报告日被审计单位应披露而未披露或披露不当，或者确认与计量不正确、不合理的或有事项，审计人员应提请被审计单位以适当形式予以披露或正确、合理地进行确认和计量。如果被审计单位拒绝接受相关建议，审计人员应当运用其专业判断并根据其会计处理情况和重要程度决定在审计报告中所发表的审计意见类型。

第四节　评价结果审计

注册会计师在完成审计工作以后，需要对其审计结果进行总体评价，以确定发表审计意见类型以及在整个审计工作过程中是否遵循了审计准则。

评价审计结果主要包括三个方面的内容：①对重要性和审计风险进行最终评价。②对已申报表进行技术复核。③对已审会计报表形成审计意见并草拟审计报告。

一、对重要性和审计风险进行最终评价

对重要性和审计风险进行最终评价，是注册会计师决定发表何种类型审计意见的必要过程。该过程可通过以下两个步骤来完成。

（1）确定可能的错报金额。可能的错报金额包括已经识别的具体错报和推断误差。

（2）根据财务报表层次的重要性水平，确定可能的错报金额的汇总数（可能错报总额）对整个财务报表的影响程度。应当注意以下两点。

① 这里的"财务报表层次的重要性水平"是指审计计划阶段确定的重要性水平，如果该重要性水平在审计过程中已做过修正，则应当按修正后的财务报表层次重要性水平进行比较。

② 这里的可能错报总额一般是指各财务报表项目可能的错报金额的汇总数，但也可能包括上一期间的任何未更正可能错报对本期财务报表的影响。上一期间的未更正可能错报与本期未更正可能错报累计起来，可能会导致本期财务报表产生重大错报。因此，注册会计师估计本期的可能错报总额时，应当包括上一期间的未更正可能错报。

注册会计师在审计计划阶段已确定了审计风险的可接受水平。随着可能错报总额的增加，财务报表可能被严重错报的风险也会增加。如果注册会计师得出结论，审计风险处在一个可接受的水平，则可以直接提出审计结果所支持的意见；如果注册会计师认为审计风险不能接受，则应追加审计测试或者说服被审计单位做必要调整，以便将重要错报的风险降低到可接受的水平。否则，注册会计师应慎重考虑该审计风险对审计报告的影响。

二、对审计工作底稿进行全面复核

在完成审计阶段，全部审计工作底稿要接受没有参加审计的高层管理人员的全面检查，再次确定审计手续的合理性、实施审计手续的质量、审计手续与实施方案或实施大纲的一致性、底稿反映审计证据的一致性，确定是否有必要追加取证，以避免因疏忽所造成的风险。

三、对已审会计报表形成审计意见并草拟审计报告

在审计项目组内，审计工作在小组成员的分工协作下完成的，因此，每个人执行的只是自己领域的工作，因此，在完成审计工作阶段必须将分散的审计工作进行汇总和评

价，综合考虑全部审计证据，最终得出审计意见。

在形成最终审计意见之前，会计师事务所需要与被审计单位召开一次会议，由注册会计师口头汇报审计过程中所发现的问题，如会计报表分歧，重大调整事项、会计信息披露中所存在的问题等，通过沟通不仅可以消除误会，保障各方权益，还有利于相互间的协作。注册会计师口头告知被审单位审计中发现的问题，并说明建议被审计单位对其报表进行必要调整或披露的理由，被审计单位管理当局可以对注册会计师提出的问题进行申辩。最后，对需要被审计单位做出改变的事项达成协议。如达成协议，注册会计师可签发标准无保留意见的审计报告，否则，出具非标准意见审计报告。

第五节　沟通关键审计事项

2008年全球金融危机爆发后，国际上对提高审计质量、提升审计报告信息含量的呼声日趋强烈。2014年，欧盟出台了新审计指令，规定在对公众利益实体财务报表出具的审计报告中，应指出最重要的重大错报风险以及注册会计师应对措施等内容。同时，美国的审计准则制定机构也正在进行相关改革。2015年年初，国际审计与鉴证准则理事会（IAASB）发布了新制定和修订的审计报告系列准则，改革审计报告模式，增加审计报告要素，丰富审计报告内容。2016年12月23日，财政部印发《在审计报告中沟通关键审计事项》准则，并自2017年1月1日起首先在"A+H"股公司以及"H"股公司实施，自2018年1月1日起扩大到其他被审计单位。

一、注册会计师的目标

注册会计师的目标是，确定关键审计事项并在对财务报表形成审计意见后，以在报告中描述关键事项的方式沟通这些事项。沟通关键事项，旨在通过提高已执行审计工作的透明度，增加审计报告的沟通价值，为财务报表预期使用者提供额外信息，以帮助其了解注册会计师通过职业判断识别对本期财务报表审计最重要的事项并帮助财务报表预期使用者了解被审单位，以及财务报表中涉及的重大管理层判断领域。

二、确定关键审计事项

关键审计事项，是指注册会师根据职业判断认为对本期财务报表审计最重要的事项。这些事项对报告使用者更好地评价被审计单位的财务报表非常重要，同时有助于他们理解审计师的工作和评价审计过程。

确定关键审计事项需要依靠审计师的专业判断能力，这些事项是个性化的，针对具体的业务环境不同而有所变化，因而只能提供一般指导。关键审计事项可能产生于审计师与治理层和管理层所沟通的问题中，他们可能包括审计师评估的重大错报风险较高的领域、财务报表中涉及重大管理层判断的领域、占据了审计师较多精力和审计资源的领域，以及在审计中审计师运用了重大的职业判断领域等，比如关于商誉、金融工具的计价和收入确认等事项。

三、关键审计事项在审计报告中的表述

针对关键审计事项，在审计报告不应仅重复财务报表中已做的披露，还应当索引至所涉及的财务报表相关附注，并说明以下内容。

（1）为什么审计师认为该事项构成关键审计事项。在描述时，审计师需要考虑信息是否与使用者相关，以及描述是否能使信息使用者更好地理解审计和审计师的判断。

（2）在审计中该事项是如何处理的，包括审计师的应对错、审计程序概览、审计程序的结果及审计师对该事项的看法等。

在描述关键审计事项时，应当注意做到以下几点。

（1）不能越位、不能代替管理层披露原始信息。原始信息是指被审计单位尚没有公开披露的，关于被审计单位的信息，披露原始信息属于被审计单位治理层和管理层的责任，审计师应当避免在描述关键审计事项时不当地提供有关被审计单位的原始信息。

（2）提供与被审计单位相关的个性信息，避免通用的或标准化的套话。

（3）不能暗示此事项在形成审计意见时尚未得到满意解决。

（4）不能包含或暗示对单独财务报表项目表示独立的意见。

案例 11-2

"Z公司"审计报告中关键审计事项部分

关键审计事项是我们根据职业判断，认为对本期财务报表审计最重要的事项。这些事项的应对以对财务报表整体进行审计并形成审计意见为背景，我们不对这些事项单独发表意见。我们确定下列事项是需要在审计报告中沟通的关键审计事项。

一、固定资产、在建工程和商誉的减值

1. 事项描述

由于国际原油价格持续低位运行，全球油田服务市场继续恶化，Z公司大型装备的使用率和作业价格进一步下降，管理层认为钻井平台、船舶等固定资产、在建工程以及商誉存在减值迹象。

在根据资产预计未来现金流量的现值确定上述长期资产的可收回金额时，需要管理层在合理和有依据的基础上综合考虑各种因素做出会计估计，这涉及管理层的重大判断，具有一定的复杂性。因此，固定资产、在建工程和商誉的减值被视为关键审计事项。

2. 审计应对

我们针对固定资产、在建工程和商誉的减值执行的主要审计程序包括以下方面。

（1）测试管理层对长期资产计价和减值测试相关的关键内部控制。

（2）评估减值测试方法的适当性。

（3）测试管理层减值测试所依据的基础数据，利用我们的估值专家评估管理层减值测试中所采用的关键假设及判断的合理性，以及了解和评价管理层利用其估值专家的工作。

（4）验证长期资产减值测试模型的计算准确性。

二、应收账款的减值

1. 事项描述

由于国际原油价格持续低位运行，Z 公司存在个别客户无法按时履行付款义务而导致应收账款回收风险上升。另外，部分客户在相对复杂的政治经济环境的国家运营，也增加了 Z 公司应收账款的回收风险。

应收账款期末账面价值的确定需要管理层运用重大会计估计和判断，因此应收账款的减值被视为关键审计事项。

2. 审计应对

我们针对应收账款的减值执行的主要审计程序包括以下方面。

（1）测试管理层对应收账款计提减值准备的关键内部控制。

（2）结合相关客户过往付款情况的分析，复核管理层对应收账款回收情况的预测。

（3）结合信用风险特征、账龄分析以及应收账款期后回款情况测试，评价管理层对应收账款减值损失计提的合理性。

资料来源：节选自巨潮资讯网 Z 公司 2016 年报.

由上述案例可知，注册会计师在描述关键审计事项时，要说明其成为关键审计事项的原因，并指出在审计过程中，这些事项是被如何处理的，在审计意见形成时，已得到妥善解决，审计师不对这些事项单独表示意见。在用语上考虑了具体的业务环境，对描述的详略程度做出判断，没有拘泥于形式。强化了注册会计师的责任，提高审计质量，回应财务报表使用者对持续经营、其他信息、注册会计师独立性的关注，提高了审计报告信息含量。

四、关键审计事项的适用范围

对于引起保留意见、否定意见和无法表示意见的事项以及持续经营存在重大不确定性的事项，就其性质而言都是关键审计事项，但这些事项在审计报告中的披露应根据《中国注册会计师审准则第 1502 号——在审计报告中发表非无保留意见》，或者根据《中国注册会计师审准则第 1324 号——持续经营》，注册会计师不得用关键审计事项段替代本应出具的非无保留意见对于管理层应当在财务报表中做出而未做出的披露，审计师应当发表非无保留意见，不得用关键审计事项段替代，对于持续经营假设存在的重大不确定性，注册会计师不得用关键审计事项段替代。

对无法表示意见的审计报告，如果在其中再沟通其他关键审计事项，可能会向审计报告使用者暗示财务报表整体在这些事项方面比实际情况更可信。因此，禁止注册会计师在其中再增加关键审计事项。

对于保留意见和否定意见的审计报告，在审计报告中沟通其他关键审计事项，仍然对于使用者提高对审计工作的理解有帮助，因而沟通关键事项的要求仍然适用。不过，对于否定意见审计报告，取决于否定意见所涉及事项的重要程度，审计师可能决定没有其他事项构成关键审计事项。如果存在这样的事项，审计师在描述这些事项时，不能暗示财务报表整体在这些事项方面比实际情况更可信。

第六节 形成审计意见和出具审计报告

一、形成审计意见

注册会计师在完成收集审计证据和相关的质量复核工作之后,需要对审计工作和审计证据进行全面综合的评价,最终形成审计意见。审计意见的形成,需要考虑如下因素。

(1)注册会计师应当就财务报表是否在所有重大方面按照适用的财务报告编制基础编制并实现公允反映形成审计意见。

(2)为了形成审计意见,针对财务报表整体是否不存在由于舞弊或错误导致的重大错报,注册会计师应当得出结论,确定是否已就此获取合理保证。在得出结论时,注册会计师应当考虑下列方面。

① 按照《中国注册会计师审计准则第 1231 号——针对评估的重大错报风险采取的应对措施》的规定,是否已获取充分、适当的审计证据。

② 按照《中国注册会计师审计准则第 1251 号——评价审计过程中识别出的错报》的规定,未更正错报单独或汇总起来是否构成重大错报。

③ 注册会计师应当评价财务报表是否在所有重大方面按照适用的财务报告编制基础编制。在评价时,注册会计师应当考虑被审计单位会计实务的质量,包括表明管理层的判断可能出现偏向的迹象。注册会计师应当依据适用的财务报告编制基础特别评价下列内容。

第一,财务报表是否充分披露了选择和运用的重要会计政策。

第二,选择和运用的会计政策是否符合适用的财务报告编制基础,并适合被审计单位的具体情况。

第三,管理层做出的会计估计是否合理。

第四,财务报表列报的信息是否具有相关性、可靠性、可比性和可理解性。

第五,财务报表是否做出充分披露,使财务报表预期使用者能够理解重大交易和事项对财务报表所传递的信息的影响。

第六,财务报表使用的术语(包括每一财务报表的标题)是否适当。

④ 财务报表是否实现公允反映。在评价财务报表是否实现公允反映时,注册会计师应当考虑下列内容。

第一,财务报表的整体列报、结构和内容是否合理。

第二,财务报表(包括相关附注)是否公允地反映了相关交易和事项。

二、出具审计报告

审计人员在实施审计工作的基础上,须将最终的审计结果及审计任务的完成情况形成书面文件,以审计报告的形式反映出来,这是审计过程中的最后阶段。无论是何种形式的审计,都需要最终形成审计报告。

（一）审计报告的概念及作用

1. 审计报告的概念

审计报告是注册会计师根据相关审计准则的要求，在实施了必要的审计程序后出具的，用于对被审计单位年度会计报表发表审计意见的书面文件。

2. 审计报告的作用

审计报告作为审计工作完成情况的总结，主要具有如下作用。

（1）鉴证作用。注册会计师以独立的第三方身份，对被审计单位财务报表的合法性、公允性发表意见。这种意见，具有鉴证作用，得到了政府及其各部门和社会各界的普遍认可。政府有关部门，如财政部门、税务部门等了解、掌握企业的财务状况和经营成果的主要依据是企业提供的财务报表。财务报表是否合法、公允，主要依据审计人员的审计报告做出判断。股份制企业的股东主要依据注册会计师的审计报告来判断被投资企业的财务报表是否公允地反映了财务状况和经营成果，以进行投资决策等。

（2）保护作用。注册会计师通过审计，可以对被审计单位财务报表出具不同类型审计意见的审计报告，以提高或降低财务报表信息使用者对财务报表的信赖程度，能够在一定程度上对被审计单位的财产、债权人和股东的权益及企业利害关系人的利益起到保护作用。如投资者为了减少投资风险，在进行投资之前，必须查阅被投资企业的财务报表和审计人员的审计报告，了解被投资企业的经营情况和财务状况。投资者根据审计人员的审计报告做出投资决策，可以降低其投资风险。

（3）证明作用。审计报告是对审计人员审计任务完成情况及其结果所做的总结，它可以表明审计工作的质量并明确审计人员的审计责任。因此，审计报告可以对审计工作质量和审计人员的审计责任起到证明作用。通过审计报告，可以证明审计人员在审计过程中是否实施了必要的审计程序，是否以审计工作底稿为依据发表审计意见，发表的审计意见是否与被审计单位的实际情况一致，审计工作的质量是否符合要求。通过审计报告，可以证明审计人员审计责任的履行情况。

（二）审计报告的分类

审计报告可以按不同的标准进行不同种类的划分。

1. 按照审计工作范围和性质，可以分为标准审计报告和非标准审计报告

标准审计报告是指格式和措辞基本统一的报告，不附加任何说明段、强调事项段或修正性用语，如标准无保留意见审计报告。

非标准审计报告，除标准审计报告以外的其他审计报告统称为非标准审计报告，如带强调事项段的无保留意见审计报告、保留意见审计报告、否定意见审计报告、无法表示意见审计报告等。

2. 按照审计报告使用目的，可以分为公布目的审计报告和非公布目的审计报告

公布目的审计报告是指用于向被审计单位的所有者、投资者或债权人等非特定性质利害关系者公布的审计报告，这种审计报告必须附送会计报表。通常，标准审计报告是用于对外公布的审计报告。非公布目的审计报告是指用于向经营者、合并或业务转让的

关系人、提供信用的金融机构等具有特定目的关系人分发的审计报告。注册会计师提供这类审计报告通常是因委托人具有特定目的而出具的，如会计报表某些特定项目、经营管理、合并或业务转让、融通资金等目的审计。

3. 按照审计报告的详略程度，可以分为简式审计报告和详式审计报告

简式审计报告，顾名思义，是内容和格式简明扼要的审计报告，包括注册会计师对会计报表审计后出具的各类审计意见的审计报告。这类审计报告记载的内容是法令或审计准则规定的，而且用以表述的文字是众皆通晓的，因此，它必须简明扼要，并具有大体的标准格式。详式审计报告，是指注册会计师由于对所有重要的经济业务和情况都必须做详细、具体的分析和说明而出具的审计报告。详式审计报告因为说明的内容丰富，程度不一，因此，很难做出统一措辞或基本统一措辞的要求，不具有标准格式的特点。

4. 按审计报告的格式，可分为文字说明式审计报告与表格式审计报告文字

说明式审计报告是最常见的格式形式，绝大多数审计报告均采用这一格式。表格式审计报告是以表格为主体格式的审计报告。这类审计报告并不多见，而且也不是人们观念中想象的通篇均是表格，因为它或多或少还需要配以一定的文字进行说明，纯粹的表格式审计报告并不存在。

（三）审计报告的内容

中国审计准则在吸收和借鉴国际审计准则、美国一般公认审计准则的基础上，规定了一个较合理、较科学、较严谨的审计报告内容。审计报告应当包括下列要素：标题；收件人；审计意见；形成审计意见的基础、关键审计事项、其他信息、管理层对财务报表的责任；注册会计师对财务报表审计的责任；注册会计师的签名和盖章；报告日期。

1. 标题

审计报告的标题应当统一规范为"审计报告"。考虑到这一标题已广为社会公众所接受，因此，我国注册会计师出具的审计报告中标题没有包含"独立"两个字，但注册会计师在执行财务报表审计业务时，应当遵守独立性的要求。

2. 收件人

审计报告的收件人是指注册会计师按照业务约定书的要求致送审计报告的对象，一般是指审计业务的委托人。审计报告应当载明收件人的全称。

注册会计师应当与委托人在业务约定书中约定致送审计报告的对象，以防止在此问题上发生分歧或审计报告被委托人滥用。针对整套通用目的财务报表出具的审计报告，审计报告的致送对象通常为被审计单位的全体股东或董事会。

3. 审计意见

审计报告的第一部分应当包含审计意见，并以"审计意见"作为标题。审计意见部分还应当包括下列方面：

（1）指出被审计单位的名称；
（2）说明财务报表已经审计；
（3）指出构成整套财务报表的每一财务报表的名称；
（4）提及财务报表附注，包括重大会计政策和会计估计；

(5) 指明构成整套财务报表的每一财务报表的日期或涵盖的期间。

审计意见涵盖由适用的财务报告编制基础所确定的整套财务报表。例如，在许多通用目的编制基础中，财务报表包括资产负债表、利润表、现金流量表、所有者权益变动表和相关附注（通常包括重要会计政策和会计估计以及其他解释性信息）。在某些国家或地区，额外的信息也可能被认为是财务报表的必要组成部分。如果对财务报表发表无保留意见，除非法律法规另有规定，审计意见应当使用"我们认为，后附的财务报表在所有重大方面按照适用的财务报告编制基础（如企业会计准则等）的规定编制，公允反映了……"。

如果适用的财务报告编制基础是国际财务报告准则、国际公共部门会计准则或者其他国家或地区的财务报告准则，注册会计师应当在审计意见部分指明适用的财务报告编制基础是国际财务报告准则、国际公共部门会计准则，或者指明财务报告编制基础所属的国家或地区。

财务报表可能按照两个财务报告编制基础编制，在这种情况下，这两个编制基础都是适用的财务报告编制基础。在对财务报表形成审计意见时，需要分别考虑每个编制基础，以下列方式在审计意见中提及这两个编制基础。

（1）如果财务报表分别符合每个编制基础，注册会计师需要发表两个意见：一个意见是，财务报表按照其中一个适用的财务报告编制基础（如×国财务报告编制基础）编制；另一个意见是，财务报表按照另一个适用的财务报告编制基础（如国际财务报告准则）编制。这两个意见可以分别表述，也可以在一个句子中表述（例如，财务报表在所有重大方面按照×国财务报告编制基础和国际财务报告准则的规定编制，公允地反映了……）。

（2）如果财务报表符合其中一个编制基础（如×国财务报告编制基础）而没有符合另一个编制基础（如国际财务报告准则），注册会计师需要对财务报表按照其中一个编制基础（如×国财务报告编制基础）编制发表无保留意见，而按照《中国注册会计师审计准则第1502号——在审计报告中发表非无保留意见》的规定，对财务报表按照另一个编制基础（如国际财务报告准则）编制发表非无保留意见。

4. 形成审计意见的基础

该部分应以"形成审计意见的基础"为标题，形成审计意见的基础部分提供关于审计意见的重要背景，因此，应当紧接在审计意见之后，并包括下列方面：

（1）说明注册会计师按照审计准则的规定执行了审计工作；

（2）提及审计报告中用于描述审计准则规定的注册会计师责任的部分；

（3）声明注册会计师按照与审计相关的职业道德要求独立于被审计单位，并履行职业道德方面的其他责任。声明中应当指明适用的职业道德要求，如中国注册会计师职业道德守则；

（4）说明注册会计师是否相信获取的审计证据是充分、适当的，为发表审计意见提供基础。

5. 关键审计事项

应以"关键审计事项"作为标题，关键审计事项是注册会计师根据职业判断，认为对本期财务报表审计最重要的事项。这些事项应以对财务报表整体进行审计并形成审计意见为背景，注册会计师不对这些事项单独发表意见。通过这种标准化的描述，告知审计报告的使用者，在审计报告中沟通的关键审计事项：①不暗示此事项在形成审计意见时尚未得到满意解决；②不包含或暗示对单独财务报表项目表示独立的意见。

根据《中国注册会计师审计准则第 1504 号——在审计报告中沟通关键审计事项》，要求在上市公司的审计报告增设关键审计事项部分，披露审计工作中的重点、难点等审计项目的个性化信息。但是，法律法规可能要求在对非上市实体的审计报告中沟通关键审计事项，例如被法律法规认定为公众利益实体的实体。

注册会计师也可能决定在对其他实体的审计中沟通关键审计事项，包括可能涉及重大公众利益的实体。例如，实体拥有数量众多且分布广泛的利益相关者，以及考虑到实体业务的性质和规模。在公共部门，上市实体并不常见。然而，因其规模、复杂程度或公众利益方面，公共部门实体可能是重要的。在这种情况下，法律法规可能要求在审计报告中沟通关键审计事项，或在法律法规未做要求时，注册会计师可能决定在审计报告中沟通关键审计事项。

6. 其他信息

其他信息，是指在被审计单位年度报告中包含的除财务报表和审计报告以外的财务信息和非财务信息。注册会计师在获取其他信息后，应审慎阅读，考虑其他信息和财务报表之间是否存在重大不一致。作为考虑的基础，注册会计师应当将其他信息中选取的金额或其他项目或对其进行概括，或为其提供更详细的信息与财务报表中的相应金额或其他项目进行比较，以评价其一致性；在已获取审计证据并已得出审计结论的背景下，考虑其他信息与注册会计师在审计中了解到的情况是否存在重大不一致。

如果在审计报告日存在下列情况，其他信息应在审计报告中作为一个单独的部分，并以"其他信息"为标题。

（1）对于上市实体财务报表审计，注册会计师已获取或预期将获取其他信息。

（2）对于上市实体意外的其他被审单位的财务报表审计，注册会计师以获取全部或部分其他信息。

审计报告中的其他信息应当包括以下方面。

（1）管理层对其他信息负责的说明。

（2）指明注册会计师于审计报告日前已获取的其他信息（如有）；对于上市实体财务报表审计，预期将于审计报告日后获取的其他信息（如有）。

（3）说明注册会计师的审计意见未涵盖其他信息，因此，注册会计师对其他信息不发表（或不会发表）审计意见或任何形式的鉴证结论。

（4）描述注册会计师根据本准则的要求，对其他信息进行阅读、考虑和报告的责任。

7. 管理层对财务报表的责任

审计报告应包含"管理层对财务报表的责任"。审计报告中应当使用特定国家或地区法律框架下的恰当术语，而不必限定为"管理层"。在某些国家或地区，恰当的术语可能是"治理层"。管理层对财务报表的责任部分应当说明下列方面。

（1）按照适用的财务报告编制基础，使其实现公允反映，并设计执行和维护必要的内部控制，以使财务报表不存在由于舞弊或错误导致的重大错报。

(2) 评估被审单位持续经营能力和使用持续经营假设是否适当，并披露与持续经营相关的事项（如适用）。对管理层评估责任的说明应当包括描述在何种情况下使用持续经营假设是适当的。

当对财务报告负有监督责任的人员与履行上述责任的人员不同时，管理层对财务报表的责任部分还应当提及对财务报告过程负有监督责任的人员。在这种情况下，该部分还应当提及"治理层"或特定国家或地区法律框架中的恰当术语。在管理层责任下面加上"治理层负责监督××公司的财务报告过程"。

8. 注册会计师对财务报表审计的责任

应以"注册会计师对财务报表审计的责任"为标题，注册会计师对财务报表审计的责任部分应当包括下列内容。

(1) 说明注册会计师的目标是对财务报表整体是否不存在由于舞弊或错误导致的重大错报获取合理保证，并出具包含审计意见的审计报告。

(2) 说明合理保证是高水平的保证，但并不能保证按照审计准则执行的审计在某一重大错报存在时总能发现。

(3) 说明错报可能由于舞弊或错误导致。

在说明错报可能由于舞弊或错误导致时，注册会计师应当从下列两种做法中选取一种。

① 描述如果合理预期错报单独或汇总起来可能影响财务报表使用者依据财务报表做出的经济决策，则通常认为错报是重大的。

② 根据适用的财务报告编制基础，提供关于重要性的定义或描述。

(4) 说明在按照审计准则执行审计工作的过程中，注册会计师运用职业判断，并保持职业怀疑。

(5) 通过说明注册会计师的责任，对审计工作进行描述。这些责任包括下列方面。

① 识别和评估由于舞弊或错误导致的财务报表重大错报风险，设计和实施审计程序以应对这些风险，并获取充分、适当的审计证据，作为发表审计意见的基础。由于舞弊可能涉及串通、伪造、故意遗漏、虚假陈述或凌驾于内部控制之上，未能发现由于舞弊导致的重大错报的风险高于未能发现由于错误导致的重大错报的风险。

② 了解与审计相关的内部控制，以设计恰当的审计程序，但目的并非对内部控制的有效性发表意见。当注册会计师有责任在财务报表审计的同时对内部控制的有效性发表意见时，应当略去上述"目的并非对内部控制有效性发表意见"的表述。

③ 评价管理层选用会计政策的恰当性和做出会计估计及相关披露的合理性。

④ 对管理层使用持续经营假设的恰当性得出结论。同时，根据获取的审计证据，就可能导致对被审单位持续经营能力产生重大疑虑的事项或情况是否存在重大不确定性得出结论。如果我们得出结论认为存在重大不确定性，审计准则要求我们在审计报告中提请报表使用者注意财务报表中的相关披露；如果披露不充分，我们应当发表非无保留意见。我们的结论基于截至审计报告日可获得的信息。然而，未来的事项或情况可能导致被审单位不能持续经营。

⑤ 评价财务报表的总体列报、结构和内容（包括披露），并评价财务报表是否公允反映相关交易和事项。

（6）当《中国注册会计师审计准则第1401号——对集团财务报表审计的特殊考虑》适用时，通过说明下列事项，进一步描述注册会计师在集团审计业务中的责任。

① 注册会计师的责任是就集团中实体或业务活动的财务信息获取充分、适当的审计证据，以对合并财务报表发表审计意见。

② 注册会计师负责指导、监督和执行集团审计。

③ 注册会计师对审计意见承担全部责任。

除了上述所列事项之外，注册会计师对财务报表审计的责任部分还应当包括下列内容。

（1）说明注册会计师与治理层就计划的审计范围、时间安排和重大审计发现等事项进行沟通，包括沟通注册会计师在审计中识别的值得关注的内部控制缺陷。

（2）对于上市实体财务报表审计，指出注册会计师就已遵守与独立性相关的职业道德要求向治理层提供声明，并与治理层沟通可能被合理认为影响注册会计师独立性的所有关系和其他事项，以及相关的防范措施（如适用）。

（3）对于上市实体财务报表审计，以及决定按照《中国注册会计师审计准则第1504号——在审计报告中沟通关键审计事项》的规定沟通关键审计事项的其他情况，说明注册会计师从与治理层沟通过的事项中确定哪些事项对本期财务报表审计最重要，因而构成关键审计事项。注册会计师应当在审计报告中描述这些事项，除非法律法规禁止公开披露这些事项，或在极少数情形下，注册会计师合理预期在审计报告中沟通某事项造成的负面后果超过在公众利益方面产生的益处，因而确定不应在审计报告中沟通该事项。

除审计准则规定的注册会计师责任外，如果注册会计师在对财务报表出具的审计报告中履行其他报告责任，应当在审计报告中将其单独作为一部分，并以"按照相关法律法规的要求报告的事项"为标题，或使用适合该部分内容的其他标题，除非其他报告责任涉及的事项与审计准则规定的报告责任涉及的事项相同。如果涉及相同的事项，其他报告责任可以在审计准则规定的同一报告要素部分列示。

如果将其他报告责任在审计准则要求的同一报告要素部分列示，审计报告应当清楚区分其他报告责任和审计准则要求的报告责任。

如果审计报告将其他报告责任单独作为一部分，本准则第二十四条至第三十五条的要求应当置于"对财务报表出具的审计报告"标题下；"按照相关法律法规的要求报告的事项"部分置于"对财务报表出具的审计报告"部分之后。

9. 注册会计师的签名和盖章

审计报告应当由审计项目合伙人和另一名负责该项目的注册会计师签名和盖章。

（1）会计师事务所应当建立健全全面质量控制政策与程序，以及各审计项目的质量控制程序，严格按照有关规定和本通知的要求在审计报告上签名盖章。

（2）审计报告应当由两名具备相关业务资格的注册会计师签名盖章并经会计师事务所盖章方为有效。

① 合伙会计师事务所出具的审计报告，应当由一名对审计项目负最终复核责任的合

伙人和一名负责该项目的注册会计师签名盖章。

② 有限责任会计师事务所出具的审计报告,应当由会计师事务所主任会计师或其授权的副主任会计师和一名负责该项目的注册会计师签名盖章。

(3) 会计师事务所的名称、地址及盖章审计报告应当载明会计师事务所的名称和地址,并加盖会计师事务所公章。

根据《中华人民共和国注册会计师法》的规定,注册会计师承办业务,由其所在的会计师事务所统一受理并与委托人签订委托合同。因此,审计报告除了应由注册会计师签名并盖章外,还应载明会计师事务所的名称和地址,并加盖会计师事务所公章。

注册会计师在审计报告中载明会计师事务所地址时,标明会计师事务所所在的城市即可。在实务中,审计报告通常载于会计师事务所统一印刷的、标有该所详细通信地址的信笺上,因此,无须在审计报告中注明详细地址。此外,根据国家工商行政管理部门的有关规定,在主管登记机关管辖区内,已登记注册的企业名称不得相同。因此在同一地区内不会出现重名的会计师事务所。

(4) 签名顺序。

① 如果是三个人会签,第一个应是合伙人(主任会计师),第二个是部门经理,最后一个是项目负责人。

② 两个人签名,一般是小公司,第一个签名的是级别高的,第二个是级别低的。

10. 报告日期

审计报告应当注明报告日期。审计报告的日期不应早于注册会计师获取充分、适当的审计证据(包括管理层认可对财务报表的责任且已批准财务报表的证据),并在此基础上注明对财务报表形成审计意见的日期。

注册会计师在确定审计报告日期时,应当考虑:应当实施的审计程序已经完成;应当提请被审计单位调整的事项已经提出,被审计单位已经做出调整或拒绝做出调整;管理层已经正式签署财务报表。

审计报告的日期非常重要。注册会计师对不同时段的资产负债表日后事项有着不同的责任,而审计报告的日期是划分时段的关键时点。在实务中,注册会计师在正式签署审计报告前,通常把审计报告草稿和已审计财务报表草稿一同提交给管理层。如果管理层批准并签署已审计财务报表,注册会计师即可签署审计报告。注册会计师签署审计报告的日期通常与管理层签署已审计财务报表的日期为同一天,或晚于管理层签署已审计财务报表的日期。在审计报告日期晚于管理层签署已审计财务报表日期时,注册会计师应当获取自管理层声明书日到审计报告日期的进一步审计证据,如补充的管理层声明书。

第七节 审计报告的基本类型

注册会计师根据审计结果和被审计单位对有关问题的处理情况,形成不同审计意见的审计报告。注册会计师出具审计报告的类型有四种:无保留意见审计报告、保留意见审计报告、否定意见审计报告和无法表示意见审计报告。

一、无保留意见审计报告

无保留意见的审计报告是指注册会计师对被审计单位出具的是不含有说明段、强调事项段、其他事项段或其他任何修饰性用语的无保留意见的审计报告。无保留意见是指注册会计师对被审计单位的会计报表,依照中国注册会计师独立审计准则的要求进行审查后确认:被审计单位采用的会计处理方法遵循了会计准则及有关规定;会计报表反映的内容符合被审计单位的实际情况;会计报表内容完整,表述清楚,无重要遗漏;报表项目的分类和编制方法符合规定要求,因而对被审计单位的会计报表无保留地表示满意。无保留意见意味着注册会计师认为会计报表的反映是合法、公允和一贯的,能满足非特定多数利害关系人的共同需要,具有较高的可信性。

由于无保留意见是认为被审计单位的经营活动和会计报表不存在重要错误或问题而给予的一种肯定的评价。因此,在认为被审计单位会计报表的编制同时符合下述情况时,应出具无保留意见审计报告。

(1)会计报表的编制符合《企业会计准则》及国家其他有关财务会计法规的规定。

(2)会计报表在所有重大方面公允地反映了被审计单位的财务状况、经营成果和资金变动情况。

(3)会计处理方法的选用符合一贯性原则。

(4)审计人员已按照独立审计准则的要求,实施了必要的审计程序,在审计过程中未受限制或阻碍。

(5)不存在应调整而被审计单位未予调整的重要事项。

审计人员在编制无保留意见审计报告时,应以"我们认为"作为意见段的开头,并使用"在所有重大方面公允地反映了"等专业术语,不能使用"我们保证"的字样。因为审计人员发表的是自己的判断或意见,不能对会计报表的真实性、合法性做出绝对保证,以避免会计报表使用者产生误解,同时也可明确审计人员仅仅承担审计责任,它并不能减除被审计单位对会计报表承担会计责任。

因此既不能使用"完全正确""绝对真实"等词汇,也不能使用"大致反映""基本反映"等模糊不清、态度暧昧的术语。

标准无保留意见的审计报告格式如下。

参考格式 11-1

对上市实体财务报表出具的审计报告

背景信息:

1. 对上市实体整套财务报表进行审计。该审计不属于集团审计(不适用《中国注册会计师审计准则第 1401 号——对集团财务报表审计的特殊考虑》);

2. 管理层按照《企业会计准则》编制财务报表;

3. 审计业务约定条款体现了《中国注册会计师审计准则第 1111 号——就审计业务约定条款达成一致意见》中关于管理层对财务报表责任的描述;

4. 基于获取的审计证据,注册会计师认为发表无保留意见是恰当的;

5. 适用的相关职业道德要求为中国注册会计师职业道德守则;

6. 基于获取的审计证据,根据《中国注册会计师审计准则第 1324 号——持续经营》,注册会计师认为可能导致对被审计单位持续经营能力产生重大疑虑的事项或情况不存在重大不确定性;

7. 已按照《中国注册会计师审计准则第 1504 号——在审计报告中沟通关键审计事项》的规定沟通了关键审计事项;

8. 注册会计师在审计报告日前已获取所有其他信息,且未识别出信息存在重大错报;

9. 负责监督财务报表的人员与负责编制财务报表的人员不同;

10. 除财务报表审计外,注册会计师还承担法律法规要求的其他报告责任,且注册会计师决定在审计报告中履行其他报告责任。

审 计 报 告

ABC 股份有限公司全体股东:

一、对财务报表出具的审计报告

(一) 审计意见

我们审计了 ABC 股份有限公司 (以下简称 ABC 公司) 财务报表,包括 20×6 年 12 月 31 日的资产负债表、20×6 年度的利润表、现金流量表、股东权益变动表及相关财务报表附注。

我们认为,后附的财务报表在所有重大方面按照《企业会计准则》的规定编制,公允反映了 ABC 公司 20×6 年 12 月 31 日的财务状况以及 20×6 年度的经营成果和现金流量。

(二) 形成审计意见的基础

我们按照中国注册会计师审计准则的规定执行了审计工作。审计报告的"注册会计师对财务报表审计的责任"部分进一步阐述了我们在这些准则下的责任。按照中国注册会计师职业道德守则,我们独立于 ABC 公司,并履行了职业道德方面的其他责任。我们相信,我们获取的审计证据是充分、适当的,为发表审计意见提供了基础。

(三) 关键审计事项

关键审计事项是我们根据职业判断,认为对本期合并财务报表审计最重要的事项。这些事项的应对以对合并财务报表整体进行审计并形成审计意见为背景,我们不对这些事项单独发表意见。(按照《中国注册会计师审计准则第 1504 号——在审计报告中沟通关键审计事项》的规定描述每一关键审计事项。) 如非流动资产减值。

1. 事项描述

ABC 集团的非流动资产主要包括可供出售金融资产、长期股权投资、固定资产、在建工程、无形资产、商誉及其他非流动资产等。截至 20×6 年 12 月 31 日,ABC 集团非流动资产金额为人民币×××元。公司管理层在进行非流动资产减值测试而计算资产或资产组预计未来现金流量的现值时,需要对××寿命、××计划、销售价格、运营成本、折旧费用、税金、资本性支出及折现率等关键假设做出判断、估计,因此我们认为,该事项为关键审计事项。上述非流动资产减值准备的披露分别包括在财务报表附注×××中。

2. 审计应对

我们在审计过程中对非流动资产减值的评估执行了以下工作。

（1）与管理层讨论并复核 ABC 集团的非流动资产，以评估是否存在减值迹象。

（2）对于存在减值迹象的非流动资产，以及存在商誉的资产组，复核管理层编制的折现现金流计算模型，主要审计程序包括下列方面。

a）复核所采用的折现现金流计算模型、适用对象及方法。

b）复核折现现金流计算模型所采用的关键假设的合理性，与管理层进行沟通，获取相关技术报告进行参考；对比关键假设与第三方公开数据。

c）复核所采用的关键假设与历史数据的相关性。

d）请事务所内部评估专家进行协助，包括复核折现现金流计算模型的逻辑，并对管理层在上述计算模型中采用的折现率进行复核，事务所内部评估专家选取了一系列相同行业的可比公司进行参考及数据演算，以确定折现率的合理范围。

e）复核财务报表附注中相关披露的充分性和完整性。

（四）其他信息

ABC 公司管理层（以下简称管理层）对其他信息负责。其他信息包括 X 报告中涵盖的信息，但不包括财务报表和我们的审计报告。

我们对财务报表发表的审计意见不涵盖其他信息，我们也不对其他信息发表任何形式的鉴证结论。

结合我们对财务报表的审计，我们的责任是阅读其他信息，在此过程中，考虑其他信息是否与财务报表或我们在审计过程中了解的情况存在重大不一致或者似乎存在重大错报。

基于我们已执行的工作，如果我们确定其他信息存在重大错报，我们应当报告该事实。在这方面，我们无任何事项需要报告。

（五）管理层和治理层对财务报表的责任

ABC 公司管理层（以下简称管理层）负责按照《企业会计准则》的规定编制财务报表，使其实现公允反映，并设计、执行和维护必要的内部控制，以使财务报表不存在由于舞弊或错误导致的重大错报。

在编制财务报表时，管理层负责评估 ABC 公司的持续经营能力，披露与持续经营相关的事项（如适用），并运用持续经营假设，除非管理层计划清算 ABC 公司、终止运营或别无其他现实的选择。

治理层负责监督 ABC 公司的财务报告过程。

（六）注册会计师对财务报表审计的责任

我们的目标是对财务报表整体是否不存在由于舞弊或错误导致的重大错报获取合理保证，并出具包含审计意见的审计报告。合理保证是高水平的保证，但并不能保证按照审计准则执行的审计在某一重大错报存在时总能发现。错报可能由于舞弊或错误导致，如果合理预期错报单独或汇总起来可能影响财务报表使用者依据财务报表做出的经济决策，则通常认为错报是重大的情况。

在按照审计准则执行审计工作的过程中，我们运用职业判断，并保持职业怀疑。同时，我们也执行以下工作。

（1）识别和评估由于舞弊或错误导致的财务报表重大错报风险，设计和实施审计程序以应对这些风险，并获取充分、适当的审计证据，作为发表审计意见的基础。由于舞弊可能涉及串通、伪造、故意遗漏、虚假陈述或凌驾于内部控制之上，既未能发现由于舞弊导致的重大错报的风险高于，也未能发现由于错误导致的重大错报的风险。

（2）了解与审计相关的内部控制，以设计恰当的审计程序，但目的并非对内部控制的有效性发表意见。

（3）评价管理层选用会计政策的恰当性和做出会计估计及相关披露的合理性。

（4）对管理层使用持续经营假设的恰当性得出结论。同时，根据获取的审计证据，就可能导致对 ABC 公司持续经营能力产生重大疑虑的事项或情况是否存在重大不确定性得出结论。如果我们得出结论认为存在重大不确定性，审计准则要求我们在审计报告中提请报表使用者注意财务报表中的相关披露；如果披露不充分，我们应当发表非无保留意见。我们的结论基于截至审计报告日可获得的信息。然而，未来的事项或情况可能导致 ABC 公司不能持续经营。

（5）评价财务报表的总体列报、结构和内容（包括披露），并评价财务报表是否公允反映相关交易和事项。

我们与治理层就计划的审计范围、时间安排和重大审计发现等事项进行沟通，包括沟通我们在审计中识别的值得关注的内部控制缺陷。

我们还就已遵守与独立性相关的职业道德要求向治理层提供声明，并与治理层沟通可能被合理认为影响我们独立性的所有关系和其他事项，以及相关的防范措施（如适用）。

从与治理层沟通过的事项中，我们确定哪些事项对本期财务报表审计最重要，因而构成关键审计事项。我们在审计报告中描述这些事项，除非法律法规禁止公开披露这些事项，或在极少数情形下，如果合理预期在审计报告中沟通某事项造成的负面后果超过在公众利益方面产生的益处，我们确定不应在审计报告中沟通该事项。

二、按照相关法律法规的要求报告的事项

本部分的格式和内容，取决于法律法规对其他报告责任性质的规定。本部分应当说明相关法律法规规定的事项（其他报告责任），除非其他报告责任涉及的事项与审计准则规定的报告责任涉及的事项相同。如果涉及相同的事项，其他报告责任可以在审计准则规定的同一报告要素部分列示。

当其他报告责任和审计准则规定的报告责任涉及同一事项，并且审计报告中的措辞能够将其他报告责任与审计准则规定的责任（如存在差异）予以清楚地区分时，可以将两者合并列示（即包含在"对财务报表出具的审计报告"部分中，并使用适当的副标题）。

ABC 会计师事务所	中国注册会计师：×××
（盖章）	（签名并盖章）
	中国注册会计师：×××
	（签名并盖章）
中国××市	二〇×七年×月×日

二、非无保留意见审计报告

非无保留意见,是指对财务报表发表的保留意见、否定意见或无法表示意见。注册会计师确定恰当的非无保留意见类型,取决于下列事项。

(1) 导致非无保留意见的事项的性质,是财务报表存在重大错报,还是在无法获取充分、适当的审计证据的情况下,财务报表可能存在重大错报。

(2) 注册会计师就导致非无保留意见的事项对财务报表产生或可能产生影响的广泛性做出的判断。

在发表非无保留意见时,注册会计师应当对审计意见部分使用恰当的标题,如"保留意见""否定意见"或"无法表示意见"(见表11-2)。

表11-2 审计意见决策表

导致发表非无保留意见的事项的性质	这些事项对财务报表产生或可能产生影响的广泛性	
	重大但不具有广泛性	重大且具有广泛性
财务报表存在重大错报	保留意见	否定意见
无法获取充分、适当的审计证据	保留意见	无法表示意见

(一) 保留意见

保留意见是指注册会计师对会计报表的反映有所保留的审计意见。注册会计师经过审计后,认为被审计单位会计报表的反映就其整体而言是恰当的,但还存在下述情况之一时,应出具保留意见的审计报告。

(1) 在获取充分、适当的审计证据后,注册会计师认为错报单独或汇总起来对财务报表影响重大,但不具有广泛性。

(2) 注册会计师无法获取充分、适当的审计证据以作为形成审计意见的基础,但认为未发现的错报(如存在)对财务报表可能产生的影响重大,但不具有广泛性。

当由于财务报表存在重大错报而发表保留意见时,注册会计师应当在审计意见部分说明:"注册会计师认为,除形成保留意见的基础部分所述事项产生的影响外,后附的财务报表在所有重大方面按照适用的财务报告编制基础的规定编制,公允反映了……"。

当由于无法获取充分、适当的审计证据而导致发表保留意见时,注册会计师应当在审计意见部分使用"除……可能产生的影响外"等措辞。

保留意见的审计报告具体格式如下。

参考格式11-2

由于财务报表存在重大错报而发表保留意见的审计报告

背景信息:

1. 对上市实体整套财务报表进行审计。该审计不属于集团审计(不适用《中国注册会计师审计准则第1401号——对集团财务报表审计的特殊考虑》)。

2. 管理层按照《企业会计准则》编制财务报表。

3. 审计业务约定条款体现了《中国注册会计师审计准则第 1111 号——就审计业务约定条款达成一致意见》中关于管理层对财务报表责任的描述。

4. 存货存在错报,该错报对财务报表影响重大但不具有广泛性(保留意见是恰当的)。

5. 适用的相关职业道德要求为中国注册会计师职业道德守则。

6. 基于获取的审计证据,根据《中国注册会计师审计准则第 1324 号——持续经营》,注册会计师认为可能导致对被审计单位持续经营能力产生重大疑虑的事项或情况不存在重大不确定性。

7. 已按照《中国注册会计师审计准则第 1504 号——在审计报告中沟通关键审计事项》的规定沟通了关键审计事项。

8. 注册会计师在审计报告日前已获取所有其他信息,且导致对财务报表发表保留意见的事项也影响了其他信息。

9. 负责监督财务报表的人员与负责编制财务报表的人员不同。

10. 除财务报表审计外,注册会计师还承担法律法规要求的其他报告责任,且注册会计师决定在审计报告中履行其他报告责任。

审 计 报 告

ABC 有限公司全体股东:

一、对财务报表出具的审计报告

(一)保留意见

我们审计了 ABC 股份有限公司(以下简称 ABC 公司)财务报表,包括 20×6 年 12 月 31 日的资产负债表、20×6 年度的利润表、现金流量表、股东权益变动表以及相关财务报表附注。

我们认为,除"形成保留意见的基础"部分所述事项产生的影响外,后附的财务报表在所有重大方面按照《企业会计准则》的规定编制,公允反映了 ABC 公司 20×6 年 12 月 31 日的财务状况以及 20×6 年度的经营成果和现金流量。

(二)形成保留意见的基础

ABC 公司 20×6 年 12 月 31 日资产负债表中存货的列示金额为×元。ABC 公司管理层(以下简称管理层)根据成本对存货进行计量,而没有根据成本与可变现净值孰低的原则进行计量,这不符合《企业会计准则》的规定。ABC 公司的会计记录显示,如果管理层以成本与可变现净值孰低来计量存货,存货列示金额将减少×元。相应地,资产减值损失将增加×元,所得税、净利润和股东权益将分别减少×元、×元和×元。

我们按照中国注册会计师审计准则的规定执行了审计工作。审计报告的"注册会计师对财务报表审计的责任"部分进一步阐述了我们在这些准则下的责任。按照中国注册会计师职业道德守则,我们独立于 ABC 公司,并履行了职业道德方面的其他责任。我们相信,我们获取的审计证据是充分、适当的,为发表保留意见提供了基础。

(三)关键审计事项

关键审计事项是我们根据职业判断,认为对本期财务报表审计最重要的事项。这些事项的应对以对财务报表整体进行审计并形成审计意见为背景,我们不对这些事项单独发表意见。除"形成保留意见的基础"部分所述事项外,我们确定下列事项是需要在审计报告中沟通的关键审计事项。

按照《中国注册会计师审计准则第 1504 号——在审计报告中沟通关键审计事项》的规定描述每一关键审计事项。

（四）其他信息

ABC 集团管理层（以下简称管理层）对其他信息负责。其他信息包括 X 报告中涵盖的信息，但不包括合并财务报表和我们的审计报告。

我们对合并财务报表发表的审计意见不涵盖其他信息，我们也不对其他信息发表任何形式的鉴证结论。

结合我们对财务报表的审计，我们的责任是阅读其他信息，在此过程中，考虑其他信息是否与合并财务报表或我们在审计过程中了解的情况存在重大不一致或者似乎存在重大错报。

基于我们已执行的工作，如果我们确定其他信息存在重大错报，我们应当报告该事实。如上述"形成保留意见的基础"部分所述，无法就 20×6 年 12 月 31 日 ABC 集团对 XYZ 公司投资的账面价值，以及 ABC 集团按持股比例计算的 XYZ 公司当年度净收益份额获取充分、适当的审计证据。因此，我们无法确定与该事项相关的其他信息是否存在重大错报。

（五）管理层和治理层对财务报表的责任

ABC 公司管理层（以下简称管理层）负责按照《企业会计准则》的规定编制财务报表，使其实现公允反映，并设计、执行和维护必要的内部控制，以使财务报表不存在由于舞弊或错误导致的重大错报。

在编制财务报表时，管理层负责评估 ABC 公司的持续经营能力，披露与持续经营相关的事项（如适用），并运用持续经营假设，除非管理层计划清算 ABC 公司、终止运营或别无其他现实的选择。

治理层负责监督 ABC 公司的财务报告过程。

（六）注册会计师对财务报表审计的责任

我们的目标是对财务报表整体是否存在由于舞弊或错误导致的重大错报获取合理保证，并出具包含审计意见的审计报告。合理保证是高水平的保证，但并不能保证按照审计准则执行的审计在某一重大错报存在时总能发现。错报可能由于舞弊或错误导致，如果合理预期错报单独或汇总起来可能影响财务报表使用者依据财务报表做出的经济决策，则通常认为错报是重大的。

在按照审计准则执行审计工作的过程中，我们运用职业判断，并保持职业怀疑。同时，我们也执行以下工作。

（1）识别和评估由于舞弊或错误导致的财务报表重大错报风险，设计和实施审计程序以应对这些风险，并获取充分、适当的审计证据，作为发表审计意见的基础。由于舞弊可能涉及串通、伪造、故意遗漏、虚假陈述或凌驾于内部控制之上，未能发现由于舞弊导致的重大错报的风险高于未能发现由于错误导致的重大错报的风险。

（2）了解与审计相关的内部控制，以设计恰当的审计程序，但目的并非对内部控制的有效性发表意见。

（3）评价管理层选用会计政策的恰当性和做出会计估计及相关披露的合理性。

（4）对管理层使用持续经营假设的恰当性得出结论。同时，根据获取的审计证据，就可能导致对 ABC 公司持续经营能力产生重大疑虑的事项或情况是否存在重大不确定性得出结论。如果我们得出结论认为存在重大不确定性，审计准则要求我们在审计报告中提请报表使用者注意财务报表中的相关披露；如果披露不充分，我们应当发表非无保留意见。我们的结论基于截至审计报告日可获得的信息。然而，未来的事项或情况可能导致 ABC 公司不能持续经营。

（5）评价财务报表的总体列报、结构和内容（包括披露），并评价财务报表是否公允反映相关交易和事项。

我们与治理层就计划的审计范围、时间安排和重大审计发现等事项进行沟通，包括沟通我们在审计中识别值得关注的内部控制缺陷。

我们还就已遵守与独立性相关的职业道德要求向治理层提供声明，并与治理层沟通可能被合理认为影响我们独立性的所有关系和其他事项，以及相关的防范措施（如适用）。

从与治理层沟通过的事项中，我们确定哪些事项对本期财务报表审计最重要，因而构成关键审计事项。我们在审计报告中描述这些事项，除非法律法规禁止公开披露这些事项，或在极少数情形下，如果合理预期在审计报告中沟通某事项造成的负面后果超过在公众利益方面产生的益处，那么我们确定不应在审计报告中沟通该事项。

二、按照相关法律法规的要求报告的事项

（见参考格式 11-1。）

ABC 会计师事务所	中国注册会计师：×××
（盖章）	（签名并盖章）
	中国注册会计师：×××
	（签名并盖章）
中国××市	二〇×七年×月×日

（二）否定意见审计报告

否定意见与无保留意见相反，认为会计报表不能合法、公允、一贯地反映被审计单位财务状况、经营成果和现金流动情况。注册会计师经过审计后，在认为被审计单位的会计报表存在下述情况时，应当出具否定意见的审计报告。

（1）会计处理方法的选用严重违反《企业会计准则》和国家其他有关财务会计法规的规定，被审计单位拒绝进行调整。

（2）会计报表严重歪曲了被审计单位的财务状况、经营成果和现金流动情况，而且被审计单位拒绝进行调整。

由于否定意见与保留意见审计报告的出具条件都涉及重大不调整事项和违反一贯性原则等问题，因此，必须注意这两种意见审计报告的区别，不能混淆：保留意见适用于个别重要事项存在严重错误。违反一贯性原则，或存在或有事项，且预期结果不能合理估计或不很严重，但会计报表总体上还能接受；否定意见适用于较多的重要事项或特别重要的事项存在严重错误，违反一贯性原则，或存在或有事项，而且预期结果能够合理估计并很严重，以致严重歪曲会计报表，使会计报表总体上不能接受。

当发表否定意见时，注册会计师应当在审计意见部分说明："注册会计师认为，由于形成否定意见的基础部分所述事项的重要性，后附的财务报表没有在所有重大方面按照适用的财务报告编制基础的规定编制，未能公允反映……"。

否定意见的审计报告格式如下：

参考格式 11-3
由于合并财务报表存在重大错报而发表否定意见的审计报告

背景信息：

（1）对上市实体整套合并财务报表进行审计。该审计属于集团审计，被审计单位拥有多个子公司（适用《中国注册会计师审计准则第 1401 号——对集团财务报表审计的特殊考虑》）。

（2）管理层按照××财务报告编制基础编制合并财务报表，该编制基础允许被审计单位只列报合并财务报表。

（3）审计业务约定条款体现了《中国注册会计师审计准则第 1111 号——就审计业务约定条款达成一致意见》中关于管理层对合并财务报表责任的描述。

（4）合并财务报表因未合并某一子公司而存在重大错报，该错报对合并财务报表影响重大且具有广泛性（否定意见是恰当的），但量化该错报对合并财务报表的影响是不切实际的。

（5）适用的相关职业道德要求为中国注册会计师职业道德守则。

（6）基于获取的审计证据，根据《中国注册会计师审计准则第 1324 号——持续经营》，注册会计师认为可能导致对被审计单位持续经营能力产生重大疑虑的事项或情况不存在重大不确定性。

（7）适用《中国注册会计师审计准则第 1504 号——在审计报告中沟通关键审计事项》。然而，注册会计师认为，除形成否定意见的基础部分所述事项外，无其他关键审计事项。

（8）注册会计师在审计报告日前已获取所有其他信息，且导致对合并财务报表发表否定意见的事项也影响了其他信息。

（9）负责监督合并财务报表的人员与负责编制合并财务报表的人员不同。

（10）除合并财务报表审计外，注册会计师还承担法律法规要求的其他报告责任，且注册会计师决定在审计报告中履行其他报告责任。

审 计 报 告

ABC 有限公司全体股东：

一、对合并财务报表出具审计报告

（一）否定意见

我们审计了 ABC 股份有限公司及其子公司（以下简称 ABC 集团）的合并财务报表，

包括 20×6 年 12 月 31 日的合并资产负债表，20×6 年度的合并利润表、合并现金流量表、合并股东权益变动表及相关合并财务报表附注。

我们认为，由于"形成否定意见的基础"部分所述事项的重要性，后附的合并财务报表没有在所有重大方面按照××财务报告编制基础的规定编制，未能公允地反映 ABC 集团 20×6 年 12 月 31 日的合并财务状况以及 20×6 年度的合并经营成果和合并现金流量。

（二）形成否定意见的基础

如财务报表附注×所述，20×6 年 ABC 集团通过非同一控制下的企业合并获得对 XYZ 公司的控制权，因未能取得购买日 XYZ 公司某些重要资产和负债的公允价值，故未将 XYZ 公司纳入合并财务报表的范围。按照××财务报告编制基础的规定，该集团应将这一子公司纳入合并范围，并以暂估金额为基础核算该项收购。如果将 XYZ 公司纳入合并财务报表的范围，后附的 ABC 集团合并财务报表的多个报表项目将受到重大影响。但我们无法确定未将 XYZ 公司纳入合并范围对合并财务报表产生的影响。

我们按照中国注册会计师审计准则的规定执行了审计工作。审计报告的"注册会计师对合并财务报表审计的责任"部分进一步阐述了我们在这些准则下的责任。按照中国注册会计师职业道德守则，我们独立于 ABC 集团，并履行了职业道德方面的其他责任。我们相信，我们获取的审计证据是充分、适当的，为发表否定意见提供了基础。

（三）关键审计事项

除"形成否定意见的基础"部分所述事项外，我们认为，没有其他需要在我们的报告中沟通的关键审计事项。

（四）其他信息

ABC 集团管理层（以下简称管理层）对其他信息负责。其他信息包括 X 报告中涵盖的信息，但不包括合并财务报表和我们的审计报告。

我们对合并财务报表发表的审计意见不涵盖其他信息，我们也不对其他信息发表任何形式的鉴证结论。

结合我们对合并财务报表的审计，我们的责任是阅读其他信息，在此过程中，考虑其他信息是否与合并财务报表或我们在审计过程中了解的情况存在重大不一致或者似乎存在重大错报。

基于我们已执行的工作，如果我们确定其他信息存在重大错报，我们应当报告该事实。如上述"形成否定意见的基础"部分所述，ABC 集团应当将 XYZ 公司纳入合并范围，并以暂估金额为基础核算该项收购。我们认为，由于 X 报告中的相关金额或其他项目受到未合并 XYZ 公司的影响，其他信息存在重大错报。

（五）管理层和治理层对合并财务报表的责任

ABC 集团管理层（以下简称管理层）负责按照××财务报告编制基础的规定编制合并财务报表，使其实现公允反映，并设计、执行和维护必要的内部控制，以使合并财务报表不存在由于舞弊或错误导致的重大错报。

在编制合并财务报表时，管理层负责评估 ABC 集团的持续经营能力，披露与持续经营相关的事项（如适用），并运用持续经营假设，除非管理层计划清算 ABC 集团、终止运营或别无其他现实的选择。

治理层负责监督 ABC 集团的财务报告过程。

（六）注册会计师对合并财务报表审计的责任

我们的目标是对合并财务报表整体是否不存在由于舞弊或错误导致的重大错报获取合理保证，并出具包含审计意见的审计报告。合理保证是高水平的保证，但并不能保证按照审计准则执行的审计在某一重大错报存在时总能发现。错报可能由于舞弊或错误导致，如果合理预期错报单独或汇总起来可能影响财务报表使用者依据合并财务报表做出的经济决策，则通常认为错报是重大的。

在按照审计准则执行审计工作的过程中，我们运用职业判断，并保持职业怀疑。同时，我们也执行以下工作。

（1）识别和评估由于舞弊或错误导致的合并财务报表重大错报风险，设计和实施审计程序以应对这些风险，并获取充分、适当的审计证据，作为发表审计意见的基础。由于舞弊可能涉及串通、伪造、故意遗漏、虚假陈述或凌驾于内部控制之上，未能发现由于舞弊导致的重大错报的风险高于未能发现由于错误导致的重大错报的风险。

（2）了解与审计相关的内部控制，以设计恰当的审计程序，但目的并非是对内部控制的有效性发表意见。

（3）评价管理层选用会计政策的恰当性和做出会计估计及相关披露的合理性。

（4）对管理层使用持续经营假设的恰当性得出结论。同时，根据获取的审计证据，就可能导致对 ABC 集团持续经营能力产生重大疑虑的事项或情况是否存在重大不确定性得出结论。如果我们得出结论认为存在重大不确定性，审计准则要求我们在审计报告中提请报表使用者注意合并财务报表中的相关披露；如果披露不充分，我们应当发表非无保留意见。我们的结论基于截至审计报告日可获得的信息。然而，未来的事项或情况可能导致 ABC 集团不能持续经营。

（5）评价合并财务报表的总体列报、结构和内容（包括披露），并评价合并财务报表是否公允反映相关交易和事项。

（6）就 ABC 集团中实体或业务活动的财务信息获取充分、适当的审计证据，以对合并财务报表发表审计意见。我们负责指导、监督和执行集团审计，并对审计意见承担全部责任。

我们与治理层就计划的审计范围、时间安排和重大审计发现等事项进行沟通，包括沟通我们在审计中识别的值得关注的内部控制缺陷。

我们还就已遵守与独立性相关的职业道德要求向治理层提供声明，并与治理层沟通可能被合理认为影响我们独立性的所有关系和其他事项，以及相关的防范措施（如适用）。

从与治理层沟通过的事项中，我们确定哪些事项对本期合并财务报表审计最重要，因而构成关键审计事项。我们在审计报告中描述这些事项，除非法律法规禁止公开披露这些事项，或在极少数情形下，如果合理预期在审计报告中沟通某事项造成的负面后果超过在公众利益方面产生的益处，我们确定不应在审计报告中沟通该事项。

二、按照相关法律法规的要求报告的事项

（见参考格式 11-1。）

ABC 会计师事务所　　　　　　　　　　　　中国注册会计师：×××
　（盖章）　　　　　　　　　　　　　　　　　　（签名并盖章）
　　　　　　　　　　　　　　　　　　　　　中国注册会计师：×××
　　　　　　　　　　　　　　　　　　　　　　（签名并盖章）

中国××市　　　　　　　　　　　　　　　二〇×七年×月×日

（三）无法表示意见审计报告

无法表示意见是指注册会计师说明其对被审计单位会计报表的合法性、公允性和一贯性无法发表意见，也即对会计报表不发表无保留、保留和否定的审计意见。注册会计师在审计过程中，由于审计范围受委托人、被审计单位或客观环境的严重限制，不能获取必要的审计证据，以致无法对会计报表整体反映发表审计意见时，应当出具无法表示意见的审计报告。

当注册会计师出具无法表示意见的审计报告时注册会计师应当使用恰当的标题"无法表示意见"。同时，当由于无法获取充分、适当的审计证据而发表无法表示意见时，注册会计师应当做到以下两点：

（1）说明注册会计师不对后附的财务报表发表审计意见。

（2）说明由于形成无法表示意见的基础部分所述事项的重要性，注册会计师无法获取充分、适当的审计证据以作为对财务报表发表审计意见的基础。

当注册会计师对财务报表发表无法表示意见时，审计报告中不应当包括：提及审计报告中用于描述注册会师责任的部分；说明注册会计师是否已获取充分、适当的审计证据以作为形成审计意见的基础。

无法表示意见的审计报告格式如下。

参考格式 11-4

由于注册会计师无法针对合并财务报表单一要素获取充分、适当的审计证据而发表无法表示意见的审计报告

背景信息：

（1）对非上市实体整套合并财务报表进行审计。该审计属于集团审计，被审计单位拥有多个子公司（适用《中国注册会计师审计准则第 1401 号——对集团财务报表审计的特殊考虑》）。

（2）管理层按照××财务报告编制基础编制合并财务报表，该编制基础允许被审计单位只列报合并财务报表。

（3）审计业务约定条款体现了《中国注册会计师审计准则第 1111 号——就审计业务约定条款达成一致意见》中关于管理层对合并财务报表责任的描述。

（4）对合并财务报表的某个要素，注册会计师无法获取充分、适当的审计证据。在

本例中，对一家共同经营享有的利益份额占该被审计单位净资产的比例超过90%，但注册会计师无法获取该共同经营财务信息的审计证据。这一事项对合并财务报表可能产生的影响被认为是重大的且具有广泛性（无法表示意见是恰当的）。

（5）适用的相关职业道德要求为中国注册会计师职业道德守则。

（6）负责监督合并财务报表的人员与负责编制合并财务报表的人员不同。

（7）按照审计准则要求在注册会计师的责任部分做出有限的表述。

（8）除合并财务报表审计外，注册会计师还承担法律法规要求的其他报告责任，且注册会计师决定在审计报告中履行其他报告责任。

审 计 报 告

ABC有限公司全体股东：

一、对合并财务报表出具的审计报告

（一）无法表示意见

我们接受委托，审计ABC股份有限公司及其子公司（以下简称ABC集团）合并财务报表，包括20×6年12月31日的合并资产负债表，20×6年度的合并利润表、合并现金流量表、合并股东权益变动表及相关合并财务报表附注。

我们不对后附的ABC集团合并财务报表发表审计意见。由于"形成无法表示意见的基础"部分所述事项的重要性，我们无法获取充分、适当的审计证据以作为对合并财务报表发表审计意见的基础。

（二）形成无法表示意见的基础

ABC集团对共同经营XYZ公司享有的利益份额在该集团的合并资产负债表中的金额（资产扣除负债后的净影响）为×元，占该集团20×6年12月31日净资产的90%以上。我们未被允许接触XYZ公司的管理层和注册会计师，包括XYZ公司注册会计师的审计工作底稿。

因此,我们无法确定是否有必要对XYZ公司资产中ABC集团共同控制的比例份额、XYZ公司负债中ABC集团共同承担的比例份额、XYZ公司收入和费用中ABC集团的比例份额，以及合并现金流量表和合并股东权益变动表中的要素做出调整。

（三）管理层和治理层对合并财务报表的责任

ABC集团管理层（以下简称管理层）负责按照××财务报告编制基础的规定编制合并财务报表，使其实现公允反映，并设计、执行和维护必要的内部控制，以使合并财务报表不存在由于舞弊或错误导致的重大错报。

在编制合并财务报表时，管理层负责评估ABC集团的持续经营能力，披露与持续经营相关的事项（如适用），并运用持续经营假设，除非管理层计划清算ABC集团、终止运营或别无其他现实的选择。

治理层负责监督ABC集团的财务报告过程。

（四）注册会计师对合并财务报表审计的责任

我们的责任是按照中国注册会计师审计准则的规定，对ABC集团的合并财务报表执行审计工作，以出具审计报告。但由于"形成无法表示意见的基础"部分所述事项，我们无法获取充分、适当的审计证据以作为发表审计意见的基础。

按照中国注册会计师职业道德守则，我们独立于 ABC 集团，并履行了职业道德方面的其他责任。

二、按照相关法律法规的要求报告的事项

（见参考格式 11-1。）

ABC 会计师事务所　　　　　　　　　　　　　　　中国注册会计师：×××
（盖章）　　　　　　　　　　　　　　　　　　　　　　　　（签名并盖章）
　　　　　　　　　　　　　　　　　　　　　　　　中国注册会计师：×××
　　　　　　　　　　　　　　　　　　　　　　　　　　　　（签名并盖章）

中国××市　　　　　　　　　　　　　　　　　　　二〇×七年×月×日

三、带有强调事项段和其他事项段的审计报告

注册会计师的目标是，在对财务报表形成审计意见后，如果根据职业判断认为有必要在审计报告中增加强调事项段或其他事项段，那么就可以通过明确提供补充信息的方式，提醒财务报表使用者关注下列事项：

（1）尽管已在财务报表中恰当列报或披露，但对财务报表使用者理解财务报表至关重要的事项。

（2）未在财务报表中列报或披露，但与财务报表使用者理解审计工作、注册会计师的责任或审计报告相关的其他事项。

（一）强调事项段

强调事项段，是指审计报告中含有的一个段落，该段落提及已在财务报表中恰当列报或披露的事项，且根据注册会计师的职业判断，该事项对财务报表使用者理解财务报表至关重要。

在下列情形下，注册会计师应在审计报告中增加强调事项段。

（1）法律法规规定的财务报告编制基础是不可接受的，但其是基于法律法规做出的规定。

（2）提醒财务报表使用者关注财务报表按照特殊目的编制基础编制。

（3）注册会计师在审计报告日后知悉了某些事实（即期后事项），并且出具了新的或经修改的审计报告。

除了上述事项之外，注册会计师可能认为需要增加强调事项段的情形举例如下：

（1）异常诉讼或监管行动的未来结果存在不确定性。

（2）在财务报表日至审计报告日期发生的重大期后事项。

（3）在允许的情况下，提前应用对财务报表有重大影响的新会计准则。

（4）存在已经或持续对被审计单位财务状况产生重大影响的特大灾难。

如果在审计报告中包含强调事项段，注册会计师应当采用强调事项段。

（1）将强调事项段作为单独的一部分置于审计报告中，并使用包含"强调事项"这一术语的适当标题。

（2）明确提及被强调事项以及相关披露的位置，以便能够在财务报表中找到对该事项的详细描述。强调事项段应当仅提及已在财务报表中列报或披露的信息。

（3）指出审计意见没有因该强调事项而改变。

强调事项段在审计报告中的具体位置取决于拟沟通信息的性质，以及与按照《对财务报表形成审计意见和出具审计报告》的规定需要报告的其他要素相比较，注册会计师针对该信息对财务报表预期使用者的相对重要程度的判断如下。

当强调事项段与适用的财务报告编制基础相关时，包括当注册会计师确定法律法规规定的财务报告编制基础不可接受时，注册会计师可能认为有必要将强调事项段紧接在"形成审计意见的基础"部分之后，以为审计意见提供合适的背景信息。

（二）其他事项段

其他事项段，是指审计报告中含有的一个段落，该段落提及未在财务报表中列报或披露的事项，且根据注册会计师的职业判断，该事项与财务报表使用者理解审计工作、注册会计师的责任或审计报告相关。

如果认为有必要沟通虽然未在财务报表中列报或披露，但根据职业判断认为与财务报表使用者理解审计工作、注册会计师的责任或审计报告相关的事项，在同时满足下列条件时，注册会计师应当在审计报告中增加其他事项段。

（1）未被法律法规禁止。

（2）该事项未被确认为关键审计事项。

强调事项段在审计报告中的具体位置取决于拟沟通信息的性质，以及与按照《对财务报表形成审计意见和出具审计报告》的规定需要报告的其他要素相比较，注册会计师针对该信息对财务报表预期使用者的相对重要程度的判断如下。

当审计报告中包含关键审计事项部分，且其他事项段也被认为必要时，注册会计师可以在"其他事项"标题中增加进一步的背景信息，例如"其他事项——审计范围"，以将其他事项段和关键审计事项部分描述的每个事项予以区分；当增加其他事项段旨在提醒使用者关注与审计报告中提及的其他报告责任相关的事项时，该段落可以置于"按照相关法律法规的要求报告的事项"部分内。

带强调事项段和其他事项段的无保留意见审计报告格式如下。

参考格式 11-5

包含关键审计事项部分、强调事项段
及其他事项段的审计报告

背景信息：

（1）对上市实体整套财务报表进行审计。该审计不属于集团审计（不适用《中国注册会计师审计准则第 1401 号——对集团财务报表审计的特殊考虑》）。

（2）管理层按照《企业会计准则》编制财务报表。

（3）审计业务约定条款体现了《中国注册会计师审计准则第 1111 号——就审计业务

约定条款达成一致意见》中关于管理层对财务报表责任的描述。

（4）基于获取的审计证据，注册会计师认为发表无保留意见是恰当的。

（5）适用的相关职业道德要求为中国注册会计师职业道德守则。

（6）基于获取的审计证据，根据《中国注册会计师审计准则第 1324 号——持续经营》，注册会计师认为可能导致对被审计单位持续经营能力产生重大疑虑的事项或情况不存在重大不确定性。

（7）在财务报表日至审计报告日之间，被审计单位的生产设备发生了火灾，被审计单位已将其作为期后事项披露。根据注册会计师的判断，该事项对财务报表使用者理解财务报表至关重要，但在本期财务报表审计中不是重点关注过的事项。

（8）已按照《中国注册会计师审计准则第1504号——在审计报告中沟通关键审计事项》的规定沟通了关键审计事项。

（9）注册会计师在审计报告日前已获取所有其他信息，且未识别信息存在重大错报。

（10）已列报对应数据，且上期财务报表已由前任注册会计师审计。法律法规不禁止注册会计师提及前任注册会计师对对应数据出具的审计报告，并且注册会计师已决定提及。

（11）负责监督财务报表的人员与负责编制财务报表的人员不同。

（12）除财务报表审计外，注册会计师还承担法律法规要求的其他报告责任，且注册会计师决定在审计报告中履行其他报告责任。

审 计 报 告

ABC 股份有限公司全体股东：

一、对财务报表出具审计意见

（一）审计意见

我们审计了 ABC 股份有限公司（以下简称 ABC 公司）财务报表，包括20×6年12月31日的资产负债表，20×6年度的利润表、现金流量表、股东权益变动表及相关财务报表附注。

我们认为，后附的财务报表在所有重大方面按照《企业会计准则》的规定编制，公允反映了 ABC 公司20×6年12月31日的财务状况以及20×6年度的经营成果和现金流量。

（二）形成审计意见的基础

我们按照中国注册会计师审计准则的规定执行了审计工作。审计报告的"注册会计师对财务报表审计的责任"部分进一步阐述了我们在这些准则下的责任。按照中国注册会计师职业道德守则，我们独立于 ABC 公司，并履行了职业道德方面的其他责任。我们相信，我们获取的审计证据是充分、适当的，为发表审计意见提供了基础。

（三）强调事项

我们提醒财务报表使用者关注，财务报表附注×描述了火灾对 ABC 公司的生产设备造成的影响。本段内容不影响已发表的审计意见。

（四）关键审计事项

关键审计事项是我们根据职业判断，认为对本期财务报表审计最重要的事项。这些事项的应对以对财务报表整体进行审计并形成审计意见为背景,我们不对这些事项单独发表意见。(按照《中国注册会计师审计准则第 1504 号——在审计报告中沟通关键审计事项》的规定描述每一关键审计事项。)

(五)其他事项

20×5 年 12 月 31 日的资产负债表,20×5 年度的利润表、现金流量表、股东权益变动表以及相关财务报表附注由其他会计师事务所审计,并于 20×6 年 3 月 31 日发表了无保留意见。

(六)其他信息

ABC 公司管理层(以下简称管理层)对其他信息负责。其他信息包括×报告中涵盖的信息,但不包括财务报表和我们的审计报告。

我们对财务报表发表的审计意见不涵盖其他信息,我们也不对其他信息发表任何形式的鉴证结论。

结合我们对财务报表的审计,我们的责任是阅读其他信息,在此过程中,考虑其他信息是否与财务报表或我们在审计过程中了解的情况存在重大不一致或者似乎存在重大错报。

基于我们已执行的工作,如果我们确定其他信息存在重大错报,我们就应当报告该事实。在这方面,我们无任何事项需要报告。

(七)管理层和治理层对财务报表的责任

ABC 公司管理层(以下简称管理层)负责按照《企业会计准则》的规定编制财务报表,使其实现公允反映,并设计、执行和维护必要的内部控制,以使财务报表不存在由于舞弊或错误导致的重大错报。

在编制财务报表时,管理层负责评估 ABC 公司的持续经营能力,披露与持续经营相关的事项(如适用),并运用持续经营假设,除非管理层计划清算 ABC 公司、终止运营或别无其他现实的选择。

治理层负责监督 ABC 公司的财务报告过程。

(八)注册会计师对财务报表审计的责任

我们的目标是对财务报表整体是否不存在由于舞弊或错误导致的重大错报获取合理保证,并出具包含审计意见的审计报告。合理保证是高水平的保证,但并不能保证按照审计准则执行的审计在某一重大错报存在时总能发现。错报可能由于舞弊或错误导致,如果合理预期错报单独或汇总起来可能影响财务报表使用者依据财务报表做出的经济决策,则通常认为错报是重大的。

在按照审计准则执行审计工作的过程中,我们运用职业判断,并保持职业怀疑。同时,我们也执行以下工作。

(1)识别和评估由于舞弊或错误导致的财务报表重大错报风险,设计和实施审计程序以应对这些风险,并获取充分、适当的审计证据,作为发表审计意见的基础。由于舞弊可能涉及串通、伪造、故意遗漏、虚假陈述或凌驾于内部控制之上,未能发现由于舞弊导致的重大错报的风险高于未能发现由于错误导致的重大错报的风险。

(2)了解与审计相关的内部控制,以设计恰当的审计程序,但目的并非是对内部控制的有效性发表意见。

（3）评价管理层选用会计政策的恰当性和做出会计估计及相关披露的合理性。

（4）对管理层使用持续经营假设的恰当性得出结论。同时，根据获取的审计证据，就可能导致对 ABC 公司持续经营能力产生重大疑虑的事项或情况是否存在重大不确定性得出结论。如果我们得出结论认为存在重大不确定性，那么审计准则要求我们在审计报告中提请报表使用者注意财务报表中的相关披露；如果披露不充分，我们就应当发表非无保留意见。我们的结论基于截至审计报告日可获得的信息。然而，未来的事项或情况可能导致 ABC 公司不能持续经营。

（5）评价财务报表的总体列报、结构和内容（包括披露），并评价财务报表是否公允反映相关交易和事项。

我们与治理层就计划的审计范围、时间安排和重大审计发现等事项进行沟通，包括沟通我们在审计中识别的值得关注的内部控制缺陷。

我们还就已遵守与独立性相关的职业道德要求向治理层提供声明，并与治理层沟通可能被合理认为影响我们独立性的所有关系和其他事项，以及相关的防范措施（如适用）。

从与治理层沟通过的事项中，我们确定哪些事项对本期财务报表审计最重要，因而构成关键审计事项。我们在审计报告中描述这些事项，除非法律法规禁止公开披露这些事项，或在极少数情形下，如果合理预期在审计报告中沟通某事项造成的负面后果超过在公众利益方面产生的益处，我们确定不应在审计报告中沟通该事项。

二、按照相关法律法规的要求报告的事项

（见参考格式 11-1。）

ABC 会计师事务所　　　　　　　　　　　　　中国注册会计师：×××

（盖章）　　　　　　　　　　　　　　　　　　　（签名并盖章）

　　　　　　　　　　　　　　　　　　　　　　中国注册会计师：×××

　　　　　　　　　　　　　　　　　　　　　　　（签名并盖章）

中国××市　　　　　　　　　　　　　　　　二〇×七年×月×日

第八节　管理建议书

一、管理建议书的含义

所谓管理建议书，是指注册会计师在完成审计工作后，针对审计过程中已注意到的，可能导致被审计单位财务报表产生重大错误报告的内部控制重大缺陷提出书面建议。现行审计准则要求，注册会计师在审计过程中注意到的内部控制的一般问题，可以用口头或其他恰当的方式向被审计单位有关人员提出；对审计过程中注意到的内部控制重大缺陷，应当告知被审计单位管理当局，必要时，可出具管理建议书。

二、管理建议书的作用

管理建议书的作用表现在以下方面：一方面，由于注册会计师的职业特点，在审计过程中按规定需要检查被审计单位的内部控制系统，能够了解被审计单位经营管理中的关键所在。通过管理建议书，可以针对内部控制弱点，提供进一步完善内部控制，改进会计工作，提高经营管理水平的参考意见。这种意见最及时、有效，能促使被审计单位注意加强控制，改善工作，以防止弊端的发生。另外，注册会计师借助管理建议书，事先提出了改进建议，可以把注册会计师的法律责任降低到最低限度。

三、管理建议书的内容

管理建议书应包括如下内容。

（1）标题，管理建议书的标题应当统一规范为"管理建议书"。

（2）收件人，管理建议书的收件人应为被审计单位管理当局。

（3）会计报表审计目的及管理建议书的性质，管理建议书应当指明审计目的是对会计报表发表审计意见，管理建议书仅指出了注册会计师在审计过程中注意到的内部控制重大缺陷，不应被视为对内部控制发表的鉴证意见，所提建议不具有强制性和公证性。

（4）内部控制重大缺陷及其影响和改进建议，管理建议书应当指明注册会计师在审计过程中注意到的内部控制设计及运行方面的重大缺陷，包括前期建议改进但本期仍然存在的重大缺陷。

（5）使用范围及使用责任，管理建议书应当指明其仅供被审计单位管理当局内部参考，因使用不当造成的后果，与注册会计师及其所在会计师事务所无关。

（6）签章。管理建议书应当由注册会计师签章，并加盖会计师事务所公章。

（7）日期。管理建议书应当注明日期。

四、管理建议书与审计报告的区别

管理建议书和审计报告是针对同一委托事项，执行完审计业务以后形成的意见，但两者有着明显的区别，主要表现在以下方面。

（1）内容不同。管理建议书的基本内容一般包括：标题、收件人、会计报表审计目的及管理建议书的性质、内部控制重大缺陷及其影响和改进建议、使用范围及使用责任、签章、日期。但是日期没有明确的规定，段落也没有严格的限制。

审计报告基本内容一般包括：标题、收件人、引言段、管理层对财务报表的责任段、注册会计师的责任段、审计意见段、注册会计师的签名和盖章、会计师事务所的名称、地址及盖章、报告日期，日期和段落都有严格的规定。注册会计师可以根据需要在审计报告中增加说明段和强调事项段。

（2）对象不同。管理建议书与审计报告是同一委托项目的不同结果。管理建议书是针对与审计相关的内部控制提出的；审计报告是针对被审计单位的会计报表提出的。

（3）责任不同。管理建议书可以提出，也可以不提出，是一种非法定业务。审计报告是针对会计报表提出的，是必须出具的，是法定业务，具有法定责任。

（4）作用及影响程度不同。管理建议书无须对外报送，仅提供给被审计单位管理当局，供内部参考，不对外报送，影响面小，而审计报告要向外报送，影响大。

管理建议书的参考格式如下。

参考格式 11-6

管理建议书

××公司：

　　我们接受委托，对××公司（以下简称"贵公司"）截至20×6年6月30日的××结果进行专项审计，并于20×6年××月××日出具了××××审字（2004）第××××号××专项审计报告。我们提供的这份管理建议书是基于为贵公司服务的目的，根据××××过程中发现的问题而提出的。由于我们主要是参与贵公司××××工作，并没有对贵公司的内部控制和管理过程进行专门的测试，所以管理建议书中包括的内部控制及管理中的缺陷，仅是我们在参与贵公司××××的过程中注意到的，不应被视为对内部控制及管理发表的鉴证意见，所提建议不具有强制性和公正性。

　　在××××专项财务审计过程中，我们注意到贵公司内部控制存在如下问题，希望能引起贵公司管理当局的注意。

一、财务管理方面

（一）货币资金管理方面

1. 存在问题

（1）未达账项金额是否较大、时间是否较长，列出金额较大、时间较长的未达账项明细。

（2）开户银行是否较多，是否能与银行及时对账，大额的借出款项（如基建借款）是否常年以借出人的名义挂在往来中，外币及大额人民币存款是否以个人名义存入银行。

（3）企业的资金管理是否集中，是否存在相互牵制的内控制度，是否容易形成账外小金库，大额资金支出的批准权限是否明确，资金的使用支出是否有预先制订的资金使用计划，资金使用计划的批准权限是否合理。

2. 完善建议

（针对上述情况，结合企实际，提出合理化建议）贵公司应采取以下措施：×××。

（二）债权、债务管理方面

1. 存在问题

（1）是否存在三年以上账龄的往来款项，在日常核算中是否存在由于未能及时收到对方单位开出的发票而未做账务处理，造成成本少记或成本没有计入正确的会计期间。

（2）往来账项是否挂在个人头上，未按客户核算，债权账龄较长，是否存在由于相关人员职位调整，新老人员业务不能很好衔接，造成对已存在的部分债权催收不力，企业在对债权的催收方面是否有相应的激励措施。

（3）企业是否建立了客户信誉评分制度，严格控制应收款项的限额，对各类客户进行分类、区别对待，是否有严格控制对信誉差或财务状况恶化单位的赊销业务的措施，是否定期与对方单位进行对账、结账。

（4）企业与下属公司以及下属公司之间的内部往来是否存在差异，未能核对一致，并且对同一单位的往来不在同一个明细账户进行核算。

（5）其他应收款中是否有大量的个人借款，对其中的费用性支出未及时核销。

2. 完善建议

针对上述情况，结合企业的实际情况，提出一套完整的债权、债务管理建议：×××。

（三）存货管理

1. 存在问题

（1）是否存在对原材料的核算采用"以领代耗"制，期末未对存放在各分厂（车间）的原材料进行盘点，导致企业期末少计资产、多计成本支出，虚减利润。

（2）是否存在高留低转形成虚假存货，有些合同已经完工，但在结转时只结转部分成本。

（3）存货是否未设数量金额账；是否建立了一贯有效执行的存货盘点制度。

（4）企业是否建立了对实物管理及采购部门进行监督控制所必要的组织保障。

（5）是否存在残次、报废、弃用的存货，未能及时予以处理，财务账与实物账是否一致。

2. 完善建议

针对上述情况，提出一套完整的存货管理建议：×××。

（四）长期投资管理方面

1. 存在问题

（1）对外投资决策与管理是否让财务部门充分参与，投资行为是否与投资的财务管理脱节，投资项目是否有可行性分析报告，是否建立了投资行为的风险控制制度。

（2）是否存在长期投资金额数量多、主业分散，无持续经营能力、已注销或长期停业的投资单位财务资料有不同程度的散失现象；是否存在非法人企业注销未及时进行并账工作，使财务信息严重失真，并丧失了对其实物进行回收处置及其债权进行催要的机会，大量实物资产盘亏的现象。

（3）长期投资中是否存在原始投资与被投资单位的实收资本不一致的情况，对部分被投资企业未进行有效管理监控，并且存在出资不实的情况；是否存在被投资单位营业执照、验资报告以及账面实收资本数额不一致，但并没有办理相关的产权转移和变更登记手续的情况。

2. 完善建议

针对上述情况，结合企业实际，提出一套完整的长期投资管理建议：×××。

（五）固定资产管理方面

1. 存在的问题

（1）财务部门是否设立了独立的固定资产明细账，计提的累计折旧是否落实到单项资产，固定资产台账是否由财务部门管理，财务部门是否能与其他部门协调对固定资产进行及时有效的监督与管理，账与物是否存在脱节现象。

（2）是否存在在建工程未能及时结转固定资产的情况，导致较多的在建工程完工后未能及时向使用部门办理移交手续，在会计核算上也有未结转固定资产（或虽已结转固定资产，但转固价值不完整）。

（3）是否存在固定资产已处理，但未及时入账的情况，实物资产购置、转移和处置是否缺乏相应完备的手续。

（4）固定资产是否进行了编号，编号与实物是否相符，账面与实物是否一一对应。

（5）是否存在固定资产购置后长期闲置，无法发挥应有作用的现象。

2. 完善建议

针对上述情况，结合企业实际，提出一套固定资产管理建议：×××。

（六）工程建设方面

（1）对工程物资收发存是否做出相应的账务记录。

（2）是否建立了对工程项目的投资立项及验收制度。

针对上述情况，提出管理建议：×××。

（七）收入及成本核算方面

1. 存在的问题

（1）企业对成本的核算是否按产品（项目）归集。

（2）成本的核算是否符合相关会计制度的规定。

（3）收入的确认是否符合相关会计制度的规定，收入和成本是否配比。

2. 完善建议

针对上述问题，结合企业实际，提出收入成本核算方面的建议:xxx。

二、综合管理方面

1. 内部审计

企业是否设置了内部审计机构，内部审计是否发挥了重要作用。

2. 对外担保

企业是否建立了对外担保的立项、考察、审批登记等制度，严格担保权限和金额控制，对此提出合理建议。

3. 会计工作机构及会计人员配备

是否设立了与企业规模相适应的独立的会计机构和专职的会计人员。

4. 关于合并报表

是否存在以下情况，并提出合理建议。

（1）内部往来差异较大

纳入合并会计报表范围的各子公司之间以及子公司与母公司之间存在大量的内部往来、内部交易，但由于各方入账时间以及票据传递不及时等原因，导致其间未抵销的内部往来核对差异和内部交易金额较大，直接影响了合并报表的真实性、公允性。

（2）会计政策和会计估计存在差异

母公司与纳入合并范围的子公司执行的会计制度、会计政策存在差异，前后各期执行的会计政策和会计估计也存在差异，但在编制合并会计报表时未对相关会计制度、会计政策的差异进行调整。

（3）内部购销业务、内部未实现利润未进行抵销。

在编制合并会计报表时，根据重要性原则应将内部购销业务、内部未实现利润进行抵消。

5. 会计电算化

财务部门在用的计算机从性能和功能上是否能适应企业日益增多的信息处理与深加工的需要，电算化软件的选用是否适当，电算化核算的结果是否符合相关会计制度的规定。

三、资产结构及财务状况方面

主要对各单位的资产结构、流动能力、盈利能力、偿债能力等财务指标进行分析，对存在异常的指标提出建议如下。

短期资产在总资产中的比例，对外投资、无形资产在总资产中的比例，短期、长期负债在总负债中的比例；流动比例、速动比例、资产负债率；毛利率、收入利润率、收入管理费用率、收入营业费用率；应收账款、存货、流动资产、总资产周转率等财务指标。

四、资本运营方面

（1）企业的对外扩张速度能否与自身管理相匹配。

（2）企业的资本运营是否与企业的长期发展战略相一致。

（3）企业的资本运营成本是否与收益相匹配。

（4）目前企业的哪些产业（或产品、分厂、子公司）应当关停并转。

（5）目前企业的哪些优良资产应当组合，通过组合分析是否符合发起设立股份公司和上市的基本条件。

五、法人治理结构方面

（1）分析企业组织结构图，是否与企业规模及实际情况相适应。

（2）股东会、董事会（经理办公会）、总经理的职权范围及决策程序是否符合公司章程和公司法的有关规定。

（3）是否建立了各部门之间相互牵制、相互监督的管理机制。

针对上述情况，结合企业实际，提出管理建议。

ABC 会计师事务所	中国注册会计师：×××
（盖章）	（签名并盖章）
	中国注册会计师：×××
	（签名并盖章）
中国××市	二〇×七年×月×日

思 考 题

1. 审计报告是什么？审计报告包括哪些内容？
2. 审计报告的分类方法有哪些？
3. 期初余额审计的目标是什么？期初余额审计实施的程序有哪些？
4. 期后事项是什么？期后事项审计目标及包括的审计程序是什么？
5. 或有事项的审计目标是什么？或有事项有哪些特征？
6. 评价审计结果包括哪些内容？
7. 管理建议书的含义及作用是什么？

业 务 题

1. 资料：在对 X 公司审计过程中，A 注册会计师和 B 注册会计师均注意到以下事项：

X 公司会计政策规定，对应收款项采用账龄分析法计提坏账准备。确定的坏账准备计提比例分别为：账龄 1 年以内的（含 1 年，以下类推），按其余额的 15%计提；账龄 1～2 年的，按其余额的 40%计提；账龄 2～3 年的，按其余额的 60%计提；账龄 3 年以上的，按其余额的 80%计提。X 公司 20×6 年 12 月 31 日未经审计的预收款项账面余额为 23 445 000 元，明细情况如下。

客户名称账龄	1 年以内	1～2 年	2～3 年	3 年以上
预收款项-a 公司	30 150 000			
预收款项-b 公司		2 100 000		
预收款项-c 公司	600 000		25 000	
预收款项-d 公司	–9 500 000			
预收款项-e 公司				70 000
小 计	21 250 000	2 100 000	25 000	70 000

要求

对上述情况分析，是否存在错误，如果存在错误，请提出调整建议并编制调整分录。

答案及解析

预收款项明细科目中存在借方余额，应该重分类到应收账款项目中。

借：应收账款——d 公司　　　　　　　　　　　　　　9 500 000
　　贷：预收款项——d 公司　　　　　　　　　　　　　　9 500 000
补提坏账准备金额=9 500 000×15%=1 425 000（元）
借：资产减值损失—计提坏账准备　　　　　　　　　　1 425 000
　　贷：应收账款—坏账准备　　　　　　　　　　　　　　1 425 000

2. Y 公司系公开发行 A 股的上市公司，假定北京 ABC 会计师事务所的 A 注册会计师和 B 注册会计师负责对其 20×6 年度财务报表进行审计，20×7 年 2 月 20 日完成审计工作。假定 Y 公司 20×6 年度财务报告于 20×7 年 3 月 10 日经董事会批准，并于同日报送证券交易所。

Y 公司未经审计的 20×6 年度财务报表中的部分会计资料如下。

万元

项 目	金额	项 目	金额
资产总额	42 000	未分配利润	6 000
股本	15 000	利润总额	3 000
资本公积——股本溢价	8 000	净利润	2 400
法定盈余公积	2 000		

A 注册会计师和 B 注册会计师确定 Y 公司 20×6 年度财务报表层次的重要性水平为 300 万元。经审计，A 注册会计师和 B 注册会计师发现 Y 公司存在以下事项。

Y 公司为 G 公司向银行借款 3 000 万元提供信用担保。20×6 年 10 月，G 公司因经营严重亏损，进行破产清算，无力偿还已到期的该笔银行借款。银行因此向法院起诉，要求 Y 公司承担担保连带责任，支付借款本息 3 200 万元。20×7 年 2 月 5 日，法院终审判决银行胜诉，并于 2 月 15 日执行完毕。考虑到无法向 G 公司追偿，Y 公司在 20×7 年 2 月支付该笔款项的同时，将其全额计入当月营业外支出项目。对上述事项，Y 公司拟在 20×6 年度财务报表附注中按规定予以披露。

要求

如果不考虑重要性水平，针对上述事项，请回答 A 注册会计师和 B 注册会计师是否需要提出审计处理建议？若需提出审计调整建议，请直接列示审计调整分录（审计调整分录不考虑对 Y 公司 20×6 年度的企业所得税、期末结转损益及利润分配的影响）。

答案及解析

A 和 B 注册会计师应提请 Y 公司 2009 年度做以下调整分录：

借：营业外支出　　　　　　　　　　　　　　　　　　3 200
　　贷：其他应付款　　　　　　　　　　　　　　　　3 200

3. ABC 会计师事务所接受甲公司委托审计其 20×5 年度财务报表，A 注册会计师为项目合伙人，并出具了保留意见的审计报告。20×6 年 10 月，甲公司决定改聘 EFG 会计师事务所审计其 20×6 年度财务报表，并签订了审计业务约定书。甲公司同意 EFG 会计师事务所与 ABC 会计师事务所进行沟通。

（1）B 原为甲公司总经理，于 20×6 年 5 月离开甲公司加入 EFG 会计师事务所，EFG 会计师事务所将其纳入 20×6 年度财务报表审计项目组。

（2）EFG 会计师事务所从 B 那里了解甲公司目前经营状况良好，重大错报风险不高，因此决定不再执行其他了解程序，直接进入进一步审计程序。

（3）EFG 会计师事务所在承接业务之前与 ABC 会计师事务所进行了电话沟通，并将沟通的情况记录在了审计工作底稿中。

要求

（1）根据上述事项（1）～事项（3），逐项说明是否恰当，简要说明理由。

（2）在本期的审计过程中发现，以前针对上期财务报表发表保留意见的事项仍未解决，注册会计师应当如何定夺本期报表意见？

答案及解析

（1）事项（1）不恰当。在 2013 年度，B 曾经担任甲公司总经理，现加入 EFG 会计师事务所成为审计项目组成员，将因自我评价对独立性产生非常严重的不利影响。EFG 会计师事务所不应将 B 分派到审计项目组。

事项（2）不恰当。了解被审计单位及其环境是必须执行的审计程序，不能因为经营状况良好而选择不执行。

事项（3）恰当。前后任注册会计师之间的沟通可以采用书面或口头的方式进行，但必须对沟通的情况予以记录，以便完整反映审计工作的轨迹。

（2）应发表非无保留意见。

① 如果未解决事项对本期数据的影响或可能的影响是重大的，注册会计师应当在导致非无保留意见事项段中同时提及本期数据和对应数据。

② 如果未解决事项对本期数据的影响或可能的影响不重大，注册会计师应当说明，由于未解决事项对本期数据和对应数据之间可比性的影响或可能的影响，因此发表了非无保留意见。

第十二章

内部控制审计

BY 投资退市事件

珠海市 BY 投资股份有限公司（以下简称 BY 投资），原名为浙江省 FH 化工股份有限公司，成立于 1988 年 1 月 21 日，于 1990 年 12 月 19 日在上海证券交易所正式挂牌上市。2014 年 6 月 17 日，BY 投资因涉嫌信息披露违法违规行为被广东证监局立案调查，调查结果显示，BY 投资 2011 年 4 月 29 日公告的控股股东×××已经履行及代付的股改业绩承诺资金逾 3.8 亿元未真实履行到位。为掩盖这一事实，BY 投资在 2011—2014 年，多次伪造银行承兑汇票，虚构用股改业绩承诺资金购买银行承兑汇票、票据置换、贴现、支付预付款等重大交易，并虚增资产、负债、营业收入和利润，披露财务信息严重虚假的定期报告。2015 年 3 月 26 日，BY 投资因涉嫌违规披露、不披露重要信息罪和伪造、变造金融票证罪，被中国证监会依法移送公安机关。2016 年 3 月 21 日，因触及重大信息披露违法退市标准，上证所决定 BY 投资股票终止上市。2016 年 5 月 13 日，BY 投资股票被上证所摘牌，将在 45 个交易日内转入全国中小企业股份转让系统进行转让。至此，BY 投资成为首家因重大信息披露违法退市的 A 股上市公司。

BY 投资违法违规行为严重被退市，也反映出其内部控制存在严重缺陷。但是根据资料显示，2012—2013 年，×××会计师事务所对 BY 投资内部控制审计报告出具了标准无保留意见，BY 投资并未对内部控制审计报告的主要内容进行披露。2011 年，BY 投资公司已经出现财务造假的行为，说明其内部控制失效已久，但是注册会计师仍出具标准无保留意见，反映这一外部监督机制有失公允，并不能公正地审查企业内部控制的问题。直到 2014 年 ABC 事务所对博元投资内部控制审计报告出具了否定意见，指出其财务报告内部控制存在以下缺陷。

（1）公司子公司珠海 XS 企业管理咨询有限公司未按照印章管理制度使用印章，公司存在两套印章并均在银行预留印鉴，该缺陷将会导致资金运营及其他业务活动存在重大舞弊风险，与之相关财务报告内部控制执行失效。

（2）公司未设立风险管理部门，对于部分重大投资事项，企业没有进行事前风险评估程序，无可行性研究报告，也无各级审批流程和投资方案。上述重大缺陷影响了财务报表中长期股权投资、可供出售金融资产计价和分摊，与之相关的财务报告内部控制失效。

（3）公司部分资金支付存在无相应权限人员在资金支付及汇款审批上签字审批的情

况，同时公司现金日记账与库存现金明细账存在不相符情况。上述重大缺陷可能导致资金运营存在重大舞弊风险，与之相关的内部控制失效。

（4）公司收到的银行承兑汇票背书信息不完整，同时公司对逾期银行借款没有按照合同约定利率计算方式计提利息。上述重大缺陷影响了财务报表中其他业务收入的发生、财务费用的准确性、应付利息的计价，与之相关的财务报告内部控制失效。

（5）公司没有对供应商、客户引入制定审批制度，无对供应商、客户资信等级进行评估的制度，也未对合同进行连续编号，同时公司没有严格执行每月与客户对账的制度。上述重大缺陷影响了应收账款及应收账款计价、资产减值的准确性，与之相关的财务报告内部控制失效。

此外，在审计过程中，ABC 事务所还发现了 BY 投资在非财务报告内部控制上存在重大缺陷，主要表现为没有设立审计部，也未设立其他部门和制定相应制度以降低管理层和治理层凌驾于控制之上的风险。

资料来源：摘自东方财富网.

从上述案例可以知道，虽然 BY 投资因为重大信息披露违法被强制退市，为 A 股市场带来了巨大震惊，但是，其内部控制形同虚设，存在严重的缺陷早已为其退市埋下了巨大的隐患。因此，上市公司除了建立健全完善的内部控制机制外，更应该加大执行力度，尤其注重对风险的控制与预测，公开、及时、正确地披露公司的信息，确保内部控制制度不是形同虚设。此外，审计机构应该保持审计的独立性和谨慎性原则，为市场提供准确的公司内部控制审计报告，保护投资者利益。

第一节　内部控制审计与整合审计概述

一、内部控制审计的含义和范围

（一）内部控制审计的含义

内部控制审计是指会计师事务所接受委托，对特定基准日内部控制设计与运行的有效性进行审计。值得注意的是，虽然内部控制审计是注册会计师对基准日（如年末 12 月 31 日）内部控制的有效性发表意见，而不是对财务报表涵盖的整个期间（如 1 年）的内部控制的有效性发表意见，但是，这并不意味着注册会计师只关注被审计单位基准日当天的内部控制。对有些内部控制，注册会计师需要考察足够长的时间，才能得出是否有效的结论。

（二）内部控制审计范围

根据我国《企业内部控制审计指引》的规定，注册会计师应当对财务报告内部控制的有效性发表审计意见，并对内部控制审计过程中注意到的非财务报告内部控制存在的重大缺陷，在内部控制审计报告中增加"非财务内部控制重大缺陷描述段"，予以披露。

财务报告内部控制是指企业为了合理保证财务报告及相关信息真实完整而设计和运

行的内部控制,以及用于保护资产安全的内部控制中与财务报告可靠性目标相关的内部控制,主要包括以下政策和程序:保存充分;适当的记录,准确、公允地反映企业的交易和事项;合理保证按照《企业会计准则》的规定编制财务报表;合理保证收入和支出的发生以及资产的取得、使用或处置经过适当授权;合理保证及时防止或发现并纠正未经授权、对财务报表具有重大影响的交易和事项。

非财务报告内部控制是指除财务报告内部控制之外的其他控制,通常是指为了合理保证除财务报告及相关信息、资产安全外的其他控制目标的实现而设计和运行的内部控制。

(三)财务报告内部控制审计与财务报表审计的关系

财务报告内部控制审计与财务报表审计之间既有区别又有联系。两者之间存在的联系主要有以下几个方面。

(1)两者最终目的一致。虽然两者各有侧重,但最终目的均是提高财务信息质量和财务报告的可靠性,为利益相关者提供高质量的信息。

(2)两者均可以采取风险导向审计模式。审计人员首先实施风险评估程序,识别和评估重大错报存在的风险。在此基础上,有针对性地采取应对措施,实施相应的审计程序。

(3)两者都要求了解和测试内部控制,并且对内部控制有效性的定义和评价方法相同,都可能用到询问、检查、观察、穿行测试、重新执行等方法和程序。

(4)两者均要求识别重点账户、重要交易类别等重点审计领域。注册会计师在财务报告审计中,需要评价这些重点账户和重要交易类别是否存在重大错报;在内部控制审计中,需要评价这些账户和交易是否被内部控制所覆盖。

(5)两者确定的重要性水平相同。注册会计师在财务报告审计中确定重要性水平的目的是检查财务报告中是否存在重大错报;在财务报告内部控制审计中确定重要性水平的目的是检查财务报告内部控制是否存在重大缺陷。由于审计对象、判断标准相同,因此两者在审计中确定的重要性水平也相同。

虽然两者存在多方面的联系,但是财务报告审计是为了提高财务报告可信赖程度,重在审计"结果",而内部控制审计是对保证企业财务报告质量的内在机制的审计,重在审计"过程"。两者之间的差异主要有以下几个方面。

(1)两者具体审计目标不同。内部控制审计是对内部控制有效性发表审计意见,并对注意到的非财务报告内部控制的重大缺陷进行披露。财务报表审计是对财务报表是否符合企业会计准则,是否公允反映被审计单位的财务状况和经营成果发表意见。

(2)两者对内部控制的了解和测试的目的不同。内部控制审计对内部控制设计和运行的有效性发表意见。财务报表审计了解内部控制是为了评估重大错报风险,测试内部控制是为了进一步证明了解内部控制时得出的初步结论,了解和测试内部控制是为了给财务报表发表审计意见。

(3)两者测试范围不同。内部控制审计是对所有重要账户、各类交易和列报的相关认定进行测试。财务报表审计在以下两种情况下需要进行控制测试:一是拟信赖控制运行的有效性；二是仅实施实质性程序并不能够提供认定层次充分、适当的审计证据。

（4）两者测试时间不同。内部控制审计不需要测试整个会计期间，但需要测试足够长的期间。财务报表审计需要测试整个会计期间。

（5）两者测试样本量不同。内部控制审计对结论可靠性的要求高，测试样本量大。财务报表审计测试样本相对较小。

二、整合审计概述

（一）整合审计的含义

整合审计并不是一种新的审计方式，而是由同一家会计师事务所对被审计单位进行财务报表审计和内部控制审计，通过设置一套审计程序、方法和流程，执行两种审计目标。简单来说，就是出具一份审计报告，对财务报表审计和内部控制审计的目标进行阐述，即一套程序、一套流程，两个目标——内部控制有效性、财务报表公允性和合法性。事实上，整合审计就是在财务报表审计、内部控制审计合计的基础上，有效地进行资源整合，对重复的步骤予以删减，对重复的流程予以简化，设计合适的环节，同时实现两种审计目标。在整合审计中，注册会计师应当对内部控制设计与运行的有效性进行测试，以同时实现下列目标：获取充分、适当的证据，支持其在内部控制审计中对内部控制有效性发表的意见；获取充分、适当的证据，支持其在财务报表审计中对控制风险的评估结果。

（二）实施整合审计的可操作性

通过前面部分内部控制审计和财务报表审计的联系与区别的分析，我们可以发现两者的差异主要是具体目标、报告类型等属性上的实质差异，这些决定了内部控制审计独立于财务报表审计。但是在技术层面和实务工作中，两者之间的大量工作内容相近，有很多的基础工作可以共享，因此这两项审计工作完全可以整合进行。例如：当注册会计师同时接受委托对财务报表和内部控制进行审计时，注册会计师需要对内部控制进行审计并形成结论，在进行财务报表审计时可以直接利用内部控制审计报告中对内部控制有效性的结论进行控制风险的评估，最终确定实质性程序的性质、时间和范围。

（三）实施整合审计的意义

从被审计单位来看，实施整合审计主要有以下优点：第一，减少被审计单位的审计成本，降低其经济负担。同一家会计师事务所将两者审计业务有机整合的成本将远远低于在财务报表审计的基础上单独增加内部控制审计的成本。第二，避免被审计单位重复提供审计证据，减轻其工作负担。财务报表审计实施过程实际上包含了获取大量的与财务报表可靠性相关的内部控制审计的证据。由同一事务所对其进行有机整合可以减少审计单位的工作量，有效地避免重复取证。

从审计单位角度来看，整合审计有以下优点：第一，印证审计证据的真实性与可靠性，降低审计风险。两种审计所获取的证据具有极大的相关性。一方面，注册会计师可以根据来自内部控制的证据调整财务报表审计中执行实质性审计程序的性质、时间安排和范围。另一方面，执行财务报表审计程序的结果，也有利于注册会计师在确定针对某些控制的有效性得出结论所必需的测试时做出的风险评估。第二，可以减少注册会计师工作量，提高工作效率。某一类审计中发现的问题可能可以为另一种审计提供线索和思路，将两种审计方式进行整合，可以互相利用对方的工作成果，提高审计工作效率。

第二节 内部控制审计的主要步骤

内部控制审计主要包括签订单独内部控制审计业务约定书、计划内部控制审计工作、实施内部控制审计、编制内部控制审计工作底稿、评价内部控制缺陷、完成内部控制审计工作和出具内部控制审计报告等。

一、签订单独内部控制审计业务约定书

如果决定接受或保持内部控制审计业务，会计师事务所就应当与被审计单位签订单独的内部控制审计业务约定书。业务约定书应当至少包括下列内容：①内部控制审计的目标和范围；②注册会计师的责任；③被审计单位的责任；④指出被审计单位采用的内部控制标准；⑤提及注册会计师拟出具的内部控制审计报告的形式和内容，以及对在特定情况下出具的内部控制审计报告可能不同于预期形式和内容的说明；⑥审计收费。

二、计划内部控制审计工作

企业在制订内部控制审计计划前，注册会计师应当向被审计单位获取有关内部控制有效性的书面认定，以及内部控制手册、流程图和调查问卷等，并利用其他相关人员的工作，从而确定重要性水平（应当使用与财务报表审计相同的重要性水平），评估审计风险。

在计划审计工作时，注册会计师应当评价下列事项对内部控制、财务报表以及审计工作的影响。

1. 与企业相关的风险

注册会计师通常通过询问被审计单位的高级管理人员，考虑宏观形势对企业的影响并结合以往的审计经验，了解企业在经营活动中面临的各种风险，并重点关注那些对财务报表可能产生重要影响的风险以及这些风险当年的变化。这样可以帮助识别重大错报风险，继而帮助注册会计师识别重要账户、重要列报和相关认定以及识别重大业务流程，对内部控制审计的重大风险形成初步评价。

2. 相关法律法规和行业概况

注册会计师应当了解与被审计单位业务相关的法律法规以及合规性，并初步判断是否可能造成非财务报告内部控制的重大缺陷。另外，注册会计师还应该了解行业因素以确定其对被审计单位经营环境的影响。

3. 企业组织结构、经营特点和资本结构等相关重要事项

注册会计师了解企业的这些情况，以便评价企业是否存在可能引起重大错报的非常

规业务和关联交易，是否构成重大错报风险，以及相关的内部控制是否可能存在重大缺陷。

  4. 企业内部控制最近发生变化的程度

  注册会计师应当了解被审计单位本期内部控制发生的变化以及变化的程度，从而相应地调整审计计划。

  5. 与企业沟通过的内部控制缺陷

  注册会计师应当了解被审计单位对以前年度审计中发现的内部控制缺陷所采取的改进措施及改进结果，并相应适当地调整本年的内部控制审计计划。如果以前年度发现的内部控制缺陷未得到有效整改，则注册会计师需要评价这些缺陷对当期的内部控制审计意见的影响。

  注册会计师应当阅读企业当期的内部审计报告，评价内部审计报告中发现的控制缺陷是否与内部控制审计相关且对内部控制审计程序和审计意见的影响。

  6. 重要性、风险等与确定内部控制重大缺陷相关的因素

  对于已识别的风险，注册会计师应当评价其对财务报表和内部控制的影响程度。注册会计师应当更多地关注内部控制审计的高风险领域，而没有必要测试那些即使有缺陷也不可能导致财务报表重大错报的控制。

  7. 对内部控制有效性的初步判断

  注册会计师综合上述考虑以及借鉴以前年度的审计经验，形成对企业内部控制有效性的初步判断。

  8. 可获取的、与内部控制有效性相关的证据的类型等

  内部控制的特定领域存在重大缺陷的风险越高，注册会计师所须获取的审计证据客观性、可靠性越强。

三、实施内部控制审计工作

（一）内部控制审计的方法论——自上而下的方法

  注册会计师应当采用自上而下的方法选择拟测试的控制，首先是从财务报表层次初步了解内部控制整体风险，然后再实施以下详细操作：

  1. 识别、了解和测试企业层面的控制

  企业层面的控制通常为应对企业财务报表整体层面的风险而设计，一般在比业务流程更高的层面上乃至整个企业范围内运行。不同的企业层面控制在性质和精确度上存在差异，注册会计师应该从整体上了解被审计单位企业层面的控制，并且在测试企业层面的控制时，应当把握重要性原则，从以下几方面予以关注：与内部控制环境相关的控制；针对董事会、经理层凌驾于控制之上的风险而设计的控制；企业的风险评估过程；对内部信息传递和期末财务报告流程的控制；对内部控制实施有效的内部监督和自我评价。

  2. 识别重要账户、列报及相关认定

  在识别重要账户、列报及相关认定时，注册会计师应该从定量和定性两个方面做出评价，包括舞弊的影响。从定量来看，超过财务报表整体重要性的账户，通常被认定为

重要账户。从性质上来看,注册会计师可能因为某账户或列报受固有风险或舞弊风险的影响而将其确定为重要账户或列报。此外,还应该注意在识别重要账户、列报及其相关认定时,注册会计师不应考虑控制的影响,因为内部控制审计的目标本身就是评价控制的有效性;如果某账户或列报的各组成部分存在的风险差异较大,被审计单位可能需要采用不同的控制以应对这些风险,注册会计师应当分别予以考虑;以前年度审计中了解的情况影响注册会计师对固有风险的评估,因而应当在确定重要账户、列报及其相关认定时加以考虑。

3. 了解错报的可能性来源

注册会计师在该阶段要实现下列目标:了解与相关认定有关的交易的处理流程;验证注册会计师识别的业务流程中可能发生重大错报(包括由于舞弊导致的错报)的环节;识别被审计单位用于应对这些错报或潜在错报的控制;识别被审计单位用于及时防止或发现并纠正未经授权的,导致重大错报的资产取得、使用或处置的控制。这样可以进一步了解潜在错报的来源,并为选择性测试的控制测试奠定基础。

为了实现上述目标,注册会计师应该进行穿行测试。穿行测试是指追踪某笔交易从发生到最终被列在财务报表中的整个处理过程。在执行穿行测试时,为了充分了解业务流程,识别必要控制设计无效或出现缺失的重要环节,通常需要将询问、观察、检查相关文件及重新执行等程序与其综合运用。

4. 选择拟测试的控制

注册会计师应当针对每一相关认定获取控制有效性的审计证据,以便对内部控制整体的有效性发表意见,但没有责任对单项控制的有效性发表意见。注册会计师没有必要测试与某项相关认定有关的所有控制,也无须测试即使有缺陷也合理预期不会导致财务报表重大错报的控制。在确定是否测试某项控制时,注册会计师应当考虑该项控制单独或连同其他控制,是否足以应对评估的某项相关认定的错报风险。

(二)测试控制的有效性

注册会计师在具体测试内部控制的有效性时,应当从企业层面的控制、业务流程、应用系统或交易层面的控制来测试,通常实施询问、检查、观察、重新执行程序来测试该项内部控制是否得到有效执行,如何执行,由谁执行以及是否得到一贯执行。

1. 企业层面的控制测试

1)与控制环境相关的控制

控制环境包括治理职能和管理职能,以及治理层和管理层对内部控制及其重要性的态度、认识和行动。控制环境设定了被审计单位的内部控制基调,影响员工的内部控制意识。在了解和测试控制环境时,注册会计师需要考虑的方面主要包括:管理层的理念和经营风格是否促进了有效的财务报告内部控制;管理层在治理层的监督下,是否营造并保持了诚信和合乎道德的文化;治理层是否了解并监督了财务报告过程和内部控制。

2)针对管理层和治理层凌驾于控制之上的风险而设计的控制

针对管理层和治理层凌驾于控制之上的风险而设计的控制(以下简称"凌驾风险"),对所有企业保持有效的财务报告相关的内部控制都有重要影响。一般而言,针对

"凌驾风险"采用的控制可以包括但不限于：针对重大的异常交易（尤其是那些导致会计分录延迟或异常的交易）的控制；针对关联方交易的控制；与管理层的重大估计相关的控制；能够减弱管理层伪造或不恰当操纵财务结果的动机及压力的控制；建立内部举报投诉制度。注册会计师应该关注被审计单位是否针对"凌驾风险"建立了相关控制及其运行情况。

3）被审计单位的风险评估过程

注册会计师可以首先了解被审计单位及其环境的其他方面信息，以进一步了解被审计单位的风险评估过程。

4）对内部信息传递和期末财务报告流程的控制

财务报告流程的内部控制可以确保管理层按照适当的会计准则编制合理、可靠的财务报告，以对外进行报告。期末财务报告流程包括：将交易总额登入总分类账的程序；与会计政策的选择和运用相关的程序；总分类账中会计分录的编制、批准等处理程序；对财务报表进行调整的程序；编制财务报表的程序。期末财务报告流程对内部控制审计和财务报表审计有重要影响，注册会计师应当从以下方面对财务报告内容进行评价：被审计单位财务报表的编制流程，包括输入、处理及输出；期末财务报告流程中运用信息技术的程度；管理层中参与期末财务报告流程的人员；纳入财务报表编制范围的组成部分；调整分录及合并分录的类型；管理层和治理层对期末财务报告流程进行监督的性质及范围。

5）对控制有效性的内部监督（监督其他控制的控制）和内部控制的评价

管理层的一项重要职责就是持续不断地建立和维护控制。管理层对控制的监督包括考虑控制是否按照计划运行，以及控制是否根据情况的变化做出恰当的修改。控制监督可以在企业层面或业务流程层面上实施，可以通过持续的监督和管理活动、审计委员会或内部审计部门的活动，以及自我评价的方式等来实现。注册会计师对控制有效性的内部监督（监督其他控制的控制）和内部控制评价时应该考虑的因素主要包括：管理层是否定期地将会计系统中记录的数额与实物资产进行核对；管理层是否为保证内部审计活动的有效性而建立了相应的控制；管理层是否建立了相关的控制以保证自我评价或定期的系统评价的有效性；管理层是否建立了相关的控制以保证监督性控制能够在一个集中的地点有效进行，如共享服务中心等。

6）集中化的处理和控制（包括共享的服务环境）

集中化的处理可以视为一种企业内部的"外包"安排，以取得规模效益并通过将某些或全部的财务报告过程与负责经营的管理层的分离以改进控制环境。采用集中化管理可以降低各个下属单位或分部负责人对该单位或分部财务报表的影响，并且可能会使财务报表相关的内部控制更有效，所以集中化的财务管理可能有助于降低财务报表错报的风险。对注册会计师而言，可以考虑在较早的阶段执行对共享服务中心内部控制的有效性测试。一般而言，特定服务对象单位与财务报表相关的风险越大，注册会计师在进行内控测试过程中可能更需要到共享服务中心或其服务对象单位测试与特定服务对象单位相关的内部控制。

7）监督经营成果的控制

监督经营成果的控制主要包括管理层对各个单位或业务部门经营情况的监控；对客

户投诉报告的复核及分析；对违反被审计单位政策或守则行为的处理的复核；对与员工报酬或晋升相关的员工业绩评价流程的复核；对企业记录的财务报表编制流程中存在的主要风险的复核等。在了解监督经营成果相关的控制时，注册会计师可以从性质上分析这些监督经营成果的控制是否有足够的精确程度以取代对业务流程、应用系统或交易层面的控制的测试。如果这些监督经营成果的内部控制是有效的，注册会计师可以考虑减少对其他控制的测试。

8）针对重大经营控制及风险管理实务的政策

注册会计师在这方面可以考虑的主要因素包括但不限于：企业是否建立了重大风险预警机制；企业是否建立了突发事件应急处理机制。

2. 业务流程、应用系统或交易层面的控制的测试

1）了解企业经营活动和业务流程

注册会计师不仅可以通过检查被审计单位的手册和其他书面指引获得有关信息，还可以通过询问和观察来获得全面的了解。一般来说，向负责处理具体业务人员的上级进行询问通常更加有效。注册会计师还可以检查并在适当的情况下保存部分被审计单位文件（如流程图、程序手册、职责描述、文件、表格等）的复印件，可以考虑在图表及流程图中加入自己的文字表述，以帮助其了解整个交易流程。

2）识别可能发生错报的环节

注册会计师须了解和确认被审计单位应在哪些环节设置控制，以防止或发现并纠正各重要业务流程可能发生的错报。注册会计师所关注的控制，是那些能通过防止错报的发生，或者通过发现和纠正已有错报，从而确保每个流程中业务活动能够顺利运转的人工或自动化控制程序。尽管不同的被审计单位为确保会计信息的可靠性而对业务流程设计和实施不同的控制，但设计控制的目的是为实现某些控制目标。注册会计师通过设计一系列关于控制目标是否实现的问题，从而确认某项业务流程中需要加以控制的环节。一般来说，注册会计师为实现某项审计目标而设计问题的数量，取决于下列因素：业务流程的复杂程度；业务流程中发生错报而未能被发现的概率；是否存在一种具有实效的总体控制来实现控制目标。

3）识别和了解相关控制

注册会计师应当获取有关控制的足够信息，以使其能够识别控制，了解各种控制如何执行、由谁执行，以及执行中所使用的数据报告、文件和其他资料。识别和了解控制采用的主要方法是：询问被审计单位各级别的负责人员。通常，应首先询问级别较高的人员，再询问级别较低的人员。从级别较低人员处获取的信息，应向级别较高的人员核实其完整性。在询问过程中，注册会计师还应当了解各层次监督和管理人员如何确认各项控制正在按计划运行。值得注意的是，控制与认定直接或间接相关，关系越间接，控制对防止或发现并纠正认定错报的效果越小，注册会计师应考虑识别和了解与认定关系更直接、更有效的控制。

四、编制内部控制审计工作底稿

注册会计师应当编制内部控制审计工作底稿，完整记录内部控制审计工作情况。注册会计师应当在审计工作底稿中记录下列内容：①内部控制审计计划及重大修改情况；②相关风险评估和选择测试的内部控制的主要过程及结果；③测试内部控制设计与运行有效性的程序及结果；④对识别的控制缺陷的评价；⑤形成的审计结论和意见；⑥其他重要事项。

五、评价内部控制缺陷

内部控制缺陷按其成因分为设计缺陷和运行缺陷。

设计缺陷是指缺少为实现控制目标所必需的控制，或者现有控制设计不适当，即使正常运行也难以实现控制目标。

运行缺陷是指设计适当的控制没有按设计意图运行，或者执行人员缺乏必要授权或专业胜任能力，无法有效实施控制。

内部控制缺陷按其严重程度可分为重大缺陷、重要缺陷和一般缺陷。

重大缺陷是指一个或多个控制缺陷的组合，可能导致企业严重偏离控制目标，具体到财务报告内部控制上，就是内部控制存在的、可能导致不能及时防止或发现并纠正财务报表重大错报的一个或多个控制缺陷的组合。

重要缺陷是指一个或多个控制缺陷的组合，其严重程度和经济后果低于重大缺陷，但仍有可能导致企业偏离控制目标。具体就是内部控制中存在的，其严重程度不如重大缺陷，但足以引起企业财务报告监督人员关注的一个或多个控制缺陷的组合。

一般缺陷是指除重大缺陷、重要缺陷之外的其他缺陷。

注册会计师应当评价其识别的各项内部控制缺陷的严重程度，以确定这些缺陷单独或组合起来，是否构成重大缺陷。在这过程中，注册会计师还应当评价补偿性控制（替代性控制）的影响，企业执行的补偿性控制应当具有同样的效果。表明内部控制可能存在重大缺陷的迹象，主要包括以下几项：注册会计师发现董事、监事和高级管理人员舞弊；企业更正已经发布的财务报表；注册会计师发现当期财务报表存在重大错报，而内部控制在运行中未能发现该错报；企业审计委员会和内部审计机构对内部控制的监督无效。

六、完成内部控制审计工作

注册会计师在完成审计工作后，应当取得经企业签署的书面声明。书面声明应当包括以下内容：①企业董事会认可其对建立健全和有效实施内部控制负责；②企业已对内部控制的有效性做出自我评价，并说明评价时采用的标准以及得出的结论；③企业没有利用注册会计师执行的审计程序以及其结果作为自我评价的基础；④企业已向注册会计师披露识别的所有内部控制缺陷，并单独披露其中的重大缺陷和重要缺陷；⑤企业对于注册会计师在以前年度审计中识别的重大缺陷和重要缺陷是否已经采取措施予以解决；⑥企业在内部控制自我评价基准日后，内部控制是否发生重大变化，或者存在对内部控制具有重要影响的其他因素。

企业如果拒绝或以其他不当理由回避书面声明，注册会计师应当将其视为审计范围受到限制，解除业务约定书或出具无法表示意见的内部控制审计报告。

注册会计师如果认为审计委员会和内部审计机构对内部控制系统的监督是无效的，应当就此以书面的形式直接与董事会和经理层沟通。书面沟通应当在注册会计师出具内部控制审计报告之前进行。

注册会计师还应当对获取的证据进行评价，形成内部控制有效性的意见。

七、出具内部控制审计报告

注册会计师在完成内部控制审计工作后，应当出具内部控制审计报告。

第三节 内部控制审计报告

一、内部控制审计报告的构成要素

标准内部控制审计报告主要包括以下要素。

（1）标题。内部控制审计报告的标题通常统一规范为"内部控制审计报告"。

（2）收件人。内部控制审计报告的收件人是指业务约定书中指定的内部控制审计报告对象，一般指内部控制审计业务的委托人。内部控制系统审计报告应当载明收件人的全称。

（3）引言段。内部控制审计报告的引言段应当说明企业的名称和内部控制已经审计，并且应该包括下列内容：指出内部控制审计依据；提及管理层对内部控制的评估报告；指明内部控制的评价截止日期。

（4）企业内部控制的责任段。该部分主要说明按照《企业内部控制基本规范》《企业内部控制应用指引》《企业内部控制评价指引》的规定，建立健全和有效实施内部控制，并评价其有效性是企业董事会的责任。

（5）注册会计师的责任段。注册会计师的责任段应说明的责任是注册会计师在实施审计工作的基础上，对财务报告内部控制的有效性发表审计意见，并对注意到的非财务报告内部控制的重大缺陷进行披露。

（6）内部控制固有局限性的说明段。内部控制的固有局限性的说明段应说明内部控制具有固有局限性，存在不能防止和发现错报的可能性。此外，情况的变化可能导致内部控制变得不恰当，或对控制政策和程序遵循的程度降低，根据内部控制审计结果推测内部控制的有效性具有一定风险。

（7）财务报告内部控制审计意见段。审计意见段说明按照《企业内部控制基本规范》和相关规定拟在所有重大方面保持了有效的财务报告内部控制。

（8）非财务报告内部控制重大缺陷描述段。说明在内部控制审计过程中，我们注意到公司的非财务报告内部控制存在重大缺陷。由于存在上述重大缺陷，因此我们提醒本报告使用者注意相关风险。需要指出的是，我们并不对公司的非财务报告内部控制发表意见或提供保障。

（9）注册会计师的签名和盖章。

（10）会计师事务所的名称、地址及盖章。

(11) 报告日期。该日期不应早于注册会计师获取充分、适当的证据，并在此基础上对内部控制形成内部控制审计意见的日期。

二、内部控制审计报告类型

（一）无保留意见的内部控制审计报告

符合下列所有条件的，注册会计师应当对财务报告内部控制出具无保留意见的内部控制审计报告：①企业按照《企业内部控制基本规范》《企业内部控制应用指引》《企业内部控制评价指引》以及企业自身内部控制制度的要求，在所有重大方面保持了有效的内部控制。②会计师已经按照《企业内部控制审计指引》的要求计划和实施审计工作，在审计过程中未受到限制。

无保留意见的内部控制审计报告格式如下。

参考格式 12-1

内部控制审计报告

×××（审）字（×）第×××号

×××股份有限公司全体股东：

我们接受委托，按照《企业内部控制审计指引》及中国注册会计师执业准则的相关要求，审计了×××股份有限公司（以下简称"×××公司"）20×6 年 12 月 31 日的财务报告内部控制的有效性。

一、企业对内部控制的责任

按照《企业内部控制基本规范》《企业内部控制应用指引》《企业内部控制评价指引》的规定，建立健全和有效实施内部控制，并评价其有效性是×××公司董事会的责任。

二、注册会计师的责任

我们的责任是在实施审计工作的基础上，对财务报告内部控制的有效性发表审计意见，并对注意到的非财务报告内部控制的重大缺陷进行披露。

三、内部控制的固有局限性

内部控制具有固有局限性，存在不能防止和发现错报的可能性。此外，由于情况的变化可能导致内部控制变得不恰当，或对控制政策和程序遵循的程度降低，根据内部控制审计结果推测未来内部控制的有效性具有一定风险。

四、财务报告内部控制审计意见

我们认为，×××公司于 20×6 年 12 月 31 日按照《企业内部控制基本规范》和相关规定在所有重大方面保持了有效的财务报告内部控制。

××会计师事务所	中国注册会计师：××× （签名并盖章）
（盖章）	中国注册会计师：××× （签名并盖章）
中国××市	20×7 年×月×日

（二）带强调事项段的无保留意见内部控制审计报告

如果注册会计师认为，财务报告内部控制虽然不存在重大缺陷，但仍有一项或者多项重大事项需要提请内部控制审计报告使用者注意的，则应当在内部控制审计报告中增加强调事段加以说明。

注册会计师应当在强调事项段中指明，该段内容仅用于提醒内部控制审计报告使用者关注，并不影响对财务报告内部控制发表的审计意见。

带强调事项段的无保留意见内部控制审计报告格式见如下。

参考格式 12-2

内部控制审计报告

×××（审）字（×）第×××号

×××股份有限公司全体股东：

按照《企业内部控制审计指引》及中国注册会计师执业准则的相关要求，我们审计了×××股份有限公司（以下简称"×××公司"）20×6年12月31日的财务报告内部控制的有效性。

一、企业对内部控制的责任

按照《企业内部控制基本规范》《企业内部控制应用指引》《企业内部控制评价指引》的规定，建立健全和有效实施内部控制，并评价其有效性是企业董事会的责任。

二、注册会计师的责任

我们的责任是在实施审计工作的基础上，对财务报告内部控制的有效性发表审计意见，并对注意到的非财务报告内部控制的重大缺陷进行披露。

三、内部控制的固有局限性

内部控制具有固有局限性，存在不能防止和发现错报的可能性。此外，由于情况的变化可能导致内部控制变得不恰当，或对控制政策和程序遵循的程度降低，根据内部控制审计结果推测未来内部控制的有效性具有一定风险。

四、财务报告内部控制审计意见

我们认为，×××公司按照《企业内部控制基本规范》和相关规定在所有重大方面保持了有效的财务报告内部控制。

五、强调事项

我们提醒内部控制审计报告使用者关注：

某科技有限公司在×××公司完成发行股份及支付现金购买资产并募集配套资金交易（以下简称"重大资产重组"）后才纳入×××公司控制范围。虽然×××公司实际控制某科技有限公司，即开展对该公司内部控制的初步评价与完善，但由于受时间限制，××公司无法确保整改后的内部控制运行能够满足最短运行时间，根据中国证监会企业内部控制规范体系实施工作小组于20×2年2月8日发布的《上市公司实施企业内部控制规范体系监管问题解答》中，指导精神，××公司未将某科技有限公司纳入20×6年度内部控制的评价范围。

我们认为，×××公司未将某科技有限公司纳入20×6年度内部控制的评价范围符合证监会有关法规的规定。我们相应地未将某科技有限公司纳入内部控制审计的范围。这种情况不构成审计范围受到限制。

本段内容不影响对财务报告内部控制有效性发表的审计意见。

××会计师事务所　　　　　　　　中国注册会计师：×××（签名并盖章）
（盖章）　　　　　　　　　　　　中国注册会计师：×××（签名并盖章）
中国××市　　　　　　　　　　　20×7年×月×日

（三）否定意见内部控制审计报告

如果注册会计师认为财务报告内部控制存在一项或多项重大缺陷的，除非审计范围受到限制，否则应当对财务报告内部控制发表否定意见。

注册会计师出具否定意见的内部控制审计报告，还应当包括下列内容：①重大缺陷的定义；②重大缺陷的性质及其对财务报告内部控制的影响程度。

否定意见内部控制审计报告格式如下。

参考格式 12-3

内部控制审计报告

×××（审）字（×）第×××号

×××股份有限公司全体股东：

按照《企业内部控制审计指引》及中国注册会计师执业准则的相关要求，我们审计了×××股份有限公司（以下简称"×××公司"）20×6年12月31日的财务报告内部控制的有效性。

一、企业对内部控制的责任

按照《企业内部控制基本规范》《企业内部控制应用指引》《企业内部控制评价指引》的规定，建立健全和有效实施内部控制，并评价其有效性是企业董事会的责任。

二、注册会计师的责任

我们的责任是在实施审计工作的基础上，对财务报告内部控制的有效性发表审计意见，并对注意到的非财务报告内部控制的重大缺陷进行披露。

三、内部控制的固有局限性

内部控制具有固有局限性，存在不能防止和发现错报的可能性。此外，由于情况的变化可能导致内部控制变得不恰当，或对控制政策和程序遵循的程度降低，根据内部控制审计结果推测未来内部控制的有效性具有一定风险。

四、导致否定意见的事项

重大缺陷，是指一个或多个控制缺陷的组合，可能导致企业严重偏离控制目标。在本次内部控制审计中，我们注意到×××公司的财务报告内部控制存在以下重大缺陷：

×××公司20×6年存在对关联方A钢铁有限公司新增其他应收账款30 599 224.72元、

对关联方 B 冶炼有限公司其他应收款 384 623 498.77 元逾期未收回的情况，形成控股股东对×××公司的经营自己占用。截至 20×6 年 12 月 31 日，×××公司控股股东控制的关联方累计应收款项 1 734 292 981.88 元逾期尚未收回。上述情况违反了×××公司防止控股股东及关联方占用公司资金专项制度的规定。

有效的内部控制能够为财务报告及相关信息的真实完整提供合理保证，而上述重大缺陷使×××公司的内部控制失去这一功能。

五、财务报告内部控制审计意见

我们认为，由于存在上述重大缺陷及其对实现控制目标的影响，×××股份有限公司于 20×6 年 12 月 31 日未能按照《企业内部控制基本规范》和相关规定在所有重大方面保持有效的财务报告内部控制。

××会计师事务所　　　　　　　　中国注册会计师：×××（签名并盖章）
（盖章）　　　　　　　　　　　　中国注册会计师：×××（签名并盖章）
中国××市　　　　　　　　　　　　　　　　　20×7 年×月×日

（四）无法表示意见内部控制审计报告

注册会计师审计范围受到限制的，应当解除业务约定书或出具无法表示意见的内部控制审计报告，并就审计范围受到限制的情况，以书面形式与董事会进行沟通。

注册会计师在出具无法表示意见的内部控制审计报告时，应当在内部控制审计报告中指明审计范围受到限制，无法对内部控制的有效性发表意见。

无法表示意见内部控制审计报告格式如下。

参考格式 12-4

内部控制审计报告

×××（审）字（×）第×××号

×××股份有限公司全体股东：

按照《企业内部控制审计指引》及中国注册会计师执业准则的相关要求，我们审计了×××股份有限公司全体股东（以下简称×××公司）20×6 年 12 月 31 日的财务报告内部控制的有效性。

一、企业对内部控制的责任

按照《企业内部控制基本规范》《企业内部控制应用指引》《企业内部控制评价指引》的规定，建立健全和有效实施内部控制，并评价其有效性是企业董事会的责任。

二、注册会计师的责任

我们的责任是在实施审计工作的基础上，对财务报告内部控制的有效性发表审计意见，并对注意到的非财务报告内部控制的重大缺陷进行披露。

三、内部控制的固有局限性

内部控制具有固有局限性，存在不能防止和发现错报的可能性。此外，由于情况的变化可能导致内部控制变得不恰当，或对控制政策和程序遵循的程度降低，根据内部控制审计结果推测未来内部控制的有效性具有一定风险。

四、导致无法表示意见的事项

×××公司原执行的《×××股份有限公司管理手册（试行）》存在控制缺陷。新一届治理层、管理层成立后，针对成城股份内部的控制缺陷，专门编制了《规范控股股东或实际控制人及关联方资金占用管理制度》，并组织编制完成了《内部控制手册》，但截至审计报告日，由于×××公司缺乏充分的运行时间，对其整改的效果无法确定。

五、财务报告内部控制审计意见

由于审计范围受到上述限制，我们未能实施必要的审计程序以获取发表意见所需的充分、适当证据，因此，我们无法对×××公司财务报告内部控制的有效性发表意见。

六、识别的财务报告内部控制重大缺陷

重大缺陷是内部控制中存在的，可能导致不能及时防止或发现并纠正财务报表出现重大错报的一项控制缺陷或多项控制缺陷的组合。尽管我们无法对×××公司财务报告内部控制的有效性发表意见，但在我们实施的有限程序的过程中，发现了以下重大缺陷：

20×6年4月30日之前，×××公司原管理层未经内部控制程序，对外签发了大量的商业承兑汇票，造成×××公司无法入账核算。所签发的商业承兑汇票部分收款人向第三方背书，于20×6年最终导致被背书人在法院起诉，截至审计报告日，该事项导致×××公司败诉，可能损失3 340万元。

××会计师事务所	中国注册会计师：×××（签名并盖章）
（盖章）	中国注册会计师：×××（签名并盖章）
中国××市	20×7年×月×日

格式12-（1-4）摘自巨潮资讯网。

思 考 题

1. 简述内部控制审计与财务报表审计的关系。
2. 简述整合审计的含义并对其进行评价。
3. 举例说明企业内部控制审计的方法。
4. 简述内部控制审计的主要流程。
5. 简述内部控制审计报告的编制程序与构成要素。
6. 简述内部控制审计报告的类型。

业 务 题

1. A集团公司是一家药品生产企业，创业之初，公司董事长陈某推荐其姐夫李某出任公司总经理并得以任命，李某独揽经营管理大权。

某年年末，公司召开董事会会议，总经理李某建议拓展公司业务，涉足IT行业和房地产行业；公司独立董事王某对此提出异议，认为这三个行业之间关联度太小，公司也没有从事IT行业和房地产行业的经验与优势，因此，主张在医药行业进一步发展，向高科技生物制造领域发展。但是在董事会表决时，由于董事长陈某的坚定支持，总经理李某的提议仍然以绝大多数票赞成通过。

第二年年初，作为进入房地产行业后的第一笔业务，×集团在没有进行风险评估的基础上就决定建设一幢40层高的商务大楼，其中少数楼层用于公司办公，多数楼层用于对外招商和租赁。在该项目开工前，项目施工方又临时将商务大楼增高至70层，以显示公司实力和气派。总经理李某随即拍板同意。独立董事王某提醒说，原建设方案是经财务部等方面统筹考虑公司可承受能力后设计的，如果临时改变建筑高度，应重新制订项目预算方案和履行决策程序等。但王某的建议没有引起李某的重视，商务大楼就此按照70层高设计并投入建设。

第3年2月初，由于公司经营业绩下降，而商务大楼追加楼层的建设款又占用了过多的现金，最终导致×集团公司的资金链断裂，陷入了破产清算的境地。

经查，×集团虽然制定了一些规章制度，但是没有专门的企业内部控制制度，也没有实施对内部控制制度的监督与评价。

要求

（1）对照企业内部控制五要素以及其规范要求，指出×公司存在的内部控制缺陷并予以评价。

（2）在此基础上，出具一份对×集团公司的内部控制审计报告。

答案及解析

（1）①控制环境缺陷。×公司关注行业扩张，却缺少整体的风险意识和风险管理理念；由于董事长与总经理之间存在近亲关系，导致对总经理的监督难以进行；由于权力和职责没有适当地进行分配，总经理权限过大，独立董事被边缘化，导致公司对重大决策缺乏有效的制约与监督。

② 风险评估缺陷。由于×集团在设定战略目标时，盲目选择扩张战略，没有充分估计可能承受的风险水平；在确定追加商务大楼建设高度时等经营目标时，缺乏与财务部门等的协调和沟通，忽略可能产生的财务风险，一味追求规模效应。又由于×集团公司正在进行事项识别时，放弃将资金投入原本熟悉的医药市场，无视可能在生物制造行业做强做大的潜在机会而盲目进入经验不足、与原先产业无关的IT和房地产行业，承担了较高的行业风险。

该案例也反映了×公司风险评估机制不健全。由于×集团公司未建立健全的风险评估机制，对行业风险缺少充分的考虑，决定建设投资时也没有充分评估可能产生的财务问题与风险，风险评估机制不健全造成了公司在应对风险时处于被动地位，甚至束手无策，最终走向破产清算。

③ 控制活动缺陷。由于不相容职务分离控制、授权审批控制、会计系统控制、财务保护控制、预算控制等基本控制措施在×集团公司中均未得到切实有效的落实，失控在所难免。

④ 信息沟通缺陷。信息沟通不及时，不有效，发现问题不报告、不解决、管理处于

失控状态是在所难免的。由于×集团公司控制环境基础薄弱，决策权过分集中，导致集团内部缺少信息由下向上沟通的渠道，外部独立董事提供的信息也无法得到公司内部各个部分的重视，信息沟通渠道不顺畅导致公司的内部控制无法产生真实、及时、有用的信息。

⑤ 内部监督缺陷。由于×公司没有及时发现其内部控制缺陷并进行报告和加以有效监控，失控最终导致失败。

（2）注册会计师应该出具否定意见内部控制审计报告。

2. ABC 会计师事务所的 A 注册会计师担任多家公司 2016 年财务报表审计和内部控制审计的项目合伙人，遇到下列非标准审计报告的事项。

（1）A 注册会计师认为，甲公司财务报告内部控制存在一项重大缺陷，且不属于审计范围受到限制，因此对财务报告内部控制发表否定意见。

（2）A 注册会计师认为，乙公司财务报告内部控制不存在重大缺陷，但仍存在一项重大事项需要提请内部控制审计报告使用人注意，因此在内部控制审计报告中关键事项段予以说明。

（3）A 注册会计师在审计过程中发现，某项控制对丙公司经营的效率效果控制目标的实现有重大不利影响，确定该项控制属于非财务报告内部控制缺陷为重大缺陷，因此在内部控制审计报告增加强调事项段，提示内部控制审计报告使用者注意相关风险。

（4）由于审计范围受到限制，A 注册会计师计划对丁公司出具保留意见或者无法表示意见的内部控制审计报告。

（5）针对内部控制审计，戊公司管理层拒绝提供书面声明，A 注册会计师出具了否定意见的内部控制审计报告。

答案及解析

（1）恰当。

（2）不恰当。A 注册会计师应当在内部控制审计报告中增加强调事项段加以说明。

（3）不恰当。A 注册会计师应当以书面形式与丙公司董事会和经理层沟通，提醒丙公司加以改进；同时在内部控制审计报告中增加非财务报告内部控制重大缺陷描述段，对重大缺陷的性质以及其对实现相关控制目标的影响程度进行披露，提示内部控制审计报告使用者注意相关风险。

（4）不恰当。A 注册会计师应当解除丁公司业务约定书或出具无法表示意见的内部控制审计报告。

（5）不恰当。A 注册会计师需要将其视为审计范围受到限制，解除业务约定书或出具无法表示意见的内部控制审计报告。

附录

中国注册会计师执业准则目录

序号	编号	名称
1		中国注册会计师鉴证业务基本准则(2006)
2	1101	注册会计师的总体目标和审计工作的基本要求（2010）
3	1111	就审计业务约定条款达成一致意见（2016）[文字调整]
4	1121	对财务报表审计实施的质量控制（2010）
5	1131	审计工作底稿（2016）[文字调整]
6	1141	财务报表审计中与舞弊相关的责任（2010）
7	1142	财务报表审计中对法律法规的考虑（2010）
8	1151	与治理层的沟通（2016）[实质性修订]
9	1152	向治理层和管理层通报内部控制缺陷（2010）
10	1153	前任注册会计师和后任注册会计师的沟通（2010）
11	1201	计划审计工作（2010）
12	1211	通过了解被审计单位及其环境识别和评估重大错报风险（2010）
13	1221	计划和执行审计工作时的重要性（2010）
14	1231	针对评估的重大错报风险采取的应对措施（2010）
15	1241	对被审计单位使用服务机构的考虑（2010）
16	1251	评价审计过程中识别出的错报（2010）
17	1301	审计证据（2016）[文字调整]
18	1311	对存货、诉讼和索赔、分部信息等特定项目获取审计证据的具体考虑（2010）
19	1312	函证（2010）
20	1313	分析程序（2010）
21	1314	审计抽样（2010）
22	1321	审计会计评估（包括公允价值会计估计）和相关披露（2010）
23	1323	关联方（2010）
24	1324	持续经营（2016）[实质性修订]
25	1331	首次审计业务涉及的期初余额（2010）
26	1332	期后事项（2016）[文字调整]

续表

序号	编号	名称
27	1341	书面声明（2016）[文字调整]
28	1401	对集团财务报表审计的特殊考虑（2010）
29	1411	利用内部审计人员的工作（2010）
30	1421	利用专家的工作（2010）
31	1501	对财务报表形成审计意见和出具审计报告（2016）[实质性修订]
32	1502	在审计报告中发表非无保留意见（2016）[实质性修订]
33	1503	在审计报告中增加强调事项段和其他事项段（2016）[实质性修订]
34	1504	在审计报告中沟通关键审计事项（2016）[新制定]
35	1511	比较信息：对应数据和比较财务报表（2010）
36	1521	注册会计师对其他信息的责任（2016）[实质性修订]
37	1601	对按照特殊目的编制基础编制的财务报表审计的特殊考虑（2010）
38	1602	验资（2006）
39	1603	对单一财务报表和财务报表特定要素审计的特殊考虑（2010）
40	1604	对简要财务报表出具报告的业务（2010）
41	1611	商业银行财务报表审计（2006）
42	1612	银行间函证程序（2006）
43	1613	与银行监管机构的关系（2006）
44	1631	财务报表审计中对环境事项的考虑（2006）
45	1632	衍生金融工具的审计（2006）
46	1633	电子商务对财务报表审计的影响（2006）
47	2101	财务报表审阅（2006）
48	3101	历史财务信息审计或审阅以外的鉴证业务（2006）
49	3111	预测性财务信息的审核（2006）
50	4101	对财务信息执行商定程序（2006）
51	4111	代编财务信息（2006）
52	5101	质量控制准则（2010）

参考文献

[1] 中国注册会计师协会.审计[M].北京：经济科学出版社，2017.
[2] 刘明辉.审计[M].厦门：厦门大学出版社，2013.
[3] 李敏.审计学[M].上海：上海财经大学出版社，2016.
[4] 张立民，高莹，万里霜.审计学原理与实务[M].北京：北京交通大学出版社，2013.
[5] 秦荣生，卢春泉.审计学[M].北京：中国人民大学出版社，2014.
[6] 王英姿.审计学与实务[M].上海：上海财经大学出版社，2012.
[7] 张贵平.审计案例分析[M].北京：北京理工大学出版社，2011.
[8] 李凤鸣.审计学原理[M].上海：复旦大学出版社，2013.
[9] 杨书怀.计算机辅助审计——基于鼎信诺审计系统[M].上海：复旦大学出版社，2012.
[10] 黄良杰.审计[M].北京：清华大学出版社，2009.
[11] 何秀英.审计学[M].大连：东北财经大学出版社，2012.
[12] 赵晓波.审计学[M].北京：北京大学出版社，2012.
[13] 李德文.审计概论[M].上海：上海交通大学出版社，2012.
[14] 徐政旦.审计研究前沿[M].上海：上海财经大学出版社，2011.
[15] 李寿喜.审计学原理[M].北京：经济管理出版社，2012.
[16] 崔君平.审计学教程[M].北京：清华大学出版社，2015.
[17] 程安林.审计学[M].上海：上海财经大学，2012.
[18] 崔飚，李传彪.审计理论与实务[M].北京：人民邮电出版社，2013.
[19] 宋常.审计学[M].北京：中国人民大学出版社，2014.
[20] 刘明辉.审计[M].厦门：厦门大学出版社，2007.
[21] 舒利庆，于静霞，马春静.审计学[M].北京：高等教育出版社，2011.
[22] 孙伟龙.审计学教程与案例[M].杭州：浙江大学出版社，2011.
[23] 翟新生.审计学[M].北京：首都经济贸易大学出版社，2007.
[24] 徐平.审计学教程[M].北京：人民出版社，2004.
[25] 胡春元.风险导向审计[M].大连：东北财经大学出版社，2009.
[26] 张立文，吴得林.会计报表审计实质性测试案例分析[M].北京：经济科学出版社，2004.
[27] 胡中艾.审计[M].大连：东北财经大学出版社，2014.
[28] 叶陈刚，李相志.审计理论与实务.北京：中信出版社，2009.
[29] 田金玉.审计学理论与实务.北京：人民邮电出版社，2016.
[30] 刘明辉，史德刚.审计[M].大连：东北财经大学出版社，2013.
[31] 李晓慧.审计学：实务与案例[M].北京：中国人民大学出版社，2011.
[32] 中国注册会计师协会拟订，财政部发布.中国注册会计师职业准则2010[M].北京：经济科学出版社，2010.
[33] 里坦恩伯格，施维格.审计学：变化环境中的概念[M].程新生，主译.北京：经济科学出版社，2010.
[34] 邓川，郭志英，暴曼曼.国际审计准则——阐释与应用[M].北京：立信会计出版社，2009.

[35] 类尔行.库计学概论(第1版)[M].上海：上海人民出版社，1987.

[36] 审计署法规司，审计署驻哈尔滨特派员办事处编译.美国政府审计准则[M].北京：中国时代经济出版社，2012.

[37] 中华人民共和国审计法规编委会.中华人民共和国现行审计法规与审计准则及政策解读（2017年权威解读版）[M].北京：立信会计出版社，2017.

[38] 阿伦斯.审计学：一种整合方法[M].谢盛纹，主译.北京：中国人民大学出版社，2013.

[39] Porter B.Principles of External Auditing [M]. New York：Wiley Ltd，2008.

教学支持说明

▶▶ 课件申请

尊敬的老师：

您好！感谢您选用清华大学出版社的教材！为更好地服务教学，我们为采用本书作为教材的老师提供教学辅助资源。该部分资源仅提供给授课教师使用，请您直接用手机扫描下方二维码完成认证及申请。

任课教师扫描二维码
可获取教学辅助资源

▶▶ 样书申请

为方便教师选用教材，我们为您提供免费赠送样书服务。授课教师扫描下方二维码即可获取清华大学出版社教材电子书目。在线填写个人信息，经审核认证后即可获取所选教材。我们会第一时间为您寄送样书。

任课教师扫描二维码
可获取教材电子书目

 清华大学出版社

E-mail: tupfuwu@163.com　　　　　　　　网址: http://www.tup.com.cn/
电话: 010-83470332 / 83470142　　　　　　传真: 8610-83470107
地址: 北京市海淀区双清路学研大厦B座509室　邮编: 100084

教学支持说明

教学课件

本书为使用本书作为教材的教师免费提供教学课件,获取方式有以下几种:
为方便教师备课与教学,编者将配套教学资源免费提供给教师用户。教师可通过扫描下方二维码或登录网站申请下载。

教学课件申请及获取
说明扫码查看

教学服务

为更好地服务用户,本书提供线上教学资源查阅服务。如在教学过程中,遇到疑难问题需要技术支持,扫码后可通过右上角"个人中心",登录账号后进入资源下载页面。
请关注"清华社一书一码"公众号获取及查阅

教学支持说明
扫码关注公众号

清华大学出版社
E-mail: tupjsj@vip.163.com
电话: 010-83470332 / 83470139
地址: 北京清华大学学研大厦A座509室 邮编: 100084
网址: http://www.tup.com.cn